SPRACHWISSENSCHAFTLICHE STUDIENBÜCHER

1. ABTEILUNG

D1641478

RHETORICA · GRAMM · ATICA · DIALECTICA
ARITHMETICA · MVSICA
ASTRONOMIA · GEOMETRIA

THE
ANATOMYE
OF THE
ENGLYSHE
TOUNGE

Full of pleas-
ant Conceytes

*legere, et non
intellegere,
neglegere est.*

LONDON
At Heidelberg
Anno Domini
1994

1607

Manfred Görlach

Einführung ins Frühneuenglische

2., erweiterte Auflage

Universitätsverlag
C. Winter
Heidelberg 1994

Die Deutsche Bibliothek – CIP-Einheitsaufnahme

Görlach, Manfred:
Einführung ins Frühneuenglische / Manfred Görlach. –
Heidelberg: Winter, 1994
(Sprachwissenschaftliche Studienbücher: Abt. 1)
ISBN 3-8253-0208-3

ISBN 3-8253-0208-3

1. Auflage 1978 bei Quelle & Meyer, Heidelberg

Alle Rechte vorbehalten.
© 1994. Universitätsverlag C. Winter Heidelberg GmbH
Photomechanische Wiedergabe und die Einspeicherung und Verarbeitung
in elektronischen Systemen nur mit ausdrücklicher Genehmigung
durch den Verlag
Imprimé en Allemagne. Printed in Germany
Druck: Strauss Offsetdruck GmbH, 69509 Mörlenbach

Inhaltsverzeichnis

Texte

Abkürzungen

Für Wortarten, Kasus, Tempora usw. gelten die üblichen Abkürzungen; Sigel für Periodika entsprechen denen in *PMLA*.

>	wird zu	DNB	*Dictionary of National Biography*
<	entstanden aus	dt.	deutsch
*	rekonstruierte Form	EE	The English Experience
**	ungrammatisch	EETS	Early English Text Society
≠	Opposition	EL	English Linguistics
~	komplementäre Distribution;	engl.	englisch
	Paraphrase; etymol. Entsprechung	F	Frage, Aufgabe
≅	freie Varianten	fne.	frühneuenglisch
→	Ableitungsbeziehung; Entlehnung	frz.	französisch
Ø	Null; Schwund (eines Lautes,	GVS	*Great Vowel Shift*
	Wortes)	HS	Hauptsatz
‖	wird ersetzt durch	ital.	italienisch
-	etymol. Länge (ae.)	Jh.	Jahrhundert, ²16. Jh. = 2. Hälfte des
+	Morph(em)grenze		16. Jh.
#	Wortgrenze	K	Konsonant
K-	Wortanfang	lat.	lateinisch
-K-	Wortmitte	me.	mittelenglisch (1100-1500)
-K	Wortende	MS	Manuskript, Handschrift
⟨ ⟩	Schriftzeichen	ne.	neuenglisch
[ ]	phonet. Umschrift; semant. Merkmal	NP	Nominalphrase
/ /	Phonem	NS	Nebensatz
{ }	Morphem	OED	*Oxford English Dictionary*
' '	Bedeutung	sc.	Scots, speziell Middle Scots (1400-1625)
		ScM	Scolar Press (Menston/London)
		STC	*Short-Title Catalogue*
ae.	altenglisch	STS	Scottish Text Society
agn.	anglonormannisch	stV	starkes Verb
AmE	Amerikanisches Englisch	swV	schwaches Verb
AV	*Authorized Version*, 1611	T	verweist auf Texte des Anhangs
B.L.	British Library London	t	verweist auf Kurztexte in Kap. 1-7
BrE	Britisches Englisch	V	Vokal, Verb
CED	*A Chronological English Dictionary*	Wing	*Short-Title Catalogue 1641-1700*

Vorwort

Die fne. Sprache ist von der historischen Sprachwissenschaft stark vernachlässigt worden. Zwar gibt es wertvolle Monographien wie die zu Aussprache/
Lautsystemen (Dobson ²1968, Horn-Lehnert 1954), zur Flexion (Graband 1965),
zu Einzelproblemen der Syntax (Ellegård 1953, Jacobsson 1951, Ryden 1966),
zum sprachtheoretischen Hintergrund (Michael 1970, Padley 1976, 1985), Geschichte der Sprachlehre (Michael 1987, Howatt 1984) oder zur Stellung des
Engl. gegenüber dem Lat. (Jones 1953), aber wichtige Gebiete, besonders der
Syntax, des Wortschatzes und der Semantik bleiben unzureichend behandelt.
Seit Erscheinen der ersten Auflage sind eine Reihe von Werken erschienen, die
die Argumente meiner Darstellung sinnvoll ergänzen können. Dazu gehören
besonders für die Rekonstruktion der Geschichte englischer Dialekte Anderson
1987, für das Schottische Romaine 1982, Devitt 1984, Meurman-Solin 1993, für
Irland Harris 1985, Bliss 1979, für Amerika Kytö 1992 und die Karibik Harris
1986. Weitere Einsichten in die Strukturen der fne. Sprache verspricht der
Band III der CHEL (Lass 1994).

Sprachliche Daten und Zusammenhänge sind außerdem zu häufig nur philolo-
gisch zur Textinterpretation, besonders in der Shakespeareliteratur, herangezogen worden, und das meist kontrastiv zum Ne., indem nur kommentiert wurde,
was Mißverständnisse bei der Lektüre verursachen konnte. Franz (1939) hebt
sich heraus, da er viel mehr bietet, als der Titel *Die Sprache Shakespeares* verspricht: das Buch zeigt Ansätze zu einer umfassenden Grammatik des Fne.

Die stiefmütterliche Behandlung der fne. Epoche ist besonders unverständlich
wegen ihrer Bedeutung für die engl. Sprachgeschichte, in der sich die entscheidenden Strukturen der ne. Schriftsprache herausbildeten. Dieselbe Vernachlässi-
gung findet sich im akademischen Unterricht: Einführungen ins Fne. stehen weit
hinter den Zahlen der Alt- und Mittelenglischkurse zurück.

Nach den genannten Daten ist es nicht verwunderlich, daß einführende Darstellungen für das Fne. fast gänzlich fehlen. Barber 1976 ist ein erster umfas-
sender Versuch; sein Buch erschien, als die Planung der ersten Auflage dieses
Buches und die Textauswahl weitgehend abgeschlossen waren. Ich konnte mich
aber durch viele seiner Fragestellungen neu anregen lassen und auch einige
Kurztexte (t8, 55f.) neu aufnehmen; diese Hilfe sei hier dankbar gewürdigt.

Das vorliegende Buch schließt sich methodisch eng an meine *Sprachgeschichte* ²1982 an; die stärker auf die Methode des funktionellen Strukturalismus
gerichteten Erörterungen, insbesondere die Einführungen zu Beginn jedes Kapi-
tels, werden hier jedoch nicht wiederholt. Die Bücher können sich vielmehr in

sinnvoller Weise ergänzen. Auch machten in meiner *Sprachgeschichte* die Beschränkung auf Bibelübersetzungen und die Zielsetzung, die großen Struktur-
wandlungen der engl. Sprache zu beschreiben, die Annahme einer weitgehenden
Homogenität nötig. Dies Verfahren ist für das Fne., das gerade die Periode des
Ausleseprozesses aus koexistierenden Varianten darstellt, offensichtlich nicht
ausreichend und muß durch stilistische und soziolinguistische Ansätze ergänzt
werden (1.1).

Das Buch ist als Arbeitsbuch für Proseminare gedacht, kann aber auch im
Selbststudium oder zur Wiederholung nützliche Dienste leisten. Zur Über-
prüfung des Gelesenen und für weitergehende Fragestellungen sind Aufgaben/
Fragen (F) eingestreut, die zum großen Teil das Einüben sprachwissenschaft-
licher Arbeit an Texten des Korpus ermöglichen sollen. Literaturangaben geben
sowohl die Quellen meiner Argumente an als auch Hinweise zur ausführlicheren
Beschäftigung mit Einzelproblemen. Vollständigkeit in der Beschreibung der
Sprache ist nicht angestrebt; das Buch ersetzt also keine Grammatik des Fne.

Die Texte sind nach sprachlichen, nicht aber nach literarischen Kriterien
ausgewählt (auch wenn die Literatur und die Geistes-/Kulturgeschichte angemessen berücksichtigt worden sind). Diese Auswahl spiegelt das vorläufige
Ergebnis eines Ausleseprozesses mehrerer Jahre. Sie kann nicht als "repräsentativ" gelten, weil diese Forderung für das Fne. auf 150 Textseiten sowieso
nicht zu erfüllen ist. Außerdem haben die Texte zum großen Teil Belegfunktion:
die einleitende Grammatik muß die Texte ausreichend beschreiben; daneben
sollten möglichst alle Erscheinungen der Grammatik an Textvorkommen gezeigt
werden können. Die Sammlung kann aber auch deshalb nicht als abgeschlossen gelten, weil textlinguistische Methoden und die linguistische Interpretation
literarischer Texte nicht so weit entwickelt sind, daß der Blick für diese Fragestellungen beim Auswählen genügend geschärft wäre. Daß nur wenige Texte
als Ganzes gedruckt werden konnten, ist ebenso bedauerlich wie unumgäng-
lich; die Quellenangaben sollen aber dazu anregen, die Textstücke in ihrem
größeren Textzusammenhang zu lesen. Bei einigen Themengruppen ergeben
sich auch unvermeidliche Überlappungen mit bestehenden Textsammlungen
zum Fne. (vgl. die Bibliographie zu den Texten). Diese zweite Auflage ist um
16 Texte (T51-66) erweitert, die dazu beitragen sollen, besonders dem 17. Jahrhundert das Gewicht zu geben, das ihm zukommt. Außerdem ist als Orientie-
rungshilfe eine Übersicht über die geschichtlichen Ereignisse der Zeit beige-
fügt; die Daten stammen aus vielen Quellen, aber ich habe mich vom Beispiel
von Frerichs (1970) anregen und leiten lassen. Diese Ergänzungen gehen auf
Überlegungen zurück, die ich bei der Vorbereitung der englischen Ausgabe
dieses Buches (Görlach 1991) angestellt habe. Erfahrungen, die ich bei der
Übersetzung gewonnen habe, sind weitgehend in diese überarbeitete deutsche
Fassung eingeflossen.

Das Buch ist in Proseminaren seit vielen Semestern erprobt. Meinen Studenten habe ich für Fragen zu danken, die mich angeregt haben, manches anders zu

formulieren. Charles Barber, Hans Käsmann, Vivian Salmon und Helen Weiss danke ich für kritische Hinweise, A.J. Aitken für seine Hilfe bei der phonetischen Umschrift (4.8.4.) und meinen MitarbeiterInnen am Lehrstuhl für die Herstellung einer computergerechten Vorlage, ein Verfahren, das auch eine gründliche Überarbeitung möglich machte. Hierbei war die Hilfe von Sibylle Wosnitza besonders wertvoll. Herrn Dr. Carl Winter danke ich für die Anregung, diese zweite Auflage im Universitätsverlag C. Winter erscheinen zu lassen.

Möge das Buch dazu beitragen, das sprachwissenschaftliche Interesse an einer der wichtigsten Epochen der englischen Kulturgeschichte weiter zu beleben.

Chronologischer Überblick

Zeit- und Sozialgeschichte Gebiete in Übersee Wissenschaften, Erfindungen		Literatur, Philosophie, Musik	
1476	Einführung des Buchdrucks in England durch Caxton (T1, T2).		
1485-1509	Henry VII (Tudor), verheiratet mit Elizabeth von York.		
1488-1513	James IV von Schottland (Stuart) verheiratet mit Margaret Tudor.		
1495	Gründung der Universität von Aberdeen.		
1496-1498	Entdeckungsreisen der Cabots begründen Englands erste Ansprüche auf Kanada.	1503	Dunbar (1460-1520), schott. satir. Dichter, *The Thistle and the Rose*.
1509-1547	Henry VIII (Tudor; T37A).	1509	*Everyman*, bedeutendstes engl.
1513	Sieg der Engländer über die Schotten bei Flodden.		Moralitätenspiel.
1513-1542	James V von Schottland (Stuart)		
		1515	Douglas' Vergilübersetzung (T18, T21).
		1516	Th. More (1478-1553), *Utopia*, beschreibt den idealen Staat.
1521	Der Papst verleiht den Titel 'Fidei Defensor' an Henry VIII.	1525	Tyndales (1492-1536) *Neues Testament* auf Engl. (T19).
1532-1534	Bruch mit Rom.		
1534	*Act of Supremacy*; Henry VIII *'only Supreme Head in earth of the Church of England called Anglicana Ecclesia'*. Beginn der engl. Reformation.		
1535	Th. More (*1478) und J. Fisher (*1459) enthauptet wegen ihrer Weigerung, Henry VIII als Oberhaupt der Kirche zu akzeptieren.	1535	Engl. Lyrik: Surrey (1517?-47; T21), Wyatt (1503?-42). Engl. Humanismus: Elyot (1490?-1547; t22, t49), Ascham (1515-68; t24), Th. Wilson (1525-81; T4).
1536	Wales endgültig annektiert.		
1536-1538	Auflösung der Klöster.		
		1540	Sir D. Lyndsay, *Ane Satyre of the Thrie Estaits*.
1542-1567	Mary Stuart, Königin von Schottland.		
1547-1553	Edward VI (T37B); kathol. Gottesdienst abgeschafft; Bilder aus Kirchen entfernt.	1549	Lily & Colet, *Grammar* (T3). Erzbischof Cranmers *Common Prayer Book* (überarbeitet und ganz auf Engl. 1552).
1553-1558	Mary I ('*Bloody Mary*'), verheiratet mit Philipp von Spanien. Päpstl. Macht wiederhergestellt.	1553	Th. Wilson, *Arte of Rhetorique* (T4).

Zeit- und Sozialgeschichte Gebiete in Übersee Wissenschaften, Erfindungen	Literatur, Philosophie, Musik
1555-1558 Verbrennung protest. Märtyrer (Th. Cranmer).	
1558 Calais verloren (engl. seit 1347).	
1558-1603 Elizabeth I (Tudor; T20D, T38, T42).	1559 Engl. Seneca-Übersetzung von
1560 Presbyterian. Kirche Schottlands von J. Knox begründet.	J. Heywood.
1562 Beginn des engl. Sklavenhandels (J. Hawkins).	1562 *Gorboduc or Ferrex and Porrex*, erste engl. Tragödie in Blankversen, von Sackville und Norton.
	1564 W. Shakespeare in Stratford on
ca. 1565 Beginn des Puritanismus	Avon geboren († 1616).
1567 Erzwungene Abdankung Mary Stuarts (1568 Flucht nach England).	1569 J. Hart, *An Orthographie* (T6).
ab 1570 Fahrten von F. Drake in die Karibik.	1570 R. Ascham, *Scholemaster* (postum)
Sir W. Raleigh (1552?-1618), Dichter, Höfling, Entdecker.	1574 D. Lyndsay, *Buke of the Monarchie* (T51).
	ab 1575 E. Spenser (ca.1552-1599), *Shepheardes Calender*; *Faerie Queene* (T23, T24).
	1577 Holinshed (ca.1520-ca.1580), *Chronicles of England, Scotland, and Ireland*; Quelle der meisten von Shakespeares Historien.
	1579 Nortons Plutarchübersetzung.
	1580-82 Bullokar und Mulcaster (T7, T8).
1582 Gründung der Universität von Edinburgh.	1582 Rheims *Neues Testament* (T18C, T19).
1583-1585 Erster Versuch einer engl. Siedlung in Nordamerika.	
1587 Hinrichtung Mary Stuarts (vgl. T42).	ab 1587 Ch. Marlowe (1564-93), *Tamburlaine, Doctor Faustus, The Jew of Malta*.
1588 Armada. Ende der spanischen Seeherrschaft.	
1589-1600 Hakluyts *Principal Navigations*.	1589 Puttenham, *Arte of Engl. Poesie* (T11).
	1590 Ph. Sidney (1554-86), *Arcadia* (T26); 1595 *Apologie* (T27).
	ab 1591 Shakespeares Dramen; Beginn der großen Zeit des engl. Theaters: J. Lyly (1554-1606), Dramatiker und Schriftsteller, *Euphues* (T25;

Zeit- und Sozialgeschichte Gebiete in Übersee Wissenschaften, Erfindungen	Literatur, Philosophie, Musik
	-> *Euphuism*); Th. Kyd (1558-94), *The Spanish Tragedy*; B. Jonson (1573-1637), Dichter, Dramatiker und Grammatiker (T14); Beaumont (1584-1616) und Fletcher (1579-1625).
	1594 R. Hooker (1554-1600), Theologe, *Laws of Ecclesiastical Polity*. Th. Nash (1567-1601), Pamphletschreiber, Satiriker; erster engl. Abenteuerroman, *The Life of Jack Wilson*.
1600 Gründung der East India Company.	ab 1596 Shakespeares große Komödien, *The Merchant of Venice, As you like it, Twelfth Night* (T31).
1601 Eroberung Irlands.	ab 1601 Shakespeares große Tragödien,
1603-1625 James I (1567-1625), König von England (= James VI von Schottland; Stuart; T28, T29, T42).	*Julius Caesar, Hamlet, Othello, King Lear, Macbeth* (T31).
1603 Personalunion zwischen England und Schottland.	
1605 Gunpowder Plot (Guy Fawkes) schlägt fehl.	1605 F. Bacon (1561-1626), *Advancement of Learning* (T13), *Novum Organum, Essaies* (T30).
1607 Erste dauerhafte engl. Siedlung in der Neuen Welt.	
1609 Unter James I siedeln sich 12.000 engl. und schott. Protestanten in Nordirland an (*Plantation of Ulster*).	1610 Douai *Old Testament*: vollständige kathol. Bibel auf Englisch.
1620 Landung der Pilgerväter in Plymouth (Massachusetts, T54).	1611 *Authorized Version* der Bibel (AV = *'King James' Bible'*; T18D).
ca. 1620 Erste afrikanische Sklaven nach Nordamerika.	J. Donne (1572-1631), *metaphysical poetry*.
1625-1649 Charles I (Stuart), königliches Gottesgnadentum.	1623 Vollständige Ausgabe der Werke Shakespeares (*First Folio*, T31).
1628 *Petition of Rights* wird dem König aufgezwungen. W. Harvey veröffentlicht einen Essay über den Blutkreislauf.	
1629-1640 Willkürherrschaft von Charles I. Keine Einberufung des Parlaments.	
1633 Gründung der ersten Baptistengemeinde.	

Zeit- und Sozialgeschichte Gebiete in Übersee Wissenschaften, Erfindungen	Literatur, Philosophie, Musik

1637   Analytische Geometrie (Fermat, Descartes).
1638   *National Covenant of Scotland* weist königl. Gottesgnadentum zurück.
1640   *Long Parliament.*
1642-1649   Bürgerkrieg zwischen *Roundheads* (Puritanern) und *Cavaliers* (Royalisten).
1643   Tasman, ein holländ. Seefahrer, entdeckt den Süden Neuseelands und die Fidschi-Inseln.
 	
1649   Hinrichtung Charles I (30. Jan.).
1649-1650   Cromwells Irlandfeldzug.
1649-1660   England ist *Commonwealth* (Republik). Abschaffung des Oberhauses.
   Beginn der engl. Seeherrschaft.
1652   *Society of Friends* (Quäker) von G. Fox gegründet (T50).
1652-1654   Erster Krieg mit Holland. Ende der holländischen Überlegenheit auf dem Meer.
1654-1658   Cromwells Protektorat des brit. Commonwealth.
   Strenge puritanische Herrschaft. Militärische Gewaltherrschaft.
1655   Eroberung Irlands und Jamaikas.
1660-1685   Charles II - Restauration der Stuarts wird vom Großteil der Bevölkerung enthusiastisch begrüßt. Restauration der anglikan. Kirche.
   Aufstieg des Nonkonformismus.
1660   Gründung der *Royal Society* (T17).
ab 1660   Chr. Wren oberster Bauaufseher; beginnt nach 1666 den Wiederaufbau der Londoner City (St. Paul's usw.).
1661   R. Boyle (1627-91), *The Sceptical Chemist* ('Grundstein der modernen Chemie').
	1642 Erlaß gegen Theaterstücke, weltliche Musik, öffentliche Vergnügungsveranstaltungen usw. (Todesstoß für *'Merry Old England'*).
	1644 J. Milton (1608-74), Dichter und Prosaautor, *Aeropagitica* (eine Verteidigungsschrift der Pressefreiheit), *Paradise Lost* (1667; T33, T34).
	ab 1649 Milton 'latein. Sekretär' von Cromwell.
	
	1651 Th. Hobbes (1588-1679), *Leviathan* (Verteidigung der absoluten Monarchie; T57).
	
	ab 1660 Wiedereröffnung der Theater.
	   J. Dryden (1631-1700), Gedichte und Dramen, erster *Poet Laureate* (T15, T18H, T21).
	   Restaurationskomödie:
	   W. Wycherley (1640-1715) und W. Congreve (1670-1729).

Zeit- und Sozialgeschichte Gebiete in Übersee Wissenschaften, Erfindungen	Literatur, Philosophie, Musik
1662 Gasgesetz (R. Boyle).	
1663 Carolina wird engl. Kolonie.	ab 1663 S. Butler (1612-80), *Hudibras*
1664 Inbesitznahme von New	(Satire über die Puritaner).
Amsterdam (New York).	
1665 Große Pest in London.	
1666 Brand von London.	
ab 1666 I. Newton (1642-1727), Natur-	
philosoph, Pionier der modernen	
Mathematik, Physik, Astrono-	
mie; begründete die Differen-	
zial- und Integralrechnung;	
entdeckte das Gesetz der	
Schwerkraft (1682).	
1667 Erwerb der Goldküste	1667 Th. Sprat, *History of the Royal*
(Westafrika).	*Society* (T17).
	1668 Th. Wilkins, *Essay* (t41).
1673 *Test Act* (gegen Katholiken und	
Nonkonformisten).	1678 J. Bunyan (1629-88), *The Pilgrim's*
1679 *Habeas Corpus Act.*	*Progress*, 1. Teil (T60).
1682 Gründung Pennsylvanias durch	
den Quäker W. Penn.	
1685-1688 James II, katholischer König.	
1688 *Glorious Revolution.* James II	ab 1688 H. Purcell (1659-95), bedeutendster
flieht aus England.	engl. Komponist, *Dido and Aeneas*,
1689-1694 Mary II, Tochter James II, aber	erste engl. Oper für die moderne
Protestantin, gemeinsames	Bühne.
Staatsoberhaupt mit William III.	
1689-1702 William III of Orange und	
Mary unterzeichnen die	
1689 *Bill of Rights*, die die	
Souveränität des Parlament	
garantiert.	
1689 Große Allianz gegen	
Ludwig XIV; Gleichgewicht der	
Mächte als leitendes Prinzip	
von Williams Außenpolitik.	
Toleration Act (gilt nicht für	
Katholiken).	
1690 Schlacht am Boyne (Irland).	ab 1690 J. Locke (1632-1704), Philosoph,
William of Orange (ein Prote-	Empirist. *Essay concerning*
stant) besiegt James II (den	*Human Understanding, Two*
kathol. König).	*Treatises of Government, Letter on*
1692 Salemer Hexenprozesse (T64).	*Toleration* (intellektueller Protest
1695 *Licensing Act* nicht erneuert:	gegen den Absolutismus; T63).
Pressefreiheit.	

1 Einleitung

1.1 Synchronie und Diachronie

Die engl. Sprache ist, wie jede lebende Sprache, beständigem Wandel unterworfen; jeder Text aus einer früheren Epoche macht dies bewußt. Dieser Wandel bedeutet auch, daß jede Sprachstufe ihre eigene Beschreibung (Grammatik) erfordert und daß diese angeben muß, für welche Texte sie gelten soll (Anfang und Ende der Periode, geographische und soziale Komponenten, Verwendungsweisen der beschriebenen Sprache).

Nun sind die Werke Shakespeares und Ben Jonsons, Miltons und Drydens sowie die Bibel von 1611, obwohl die Texte eindeutig fne. sind, auch sprachliche Gegenwart, in bestimmten Registern Teil des ne. Systems und Teil der (passiven) Kompetenz der Sprecher des Ne. Dieses Hineinragen der Diachronie in die Synchronie ist jedoch nicht vollständig und nicht ohne Probleme der sprachlichen Beschreibung wie der beteiligten Kompetenzen.

Fne. Texte begegnen üblicherweise in moderner Orthographie und Interpunktion, und auch die Aussprache auf der Bühne und von der Kanzel ist die des Ne. Dagegen ist die Syntax weitgehend unangetastet, bringt aber (außer bei stark latinisierten Texten) kaum ernsthafte Probleme des Verstehens - allenfalls erscheint manches in ne. Sicht als merkwürdig oder fehlerhaft.

Die größten Probleme ergeben sich beim Wortschatz. Für einfachere Kontexte, die ohne historisches Wörterbuch verständlich sind, wird ein Übersetzungsvorgang aus dem archaischen Register nötig (AV *with a girdle of a skin about his loines* entspricht *with a leather belt round his waist* in NEB). Andere Passagen bleiben unverständlich oder enden in vorhersagbaren Mißverständnissen. So ist eine Zeile wie Hamlets *Thus conscience does make cowards of vs all* problematisch: *does make* wird irrtümlicherweise als 'emphatisch' interpretiert werden, während der hier gemeinte Inhalt von *conscience* vom Ne. her nicht erschließbar ist (vgl. 7.7.1).

Schon diese wenigen Beispiele machen klar, daß das Fne. nicht vollständig als Teilsystem des Ne. (mit dem Registermerkmal 'archaisch') beschrieben werden kann, sondern eine synchrone Beschreibung benötigt, die auf den eigenen Strukturen des Fne. aufbaut. Die fne. Bestandteile im Ne. verweisen aber auf eine mögliche stilistische Schichtung, die ansatzweise auch für das Fne. selbst anzunehmen ist (Archaismus, 7.1.4).

1.2 Grammatikmodell

Für die Form einer synchronischen Beschreibung des Fne. gibt es verschiedene Möglichkeiten. Es wäre verlockend, die sprachliche Kompetenz eines Sprechers des Fne. (und Sprachwandel zum Ne. hin als Kompetenzwandel) beschreiben zu können. Für solch eine Grammatik fehlt aber die zentrale Voraussetzung: es gibt keine fne. Sprecher in fne. Umgebung, die über die Grammatikalität und Akzeptabilität von Äußerungen entscheiden könnten. Hinzu kommt im Fne. die starke Gliederung in Varietäten (2.), die es angesichts ungelöster Beschreibungsprobleme in Transformationsgrammatiken von Gegenwartssprachen noch weniger angeraten erscheinen läßt, solch ein Modell einem einführenden Werk zugrundezulegen. (Vgl. zusammenfassende Wertungen des Beitrags der generativen Transformationsgrammatik für die historische Sprachwissenschaft in Cherubim 1975:37-44; Bynon 1977:108-69).

Eine adäquatere Beschreibungsgrundlage scheint eine Verbindung der Ansätze des funktionellen Strukturalismus (Prager Schule, Martinet, Coseriu) mit Methoden und Erkenntnissen neuerer soziolinguistischer Forschung (vgl. die Varianten-Problematik bei Labov und in der Kreolsprachenforschung). Auch für ein solches Modell werden natürlich entscheidende Einschränkungen deutlich, die durch die Quellenlage gegeben sind, jedoch erscheint die Datenbasis für das Fne. (soweit sich historische Sprachstufen überhaupt so beschreiben lassen) verhältnismäßig günstig.

1.3 Quellen

1. Texte, aus denen sich eine Grammatik der fne. Sprache zusammenstellen läßt, stehen in überreichem Maße zur Verfügung (1.5; moderne Ausgaben sind allerdings meist in Orthographie, Zeichensetzung, Flexion und teilweise auch im Wortschatz modernisiert!) Doch wird jede aus diesen Texten abgeleitete Grammatik eben nur eine Grammatik dieser Texte sein, also nicht eine vollständige Beschreibung der Sprache der Zeit darstellen. Auch ist unklar, ob der moderne Grammatiker befugt ist, Fehler zu erkennen und zu verbessern, oder wieweit jedes Dokument der Zeit mehr Autorität besitzen sollte als das Grammatikverständnis des modernen Sprachwissenschaftlers. Statistische Angaben sind eine fragwürdige Grundlage zur Beurteilung von Grammatikalität, aber selbst diese stehen für das Fne. selten zur Verfügung (vgl. aber Konkordanzen wie Spevack 1972 oder Einzeluntersuchungen mit starker Betonung der Statistik wie Ellegård 1953). Der Wert der sowieso schon brüchigen Datenbasis wird weiter eingeschränkt durch:

Lücken der Überlieferung: Obwohl Drucke der Zeit mit größerer Wahrscheinlichkeit erhalten sind als die Handschriften des Mittelalters, wissen wir doch von zahlreichen verlorenen Werken (vgl. Williams 1978). So ist von Deloneys *Jack of Newbury* kein Exemplar der ersten sieben Auflagen erhalten (Baugh [2]1967:432), und von vielen Dramen sind nur die Titel aus Henslowes *Diary* bekannt. Unter den Werken, die handschriftlich überliefert sind und erst im 19./20. Jh. gedruckt wurden, finden sich sprach- und literaturgeschichtlich so wichtige Texte wie Nisbets Umsetzung der Wyclifbibel ins Sc. (t7, 1513-22, gedruckt 1902), Chekes Teilübersetzung der Evangelien (t30, ca. 1550/1843), John Harts *The opening of the unreasonable writing of our inglish toung...* (1551/1955) und Sidneys ursprüngliche Fassung der *Arcadia* (*"Old Arcadia"*, 1577-81/1926, 1973; vgl. T26). Noch vergänglicher sind natürlich persönliche Dokumente (Briefe, Tagebücher wie T40, usw.), die am wenigsten von der Standardisierung betroffen waren und deshalb oft wichtige Zeugnisse für die Varietäten des Fne. sind.

Einheitlichkeit der Schriftsprache: Gedruckte Texte der Zeit spiegeln nur in Spuren die Unterschiede, die nach anderen Zeugnissen in der gesprochenen Sprache vorhanden waren. Wo z.B. Dialekte im Druck erscheinen, da sind sie (2.4.1) in Drama oder Hirtendichtung meist Teil einer literarischen Konvention, und entsprechend stilisiert und idealisiert. Ähnliches gilt für Darstellungen der Umgangssprache oder der Sprache der unteren Schichten im Drama der Zeit (2.6).

Fragliche Originaltreue der Texte: Gedruckte Texte spiegeln nur in Ausnahmen (t31-34, 36; T5) die Sprachform der Autoren. Selbst handschriftliche Texte (Briefe, Tagebücher) sind oft von Sekretären geschrieben oder nur in Abschriften erhalten. Für die Überlieferung von Drucken bieten die Dramen Shakespeares ein anschauliches Beispiel: als Druckvorlage der frühen Ausgaben dienten zum Teil Handschriften aus dem Besitz der Schauspielgruppe oder in Aufführungen mitgeschriebene Texte. Die Folioausgabe F1 basiert zwar auf guten Manuskripten, die von Schauspielern sorgsam durchgesehen wurden; an der Druckvorlage arbeiteten aber mindestens fünf verschiedene Setzer, deren Eigenheiten Hinman (1968:xviii) wie folgt charakterisiert: A was "faithful to copy - which he sometimes misread"; B "took all manner of liberties"; E "tried hard, but succeeded badly"; danach wurden die Fahnen sehr unterschiedlich genau korrigiert. Der Text des *Autors* ist somit an vielen Stellen fraglich und kann oft auch durch sorgsame Textkritik nicht sicher wiederhergestellt werden.

▸ **F1** Diskutieren Sie linguistische Probleme der Textüberlieferung anhand von T31B/ 57f., 103 (*sonnet, beetles, cerments, Porpentine*), T31C/12 (*ballow*) und *Othello* (F1 S.826/1012 *Loueliness in fauour*).

2. Wörterbücher: Über den Wortschatz und Wortbedeutungen geben Wörterbücher Auskunft, bis 1604 nur zweisprachige, meist lat.-engl. (vgl. die Auswahl aus Cotgrave 1611, t47).

3. Grammatikerzeugnisse: Mit der Renaissance beginnt eine intensive Beschäftigung mit der engl. Sprache, teilweise ausgelöst durch den Vergleich mit dem Lat. und die daraus folgende Erkenntnis, daß das Engl. nicht genügend geordnet, ausdrucksfähig und stilistisch elegant sei (2.9). Im 16. Jh. stehen bei den Grammatikern Probleme der Orthographie(reform) (3.5) und des Wortschat-

zes (7.3) im Vordergrund. Der Wert der Grammatikerzeugnisse ist sehr unterschiedlich. Zu berücksichtigen sind bei der Einschätzung (Graband 1965:8f., Horn-Lehnert 1954:110ff.):

a) Heimat, Lebensweg, Stand und Alter der Grammatiker; deren Haltungen variieren von unbefangenen Beobachtern bis zu Wissenschaftlern, die von bestimmten Theorien ausgehen.

b) Zielsetzung der Grammatik (deskriptiv oder eher präskriptiv?).

c) Abhängigkeit von einer Grammatiktradition, z.B. die Stärke des Einflusses der Lateingrammatik.

d) Die allgemein konservative Einstellung der Grammatiker.

So finden sich Fehlurteile und Lücken z.B. in der Aussprache von Homophonen, deren Lautung verschieden gehört wird, nur weil die Schreibung differiert, oder Beschreibungen von im Engl. nicht vorhandenen Kasus- und Tempusformen nach lat. Vorbild (5.2.1). Dagegen werden engl. Kategorien übersehen, die im Lat. keine Entsprechung haben, wie Aspekt und die Funktionen von *do* (6.5.6, 6.6) usw.

4. Äußerungen von Dichtern, Kritikern und Antiquaren. Wie T1-34 belegen, ist die Fülle und die Vielfalt zeitgenössischer Stellungnahmen zur engl. Sprache sehr groß. Das darf nicht darüber hinwegtäuschen, daß die meisten Meinungen parteiisch sind und sorgsam in ihrem Kontext geprüft werden müssen. Außerdem sind die erwähnten Bereiche sehr unterschiedlich vertreten (viel zum Wortschatz, einiges zur Aussprache, wenig zur Syntax), und fast alle Äußerungen beziehen sich auf die entstehende Standardsprache.

1.4 Kulturgeschichtliche Hintergründe

Die erwähnten Lücken finden sich auch in anderen Wissenschaften, die sich mit der Zeit von 1500 bis 1700 beschäftigen. Historische Geographie, Sozialwissenschaft, Religions- und Wirtschaftsgeschichte und andere Disziplinen können nur Bruchteile der Informationen bereitstellen, die sich ein moderner Soziolinguist leicht beschaffen und dann als Grundlage für seine empirische Sprachforschung verwenden kann. Aber selbst wo fne. Zeugnisse von den Einzelwissenschaften ausgewertet sind, ist es kaum möglich, alle Informationen auf die sprachlichen Daten anzuwenden und Sprachverwendung und Wandel zu interpretieren. Obwohl also die Ergebnisse Labovs und anderer Soziolinguisten veranschaulichen, wie sprachliche Schichtung als geordnete Vielfalt zu beschreiben wäre, lassen sich diese Verfahren auf die Sprachgeschichte (vor 1900) nur mit entscheidenden Einschränkungen übertragen. Ein Punkt, in dem kulturgeschichtliches Sachwissen besondere Relevanz für die Deutung der sprachlichen Daten hat, sei exemplarisch herausgegriffen:

1.5 Buchproduktion und Lesefähigkeit
(Bennett 1952, 1965, 1970)

Schon im 15. Jh. war mit der Verbreitung des billigen Papiers, dem nachlassenden Gebrauch des Lat. und Frz. und dem steigenden Interesse der Bürger an religiöser, enzyklopädischer und unterhaltender Literatur die Buchproduktion sprunghaft angestiegen, auch wenn die Tatsache, daß jedes Exemplar abgeschrieben werden mußte, der "Auflage" enge Grenzen setzte. Die Produktion umfaßte hauptsächlich religiös-erbauliche Werke (für Klöster oder Privatleute), Schulbücher (Katechismen, Lateingrammatiken, Wörterbücher), Sachbücher (über Haushalt, Landwirtschaft und Jagd, Medizin, engl. Geschichte) und Literatur im engeren Sinn (Chaucer, Lydgate). Privates Lesen ersetzte zunehmend das Vorlesen oder den öffentlichen Vortrag.

Im 16. Jh. blieb die Masse der Alltagsliteratur dieselbe. Bemerkenswert ist das weitere Anwachsen der engl. Titel in den populärwissenschaftlichen Darstellungen, der Historie und Geographie. Daneben gab es eine reiche Übersetzungsliteratur, meist aus dem Frz., doch der Akzent lag auch hier zunächst auf dem Praktischen und Erbaulichen: im Gegensatz zu Frankreich blieben die meisten Werke der klassischen Antike bis 1560-90 unübersetzt.

Die Erfindung des Buchdrucks und seine Verbreitung in England durch Caxton seit 1476 bedeutete ein sprunghaftes Anwachsen der Buchproduktion, die durch eine große Ausweitung des lesefähigen Publikums gefördert wurde. Für den Zeitraum von 1476 bis 1640 sind im STC 25000 Titel aufgezählt, mit Sicherheit weit mehr als in der ganzen vorausgehenden engl. Geschichte. Über die Auflagenhöhen ist wenig bekannt; in vielen Fällen hat sie sich auf hundert Exemplare beschränkt, aber von einem Schulbuch wie Lilys (T3) erschienen jährlich bis zu 10000 Stück.

Der Umfang der literarischen Produktion ist von einer Vielzahl von Faktoren abhängig. Besonders im späten 16. Jh. kann man aber von einem Zusammentreffen mehrerer günstiger Bedingungen sprechen:

a) Der Anteil der Lesefähigen war durch den Ausbau der Schulbildung so groß wie nie zuvor und vielleicht bis ins 19. Jh. nicht wieder.
b) Die zahlreichen Theater und das aus allen Schichten gemischte Publikum boten Anreiz, mehr Dramen zu schreiben.
c) Die neue Wissenschaft verstärkte das Interesse an Sprache, Literatur und Rhetorik.
d) Die zahlreichen Absolventen der Universitäten versuchten, falls sie von Staats- oder Kirchenkarriere ausgeschlossen waren, vom Schreiben zu leben (Lewis 1954:394).

Genaue Angaben zur Lesefähigkeit sind nicht zu ermitteln; es gibt wenige und nur ungenaue zeitgenössische Äußerungen. Indirekte Zeugnisse aber bilden die wachsende Zahl der Drucker und der Buchtitel, die auf einen expandierenden Markt deuten (1500: 54 Titel, 1550/214, 1640/577), und die Gründung zahlreicher Grammar Schools im 16. Jh. Die Lesefähigkeit scheint um 1600 einen Höhepunkt erreicht zu haben; sie setzte sich in den oberen Schichten, auch unter den Frauen, durch und verbreitete sich bis in die unteren Schichten bei den Absolventen der *Pettie Schools*. Grammatiken und Wörterbücher (seit 1604, t43) stellten sich bewußt das Ziel 'kompensatorischer' Spracherziehung, besonders der Jugend und der Frauen.

Bei einer Einschätzung der Einflüsse der Erziehung auf die Sprache der Zeit ist zu betonen, wie stark Bildung als Spracherziehung verstanden wurde; so erklären sich die Einflüsse der Rhetorik (2.8.1) und die Freude am Sprachspiel, wie sie in den Dramen der Zeit auftreten. Sprachliche Bildung - auch in der *engl.* Sprache (2.9) - wurde entscheidende Voraussetzung für sozialen Aufstieg.

2 Varietäten des Frühneuenglischen

2.1 Einführung
(Görlach 1990, 1994)

Ein Zeitraum von 200 Jahren, d.h. von sieben Generationen, in dessen Verlauf
sich eine Standardsprache herausbildet, kann nur unter Ausklammerung des
Wandels und geographischer und sozialer Variation, also nur auf sehr abstrakter
Ebene und unter Verzicht auf sehr viele Details als einheitliches System be-
schrieben werden. 'Das' Fne. bietet demnach ein Musterbeispiel dafür, daß die
Annahme eines homogenen und stabilen Sprachsystems innerhalb einer Periode
ungerechtfertigt ist. Gerade die Vielfalt der Lekte ('Subsysteme' sind wiederum
Idealisierungen) bildet die Voraussetzung für Sprachwandel in fne. Zeit, der
zum großen Teil aus der Auswahl und dem Festwerden einer der vorhandenen
Varianten besteht.

Das funktionale Nebeneinander der Varianten sollte nach Labov sozial erklärt
werden; dafür fehlen aber in den meisten Fällen elementare Informationen, so
daß doch wieder auf eine aus den Texten gewonnene Beschreibung von Subsystemen zurückgegriffen werden muß. Eine vergleichende Darstellung in Form
von Diasystemen ist möglich (und wäre z.B. auf der Basis von T36 : T36A
lohnend), rechtfertigt in den meisten Fällen aber nicht den Aufwand.

Das Nebeneinander von regionalen (diatopischen), sozialen (diastratischen),
zeitlichen (diachronischen) und stilistischen (diaphasischen) Varianten wird
durch die Entstehung des Standards und durch das Wachsen von Sprach- und
Literaturtheorie im Fne. zum ersten Mal in der engl. Sprachgeschichte in eine
erkennbare (und verpflichtende) Ordnung gebracht. Die zunehmende Zentralisierung, besonders das übermäßige Anwachsen der Bevölkerung Londons (2.4.1)
und die auffällig steigende Mobilität der Gesamtbevölkerung bewirken, daß sich
die Londoner Prestigeformen wellenförmig in die Dialekte ausbreiten (T11, t3),
wobei zuerst die Schriftsprache und die Städte erfaßt werden. Außerdem zeigt
der Sprachgebrauch der verschiedenen Schichten stärkere wechselseitige Beeinflussung; ist die Sprache der Gebildeten als unmittelbares Vorbild prägend für
die Mittelschicht, so setzt sich die Aussprache der Unter-/Mittelschichten (besonders als Folge der Umschichtungen im 17. Jh.) weitgehend durch - allerdings
mit starken korrigierenden Einflüssen der Schultradition.

Das Nacheinander im Prozeß der Ausbreitung läßt sich so oft als ein voraus-
gehendes Nebeneinander von Elementen beschreiben (4.3.4), während sich die
Reflexe der wellenförmigen Ausbreitung des Standards noch heute teilweise in
geographischer Projektion in ländlichen Dialekten wiederfinden (Horn-Lehnert

1954:69f.: "Eine Sprachreise von Schottland über Nord- und Mittelengland läßt uns ein ganzes Stück Sprachgeschichte erleben").

▶ **F2** Wird Horns Ansicht durch die Beschreibung Reyces (t3) und Puttenhams (T11) für die Zeit um 1600 bestätigt?

2.2 Periodisierung

Da Sprachwandel sich kontinuierlich vollzieht, müssen Grenzlinien zwischen Perioden immer mehr oder weniger willkürlich angesetzt werden. Es bietet sich an, diese Grenzen dort zu ziehen, wo sich innersprachliche Veränderungen und außersprachliche Entwicklungen mit offensichtlichen Auswirkungen auf die Sprache bündeln (die runden Jahreszahlen sind konventionell). Für die Begrenzung des Fne. werden folgende Daten angeboten:

1500-1700 (Dobson ²1986, Graband 1965, ohne nähere Begründung; Görlach ²1982);
1500-1660 (Baugh & Cable ⁴1993, Schlauch 1959 "The Renaissance");
1500-1800 (DEMEP 1976);
1476-1776 (*Cambridge History*, Lass 1994);
1540-1750 (Partridge 1969:13 "New English").

Dabei sprechen für eine Grenze zum Me. um etwa 1450-1500:

1. Die zunehmende Ausbreitung des geschriebenen Standards und seine starke Vereinheitlichung (ab 1450 können engl. Texte allgemein nicht mehr lokalisiert werden); Beginn des Buchdrucks 1476.
2. Die Einschränkung der Flexion auf /s, əθ, əst, ər, ing, əd, ən/.
3. Das Ende des Rittertums, abgelöst durch Renaissancefürsten und Höflinge (Ende der Rosenkriege 1471 und Beginn der Tudordynastie 1485).
4. Der Beginn des Humanismus in England (Oxford Reformers, 1485-1510).
5. Die Trennung der engl. Staatskirche von Rom 1534.
6. Die Entdeckung Amerikas 1492.

▶ **F3** Zeigen Sie den Zusammenhang von Geschichte und Sprachwandel an den oben genannten Daten.

Das 15. Jh. ist allerdings sprachlich wie kulturgeschichtlich eine Übergangszeit. Man muß sich also klarmachen, daß viele Erscheinungen des 16. Jh. schon im 15. Jh. angelegt sind: der Verfall der Flexionsformen, die Entstehung des Standards aus der Kanzleisprache ab 1430, das Anwachsen der bürgerlichen Leserschaft (1.5). Außerdem entsprechen die *aureate terms* der Dichtersprache des 15. Jh. (außer in der Funktion) den *inkhorn terms* des 16. Jh. (7.3.5), Purismus bei Pecock im 15. dem bei Cheke im 16. Jh., und der Einfluß der lat. Syntax ist bei manchen Autoren des 15. Jh. noch deutlicher als im 16. Jh.

Das Ende der fne. Periode ist schwerer zu bestimmen. Geschichtlich-politisch ist ein Einschnitt am ehesten am Ende des Bürgerkriegs 1660 zu rechtfertigen. Aber auch sprachlich sprechen einige Daten für diese Grenze:

Die detaillierten Untersuchungen Dobsons ([2]1968) haben ergeben, daß bei aller Vielfalt der fne. Aussprache die Sprache der Gebildeten und Grammatiker bis zur Mitte des 17. Jh. erstaunlich stabil geblieben war (4.2): Phonemzusammenfälle wurden im wesentlichen vermieden, und die progressive Aussprache von Einzellauten wurde von der Oberschicht nicht übernommen. Der Grund für diese Einheitlichkeit und relative Stabilität liegt zum Teil in der funktionierenden Schultradition, in der die Aussprache auch durch die (auf me. Distinktionen beruhende) Orthographie gestützt wurde. So scheinen erst die Umschichtungen des Bürgerkriegs "die Schleusen geöffnet" zu haben gegenüber neuen, in anderen Schichten längst eingetretenen Entwicklungen besonders im Lautsystem, bis im frühen 18. Jh. eine neue Periode der Stabilisierung einsetzte. Für die Grenze um 1660 spricht demnach:

1. Der Phonemzusammenfall der Reihen *tale : tail* , *sole : soul* und der Anlaute in *knot : not, gnat : not, wring : ring*, die Spaltung von /u/ und /a/ in *but - put*, sowie die Neuzuordnung der Vokale in *cat - what* sind durchgesetzt.
2. Die Orthographie ist im wesentlichen auf ihrem ne. Stand fixiert.
3. Die Reduktion der Formen der Pronomina und die Einführung von *its* sind abgeschlossen.

Hinzu kommt das Selbstbewußtsein einer neuen Periode, wie es in Drydens Urteil über Ben Jonson und Shakespeare (T15) - gerade auch in sprachlicher Hinsicht - deutlich wird. Dieser Abstand kennzeichnet auch Popes Urteil *As Augustus Rome, so Dryden found English brick, and left it marble.*

Wenn hier trotzdem 1700 als Grenzpunkt gewählt wird, so deshalb, weil zu dieser Zeit die Sprache auch auf anderen Gebieten die Einheitlichkeit erreicht hat, die für das 18. Jh. kennzeichnend ist, also nach dem Kriterium, daß unter 'Fne.' der Weg des Engl. von der überregionalen Durchsetzung der Sprache Londons bis zu einem gewissen Abschluß der Normierung zu sehen ist: die für das Fne. auf allen Gebieten der Grammatik geltende Variation ist um 1700 weitgehend beendet. Für eine Grenze um 1700 spricht demnach:

1. In der Syntax sind verbleibende Redundanzen weitgehend abgebaut und vorhandene Kategorien neu funktionalisiert (6.1.6).
2. Der Gebrauch von Lat. in wissenschaftlicher Prosa hört auf.

▶ **F4**   Diskutieren Sie mögliche Gründe, das Ende des Fne. erst um 1800 anzusetzen.

2.3 Geschriebene : gesprochene Sprache

Jede Rekonstruktion einer Sprachstufe vor 1900 kann vorerst nur das System der geschriebenen Sprache erreichen, die je nach Textsorte unterschiedlich weit von der gesprochenen entfernt sein kann. Direkte Zeugnisse gesprochener Texte sind, wie Barber (1976:48-56) deutlich macht, sehr dürftig: ob es sich nun um vorgeblich wörtliche Mitschriften von Gerichtsprotokollen oder um volkstümliche Szenen im Drama handelt - immer muß mit der glättenden Hand des Bearbeiters gerechnet werden (vgl. King 1941), ähnlich wie bei Zeugnissen fne. Dialekte. Auch die große Anzahl erhaltener Predigten und Reden, Texte, die zum mündlichen Vortrag aufgeschrieben wurden, entfernen sich in ihrer rhetorischen Durchformung von der gesprochenen Sprache; am ehesten spiegelt wohl eine Predigt wie Latimers (T39) freien Vortrag von der Kanzel.

Die zwei Sprachformen unterscheiden sich (bedingt durch die unterschiedliche Kommunikationssituation) auch in der Gegenwart, obwohl fast die gesamte Sprachgemeinschaft beide Medien beherrscht und häufig zwischen beiden zum Ausdruck derselben Themen wechselt. Da nun im Fne. diese beiden Voraussetzungen nicht in demselben Maße gegeben waren, muß mit einem noch stärkeren Auseinanderklaffen der beiden Subsysteme gerechnet werden.

Die geschriebene Sprache unterscheidet sich außerdem durch ihre größere Einheitlichkeit und stärkere Abhängigkeit von Stilnormen und literarisch-rhetorischen Traditionen. Innerhalb des Fne. vollzogen sich nun gegenläufige Entwicklungen im Wechselverhältnis der zwei Subsysteme:
1. Durch die zunehmenden Einflüsse der Schultradition wurden die Beziehungen zwischen Aussprache und Schreibung enger, oft indem die Aussprache der Schreibung angepaßt wurde (4.8).
2. Die zunehmende Verschriftlichung als Folge sich wandelnder Kommunikationsbedürfnisse und die Ausrichtung der geschriebenen Sprache am Latein bringen eine stärkere Entfernung vom gesprochenen Engl. besonders auf dem Gebiet der (Text-)Syntax.

Der stabilisierende Einfluß der schriftlichen Tradition wurde früh gesehen (aber wohl überschätzt), so in Swifts (dem Earl of Oxford zugeschriebener) Beobachtung:

t1   if it were not for the *Bible* and *Common Prayer Book* in the
      vulgar Tongue, we should hardly be able to understand any
      Thing that was written among us an hundred Years ago:
      Which is certainly true: For those Books being perpetually
5   read in Churches, have proved a kind of Standard for Lan-
      guage, especially to the common People.   1712

2.4 Zur geographischen Gliederung des Fne.

2.4.1 *Standard und Dialekt*

Noch zur Chaucerzeit schrieb ein Dichter den Dialekt seiner Heimat oder den des angesprochenen Publikums. Daß Chaucer das Engl. Londons benutzte, liegt an seiner Herkunft sowie an der Sprache des Hofes und der reichen Bürger, für die seine Dichtung bestimmt war. In derselben Zeit schrieb der Gawain-Dichter in dem für Londoner schwer verständlichen Dialekt des westlichen Mittellandes, und die Sprache der *York Plays* ist natürlich die von York. Mit der Entstehung einer Standardsprache ergab sich aber schon im späten 15. Jh. die Gleichsetzung von Standard mit korrektem und Dialekt mit ungeschliffenem und fehlerhaftem Sprachgebrauch. Der Buchdruck trug dann dazu bei, die letzten verbliebenen regionalen Unterschiede schnell einzuebnen, zumal über 98% der engl. Buchproduktion aus London kam (zum Sc. 2.5). Mit der fortschreitenden Durchsetzung des Standards im 16. Jh. wuchs für gebildete Engländer die Notwendigkeit der Anpassung. Schon früh schrieben Grammatiker vor *What the best English is*, so Hart:

```
t2      there is no doubt, but that the English speach, which
        the learned sort in the ruled Latin, togither with
        those which are acquainted with the vulgars Italian,
        French, and Spanish doe vse, is that speach which
5       euery reasonable English man, will the nearest he can,
        frame his tongue therevnto: but such as haue no con-
        ference by the liuely voice, nor experience of reading,
        nor in reading no certaintie how euery letter shoulde
        be sounded, can neuer come to the knowledge and vse,
10      of that best and moste perfite English:          1569
```

Der 'gute' Sprachgebrauch engte sich geographisch zunehmend ein (nach Puttenham T11/50f. auf einen Umkreis von 60 Meilen um London). Entsprechend geringer wurde die Toleranz gegenüber Dialektsprechern: das vielzitierte Beispiel Raleighs, von dem Aubrey sagte, er habe auch bei Hofe seinen Devonshire-Dialekt (-Akzent?) nicht verleugnet, ist deshalb so vielsagend, weil es auf die Konformität der anderen Sprecher schließen läßt. Diese Anpassung zeigt sich auch im Werk Shakespeares, in dem nur wenige Spuren seines Heimatdialekts von Stratford nachzuweisen sind, oder bei James I, der nach 1603 zumindest im schriftlichen Gebrauch peinlich bemüht war, seine sc. Sprache abzulegen.

Zeugnisse fne. Dialekte müssen vor diesem wertenden Hintergrund gesehen werden. Sie sind von dreierlei Art:

1. Texte. Wegen der Standardisierung kann es sich bei Originaltexten nur um Privatdokumente handeln (Briefe, Tagebücher), die in 'Fehlern' dialektale Beimischungen zeigen können. Was literarische Texte betrifft, so wurde Dialekt im frühen Drama des 16. Jh. besonders für Rüpelszenen verwendet, erst später nutzte z.B. Ben Jonson ihn als Charakterisierungsmittel in der Komödie. Die Wiedergabe des Dialekts beschränkte sich jedoch auf einzelne phonetisch/lexikalisch besonders auffällige Züge, die gerade ausreichten, um dem Publikum die Person als Dialektsprecher ('nördlich' oder 'südlich') deutlich zu machen. Auch der vielgenannte 'Cotswold-Dialekt' der Bühne ist eine schon elizabethanische Konvention: es handelt sich um Standard mit typischen Abweichungen. Abgesehen davon, daß die Dramatiker vielleicht gar nicht imstande gewesen wären, Dialekt phonetisch genau wiederzugeben, waren sie mit Rücksicht auf die Zuhörer auch nicht bestrebt, eine realistische Wiedergabe zu versuchen - das

Nebeneinander von 'südlichem' *chill* und 'nördlichem' *Ise* (beide für 'I will')
in T31C ist dafür besonders kennzeichnend.
   2. Diachronische Schlüsse aus den überlieferten me. und heutigen (oder in
der Neuzeit aufgezeichneten) Dialektformen.
   3. Zeitgenössische Äußerungen zu Dialekten. Wegen der Wertungen ist Vorsicht bei ihrer Interpretation angebracht (T11). Insgesamt sind die Stellungnahmen zahlenmäßig gering und oft anekdotisch. Immerhin erlaubt Reyce (t3)
einen Vergleich mit der Aussage Puttenhams 14 Jahre vor ihm, und Verstegan
(t4) bringt einige (wohl korrekte) Beispiele:

t3   To come now vnto the persons them selves, & the Inhabi-
tantes of this contry, when I remember there names &
language I doe fynde no dialecte or Ideome in the same
differente from others of the beste speeche or pronun-
5   ciation; For as we border not vpon any forreigne lymitts
of differinge tongue or pronunciation, by whose vycinitie
in our comon traffacke wee have cawse by encrochenge vpon
others to dyversefye our owne naturall language, so hav-
inge no naturall defecte proper to this soyle, do wee
10   disgrace that with any broade or rude accente, which wee
do receyve at the handes of Schollers, & other of the
better sorte for education, where of wee haue many
trayned vp in the beste & purest language. Howbeit I
muste confesse our honest toylinge contry villager, to
15   expresse his meaninge to his lyke neighbour, wyll many
tymes lett slyppe some strange vnvsuall differente
tearmes, not so well intelligible, to anye of cyvyll
education, vntyll by the rude Commente of some skyll-
full in that homely Iargon, which by dayly vse amonge
20   them is familiar, thay be after there manner explaned.
But this beinge only amonge the rudest contrymen the
artificer of the good towne, scorneth to followe them,
when he naturally prydeth in the cownterfaittinge imitation of the beste sorte of Language, & therefore no
25   cawse to observe any thinge therein.   1603

t4   and of this different pronountiation one example in steed
of many shall suffice, as this: for pronouncing according
as one would say at *London I would eat more cheese if I
had it*, the Northern man saith, *Ay sud eat mare cheese
5   gin ay hadet*, and the Westerne man saith *Chud eat more
cheese an chad it*. Lo heere three different pronounti-
ations in our owne Country in one thing, and hereof many
the like examples might be alleaged.   1605

Positiv gewertet wurde Dialekt im 16. Jh. nur in der Dichtung Spensers, wo
er in der Hirtendichtung (T23) sowohl der stilistischen Angemessenheit (*decorum* 2.6) genügte als auch dem Stilideal des Purismus entsprach (7.3.7).

Erst seit der Mitte des 17. Jh. kam antiquarisch-wissenschaftliches Interesse
an Dialekten auf; vgl. Evelyns Forderung in T16/88-93 und John Rays Aussage,
der 1674 die Tradition der Dialektwörterbücher begründete:

t5   In my travels through several parts of *England*, besides
           other things, which I principally minded and pursued,
           I could not but take notice of the difference of Dialect
           and variety of local words (for so I will take leave to
5   call such as are not of general use) in divers Counties,
           by Reason whereof in many places, especially in the
           North, the Language of the common people is to a stran-
           ger very difficult to be understood. Where upon I
           thought it might be worth the while to make a Collection
10   of such words for my own use, and began first to set
           down those that occurred to me in common discourse. But
           making short stayes in particular places, and conversing
           but with few persons, I found that what I could take
           notice of my self would be but an inconsiderable part
15   of what were in use among the vulgar. Therefore I desired
           my friends and acquaintance living in several Countreys
           to communicate to me what they had observed each of their
           own Countrey words, or should afterwards gather up out
           of the mouths of the people; which divers of them accord-
20   ingly did. To whose contributions I must acknowledge my
           self to owe the greatest part of the words, I now present
           the *Reader* with, in these Catalogues. The considerations
           which induced me to make them publick were. *First*, be-
           cause I knew not of any thing that hath been already done
25   in this kind. 2. Because I conceive, they may be of some
           use to them who shall have occasion to travel the North-
           ern Counties, in helping them to understand the common
           language there. 3. Because they may also afford some di-
           version to the curious, and give them occasion of making
30   many considerable remarks.   1674

George Meriton begründete mit seinem fiktiven Dialog im Dialekt von Yorkshire (T61) eine Tradition, die im 18. und 19. Jh. zahlreiche Nachahmer fand.
Von allen Zeugnissen aus fne. Zeit gibt er (bei aller literarischen Stereotypi-
sierung) die verläßlichste und detaillierteste Information zu einem 'breiten' Dialekt, wie er für die Mehrheit der Engländer alltägliches Mittel der Verständigung war (vgl. T11).

▸ **F5**   Welche Elemente machen Spensers literarischen Dialekt in T23B 'nördlich'?

▸ **F6**   Weshalb spricht Edgar in *Lear* (T31C) 'Dialekt'? Welches sind die dialektalen Züge
         des Textabschnitts? Unterscheiden sie sich z.B. von der Sprachform, die Golding in
         seiner Übersetzung von Ovids *Metamorphosen* XI, 346ff. (in Jiriczek 1923:105f.)
         verwendete?

2.4.2 Die geographische Ausdehnung des Englischen
(Leith 1983:151-212; Bailey 1985; Görlach 1994)

t6   And who in time knowes whither we may vent
           The treasure of our tongue, to what strange shores
           This gaine of our best glorie shal be sent,
           T'enrich vnknowing Nations with our stores?
5   What worlds in th'yet vnformed Occident
           May come refin'd with th'accents that are ours?   1599

Zu Beginn der fne. Epoche war das Engl. auf Großbritannien und Irland beschränkt, wurde aber selbst dort nicht überall gesprochen (T10). Im Westen und Norden waren keltische Sprachen weit stärker verbreitet als heute, und selbst die Kenntnis des Engl. als Zweitsprache war dort damals die Ausnahme. In Schottland war das Sc. (2.5) offizielle Sprache; seit dem 14./15. Jh. bildete die *Celtic Border* quer durch das Hochland eine stabile Sprachgrenze zum Gälischen, und sie blieb es bis ins 18. Jh. - trotz der Versuche, das Sc. (oder Engl.) durchzusetzen (T53). In Orkney und Shetland wurde das skandinavische Norn seit dem 16. Jh. zuerst durch Sc., später durch Engl. verdrängt. Irland war im 16. Jh. ein fast rein keltischsprachiges Land, mit zwei Sprachinseln englischer Sprecher im Osten (vgl. Stanyhursts Bericht zum Dialekt von Wexford, T52). Erst [2]16. Jh. wurde es erklärtes Ziel, Irland zu kolonisieren, ein Prozeß, der im 17. Jh. entscheidend vorankam.

Durch die geographische Expansion entstanden neue englische Varietäten: auf der Basis des Südengl. und mit keltischen Einflüssen in Wales und besonders in Südirland (vgl. die ironisch vergröberte Sprache von T62); in der *Plantation of Ulster* durch die Siedlung vornehmlich von Schotten seit 1606 (Braidwood 1964) das Ulster Scots.

Seit 1607 bestehen Dauersiedlungen Englischsprachiger in Amerika ("New England"). Von einer Ausgliederung des AmE kann im 17. Jh. aber noch keine Rede sein; insofern ist die Bezeichnung "Colonial American English" (so in Fisher/Bornstein 1974:259-89) irreführend. Immerhin illustrieren die Texte aber, welche regionalen und sozialen Eigentümlichkeiten die Siedler mitbrachten, die später die Grundlage der östlichen Dialekte der U.S.A. wurden (vgl. den Tagebuchbericht Bradfords, T54, und die Zeugenaussagen in den Salemer Hexenprozessen, T64).

Seit 1600 (Gründung der *East India Company*) bestanden auch sprachliche Kontakte zu Indien; die Entstehung des Indian English ist jedoch eine Entwicklung des 19. Jh. Im 16./17. Jh. liegen auch die Ursprünge der westafrikanischen und karibischen Pidginsprachen auf englischer Basis (vgl. T48), jedoch sind so frühe *Texte* nicht überliefert.

▶ **F7**   Welche Sprachen werden nach Harrison (T10) um 1587 in Großbritannien gesprochen? Welche sind seitdem ausgestorben?

▸ **F8** Wie wandelt sich die Haltung zur geographischen Ausweitung des Englischen im Lauf der fne. Epoche? Vergleichen Sie die Äußerungen Mulcasters (T8/108-17), Daniels (t6) und Miltons (T33/23-26).

2.5 Das Schottische (Sc.)

(Templeton 1973; Romaine 1982, Görlach 1985b, Devitt 1989)

Auch wenn das Sc. der Renaissance als eigenständige Sprache betrachtet werden kann, verhält es sich in mancherlei Hinsicht wie ein Subsystem des Engl. Wegen seiner politischen Bedeutung, seines Status als Hof- und Buchsprache Edinburghs und wegen seiner allmählichen Durchdringung durch das südliche Engl. verdient es eine besonders eingehende Darstellung.

Die sc. Nationalliteratur bildete sich ab [2]14. Jh. und besonders im 15. Jh. heraus (vgl. Jack 1988), als die Dichter des sc. Hofes in der Chaucer-/Lydgate-Nachfolge die südsc. Sprache als Medium ihrer Dichtung benutzten. Die Prosa folgte im wesentlichen im 16. Jh.: Übersetzungen, eine Umsetzung der Wyclifbibel, Historiographie, Recht, religiöse und Sachliteratur; ihr Höhepunkt liegt um 1570.

Daß sich die sc. Sprache nicht zu einer vollen Nationalsprache weiterentwickelte, hat kulturgeschichtliche wie politische Gründe. Zwar gab es Buchdruck in Edinburgh, aber die Zahl der dort in Sc. gedruckten Titel und die Auflagenhöhen waren sehr klein im Vergleich mit der Londoner Produktion. Bald (1926) hat das Verhältnis von sc. Büchern zu anglisierten im Edinburgher Buchdruck nach Dekaden ausgezählt; die Zahlen illustrieren den geringen Umfang und (nach einem Vorherrschen sc. Texte bis 1580) das sehr schnelle Schwinden des Sc. nach 1603 bis 1625, als die sc. Buchsprache zum letzten Mal im Druck benutzt wurde:

-1560: 18 sc./ 0 angl.; -1570: 43/12; -1580: 35/5; -1590: 10/13; -1600: 18/38; -1610: 7/25; -1620: 3/47; -1625: 2/21 (Summe: 136/161).

Außerdem war die Sprache der schottischen Reformation weitgehend Engl. und nicht Sc. John Knox hatte lange in England gelebt, bevor er viele Jahre in Frankfurt und Genf verbrachte (wo er eine Engländerin heiratete). Aber auch nach seiner Rückkehr nach Schottland blieb seine Sprache wesentlich Engl. (mit den unvermeidlichen sc. Beimischungen), was Ninian Winzets Kritik herausforderte:

> Gif ye, throw curiositie of novationis hes foryet our auld plane Scottish quhilk your mother lerit you, I sall wryte to you my mynd in Latin, for I am nocht acquyntit with your Southeron.   (nach Lewis 1954:203)

Der einzige Versuch, die Bibel ins Sc. zu übersetzen. blieb ungedruckt: Murdoch Nisbet aus Ayrshire paßte um 1513-22 den Text der *Late Version* der Wyclifbibel ans Sc. an, indem er die allernötigsten Änderungen in der Orthographie/Phonologie vornahm. Wie eng er sich aber lexikalisch an seine Vorlage anlehnte, zeigt ein Vergleich von T19B/1-6 mit Nisbets Version:

t7 And quhen ye tyme of promissioun com nere quhilk god
   hadde knawlechit to abraham ye pepile waxit and multi-
   plijt in egipt. Til ane vthir king raase in egipt quhilk
   knew nocht ioseph. y^is begilet oure kin and tormentit
5 oure fadris y^t y^ai suld put away y^ar ȝonng childir for
   y^ai suld nocht leeue.   1520

Schließlich hatte das sprachliche Vorbild Chaucers bei den sc. Makars des 15. Jh. (neben einem hohen Anteil an latinisiertem Wortschatz) schon zu einer starken Mischung der sc. Dichtersprache mit südlichen Formen geführt. 1512 betonte Douglas im Vorwort seiner Vergilübersetzung (T18A/7), er wolle Sc. schreiben *Kepand na sudron bot our awyn langage*, eine Forderung, die er phonologisch/orthographisch einhielt, während ihn die Ausdrucksarmut des Sc. zu Entlehnungen aus dem Lat., Frz., aber auch dem Engl. zwang (Z.12-14).

Diese Tendenz zur Konvergenz nahm im 16. Jh. mit dem wachsenden Prestige des Engl. zu. So wächst auch in James' Briefwechsel mit Elizabeth (T42) der Anteil engl. Elemente stetig. James machte auch anderswo aus seiner Bewunderung für das Engl. kein Hehl, so im Brief an Cecil: *Alace it is a farre more barbarouse and stiffe nekkit people that I rule ouer. Saint george surelie rydes vpon a touardlie rydding horse, quhaire I ame burstin in daunting a wylde vnreulie coalte.* Daneben betonte er aber, wie wichtig auch das sprachliche Vorbild des Monarchen für seine Untertanen ist (T29/55-58). Von seinen Schriften sind T28 und T29 (MS) weitgehend Sc., aber beide wurden durch Drucker anglisiert, T28 durch Vautroullier und T29 durch Waldegrave (1599, 1603). James' Buch *A Counterblaste to Tobacco* (1603, nach seiner Thronbesteigung in London) war dann schon in reinem Südengl. verfaßt.

Angesichts dieser Tendenzen und des breiten Stroms engl. Bücher, der sich nach Schottland ergoß, ist es nur natürlich, daß Schreiber wie Setzer 1575-1603 kein reines Sc. mehr gebrauchten, sondern daß ihre Sprache durch Interferenzen aus dem Engl. gekennzeichnet war. Die Personalunion besiegelte also nur eine Entwicklung, die sich im ²16. Jh. längst abgezeichnet hatte (vgl. Devitt 1989, Meurman-Solin 1993). Spätere Texte (T53, T55) zeigen verschiedene Mischungen beider Sprachen, die von der Textsorte, dem Bildungsstand der Schreiber und gelegentlich von schottischem Selbstbewußtsein abhängen können.

Engländer begegneten dem Sc. fast nur in gedruckter Form. Welche Verständigungsschwierigkeiten bei mündlichem Kontakt auftreten konnten, macht auf spaßhafte Weise ein Schwank aus den *Merie Tales of the Mad men of Gotam* deutlich. (Der Text ist sprachlich ein Unikum, weil der englische Autor A. B. versucht hat, einige typische Merkmale des Sc. wiederzugeben):

t8 And he wente to London to haue a Bores head made. He dyd
   come to a Caruer (or a Joyner) saying in his mother tonge,
   I saye spek, kens thou meke me a Bare heade? Ye said the
   Caruer. Than sayd the skotyshman, mek me a bare head

5   anenst Yowle, an thowse bus haue xx pence for thy hyre.
         I wyll doe it sayde the Caruer. On S. Andrewes daye be-
         fore Chrystmas (the which is named Yowle in Scotland, and
         in England in the north) the skottish man did com to Lon-
         don for his Bores heade to set at a dore for a signe.
10   I say speke said the skotish man, haste thou made me a
         Bare head? Yea said the Caruer. Then thowse a gewd fellow.
         The Caruer went and did bryng a mans head of wod that was
         bare and sayd, syr here is youre bare head. I say sayde
         the skotyshman, the mokyl deuill, is this a bare head?
15   Ye said the caruer. I say sayd the Skotishman, I will
         haue a bare head, syk an head as doth follow a Sew that
         hath Gryces. Syr said the caruer, I can not tel what is
         a Sew, nor what is a Gryce. Whet horson, kenst thou not a
         sew that wil greet and grone, and her gryces wil run after
20   her and cry a weke a weke. O said the Caruer, it is a
         pigge. Yea said the skotish man, let me haue his fathers
         head made in timber, and mek me a bird and set it on his
         skalps, and cause her to singe whip whir, whip whir. The
         caruer sayde, I can not cause her to singe whip whir.
25   Whe horson sayde the skotish man gar her as she woulde
         singe whip whir. Here a man maye see that euerye man
         doth delight in his owne sences, or doth reioice in his
         fantasie.   1540

Die Geschichte macht verständlich, weshalb im Londoner Hafen bis 1617 offizielle Dolmetscher für Sc. beschäftigt waren.

Auch Autoren, die sc. Texte ins Engl. übersetzten, betonten, daß die Aufgabe
nicht immer ganz leicht war, auch nicht für Harrison, der T36 als Grundlage
seiner Geschichte Schottlands nahm:

t9   I haue chosen rather, onely with the losse of three or
         foure dayes to translate Hector out of the Scottish
         (a tongue verie like vnto ours) than with more expense
         of time to diuise a newe, or follow the Latin copie ...
5   Hetherto I haue translated Hectors description of Scot-
         land out of the Scottish into the English toung, being
         not a little ayded therein by the Latine.   1577

Die Wertung des Sc. in engl. Quellen ist unterschiedlich. Teilweise wurde darauf verwiesen, daß das Sc. (wie auch das Nordengl.) den ursprünglichen Charakter und die Reinheit sowie die korrekte Aussprache des Engl. besser bewahrt
habe (t36/1f., T11/46; vgl. Zachrisson 1914), andererseits erfolgte die Anerkennung der sc.-sprachlichen Kultur nur zögernd: so sind T10/95-101 und andere positive Passagen erst durch Hooker in die 2. Auflage der *Chronicles* von
1587 aufgenommen.

Die Entscheidung, ob das Sc. im 15./16. Jh. nun als Einzelsprache oder als dialektales Subsystem des Fne. zu beschreiben ist, fällt schwer. Einerseits sind einige Kriterien, die auf den Status des Sc. als selbständiger Sprache hinweisen, erfüllt:

1. Das Sc. war eine National-(Landes-)Sprache, deren Verbreitung mit den politischen Grenzen übereinstimmte.
2. Es besaß eine ausgebildete Literatur-(Schrift-)Sprache.
3. Der Hof in Edinburgh und die Universität von St. Andrews setzten eine Norm der geschriebenen (teilweise wohl auch der gesprochenen) Sprache.
4. Verschiedene Äußerungen lassen darauf schließen, daß viele Sprecher das Sc. als eigenständige Sprache betrachteten (vgl. Bald 1928).

Andererseits werden diese Argumente ab 1570 zunehmend durch Konvergenz mit dem Engl. aufgehoben, und andere Kriterien sprachen schon vorher gegen den Status als Einzelsprache:

5. Die gegenseitige Verstehbarkeit von Sc. und Engl. war auch zum Zeitpunkt der größten Entfernung der beiden Sprachsysteme gegeben.
6. Die strukturellen Unterschiede beschränkten sich im wesentlichen auf die Ebenen der Phonologie/Orthographie und des Wortschatzes, dagegen waren die Unterschiede in der Flexion oder gar der Syntax weniger erheblich.
7. Die Herkunft des Sc. aus dem nördlichen Ae. und die enge historische Verwandtschaft mit dem Engl. blieb allgemein bewußt.

Es ist deshalb wohl angebracht, das Sc. als ein Subsystem des Engl. zu betrachten, dessen beginnende Ausgliederung aus dem Fne. durch kulturelle, politische, wirtschaftliche und religiöse Gründe schon im 16. Jh. ins Stocken geriet und durch schnell fortschreitende Konvergenz 1570-1603 und die darauf folgende Übernahme der südengl. Sprache beendet wurde.

▸ **F9** Vergleichen Sie Harrisons Übersetzung mit seinem Original (T36/36A). Auf welchen Teilgebieten der Grammatik (Orthographie, Flexion, Syntax, Wortschatz) finden sich die auffälligsten Änderungen?

▸ **F10** Inwiefern ist James' Sprache in seinen Briefen an Elizabeth gemischt (vielleicht eine Anpassung an die Adressatin)?

Im folgenden kann keine volle Beschreibung des Sc. (selbständig oder kontrastiv zum Fne.) gegeben werden; die wenigen Passagen zum Sc. (3.7; 4.8.4; 5.5.3; 7.1.6) und gelegentliche Hinweise sollen nur auf einige Eigenheiten des Sc. aufmerksam machen.

2.6 Soziale Gliederung
(Görlach 1994)

Die soziale Schichtung von Sprache spiegelt sich besonders, wo

1. in der Literatur Angehörige verschiedener Schichten zu Wort kommen, vor allem im Drama,

t10   *Clo.* ' He fir, that muſt marrie this woman: Therefore
you Clowne, abandon: which is in the vulgar,leaue the
ſocietie: which in the boorıſh, is companie, of this female: which in the common, is woman: which toge-
5 ther, is, abandon the ſociety of this Female, or Clqwne
thou periſheſt: or to thy better vnderſtanding,dyeſt ; or
(to wit) I kill thee, make thee away,tranſlate thy life into death,thy libertie into bondage : I will deale in poy-
ſon with thee, or in baſtinado,or in ſteele: I will bandy
10 with thee in faćtion, I will ore-run thee with ıpolice : I
will kill thee a hundred and fifty wayes, therefore tremble and depart.

2. Eigenheiten einer Schicht als nachahmenswert gepriesen werden (meist die
Sprache der Gebildeten) oder aber als barbarische, fehlerhafte Sprachverwendung getadelt werden,

3. literarische Texte spezifisch für eine bestimmte Leserschaft geschrieben sind
(z.B. Prosaromanzen für die unterste Schicht der Lesefähigen).

Deutlichstes sprachliches Klassenmerkmal war wohl schon fne. die Aussprache (T11/37 *strange accents or ill shapen soundes*); in den überkommenen Texten wird die soziale Gliederung dagegen am ehesten im Wortschatz greifbar.
Besonders aufschlußreich ist der Gebrauch von Latinismen, oft Fachwörter, die
für Gebildete als angemessen angesehen, im Munde von Ungebildeten aber oft
als Malapropismen (7.3.6) getadelt werden.

Auch geschlechtsspezifische (weibliche) Sprachverwendung wird fne. zum
ersten Mal erwähnt, so in John Haringtons Anekdote (1596) über Iaques Wingfield, dessen Vorname eine hochgestellte Dame in Verlegenheit brachte: *she
brought her Ladie word, not without blushing, that it was M. Priuie Wingfield...*
(*jakes, privy* = 'Toilette'; voller Text in Barber 1976:156).

Die Gaunersprache *(Cant)* nimmt als Gruppensprache, die zur Abgrenzung
von der Gesellschaft dient, eine Sonderstellung in der sozialen Gliederung ein;
erste Zeugnisse reichen im Engl. bis ins 16. Jh. zurück (T9). Unterscheidendes
Merkmal ist ein Teil des Wortschatzes, für den verhüllende und nur dem Ein-
geweihten erkennbare Ausdrücke eingesetzt wurden. Wie beim dt. Rotwelsch
konnten diese Ausdrücke in den Slang oder in die Umgangssprache aufsteigen.

Die soziale Schichtung der (geschriebenen) Sprache wurde seit dem Mittelalter (John of Garland um 1230) mit den drei Stilebenen der klassischen Rhetorik
in Verbindung gebracht: *altus* = *grande* galt als angemessen für *curiales/court-
iers*, *medius* für *civiles/citizens, burghers*; *humilis* für *rurales/simple country-
men*. Diese Dreigliederung findet sich dann auch explizit bei Chaucer (*Clerk's
Prologue* 15-20, in Benson 1987:137). Der allgegenwärtige Einfluß der Rhetorik
auf die Sprachtheorie der Renaissance läßt erwarten, was eine genauere Analyse

bestätigt, daß nämlich die Haltung der Grammatiker und die Praxis der Dichter weitgehend von dieser Gleichsetzung und vom Prinzip des *decorum* bestimmt waren. Wie bei der Wiedergabe der fne. Dialekte in Texten der Zeit muß also auch bei schichtenspezifischer Sprache mit weitgehender Stilisierung gerechnet werden. Mit der schnellen Ausbreitung des Standards wurde schon im 16. Jh. Dialekt zum Soziolekt (t4, T11); diese Wertung wird nicht aufgehoben durch die gesuchte Verwendung von Dialektwörtern z.b. in der Dichtung Spensers.

▸ **F11** Wägen Sie die Aussagen Puttenhams (T11) und Reyces (t3) zur dreifachen Gliederung des Soziolekts gegeneinander ab.

▸ **F12** Welche Gründe führen zur unterschiedlichen Wertung der Sprache der Handwerker bei Puttenham und Sprat (T11/34; T17/78)?

▸ **F13** Sind Machyn und Laneham (T40, 41) Cockneys?

2.7 Zeitliche Gliederung

2.7.1 Das Nebeneinander verschiedener Zeitstufen

In Sprachgemeinschaften mit literarischer, besonders schriftlicher Tradition können ältere Sprachstufen in vielfältiger Weise in die Gegenwart hineinragen. Es handelte sich um einen bewußten Anschluß an eine Tradition, wenn sich Dichter des 15. und 16. Jh. auf Chaucer als Stammvater der engl. Poesie beriefen und Teile seiner Sprache gewollt archaisierend übernahmen (7.1.4). Die Kontinuität der engl. Staatskirche betonend, war auch die Bibel von 1611 keine neue Übersetzung, sondern nur eine Neubearbeitung von Tyndale 1526/35, dessen Übersetzung in Morphologie und Syntax, Wortschatz und Rhythmus weitgehend beibehalten wurde. Die Folge war, daß archaisierender Stil sich schon seit dem 16./17. Jh. mit den Merkmalen ('poetisch', 'biblisch') verband und in diesen Registern weiter tradiert wurde.

Nicht so auffällig, aber doch wirksam, war die Praxis der Drucker und Bearbeiter, die mittelalterliche Texte als Druckvorlage nahmen und dann nur so weit anpaßten, wie es für das Verständnis unbedingt erforderlich war. Beispiele reichen von Caxton (T1: 1380/1480) bis Batman (t12: 1390/1582); die starke Umarbeitung des Vorworts t12 ist eine Ausnahme.

2.7.2 Das Bewußtsein des Sprachwandels

Die Aufeinanderfolge von historischen Sprachstufen und die Probleme, die Sprachwandel mit sich bringt, waren engl. Autoren seit Chaucer bewußt. Kommentare hierzu häufen sich aber erst seit dem 17. Jh.; diese waren meist negativ mit den Begründungen:
1. Die Aufnahme von Lehnwörtern beeinträchtige die Reinheit der germanischen Sprache.

2. Nachlässigkeit der Artikulation führe von der korrekten Aussprache ab.
3. Die sich wandelnde engl. Sprache sei der lat. nicht ebenbürtig. Deshalb wurde die Forderung erhoben, die Bibel unübersetzt zu lassen, weil sie nur in lat. Form nicht vom Wandel betroffen sei. Engl. Dichter begannen um ihren Nachruhm zu fürchten (so Waller 1693, T65). Neben der Tatsache, daß nur Latein internationale Verbreitung verbürgte, brachte auch der Wandel des Engl. Bacon dazu, *The Advancement of Learning* (T13) in erweiterter Form 1623 als *De augmentis scientiarum* herauszubringen.

Etymologie (7.1.5) und historische Grammatik waren noch keine ausgebildeten Wissenschaften. So kommt es auch bei Männern, die sich der Tatsache des Wandels grundsätzlich bewußt waren, zu Fehleinschätzungen im Detail. Drydens Kritik an Ben Jonson z.B. (T15) ist teilweise anachronistisch, denn einige der bemängelten 'Fehler' entsprachen zu Jonsons Zeit noch dem korrekten Sprachgebrauch. Dryden klagte auch über die Unsicherheit, was guter englischer Sprachgebrauch sei, und verglich diesen Zustand mit der wohlgeordneten Stabilität des Latein:

t10a   I am often put to a stand, in considering
        whether what I write be the idiom of the
        tongue, or false grammar, and nonsense
        couched beneath that specious name of
5   Anglicism; and have no other way to clear
        my doubts, but by translating my English
        into Latin, and thereby trying what sense
        the words will bear in a more stable
        language.
        (Dedication to *Troilus and Cressida*, 1679)

Die Geschichte der klassischen Sprachen legte den Vergleich einer lebenden Sprache mit einem Organismus nahe, der sich auf einen Höhepunkt hin entwickelt, dann aber einem Niedergang entgegenstrebt. Eine Variante sieht die Entwicklung zyklisch als Folge von Höhen und Tiefen (T8/1-5). Was lag also näher, als die Sprache durch Anreicherung des Wortschatzes und Ordnung der Grammatik zu perfektionieren und dann zu fixieren?

Sah man sich in der Renaissance dicht vor dem Höhepunkt oder glaubte diesen Zustand schon erreicht, so nahm mit der Restauration der Gedanke des Sprachverfalls (und damit eines verflossenen Höhepunktes) zu. Bei der angestrebten Fixierung genügte es aber nicht, sich auf den vorbildlichen Sprachgebrauch des Hofes (*custom*) zu verlassen, sondern es hätte einer Sprachakademie bedurft. Die Geschichte dieses Vorhabens ist aber eine Kette von Mißerfolgen (Flasdieck 1928). Der Plan einer solchen normgebenden Institution war von 1660-1724 der Realisierung am nächsten: angeregt von der Académie Française (1634) und der Übersetzung ihrer Geschichte, rief die Royal Society eine Sprachkommission ins Leben (T16, 17). 1698 trug Defoe ein ausgearbeitetes

Projekt vor, und Swift veröffentlichte 1712 sein *Proposal* (Texte in Bolton 1966:91-101, 107-23). Die beherrschenden Wörterbücher des 18. Jh. und die dichter und fester werdende Tradition der präskriptiven Schulgrammatik führten stattdessen den weitgehend festen Sprachgebrauch herbei, den man sich von einer Akademie erwartet hatte.

▸ **F14** Erläutern sie die Gründe, in denen Evelyn die Ursachen für Sprachverfall erblickte (T16/16-23).

2.8 Register

2.8.1 Rhetorik

Wenn als Register die Variation nach Thema, Stilhöhe und Medium verstanden wird, dann fällt ihre Behandlung aus Sicht der Renaissance in den Bereich der Rhetorik, die mit der Angemessenheit des Ausdrucks (*decorum*) ein entsprechendes Kriterium bereitstellte. Im Altertum als eine 'angewandte' Wissenschaft (*ars*) der forensischen Beredsamkeit entwickelt, war die Rhetorik im Mittelalter durch starke Betonung einer ihrer fünf Komponenten, der *elocutio*, weitgehend zu einer Theorie der sprachlich-literarischen Formung geworden und wurde häufig mit der Poetik gleichgesetzt. Sie nahm im *trivium* der Schulbildung nach der Grammatik und zusammen mit der Logik einen wichtigen Platz ein (6.1.3) und wirkte über die Schulung des lat. Ausdrucks auch auf die Volkssprachen.

Die Einflüsse der *elocutio,* grob zu gliedern in Wort- und Gedankenfiguren und von den Renaissancehandbüchern in bis zu 200 verschiedene Kategorien aufgeteilt (Sonnino 1968), betrafen alle Ebenen des sprachlichen Ausdrucks, von der Wortbedeutung und der Korrektheit der Wortform über Regeln der Wortstellung bis hin zur Gliederung von Texten (Reden, Briefen wie in T43, Abhandlungen) und den Stilebenen und ihrer Angemessenheit (2.6). Rhetorik ordnete so die Argumente und gab ihnen sprachlichen Glanz.

Die im Fne. stark rhetorisch geprägte Ausbildung, von den Grammar Schools an breite Schichten der Bevölkerung vermittelt, erklärt viel von der Freude an sprachlichen Einfällen und Experimenten und dem Sprachwitz der Elisabethaner einschließlich des Publikums im 'Parkett'. Andererseits stellt sie vielleicht das größte Hindernis beim vollen Verständnis fne. Literatur dar (Lewis 1954:161). Rhetorische Formung auch der Muttersprache war eine der wichtigsten Bemühungen, die *inadequacy* des Engl. gegenüber dem Lat. zu überwinden. Die Anwendung der Rhetorik läßt sich demnach von den Höhen der Literatur bis hin zum Briefsteller Angel Day (T43) finden; sie ist auffällig in der Kunstprosa Sidneys (T26) und Lylys (T25) und besonders in den frühen Dramen Shakespeares (vgl. *LLL* I.2.1-129).

Rhetorik schloß (seit ihrem Beginn in Griechenland) die Gefahr ihres Mißbrauchs ein, weshalb von Wilson (T4/80) bis Sprat (T17/13-15) nach klassischem Vorbild Gründe angeführt wurden, sie ganz aus der Gesellschaft zu verbannen. Mißbrauch der Rhetorik war auch Thema für Shakespeare (T31D, vgl. Cordelias *I want that glib and oylie Art,/ To speake and purpose not*, in *Lear* I.1.246f.) und besonders für Milton, der in *Paradise Lost* die Redekunst Satans der echten Beredsamkeit entgegensetzte (2.226: *with words cloath'd in reasons garb make appear the worse the better reason*).

▶ **F15** Was bedeutet T23A/15 *his dewe obseruing of Decorum*, und was meint Milton mit *That with no middle flight intends to soar* (T34/14)?

▶ **F16** Welche Fähigkeiten machen nach T31D den Redner aus? Sind die verwendeten Ausdrücke *terms of art*? Wieso läßt sich hier von einem Mißbrauch der Rhetorik sprechen?

▶ **F17** Fassen Sie Sprats Gründe für eine Ablehnung der Rhetorik zusammen (T17). Welches positive Ideal setzt er dem entgegen?

2.8.2 Stil
(Adamson 1994)

t11   S Tile is a conſtant & continuall phraſe or tenour of ſpeaking and writing, extending to the whole tale or proceſſe of the poeme or hiſtorie, and not properly to any peece or member of a tale: but is of words ſpeeches and ſentences together, a certaine

5   contriued forme and qualitie,many times naturall to the writer, many times his peculier by election and arte,and ſuch as either he keepeth by skill,or holdeth on by ignorance, and will not or per-aduenture cannot eaſily alter into any other.

Stil ist die meist bewußte und für einen einzelnen oder eine Gruppe durchgehend charakteristische Auswahl sprachlicher Mittel aus den in der Norm bereitgestellten Alternativen. Der Terminus 'Stil' wird meist auf schriftlichen Ausdruck bezogen, besonders häufig auf die Teilsysteme des Wortschatzes und der Syntax (vgl. OED, **style** 14: *those features of literary composition which belong to form rather than to the substance of the thought or matter expressed*). Stil ist nur unzureichend beschrieben als Abweichung von einer (Erwartungs-) Norm. Stillehre ist Teil der Textwissenschaft, besonders wo Stil traditionsbildend gewirkt hat und zu literarischen Zwecken verwendet wird. Die Nachahmung lat. Prosastile im 16./17. Jh. zeigt, daß Traditionen nicht einzelsprachlich gebunden zu bleiben brauchen, sondern mit Einschränkungen, die die jeweilige Sprachstruktur mit sich bringt, international gültig werden können.

Stärker als andere Ebenen der Sprache ist Stil sich wandelnden Moden unterworfen. Dieser Wechsel vollzog sich offensichtlich besonders schnell in der letzten Dekade des 16. Jh., was Shakespeare in *LLL* (1595?) Anlaß zu ironischer Kritik an vielen stilistischen Übertreibungen bot (vgl. Carroll 1976) und Hoskins um 1599 in *Directions for Speech and Style* zu der Bemerkung verant12

THE PROLOGVE
of the Tranſlatur.

Rue it is, that after the noble & expert doctrine of wiſe and well learned Philoſophers, lefte & remaining with vs in writing, we knowe that the properties of thinges followe and enſue their ſubſtaunce. Wherefore it is, that after the order and the diſtinction of ſubſtaunces, the order and the diſtinction of the properties of things ſhall be and enſue. Of the which things, this worke of all the bookes enſuing, by the grace, helpe and aſſiſtaunce of Almighty God, is compiled and made. Peruaile not ye wittie & eloquent readers, that I thin of wit, and void of cunning, haue tranſlated this booke from latin into our vulgar language, as a thing profitable to me, and peraduenture to manye other, which vnderſtand not Latine, nor haue not the knowledge of the properties of things, which things be appointed by the bookes of great and cunning Clearkes, and by the experience of m· ·· wittie & noble Philoſophers. All theſe properties of things be neceſſarie and of great valew, to them that will be deſirous to vnderſtand the obſcurities or darkneſſe of holy Scriptures, which are giuen to vs vnder figures, vnder parables & ſeblance or likelihoods of things naturalls & artificialls, &. S. Denis that great philoſopher and ſolempne Clearke, in his booke named, The heauenly Hierarchies of Angells, teſtifieth and witneſſeth the ſame, ſaieng in this manner: Whatſoeuer any man will coniect, faiſe, imagine, ſuppoſe, or ſay: it is a thing impoſſible, that the light of the heauenly diuine brightneſſe couered and cloſed in the Deitie or in the Godhead, ſhould ſhine vpon vs: if it were not by the diuerſities of holy coucrtures.

Trevisa *c.* 1390, ed. Seymour

(7) For þe propirtees of þinges folewyth þe substaunce, þe ordre and distinccioun of propir- tees schal be ordeyned to ordir and distinccioun of þe substaunce þerof.

(13) By help of God þis werk is compiled, profit- able to me and on cas to oþir þat knowith nou3t þe kyndes and propirtees of þinges þat beth toschift and isprad ful wide in bokes of holy seyntes and philosophris

(28) to vndirstonde redels and menynges of scriptures and of writinges þat þe holy gost hath i3eue derkliche ihid and wrapped vndir liknes and fygures of propirtees of þinges of kynde and craft,

(33) as seint Denys schew- eth in *Ierarchia angelica*, and seith þat þe beme of God 3eueth to vs no li3t but iveyled and ihid by dyuerste of holy veyl- ynges and wrappinges.

FINIS PROLOGI.

laßte: *I have used and outworne six severall styles, since I was first fellowe of newe Colledge, and am yet able to beare the fashion of writing Companie* (nach Partridge 1969:213).

Stilwandel wird besonders deutlich, wenn alte Texte in einen neuen Stil umgeschrieben werden; ein aufschlußreiches Beispiel für wortreichen Stil des 16. Jh. ist Batmans Umformung des Prologs zu Trevisas Übersetzung (um 1390) des Bartholomaeus Anglicus (1582, t12, S.24).

Im Bemühen einer Aufwertung des Engl. findet die Rhetorisierung der Prosa im 16. Jh. ihre charakteristischen Ausprägungen in langen gegliederten Satzperioden in bewußter Cicero-Nachfolge (T7, 6.8.2), dem kurzlebigen Euphuismus (T25) und in gemäßigterer Anwendung der rhetorischen Figuren im Dienste 'schöner' Sprache in Sidneys *Arcadia* (T26). Besonders auffällig sind die von Lyly verwendeten Stilmittel, die sich mit Holzknecht (1954:346) unter folgenden Punkten zusammenfassen lassen:

1. balanced parallel sentence structure, often accompanied by alliteration or assonance;
2. repetition and strained antithesis;
3. rhetorical questions and exclamations, either alone or in combination with (1) and (2);
4. *exempla*, anecdotes, or other illustrations from history or literature, or the author's invention;
5. proverbs, pithy sayings, wise saws, and *sententiae*;
6. puns and word-play; and
7. fantastic similes drawn from mythology, science or pseudo-science, recondite lore, especially the fabulous habits and qualities of plants and animals ("unnatural natural history") and seldom used singly.

▸ **F18** Belegen Sie die von Holzknecht genannten Kriterien in T25.

▸ **F19** Zeigen Sie nach A.Fraunce 1588 und Duhamel (1948) die Stilmerkmale von T26 auf.

▸ **F20** Identifizieren Sie die in T18F besonders aufdringlich verwendeten Figuren.

▸ **F21** Erläutern Sie die rhetorisch-terminologische Bedeutung der in T18E/72-74 und T12/204-7 hervorgehobenen Eigenschaften des Engl.

Die Kritik an den Übertreibungen des Stils begann schon im 16. Jh.; so sagt Peacham unter dem Stichwort *Periergia*:

t13   (writers) that doe fondly couet coppy, and take greater care to paynte
their speech with fyne fygures, then to expresse the truth plainly.   1577

oder Lever in "The Forespeache" seines Buches:

t14   As for Ciceronians & suger tongued fellowes, which labour
more for finenes of speach then for knowledge of good

> matter, they oft speake much to small purpose, and shak-
> ing foorth a number of choise words and picked sentences,
> 5   they hinder good learning wyth their fond chatter.   1572

Besonders die schlichte Sprache der Bibel wurde von Protestanten schon früh verteidigt (vgl. T8/142; aber ohne daß rhetorische Auswüchse im Predigtstil damit unterbunden worden wären), so von Fulwell 1575 oder von Becon 1564:

> t15   I confesse I haue not the gifte of flowing eloquence,
> neyther can I enterlace my phrase with Italian termes,
> nor powder my style with frenche Englishe or Inkhorne
> Rhetoricke, neyther cowche my matter vnder a cloake of
> 5   curious inuentions, to feede the daintie eares of deli-
> cate yonkers. And as I cannot: So if I could, I woulde
> not. For I see that manye men are so affected with these
> premisses, that manye good matters are obscured, the
> Aucthors encombred, the woorkes but meanely commended,
> 10   and the Reader deceaued. For while he coueteth to come
> to the purpose, he is lead amasked in the wylde Desert
> of circumstance and digression, seeking farre and find-
> ing little, feeding his humor on pleasant woordes of
> slender wayght, guyded (or rather giddyed) with plau-
> 15   cible eloquence.   1575

> t16   But they obiect, that I (i.e. the Bible) am rude, grosse,
> barbarous, impolite, vntrymmed, vnpleasaunte, vneloquent,
> &c. I aunswere, If this be the true eloquence, as all tru-
> ly learned menne do define, to expresse a matter with
> 5   apte, open, and euident wordes, and euen with suche ter-
> mes as be most fytte to make the thyng, whereof it is
> entreated, playne and manifest to them, that either rede
> or heare it, I dare boldly affirme than, that the true
> and pure eloquence is onely founde in me ...
> 10   my doctrine doth beyonde al mesure excell all humayne
> teaching, seme it neuer so ornate, venuste, eloquent and
> paynted with all ye coloures of Rhetoryke.   1564

Durchdringend wird die Kritik an den Stilen des 16. Jh. wie Euphuismus, Arcadianismus, Nachahmung von Spenser oder Petrarca und der Suche nach *copia* schlechthin aber erst im 17. Jh., als die Unzufriedenheit ihren klassischen Ausdruck in Bacons Definition von *delicate learning* (T13) fand. Seine Kritik am 'alten' Stil ergänzte er in der lat. Überarbeitung seines Werkes von 1623 durch die Formulierung seiner eigenen Ziele (vgl. die von Croll in Fish 1971:14 zitierte Übersetzung).

Eine weitere Reaktion bildete in der Restauration das Ideal des einfachen Stils, der von den Gelehrten der Royal Society formuliert wurde (Sprat, T17) und sich am eindrucksvollsten an den drei Auflagen von Glanvills *Vanity of*

Dogmatizing (1661, 1664, 1676) ablesen läßt, in denen der Autor schrittweise vom blumigen Stil zum kargen, einfachen fortschreitet (Parallelpassagen nach Jones in Fish 1971:66-69). Vergleiche auch Glanvills Neudefinition von 'wit' (1664:lxv) und seine Würdigung von Sprats Werk (nach Jones in Fish 1971:64):

t17   'Tis none of the least considerable expectations that
       may be reasonably had of our Society, that 'twill dis-
       credit that *toyishness* of *wanton fancy*; and pluck the
       misapplyed name of the *Wits,* from those conceited
5   Humorists that have assum'd to bestow it upon the more
       manly spirit and *genius,* that playes not tricks with
       words, nor frolicks with the *Caprices* of *froathy imag-*
       ination.   1664

t18   That the *Style* of that Book hath all the *properties* that
       can recommend any thing to an *ingenious relish:* For 'tis
       manly, and yet *plain; natural* and yet not *careless:* The
       Epithets are *genuine,* the *Words proper* and *familiar,* the
5   *Periods smooth* and of *middle* proportion: It is not *broken*
       with *ends* of *Latin,* nor *impertinent Quotations;* nor made
       harsh by *hard* words, or *needless terms* of *Art;* not ren-
       dred *intricate* by long *Parentheses,* nor *gaudy* by *flant-*
       ing Metaphors; not *tedious* by *wide fetches* and *circum-*
10   *ferences* of *Speech,* nor *dark* by too much *curtness* of
       Expression: 'Tis not *loose* and *unjointed, rugged* and
       uneven; but as *polite* and as *fast* as *Marble;* and briefly
       avoids all the *notorious defects,* and wants none of the
       proper ornaments of Language.   1664

Bacons Forderung nach *plainness* wurde auch teilweise im Stil der Predigt aufgenommen; so verlangte John Wilkins in *Ecclesiastes*:

t19   It must be plain and naturall, not being darkened with
       the affectation of scolasticall harshnesse, or Rhetoric-
       all flourishes. Obscurity in the discourse is an argument
       of ignorance in the minde ... And it will not become the
5   Majesty of a Divine Embassage, to be garnished out with
       flaunting affected eloquence ... It must be full, without
       empty and needlesse Tautologies, which are to be avoided
       in every solid business, much more in sacred. Our expres-
       sions should be so close, that they may not be obscure,
10   and so plain that they may not seem vain and tedious ... 1646

Nicht jeder Autor wurde schließlich dem angestrebten Stilideal selbst gerecht. So forderte Day (ähnlich wie Polonius, 2.8.3) in T43/18 *breuity of speach*, war jedoch in seiner Vorliebe für 'copiosen' Stil weit davon entfernt, diese Forderung zu erfüllen (vgl. T43/55-69).

2.8.3 *Individualstil/Idiolekt*
(Brook 1976, Scheler 1982, Blake 1983)

Das Problem der Rekonstruktion fne. Idiolekte kann verdeutlicht werden an der Beschreibung der Sprache von Shakespeares Figuren, denen Sprache als Charakterisierungsmittel in den Mund gelegt wird: Die Texte sind Shakespeares Sprache, der aber als Dramatiker in verschiedene Rollen schlüpft, Figuren unzutreffende Beschreibungen der eigenen Sprechweise in den Mund legt (wie Polonius' *since Breuitie is the Soule of Wit. . . I will be breefe*, in *Ham* II.2.90-92) oder die Charakterisierung mit Kritik an Modestilen verbindet. Als weitere Beispiele lassen sich anführen: Gower in *Pericles* spricht (angemessen) in archaisierender Sprache, aber Armado in *LLL* (*That hath a mint of phrases in his braine*, I.1.165) hat eine affektierte Redeweise, in der Archaismen und Neologismen, poetische Komposita und Synonyme zum Zwecke der *copia* gemischt werden. Mistress Quickly (*2H4*) und Dogberry (*Ado*) zeichnen sich durch Malapropismen und Volksetymologien des Typs *honey-suckle* = 'homicidal' aus. Falstaff in der Rolle des Königs (*1H4*, II.4.444-65) schließlich bietet eine Parodie des Euphuismus.

Leichter zu analysieren ist Individualstil als Sprachkritik bei Ben Jonson, da hier die Parodien höfischer Sprache und erstarrter literarischer Stile einer positiven Norm gegenübergestellt sind (vgl. Kings ausführliche Studie, der feststellt (1941:xxii): *I believe Jonson's preoccupation with linguistic mannerisms to be unique in the Elizabethan period.*)

Jedoch bleibt umstritten, wie weit sich dichterische Sprache von der gebräuchlichen entfernen darf. Ben Jonson (vgl. *custom* T14), der Spenser wegen seiner Un-Sprache kritisiert, schloß sich mit seinen Forderungen eng an Quintilian, *Institutio oratoria* 2.12.11; 2.5.10 an:

```
t20   The true Artificer will not run away from nature, as he
      were afraid of her; or depart from life, and the like-
      nesse of Truth; but speak to the capacity of his hearers.
      And though his language differ from the vulgar somewhat;
 5    it shall not fly from all humanity, with the Tamerlanes,
      and Tamer-chams of the late Age, which had nothing in
      them but the scenicall strutting and furious vocifera-
      tion to warrant them to the ignorant gapers ... hee ...
      hath auoyded faint, obscure, obscene, sordid, humble,
10    improper, or effeminate Phrase; which is not only prais'd
      of the most, but commended (which is worse) especially
      for that is naught.                              1640
```

2.8.4 *Dichterische Sprache (poetic diction)*

Eine Sprachform, die bewußt von der gewöhnlichen Gebrauchssprache abgehoben wird, muß auch entsprechend differenziert beschrieben werden. Die Mittel, mit denen Poetizität erreicht werden soll, ändern sich mit der Zeit (vgl.

den Wandel der Prosastile, 2.8.2): so war Dichtung des 15./¹16. Jh. oft latini-sierend (T18A/21-28), die Sprache Spensers bewußt archaisierend; in der Wort-bildung wurden zu verschiedenen Zeiten verschiedene Muster bevorzugt (7.5.2). Diese Wandlungen lassen sich z. T. aus einem Vergleich der Parallelübersetzun-gen der *Aeneis* (T21) ablesen: so bevorzugte Stanyhurst Komposita, Waller und Dryden dagegen beschreibende Adjektive (auffällig die auf -*y*).

Im Werk Miltons zeigt sich vielleicht am deutlichsten die Wirkung des *deco-rum:* ein großer Teil seines Wortschatzes ist entweder auf die Poesie beschränkt (viele *hard words* oder vom Lat. beeinflußte Bedeutungen) oder nur in der Prosa zu finden (so die *low words* in den politisch-religiösen Auseinandersetzungen des Bürgerkriegs). Vielleicht können Milton und die Zeit des Krieges als ent-scheidende Stufe in dem Prozeß, der zur systematischen Differenzierung zwi-schen *poetic diction* und 'nichtliteraturfähiger' Sprache führt, gesehen werden. Milton weist damit auf die Ansichten des Klassizismus voraus (Davies in Wat-son 1970:175-93).

Besonders für den hohen Stil des Epos galten strenge Anforderungen; so be-fand Addison bei der Besprechung Miltons im Anschluß an Aristoteles:

t21   It is not ... sufficient, that the Language of an Epic
        Poem be Perspicuous, unless it be also Sublime. To this
        End it ought to deviate from the common Forms and ordinary
        Phrases of Speech. The Judgment of a Poet very much dis-
5   covers it self in shunning the common Roads of Expression,
        without falling into such ways of Speech as may seem
        stiff and unnatural; he must not swell into a false Sub-
        lime, by endeavouring to avoid the other Extream.   1712

▶ **F22** Welches der für T21/7 *sonipes* gewählten Äquivalente *steed, palfrey, jenet, courser, horse* wird der Intention Vergils am ehesten gerecht?

Auch wenn die Eigenheiten poetischer Sprache bei einer Prosaauflösung er-halten bleiben sollten (T29/47-51), darf man doch bei der Analyse gebundener Sprache die starken Abhängigkeiten von Reim und Metrum nicht übersehen. So erklären sich außer der Wortwahl viele syntaktische Züge (Wortstellung, *do*-Vorkommen) aus dem Reimzwang, aphäretische Formen ('*gainst*) und inhalts-leere Präfixe (oft *a-, en-, y-*) aus metrischen Gründen. Auch der Anschluß an heimische oder fremde Traditionen (Latinismen in Wortschatz und Wortstellung in T34 nach dem Vorbild Homers und Vergils) ist für dichterische Sprache wichtig geworden.

Ein Sonderproblem berührt das Gegensatzpaar der Neologismen und Archais-men. Die Forderung an den Dichter lautet, einen Mittelweg zu gehen und neue wie zu alte Wörter gleichermaßen zu meiden. Ben Jonsons Meinung (T14/11 f.) läßt sich vergleichen mit E. Phillips Auffassung in *The New World of English Words* (1658:preface): *it being an equal vice to adhere obstinately to old words, as fondly to affect new ones.* Die Forderung wird aber erst im 18. Jh. erfüllt, wo Pope sie als *Alike fantastic, if too new, or old* (*Essay on Criticism* 334) wiederholt.

2.9 Die Stellung des Englischen
(Jones 1953)

2.9.1 Die Emanzipation des Englischen

Im 15./16. Jh. ist die problematische Stellung des Engl. mit der anderer Volkssprachen Europas vergleichbar. Neben der in ihrer klassischen Form wiederentdeckten internationalen Bildungssprache Latein, die wohlgeordnet war, hohes Prestige genoß und in weiten Bereichen schriftlichen Gebrauchs herrschte, stand die Volkssprache: sie war in Wortschatz und Syntax lückenhaft, nach den Stilforderungen der Rhetorik unvollkommen, durch keine verbindliche Grammatik in Orthographie, Aussprache, Formenlehre und Syntax geordnet oder durch eine langehrwürdige literarische Tradition verfestigt und zudem ständigem Wandel unterworfen. Die Volkssprache war aus all diesen Gründen für viele Bedürfnisse schriftlicher Kommunikation schlecht ausgerüstet, ja, es wurden ihr sogar oft grundsätzlich die Ausdrucksmöglichkeiten des Latein abgesprochen.

Schon früh fanden sich Stimmen, die auf die große Bedeutung guten Sprachunterrichts auch im Engl. hinwiesen (auch wenn die gute Beherrschung des Lat. Vorrang hatte). So legte Th. Elyot Wert auf die richtige Auswahl der Amme:

t22 hit shall be expedient/ that a noble mannes sonne in his
  infancie haue with hym continually/ onely suche/ as may
  accustome hym by litle and litle to speake pure and elegant latin. Semblably the nourises & other women aboute
5 hym/ if it be possible/ to do the same: or at the leste
  way/ that they speke none englisshe but that/ whiche is
  cleane/ polite/ perfectly/ and articulately pronounced/
  omittinge no lettre or sillable/ as folisshe women often
  times do of a wantonnesse/ wherby diuers noble men/ and
10 gentilmennes chyldren (as I do at this daye knowe) haue
  attained corrupte and foule pronuntiation. 1531

Andererseits war die Fähigkeit der Lehrer, richtiges Engl. zu lehren, oft nicht groß, da sie, wie Palsgrave feststellte:

t23 canne wryte an Epistle ryght latyne lyke, and therto
  speake latyne, ... they be not able to expresse theyr
  conceyte in theyr vulgar tonge, ne be not suffycyente,
  perfectly to open the diuersities of phrases betwene our
5 tonge and the latyn. 1540

Wie wenig diese Forderungen genützt haben, geht u.a. daraus hervor, daß sich ähnliche Kritik bis ans Ende der fne. Zeit findet, so in Lockes *Some Thoughts*

Concerning Education oder in Defoes *Compleat English Gentleman* (vgl. die Textauszüge in Rusch 1972:129, 138).

Seit 1476 machte der Buchdruck Lesestoff billig verfügbar, und die wachsende Schulbildung und das zunehmende Selbstbewußtsein der bürgerlichen Schichten stellten die Bildungsprivilegien anderer Stände in Frage - ein Druck, der zusammen mit dem wachsenden Nationalbewußtsein die Bedenken gegen den *umfassenden* Gebrauch des Engl. langsam beseitigte.

Besonders im frühen 16. Jh. fühlten sich Autoren aber zu Erklärungen genötigt, weshalb sie engl. schrieben, wie Roger Ascham 1545 zu Beginn seines *Toxophilus*:·

t24   And althoughe to haue written this boke either in latin
         or Greke (which thing I wold be verie glad yet to do,
         if I might surelie know your Graces pleasure therein)
         had bene more easier & fit for mi trade in study, yet
5   neuerthelesse, I supposinge it no point of honestie,
         that mi commodite should stop & hinder ani parte either
         of the pleasure or profite of manie, haue written this
         Englishe matter in the Englishe tongue, for Englishe
         men.   1545

Das Problem war besonders relevant für Mediziner wie Skeyne (T45/22-28). Mulcasters Frage T8/163 *Why not all in English?* ist selbst 1582 noch hochaktuell.

Aber auch in anderen Ländern war der Prozeß der Durchsetzung der Volkssprache langwierig. Dante trat zwar in *De vulgari eloquentia* (in lat. Sprache) engagiert für die Volkssprache ein, schrieb die *Divina Commedia* aber nur deshalb ital., weil sie keine Tragödie war, und Ariost benutzte gegen Bembos Urteil das Ital. (vgl. T33/14). In Frankreich forderten die Dichter der Pléiade und Malherbe im 16. Jh. Gleichberechtigung für das Frz.

Im frühen 16. Jh. stand in England das Problem der Wissensvermittlung und des Fachwortschatzes im Vordergrund (in der Populärwissenschaft gegen das Privileg der Ärzte; bei der Bibel und homiletischen Literatur gegen das Bedenken kirchlicher Kreise, die Lektüre volkssprachiger Texte fördere Ketzertum); ab 1550-70 treten die Aneignung der Antike (Übersetzung der Klassiker) und das Ziel rhetorisch-stilistischer Bereicherung des Engl. hervor.

▸ **F23** Interpretieren Sie die Aussagen in T18C+D über Wert und Unwert der Bibelübersetzung vor dem geschichtlichen und sprachgeschichtlichen Hintergrund (vgl. T37A) und vergleichen Sie Lyndsays Argumente für den Gebrauch des Sc. in T51.

2.9.2 *Das Fortwirken der Buchsprache Latein*

Das Lat. blieb als die durch Grammatik geregelte und durch Rhetorik verfeinerte Sprache unerreichtes Vorbild für das Engl.; in seiner Unwandelbarkeit galt es aber auch als Garant für literarischen Nachruhm, es bot als Sprache der Bibel Authentizität in religiösen Fragen und außerdem die Gewähr, über die Grenzen Englands hinaus verstanden zu werden (vgl. Miltons Verzicht auf internationalen Ruhm T33/23f.). Selbst viele Grammatiken des Engl., die ja meist für Ausländer bestimmt waren, wurden bis 1685 in Lat. verfaßt.

Wie sehr die Geistes- und Kulturgeschichte Englands unvollständig bliebe, wenn man die lat. Bücher engl. Autoren nicht berücksichtigte, zeigt eine Auswahl: Sie enthält für die Literatur Th. More, *Utopia* 1515f. und Miltons frühe Gedichte, für die Geschichtsschreibung W. Camden, *Britannia* 1586, für die Naturwissenschaften W. Gilbert, *De magnete* ... 1600, W. Harvey, *Exercitatio Anatomica de Motu Cordis et Sanguinis in Animalibus*, Frankfurt, 1628 und I. Newton, *Principia* 1689 sowie für die Sprachwissenschaft die Grammatiken von Th. Smith, *De recta et emendata linguæ anglicæ scriptione*, um 1542 (gedruckt 1568), A. Gil, *Logonomia Anglica* (1619/21, vgl. t34) und J. Wallis, *Grammatica Linguæ Anglicanæ* 1653.

Daneben war es ganz gewöhnlich, in beiden Sprachen zu schreiben, wobei die Wahl oft vom Thema und Adressatenkreis abhing, wie es die Werke Th. Mores, Miltons und der Philosophen Bacon, Hobbes und Locke zeigen. Erst mit dem Spätwerk von Newton (*Opticks* 1704) und von Locke war das Lat. um 1700 in England endgültig als Wissenschaftssprache abgelöst.

Die nachlassende Bedeutung des Lat., vor allem im Verlauf des 17. Jh., sieht Jones (1953:308-12) in folgenden Faktoren begründet:

1. Die Grammar Schools gingen zunehmend zum Engl. als dem Medium des Unterrichts über; in dem Maße, in dem das Lat. um seiner selbst willen gelernt wurde (zum Lesen lat. Literatur) ließ seine Verbreitung nach.

2. Bacon und die 'neue Wissenschaft' nahmen eine kritischere Haltung zum Inhalt und Stil antiker und humanistischer Werke ein.

3. Der Einfluß des Puritanismus, in dem das Lat. oft mit Katholizismus gleichgesetzt wurde, verstärkte sich.

4. Die Wirren des Bürgerkriegs ließen die alte Schultradition abreißen.

Waren die Zweifel gegenüber der Ausdrucksfähigkeit des Engl. anfangs sachliche, später stilistische, so blieb bis zuletzt die Frage offen, ob jede Literatur - z.B. auch ein Nationalepos - auf engl. vorstellbar war. Milton wagte es (T34/16 *Things unattempted yet in Prose or Rhime*), doch bei aller Anerkennung seines Versuchs, Würde des Stils (*sublimity*) durch Annäherung an die klassischen Sprachen zu erreichen, urteilte Addison 1712, sein Epos wirke wie ein Tempel aus Backstein:

t25   if his *Paradise Lost* falls short of the *Æneid* or *Iliad*
        ... , it proceeds rather from the Fault of the Language in
        which it is written, than from any Defect of Genius in
        the Author. So Divine a Poem in *English*, is like a stately
5   Palace built of Brick.   1712

2.9.3 Zeitgenössische Äußerungen zum Wert des Englischen

Meinungen zum Wert und zur Zukunft des Engl. lassen im 16./17. Jh. eine ständige Wiederholung derselben Stichwörter erkennen, auch wenn sich der Tenor von Apologie zu wachsendem Selbstbewußtsein (um 1570-80) wandelte. Wurde das Engl. zuerst als *uneloquent/inelegant* (*rude, gross, barbarous, base, vile*) und ohne *grace/majesty* gesehen, so werteten Autoren später eben diese Eigenschaften positiv als *plain, honest, serviceable, unadorned*, oder verwiesen auf die erfolgte Perfektionierung des Engl.

Die zeitgenössischen Argumente für die Gleichwertigkeit des Engl. oder gar seiner Überlegenheit über das Lat. (Frz.) lassen sich mit Rusch (1972:212ff.) wie folgt zusammenfassen:

1. Das Engl. hat durch den Einfluß des romanischen Elements einen volleren Klang.
2. Es hat dank seines gemischten Wortschatzes Ausdrucksfülle (*copia, copiousness*).
3. Dank des germanischen Elements (Einsilbigkeit) zeigt es sprachliche Ökonomie.
4. Es besitzt eine einfache grammatische Struktur.
5. Es ist von hohem Alter und edler Abstammung.

Die Argumente verteilen sich wie folgt: Harrison 1577 (1, 2, 5; vgl. T10); W. Bullokar 1580 (1, 2, 3, 4, 5; vgl. T7); Mulcaster 1582 (2, 3; vgl. T8); Carew ?1595 (1, 2, 3, 4; vgl. T12); Verstegan 1605 (5); Camden 1605 (5); L'Isle 1621 (3, 5); Gil 1621 (5); Butler 1634 (2, 5); Vindex 1644 (1, 2); Wharton 1654 (4); Phillips 1658 (1, 2, 5); Cooper 1685 (1, 2, 3, 4); Miège 1688 (1, 2, 3); Defoe 1728 (2); Johnson 1747/55 (2, 3).

Von den Argumenten sind in der krassen Form 1 + 2 nicht vereinbar mit 3; sie werden einzeln auch als Tadel gebraucht. Auch 4. erscheint häufiger als Makel denn als Vorzug des Engl. Neben der Abhängigkeit der Autoren untereinander illustrieren die Wertungen und die Verteilung der Kriterien, wie sich in dieser Zeit die Beurteilung von charakteristischen Eigenschaften des Engl. grundlegend wandelte.

3 Schrift und Schriftsysteme

3.1 Analyseebenen

Die Analyse von schriftlichen Zeugnissen kann auf verschiedenen Ebenen erfolgen, die nicht alle sprachwissenschaftlich relevant sind:
1. Die Beschreibung der Merkmale des vorliegenden Manuskripts.
2. Die Bestimmung der individuellen Handschrift aus typischen wiederkehrenden Eigenheiten der Realisierung (Echtheitsfragen, Zuschreibungen, Graphologie).
3. Orts- und zeitgebundene Eigenheiten bestimmter Schulen/Traditionen (Datierung und Lokalisierung von Manuskripten, Textabhängigkeiten, Paläographie).
4. Die Schriftart, wie fne. die Wahl von *Secretary* (t27) oder *Italic* (t28), oder im gedruckten Buch das Nebeneinander verschiedener Schriftsorten, wie T20/Facs. (Kulturgeschichte, Paläographie).
5. Das Schriftsystem, d. h. die Ermittlung von minimal distinktiven Einheiten und ihrer Distribution in schriftlichen Texten durch Minimalpaaranalyse (Linguistik).
6. Der Typus: Alphabet-, Silbenschrift, ideographische oder Bilderschriften (Linguistik, Geschichte der Schrift).

3.2 Handschriften und Drucke
(Petti 1977:15ff.)

Fne. Texte treten uns fast ausschließlich in edierter Form entgegen. Handgeschriebene Texte müssen für die Edition transkribiert werden, d.h. die in der Realisierung oft sehr unterschiedlichen Buchstaben (Graphen) werden mit den gemeinten Graphemen identifiziert. Diese Aufgabe ist z.B. bei der *Secretary*-Schrift des 16. Jh. nicht immer leicht (vgl. den von Elizabeth I eigenhändig geschriebenen Ausschnitt aus ihrer Boethius-Übersetzung und die Transkription, t27).

Secretary blieb, zumindest für private Zwecke, vorherrschend bis 1630, doch seit 1550 gewann in England *Italic* an Boden. Diese Schriftart beruht auf den humanistischen ital. Drucken; sie wurde zuerst vor allem von Gelehrten zum Schreiben lat. Texte benutzt. Sie zeichnet sich durch Schönheit, leichte Lesbarkeit und Schnelligkeit aus (als Beispiel kann James' VI eigenhändig geschriebenes Gedicht t28 stehen). Daneben ist sie einfach, was sie für Frauen besonders empfahl; so fand Billingsley in *The Pens Excellencie*:

t26   it is conceiued to be the easiest hand that is written
      with Pen, and to be taught in the shortest time: There-
      fore it is vsually taught to women, for as much as they
      (hauing not the patience to take any great paines, be-
5   sides phantasticall and humoursome) must be taught that
      which they may instantly learne?   1618

Seit 1600 traten zunehmend auch gemischte Schriften auf, die ab 1630 *Secretary* und ab 1650 auch *Italic* selbst ablösten (s. Miltons Autograph, t29).

Während im geschriebenen Text die einzelnen Grapheme identifiziert werden müssen, ist die Interpretation eines gedruckten Textes wegen der Invarianz der Letterformen leichter und unmittelbar der Analyse zugänglich. Kennzeichnend, besonders für das 16. Jh., ist die Verwendung mehrerer Schriftarten in demselben Buch, oft zur Unterscheidung von Haupttext und Übersetzung oder Kommentar, oder zur Hervorhebung in den Text eingestreuter fremdsprachlicher Zitate. Im 17. Jh. wurden zentrale Termini außer durch Großschreibung oft durch Verwendung einer anderen Schriftart hervorgehoben (exzessiv in t18).

▸ **F24** Welche Funktion hat der Wechsel der Schriftarten bei Bullokar (t32) und bei Colville (T20)? Wie ist die Kursivierung in den Texten von Dryden T15, T18H, T21 verwendet?

3.3 Grapheme und Allographen

Betrachtet man die Formen von <s, r> in frühen Drucken, so fällt auf, daß die Kleinbuchstaben in zwei Formen vorkommen: ſ am Wortanfang und im Wortinnern, *s* am Wortende und (nur bei *Textura*), ʒ nach *o* (gelegentlich nach *whypdb*: Buchstabenformen, die mit einem Rundbogen schließen), *r* in allen anderen Fällen. Die Verteilung ist also widerspruchsfrei geregelt: keine Buchstabenform kann durch die andere ersetzt werden. Beide Formen sind also komplementär verteilte vorhersagbare Varianten und damit als Allographen zu klassifizieren.

In Texten vor ca. 1630 herrscht eine ähnliche Regelung für *u* und *v*, wobei *v* ausschließlich am Wortanfang, *u* in der Wortmitte gebraucht wurden, unabhängig von ihrem Lautwert als /u/ oder /v/: vgl. *naturall, sauing, vtter, voyces* in T11/1-3. Bullokar T7/5 zählte konsequent 24 'Grapheme' *with their paiers,* den Großbuchstaben, sah also *u/v* als Einheit an (und verzichtete auf das nicht gebrauchte <j>). (Texte in *Italic* benutzten außerdem <vv> (*'double u'*) für <w>, T23A; diesen Buchstaben gab es natürlich nicht in lateinischen oder italienischen Alphabeten, die /w/ nicht wiedergeben mußten.)

Die funktionslose Unterscheidung der Allographen des <r> wurde im 16. Jh., die des <s> im 18. Jh. aufgegeben. Eine wichtigere Neuerung war nach 1630 die Unterscheidung nach Lautwert bei *u* und *v* (die damit zu Graphemen wurden) und die entsprechende Unterscheidung von *i* und *j* ab 1630-40.

▸ **F25** Welches ist der früheste Text des Anhangs, der die moderne graphematische Unterscheidung von *u:v, i:j* durchführt?

Handschriften: Elizabeth I, James VI, Milton

t27　　Happy to muche the formar Age
　　　　　With faithful fild content
　　　Not Lost by sluggy Lust
　　　　　that wontz the Long fastz
　5　　to Louse by son-got Acorne

t28　　till at the last i chancet to call to minde
　　　　hou that hir nature did resemble neir
　　　　to that of phœnix quhilk i redd: hir kind
　　　　hir heu hir shape did mak it plane appeir
　5　　sho uas the same: quhilk nou uas lichtit heir
　　　　this maid me to esteeme of hir the moire
　　　　hir name & rarenes did hir so decoir.

t29　　By the rushie-fringed banck
　　　　where grows the willow, & the osier danck
　　　　my sliding chariot stayes
　　　　thick set wth Agat, and the azurne sheene
　5　　of [turquis] turkis blew, & (emrald) emrauld greene

Neben den erwähnten 24 Graphemen finden sich unter lat. Einfluß bis ins 18. Jh. gelegentlich die Ligaturen æ und œ (T23A), und in Schrift und Druck einige aus der mittelalterlichen Tradition stammende Kürzel (Petti 1977:22-24): y^e, y^t für *the, that*; & (ampersand); ₉ als Genitiv- und Pluralzeichen; ‾ ˜ für ausgelassene Nasale (vgl. *mās*, T11/48); und Kürzungen für lat. Präfixe (*con, per, pro*). Auch Akzente sind im Engl. gelegentlich versucht worden (T7, und als Vorschlag in T16/37-43).

3.4 Geschichtliche Grundlagen der fne. Orthographie
(Scragg 1974, Salmon 1994)

3.4.1 Das Erbe des Mittelenglischen

Als Folge dialektaler Unterschiede und der Mischung heimischer und anglonormannischer Traditionen ergab sich eine sehr uneinheitliche me. Orthographie. Erst im ²14. Jh. bildeten sich dann in London festere Schreibtraditionen heraus, die sich ab 1430 durch die Konventionen der Kanzlei und unterstützt durch die florierende Manuskriptproduktion auf dem Londoner Lautstand von 1400-1430 verfestigten. Auf diese Tradition konnte der frühe Buchdruck zurückgreifen, doch bedeutete die Praxis der frühen Drucker eher einen Rückschritt: ein Einzelwort erschien im Druck oft in mehr Varianten, als es in den guten Handschriften des 15. Jh. üblich gewesen war.

Scragg (1974:64-6) führt dies darauf zurück, daß die meisten der frühen Drukker keine Engländer waren. Auch Caxton hatte den größten Teil seines Lebens im Ausland gelebt und hatte, als er nach England zurückkam, wohl keinen Anschluß an die neueren Entwicklungen der engl. Orthographie; da seine Setzer aus dem Ausland kamen, waren sie noch weniger geeignet, standardisierend auf die engl. Orthographie zu wirken. Erst durch die Gesetze von 1515, 1529 und 1534 wurde der Einfluß ausländischer Drucker eingeschränkt und schließlich ausgeschaltet. Aus wirtschaftsgeschichtlichen Gründen war also die Orthographie des frühen Buchdrucks in England eine Seitenlinie; die *engl.* Drucker knüpften dann vom Beginn des 16. Jh. wieder verstärkt an die Schreibtraditionen der Zeit vor Caxton an (typisches Merkmal ist das verstärkte Auftreten des Digraphs *ea* in *meat* für früheres *mete*).

Die Tradition des 15. Jh. hatte folgende Besonderheiten: Sie gab bei *ee, oo, ou*, jedoch selten bei *aa, ij, uy* Quantität wieder. Sie hielt an der konservativen -e Schreibung in *name* usw. fest, obwohl Wörter dieses Typs längst einsilbig waren (3.4.2). Sie hatte einige Unzulänglichkeiten nicht beseitigt, wie die mehrfache Wiedergabe eines Phonems (/e:/ erscheint als *ee, ie, e*; /ɛ:/ als *ea, ei, ee, e*) oder die Mehrdeutigkeit einiger Grapheme oder Graphemverbindungen (vgl. *ou* in ne. *cousin, soul, foul*). Bei den Konsonanten herrschte weniger Variation oder Widerspruch: jeder gesprochene Konsonant wurde auch geschrieben (und fast jeder ne. geschriebene wurde um 1430 auch noch gesprochen: *wrought, knight*).

Diese (unvollkommene) Festlegung der Phonem:Graphem-Korrespondenzen um 1400-30 bedeutete also nicht schon die Festlegung *einer* Schreibung für jedes Einzelwort; weiterhin existierten orthographische Varianten (so z.B. für 'enough' nach OED: *an-, in-, ynough(e), enoff, inoffe, yenough, eno', enouch, enufe* usw. Um 1700 war eine Schreibung konventionalisiert, wenn auch nicht immer die logischste. In privaten Briefen, Tagebüchern (T54) und Texten wie den Protokollen der Salemer Hexenprozesse (T64) blieb die Orthographie bis zum Ende der fne. Periode uneinheitlich. Die Mischung englischer und schottischer Schreibkonventionen führte zu einer besonderen Art von Variabilität im 17. Jh. in schottischen Texten (T53, T55 und vgl. Devitt 1989).

Die Unterscheidung der *meet/meat* und *boat/boot* Wörter, ein ungelöstes Problem noch bei Chaucer, erfolgte im 15./16. Jh., offenbar nachdem durch den GVS unterschiedliche Schreibung noch dringlicher geworden war (4.3.3): *ea*, wohl aus agn. Gebrauch eingeführt im 15. Jh., setzte sich 1520-50 durch, und *oa* wurde analog dazu im 16. Jh. geschaffen. Beide hatten als Alternativen <VKe> neben sich (*complete, nose*); dabei spiegelt die geringe Häufigkeit von *oa* die spätere Einführung. Neben *ee* trat aus agn. Gebrauch im 15. Jh. auch *ie*, das sich heute vorwiegend in Wörtern frz. Herkunft (*chief*, aber auch *field*) findet.

3.4.2 Funktionen des -<e>

Der Schwund des auslautenden /-ə/ auch in zweisilbigen Wörtern um 1350-1400 ließ das in der Schrift bewahrte *-e* frei verfügbar erscheinen. Im 15./16. Jh. wurde es dann auch recht regellos an Wortenden angehängt. Erst allmählich wurde *-e*-Schreibung in dreierlei Weise funktionalisiert (Funktionen, die in Einzelwörtern teilweise überlappen oder einander widersprechen können):

1. In *name, mete* 'messen', *nose* zeigte *-e* langen Vokal in historisch offener Stammsilbe an; hieraus wurde *-e* als Längekennzeichnung generalisiert und auf Wörter wie *case, life, cube* übertragen. Diese Art der Kennzeichnung schuf jedoch neue Zweideutigkeit bei zweisilbigen Wörtern des Typs *writen*. Um zu verhindern, daß 'offene Silbe' hier als Länge fehlinterpretiert wurde, mußte Doppelung des K-Graphems eingeführt werden (*written, ridden, glad : gladder, rot : rotted : rotten*, doch nicht in *driven*). Hieraus wiederum sind die Alternativschreibungen *sonne, potte* (immer einsilbig gesprochen) erklärbar, die bis 1640 ein beliebtes Mittel der Setzer waren, rechten Randausgleich herzustellen.

2. Bleibende Mehrdeutigkeit bei einigen K-Graphemen (*c* = /k, s/, *g* = /g, ʤ/, *th* = /θ, ð/ führte dazu, *-e* zur Kennzeichnung der K-Qualität zu verwenden (*prince, plunge, breathe*).

3. *-e* wurde außerdem benutzt zur Unterscheidung von Flexions *-s* und stammauslautendem *-s* (*dense : dens*) und zur Vermeidung von *i, (o), u/v, z* am Wortende (*lie, toe, glue, love, freeze*).

Die Folge ist, daß -*e* gelegentlich noch heute zwei Funktionen trägt (*grace, mice, oblige, drive, haze*), daß Homographe möglich sind (*live, use*) oder daß in ähnlichen Wörtern verschiedene Funktionen ausgedrückt werden (*love, grove, move*). Daneben blieben geringe Reste 'ungeregelter' Schreibung aus der Zeit der freien Verwendung des -*e* (*come, infinite* und Homographe des Typs *separate*).

3.4.3 Konsonantengrapheme

u/v: Verschiedene Formen waren schon me. in Gebrauch, wo sie aber nur der leichteren Lesbarkeit dienten. Eine systematische Unterscheidung erfolgte im 15./16. Jh. als Allographen (3.3); eine funktionale Unterscheidung nach Lautwert wurde im 16. Jh. gelegentlich versucht (t31), setzte sich aber erst um 1630 durch (*V* blieb alleiniger Großbuchstabe bis 1700). Beachte auch *vv* für *w* im 16. Jh. (T23A).

i/j: Auch hier datiert die funktionale Unterscheidung von 1630-40. Das neue *j* = /dʒ/ ersetzte aber nur in wenigen Wörtern altes *g*, das damit zweideutig blieb; dies wiederum führte gelegentlich zu Schreibungen mit *gu* nach frz., oder mit *gh* nach holl. Vorbild (vgl. alt *goost* T19A/16, *gesside* T19B/17).

s/z: Versuche der Unterscheidung nach stl./sth. Aussprache waren unsystematisch, so daß Zweideutigkeit (Homographe *house, use*) oder zwei Schreibungen möglich blieben (-*ise*, -*ize*).

Auch bei Lautwandel oder -schwund wurde die spätme./fne. Schreibung gewöhnlich beibehalten, vgl. aber *draught : draft, light : lit*.

Seit 1630-50 ging die elisabethanische Vielfalt in *eine* bevorzugte Schreibung für das Einzelwort über (bei der Alternative wie in *son : sonne* die kürzere). Es mag dabei eine Rolle gespielt haben, daß die Setzer im Bürgerkrieg keine Zeit mehr hatten, sich um den Randausgleich zu kümmern. Doch ist wahrscheinlicher, daß der Einfluß der sehr populären *spelling books*, die nur eine Schreibung eines Wortes zuließen, die Standardisierung beschleunigte (Scragg 1974:73-77). Offensichtlich deckten sich diese Schreibungen auch weitgehend mit denen, die in der Bibel (AV) vorherrschten. Mit dem hohen Prestige orthographischer Korrektheit wurde auch der Gebrauch in Briefen und Tagebüchern nach 1700 viel einheitlicher, wo noch im 16. Jh. individuelle Willkür geherrscht hatte (Elizabeth I, T20, 42).

► **F26** Lassen sich im Brief Elizabeths (T42/1-54) und ihrer Boethiusübersetzung (T20/99-120) idiolektale Übereinstimmungen in der Schreibung finden?

Abgesehen von diesen allgemeinen Tendenzen entwickelten sich bestimmte orthographische Traditionen auch innerhalb der einzelnen Druckereien. Eine Sonderstellung nahm außerdem die Dichtung ein durch die Tendenz, Reime auch optisch durch gleiche Schreibung perfekt zu machen.

► **F27** Welche Reime in T24 zeigen auffällige Schreibungen, die auf die Reimstellung des Wortes zurückzuführen sind?

3.4.4 Großschreibung
(Partridge 1964:75-77; Osselton 1985)

Die Druckgeschichte von Shakespeares Werken reicht von 1593 (*Venus and Adonis*) bis 1623 (*First Folio*). In dieser Zeit fanden im Gebrauch der Großschreibung deutliche Wandlungen statt. 1593 ließen sich die großgeschriebenen Substantive wie auch sonst im ^{2}16. Jh. noch nach Sachgruppen ordnen: Betroffen waren vor allem Personifizierungen; Tiere und Pflanzen; Mineralien, besonders edle; Künste und Wissenschaften; Religionen und ihre Institutionen; kosmologische und geographische Begriffe; Ausdrücke des Königtums oder Staatswesens; Berufe; Verwandtschaftsbezeichnungen; nicht integrierte Fremdwörter.

Dagegen hatte 1623 die Großschreibung (wohl auch unter Einfluß auf dem Kontinent gedruckter Bücher) so zugenommen, daß potentiell jedes N, Adj, V großgeschrieben werden konnte. Der Grund dafür ist im Einzelfall nicht immer zu bestimmen; häufig war wohl Hervorhebung beabsichtigt. Die Hauptzeit der Großschreibung begann allerdings erst nach dem Bürgerkrieg (1660-1750); es gibt Bücher vom Anfang des 18. Jh., in denen alle N großgeschrieben sind. Diese Praxis verlor aber im ^{2}18. Jh. schnell an Bedeutung.

3.4.5 Datierung

Als Folge der oben genannten Entwicklungen und Tendenzen lassen sich fne. Texte chronologisch nach den folgenden Kriterien einordnen:
1. Konsequenz der Unterscheidung von *ee* (*ie*) : *ea* (*eKe*) und *oo* : *oa* (*oKe*); Frequenz der Schreibungen und Zahlenverhältnis untereinander.
2. Gebrauch von *i, j, y* und *u, v, w* als Groß- und Kleinbuchstaben.
3. Frequenz und Funktion des *-e* (besonders funktionslosen Gebrauchs, wo er im Ne. nicht mehr vorliegt).
4. Häufigkeit und Funktion der Großschreibung.
5. Anzahl der verschiedenen Schreibungen desselben Wortes.
6. Etymologische Schreibungen (3.5.4).

▸ **F28** Welche orthographischen und typographischen Unterschiede finden sich zwischen den zwei Versionen von Bacons *Essay* (T30)?

▸ **F29** Analysieren Sie den Hamlettext (T31B) nach den angegebenen Kriterien.

▸ **F30** Kommentieren Sie die Orthographie von T8/97 *the farest flour of their hole garland*.

3.4.6 Kurzschrift
(Kökeritz 1935)

Es verdient Erwähnung, daß ab 1600 zunehmend stenographische Schriften erschienen, die durch Einsparen von Buchstaben, besonders aber durch Einführung von Wortzeichen schnelleres Schreiben ermöglichten (s. Pepys' Tagebuch in Petti 1977:121). An diese Wortzeichen schlossen sich auch verschiedene Versuche einer Begriffsschrift (wie in Wilkins 1668) im 17. Jh. an.

3.5 Orthographiereform
(Dobson ²1968)

3.5.1 Ursachen des fne. Interesses

Zwei Gründe waren es vor allem, die im 16. Jh. die Aufmerksamkeit auf die Notwendigkeit einer Reform lenkten und diese neben der Frage des Lehnworts zu einem zentralen Streitpunkt der Sprachwissenschaft der Zeit werden ließen. Die frühen Reformer (Smith, Cheke) waren nicht zufällig Humanisten und Philologen: sie vermißten im Engl. die Lautwerte der V-Grapheme, die für das Lat. und das zeitgenössische Frz. und Ital. weitgehend galten und für das Me. gegolten hatten (a = /a(:)/), aber durch die Folgen des GVS nicht mehr gegeben waren. Sie vermißten auch die 1:1-Beziehung zwischen Phonem und Graphem, die im Ital. und Lat. (außer der fehlenden Quantitätskennzeichnung) bestand. Zudem mußte die Orthographie geordnet werden, bevor die Regelung der Syntax und des Wortschatzes (man denke an die alphabetische Anordnung in Wörterbüchern) beginnen konnte (T6/49f.).

▶ **F31** Vergleichen Sie die Gründe für eine Orthographiereform in T6 mit denen, die in der Gegenwart dafür angeführt werden.

3.5.2 Orthographiereformer 1551-1621

Unter den Reformern des 16./17. Jh. verdienen hervorgehoben zu werden:
John Cheke (1514-57, Dobson 43-46), dessen Überlegungen zur engl. Orthographie durch die Frage der richtigen Aussprache des Altgriech. ausgelöst wurden. Seine Praxis für das Engl., die sich aus der nicht beendeten Übersetzung der Evangelien (t30) ablesen läßt, war jedoch wenig durchdacht und inkonsequent. Er kennzeichnete Vokallänge (häufig) durch Doppelschreibung (vgl. auch T5).

John Hart (†1574, Dobson 62-87) war vielleicht der bedeutendste Phonetiker des 16. Jh. Er strebte ein internationales phonetisches Alphabet an, so daß das Lesenlernen der Muttersprache auch das Lernen von Fremdsprachen erleichtert hätte. An der geltenden Orthographie bemängelte er (T6): das Fehlen von Schriftzeichen; das Schreiben von Buchstaben, die keine Entsprechung in der Lautung hatten; etymologische Schreibungen (Lehnwörter sollten auch orthographisch voll integriert werden, t36); und die Unterscheidung von Homophonen, da diese wie in der gesprochenen Sprache durch den Kontext ausreichend differenziert würden.

Hart sah den Fehlbestand an Graphemen, wandte sich aber gegen die Wiedergabe eines Phonems durch Digraphen. Aufzugeben waren daher *ai, ei, ea; ee, ie, eo; oo* für /ɛ:, i:, u:/ und die Verwendung von *-e* als Längezeichen (3.4.2). Dagegen erlaubte er Digraphen für Diphthonge: *teim* = /təim/. Zu vermeiden waren ferner *th* und die Verwendung des *g* für /ʤ/. Er strebte eine eindeutige Wiedergabe von /k, g, tʃ, ʤ, θ, ð, ʃ/ an, schuf konsequenterweise neue Zeichen für die letzten fünf (davon drei illustriert in t31) und verzichtete auf *c, q* und *y, w* (da er /j, w/ als Vokale ansah) und auf die Allographen von <s, r>. Vokallänge gab er durch diakritischen Punkt unter den Vokalen wieder. Harts Vorschläge stellten den konsequentesten Versuch des 16. Jh. dar, die durch GVS antiquierte engl. Schreibung zu reformieren; sie waren aber wohl zu einschneidend, als daß sie hätten Erfolg haben können.

	t30 CHEKE ca. 1550	HART 1570 t31

```
    Our faẏer which art
    in heaven halowed be
    i̯
    y name, y king-
    i̯
    doom come, y wil be doon
5   in earth as it is in heven.
    give vs yis daí our dailí
    breed. And forgive vs
    our detts as we
    forgive y^em y^t
10  be our dettors, and lead
    vs not into tempting,
    but deliver vs from y^e evel.
    For thijn is y^e kingdoom,
    y^e powr and glorie
15  for ever and aí. Ameen.
```

*O*ur fadr hui� art
in heʋn hallu-éd bi
dei nam. dei king-
dum kum. deiuilbidun
in erʃ,aʒ it iʒ in heʋn.   5
giʋ-uʒ diʒ-de,our de-li
bred. And for-giʋ-uʒ
our tres-pas-ses, aʒ ui
for-giʋ dem, dat tres-
pas a-genst us. And led   10
uʒ not in-tu tem ta-si-on.
but delivr-us from iʋl.
so bi it.

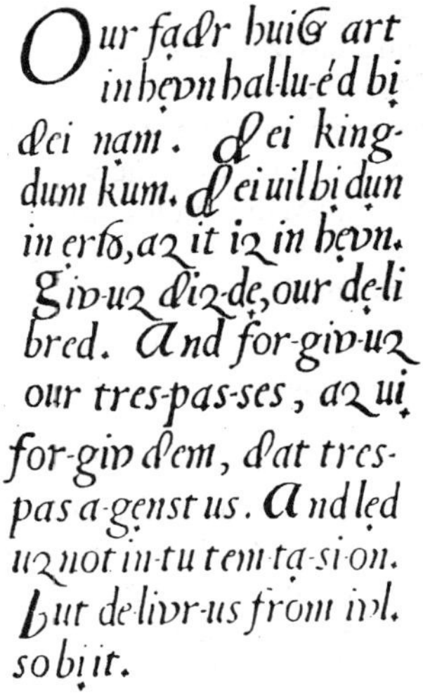

William Bullokar (um 1530-1609, Dobson 93-117) wandte sich in *Booke at large* (t32f., T7) gegen Harts Einführung neuer Schriftzeichen. Er schlug stattdessen zur Unterscheidung der 44 *sounds* Ergänzungen der bestehenden Buchstaben durch Akzente, Ligaturen bei *ph, th, ch, wh, sh,* abgewandelte Formen für silbische /l, m, n, r, s/ sowie *æ* für *ea* vor. Trotz der Kompliziertheit seines Systems (t33) gelang es ihm weder (wohl auch, weil er kein perfekter Phonetiker war), alle phonemischen oder allophonischen Unterschiede auszudrücken noch sich von der herkömmlichen Orthographie freizumachen.

Richard Mulcaster (1530-1611, Dobson 117-28), einer der größten Pädagogen der Zeit, machte schon im Titel von T8 deutlich, daß Orthographie und ihre Reform nur erster Teil einer umfassend geplanten Erziehungslehre sein sollten. Er sah keinen dringenden Grund zur Reform, da sowohl vieldeutige als auch von anderen Sprachen abweichende Verwendungen von Buchstaben gelernt werden könnten - eine Kritik, die wenig durchdacht war und die Position der Reformer nicht traf.

t32

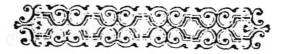

Bullokars Booke at large, for the *Amend-*
ment of *Orthographie* for English fpeech: wherein,
a moft perfect fupplie is made, for the wantes and double
founde of letters in the olde Orthographie, with Examples for the
5   fame, with the eafie conference and vfe of both Orthographies,
to fauc expences in Bookes for a time; vntill this amendment grow to a generall vfe, for
the eafie, fpeedie, and perfect reading and writing of Englifh, (the fpeech not
changed, as fome vntruly and malicioufly, or at the leaft ignorantlic blowe
abroade) by the which amendement the fame Authour hath alfo framed
10   a ruled Grammar, to be imprinted heereafter, for the fame fpeech, to no
fmall commoditie of the Englifh Nation, not only to come to eafie, fpeedie, and
perfect vfe of our owne language, but alfo to their eafie, fpeedie, and readie
entrance into the fecretes of other Languages, and eafie and fpeedie
pathway to all Straungers, to vfe our Language, heeretofore very
15   hard vnto them, to no fmall profite and credite to this our
Nation, and ftay therevnto in the weightieft caufes.
There is alfo imprinted with this Orthographie
a fhort Pamphlet for all Learners, and a
Primer agreeing to the fame, and as
20   learners fhall go forward therein, other neceffarie Bookes
fhall fpedily be proui-
ded with the fame
Orthographie.

25   Heerevnto are alfo ioyned written Copies with
the fame Orthographie.

Giue God the praife, that teacheth alwaies.

When truth trieth, errour flieth.

Secne and allowed according to order.

30   *Imprinted at London by*
Henrie Denham.
1 5 8 0.

43   The amendment of ortography.

Aa:Bb:C'c':Cc:Chch:Dd:Eeæ:E'e':Ff:GꝌiȝ: Gg:Hh:Iip:Kk:Ll:l:Mm:ıñ:Nn:ń:Oo:ω:Pp: Phf:Qq:Krȝ:r:Sſsȝ:Hh:Tt:Thth:Thth:Ubu: Up ꝑoꝙꝙ:Q'bu:Ww:Whth:Xx:Py:Zȝ.ad tw thæȝ,&.

xxbiij.cõ-
fonantȝ
with theiȝ
paierȝ.
biij. vow-
elȝ.
tij. half
vowelȝ.
vowelȝ.
r.thær-
þntw ad-
ed.
vowelȝ
of hoȝt
found,er-
cept,&c.
The námȝ
of thæȝ
accentȝ.
vowelȝ
of long
found.
bij.diph-
thongȝ.
xliiij diui-
zionȝ in
voic, foȝ
englifh
fpedj.

Of the xl. letterȝ befóȝ hewed, xxbiij. of them, and theiȝ paierȝ ár caled confonantȝ, whidj ár thæȝ: b. c'. c. ch. d. f. g'. g. h. k. l. m. n. p. ph. q. r. ſ. h. t. ch. th. v'. w. th. x. p. ȝ.

Other, biij. a. e. e'. i. o. ω. v. p. ár caled vowelȝ, with theiȝ paierȝ.

Other, ij. l. ıñ. ń. ár caled half vowelȝ: ad tw thæȝ: r: and foun-ded aȝ this fillabl: er: and fo námed alfo.

Thæȝ vowelȝ: a. e. i. p. o. b. p. ꝙ. ꝙ. ω: ár alway of hoȝt found: ercept: a. e. i. be dobled thus: aa. ee. ip. pi: oȝ that ón of thæȝ accent pointȝ:'::': be fett ouer: a:e:p:o: foȝ then be thæȝ of longer found, wȝytn thus: á:á':á: and fo of the reſt, foȝ help in eqiuocy.

I cal the firſt, á: a, with accent: the fecond, á:a, with dobl accent: the thiȝd, á: a, with foȝked accent: and fo of other vowelȝ fo nóted, bicauȝ it may help mudj in eqiuocy.

And thæȝ, e. ω. b. u. ár alway of long found, ad tw thæȝ, æ, and alfo the half vowelȝ, l. ıñ. ń. r. ár of longer found, then any vowel of hoȝt found.

When twω vowelȝ (oȝ half vowelȝ) com togedjer in ón fillabl, they ár caled a diphthong, thar-of thér be in number, bij. ai. ay. ei. ey. oi. ow. oy: ading hær-þntω: ui: feldom in be.

So ading thæȝ feuin mixt foundȝ (caled diphthongȝ) befóȝ wȝytn, thér ár in englifh fpedj, xliiij. feueral foundȝ in voic, þnder whom al englifh woȝdȝ and fillabľȝ ár founded and fpókn: ading hær-þntω the rár diphthong: uy.

Thæȝ diphthongȝ hau paierȝ in found, and thér be alfo other diph-thongȝ, but they hau the found of ón of the vowelȝ befóȝ faid, al whidj hal be wȝytn togedjer in fqárȝ next bnder: but foȝ the tým in al thæȝ, nót that euerp diphthong iȝ of aȝ long tým oȝ longer, then any long vowel: ad hær-þntw that half vowelȝ may mák a diph-thong after, a, oȝ o, ȝ ár paierȝ tw the fillabl in theiȝ fqárȝ folowing.

And hær-in iȝ tw be nóted, that foȝ laxx ioȝȝ, thér iȝ e hal be a Pam-phlet impȝinted, conteining bȝeflp the effect of this book, feruing alfo foȝ conferenc with the old oȝtogrphy hér-after.

Diph-

Die Bedeutung Mulcasters liegt in der Wirkung, die die in seinem Buch verwendeten Schreibungen auf die *spelling books* der Zeit hatten: *eine* Schreibung jedes Einzelwortes wurde durchgehalten, und das war (mit Ausnahme der späteren systematischen Änderungen bei *i/j, u/v*) meist die, die sich zum Ne. hin durchsetzte.

Alexander Gil (1564/5-1635, Dobson 131-55, t34), Nachfolger Mulcasters als Direktor der St. Paul's School in London, schrieb seine *Logonomia* (1619, [2]1621) in Latein, wie es Thomas Smith 1568 vor ihm getan hatte. Er versuchte in der Erstauflage von 1619 eine phonologische Schreibung durchzuführen, indem er vorhandene Lettern in jedem einzelnen Exemplar eigenhändig mit roter Tinte abänderte (t34a). Nachdem er die Mühen dieses Verfahrens erkannt hatte, entschied er sich 1621 für den Gebrauch von Digraphen (*ch, sh, th, ng*) und für Trema zur Kennzeichnung von Vokallänge (t34b):

t34a   t34b

Fresh shadōuz,fit tu shroud from funi rai;
Fair laundz,tu täk ờc fun in fēzn dv;
Swit fpringz, in wich à thouzand nimfs did plai;
Soft rumbling brüks, ờat zentl flumber drv;
5 Hjh rëred mounts,ờe landz about tu vv;
Lŏu lüking dälz, disloin'd fromr komon gäz;
Deljtful bourz, tu folas luvers trv
Fair laberinths,fond runerz eiz tu däz:

Fair lɑundz,tu tǟk ʽờɛ fun in fɛzn dv ɪ
Sɑjt fprɪɣz, in ẇicʼɑ ɧouzɑnd nimfɪ did plɑi ɪ
Soft rumbliɣ brʋks,ʽờɑt ɣɛntl flumbɛr drv ;
Hjh rɛrɛd mounts, ʽờɛ lɑndz ɑbout tuʼvv ;
Lɵu lʋkjɣ dǟlz,difloinʼd from kommon gǟz ɪ
Deljtful bourz,tu folɑs lʋvɛrz trv ;
Fair lɑbɛrinɧs,fond runɛrz ɛiz tu dǟz :
Alʼẇicʼbj nǟtvr mǟd, did nǟtvr fɛlfɑmǟz
And al wiɧout,&c.   10

Gils im Grundsatz phonologisches System (auf der Basis der Sprache der Gebildeten) wurde gemildert durch etymologische Rücksichten, Unterscheidung von Homophonen und einige Zugeständnisse an die traditionelle Schreibung. Er schuf damit ein praktikables System, das der bestehenden Orthographie ähnlich war: "His venture deserved to succeed, and it is to our loss that it failed" (Dobson 154). Spuren hinterließ Gils Lehre nur in dem Einfluß, den sie auf die orthographischen Konventionen seines Schülers Milton hatte.

Mit Gil endete eine Folge von Versuchen, die engl. Orthographie konsequent an der Lautung zu orientieren. Spätere Grammatiker und Lexikographen, einschließlich Samuel Johnson und Noah Webster, begnügten sich mit kleineren Korrekturen. Die Periode von 1550-1620 hätte nach Erwachen des sprachlichen Interesses und nach Einsicht in die Inkonsequenzen der bestehenden Schreibung bei noch weitgehender Variation gute Voraussetzungen für eine Reform geboten. Jedoch hatte Mulcaster schon pessimistisch gesehen: *The vse & custom of our cuntrie, hath allredie chosen a kinde of penning* (1582:98). Nach 1630-40 regelten die festgewordenen Traditionen der Drucker, was die Reformer nicht erreicht hatten - nur natürlich nicht systematisch.

3.5.3 Spätere Korrekturen

Veränderungen der Orthographie auf dem Wege zum Ne. beziehen sich auf die Schreibung von Suffixen (fne. *-all*, *-ick*, *-or* usw.) und auf Einzelwörter; diese lassen sich gliedern in

1. Einflüsse der Etymologie (3.5.4).
2. Unterscheidung von Homophonen. Obwohl der Wert der Unterscheidung fraglich ist, setzten sich im 17./18. Jh. z.B. für die Homonyme *waste/waist*, *hole/whole* und die polysemen Wörter *flour/flower, metal/mettle* die heutigen Schreibungen durch.
3. Vereinheitlichung innerhalb von Wortfamilien. In einigen Fällen ist dies Prinzip nicht durchgeführt, und selbst Johnson gab sich 1755 geschlagen: *I have been often obliged to sacrifice uniformity to custom; thus I write, in compliance with a numberless majority,* convey *and* inveigh, deceit *and* receipt, fancy *and* phantom ...
4. Schreibung nach der Aussprache. Die immer fester werdende Schrifttradition ließ dies nur gelegentlich zu, in krassen Fällen wie *gaol/jail*, in wenigen seltenen Wörtern wie *stud* 'Gestüt' (Me. *stood*) oder im Prozeß der Integration von Lehnwörtern. (Häufiger war die Anpassung der Aussprache an die Schreibung, 4.7.)

▶ **F32** Vergleichen Sie die Reformvorschläge von Cheke und Hart anhand des Textes des Vaterunsers (t30, 31) nach ihrer Konsequenz und Brauchbarkeit. Bei welchen Wörtern stimmte die *Aussprache* der zwei Grammatiker offenbar nicht überein?

▶ **F33** Welche ne. Schreibungen entsprechen T24/55 *dide*, T24/58 *hart*, T24/61 *dew*, T24/99 *fowle*, T14/69 *gate*, und wann ist die heute gültige Unterscheidung der Homophone fest geworden (OED)?

3.5.4 Etymologische Schreibung

Ins Me. war eine große Anzahl von Lehnwörtern aus dem Frz. aufgenommen worden, die trotz Veränderungen in der Form als Reflexe lat. Wörter kenntlich blieben. Bei dem Prestige des Lat. (und den weitverbreiteten Lateinkenntnissen) konnte es nicht ausbleiben, daß viele dieser Wörter anhand des lat. Ursprungswortes, wie z.B. in T47/32 *explaning of my conceipt*, (oder nur eines vermeintlichen Originals) korrigiert wurden. Diese Korrekturen hatten im 14./15. Jh. auch schon im Frz. eingesetzt, und deshalb ist nicht in allen Einzelfällen klar, ob die Änderung auf engl. oder auf gemeineuropäische Renaissanceeinflüsse zurückzuführen ist.

Besonders die frühen Texte des Anhangs bieten eine Fülle unkorrigierter Formen (*auantage* T1/32, *marchaunt* T2/31, *descryuit* T45/59, vgl. auch die Vorkommen von 'perfect' und 'doubt'); besonders aufschlußreich ist ein Vergleich von Bibelübersetzungen zwischen 1525 und 1611, die fortschreitend größere Anteile latinisierter Schreibungen aufweisen.

Nicht immer war die neue Schreibung die historisch richtigere. So steht me. *autour* (< lat. *auctor*) neben fne. *autour, auctor, aucthor, author* (T37B/7), aber die heutige Form ist in Schrift und Aussprache etymologisch ungerechtfertigt. Offenbar gab es gegen dieses Etymologisieren wenig Widerstand. Mulcaster, der für volle Integration ins Engl. auch in der Schreibung plädierte, war offenbar eine Ausnahme:

t35   the verie nature of *enfranchisment* doth enforce obedience
          to the *enfranchisers* lawes, not to be measured by his
          bare person, but by the *custom, reason & sound*, of his
          cuntries speche. And as vnaduised cunning, or not suf-
5   ficientlie aduised, doth plaie to much vpon the foren
          string, being verie loth to leaue out anie one letter,
          as *eleemosinarie*, for *amner, hospitall* and *victuall* for
          spitle vitle and such other.   1582

Bei zwei vorhandenen Standardsprachen ist es nicht verwunderlich, daß die Ergebnisse der Etymologisierungen nicht immer übereinstimmten, wie es Harts Vergleich des Fne. und Sc. zeigt:

t36   Some thinke Scottish speach more auncient Englishe than
          as we now speake here in England, yet there is no liuing
          English man, so much affected to write his English as
          they doe Scottish, which they write as they speake, and
5   that in manye wordes, more neare the Latine, from whence
          both we and they doe deriue them, as fruct for fruit, and
          fructfull for fruitfull, disponed for disposed or distrib-
          uted, humely for humbly, nummer for number, pulder for
          pouder, saluiour for sauiour, and compt for account, and
10   diuerse others, wherein we pronounce not those letters
          which they do, & therfore write them not as reason is.
          Yet in others we do excéede with them, as the b in doubt,
          c and h in aucthoritie, i in souldiour, o in people, s in
          baptisme, p in corps, and in condempned, and certain like. 1569

▶ **F34** Wie verhalten sich die Texte zu 'perfect' und 'doubt'? Wie erklärt sich die ne. Schreibung der Äquivalente von T31B/35 *Coarse, compleat*?

3.6 Zeichensetzung
(Treip 1970, Petti 1977, Salmon 1988, 1994)

Die Funktionen der Zeichensetzung betreffen sowohl die Intonation (Sprecheinheiten, Stimmführung) als auch die syntaktisch-logische Gliederung von Sätzen und Einheiten oberhalb des Satzranges. Ausdrucksseitig läßt sich Zeichensetzung als Darstellung von Schrifteinheiten jedoch an Orthographie anschließen (vgl. 6.8). Beachte auch die Zusammenhänge mit der typographischen Textgliederung in den Faksimiles.

Der frühe Buchdruck kannte nur die Zeichen *virgule* (/), *colon* (:) und *period* (.), doch ab 1520-40 setzte sich in England das Komma für die Virgel durch. Die Gliederung, die durch die Zeichen ausgedrückt wurde, war im wesentlichen rhythmisch, bis sich vom 17. Jh. an zunehmend logische Interpunktion durchsetzte (ohne aber die strenge Regelhaftigkeit des Dt. zu erreichen). Die genauen Entwicklungsstufen von der rhetorischen zur grammatischen Zeichensetzung sind strittig und wohl auch schwer eindeutig nachzuweisen. Möglicherweise ging die Entwicklung einher mit der sich wandelnden Funktionsbreite der geschriebenen Sprache, je mehr sie von bloßer Wiedergabe gesprochener oder zum Vortrag bestimmter Sprache zu einem eigenständigen System wurde. Neu interpretiert wurde dabei besonders der Doppelpunkt (:), der sich von einem Zeichen für eine mittlere Pause zu dem einer konsekutiven oder adversativen Satzverbindung ('also', 'dagegen') entwickelte. Dies geschah im Zusammenhang mit der Einführung des Semikolons (*semicolon, comma-colon*) seit 1580-90, das im Laufe des 17. Jh. eine der früheren syntaktischen Rollen des Doppelpunktes, nämlich die Trennung zweier aufeinander bezogener Hauptsätze übernahm.

'?' und '!' wurden erst im 17. Jh. häufiger. Daneben findet sich ¶ in sehr vager syntaktischer Funktion; es muß nicht immer einen Paragraphen einleiten (T20/23ff., T30). Beide Klammern ( ) [ ] hatten oft wie in T11 die Funktion moderner Anführungszeichen (die selbst erst im 18. Jh. erschienen) oder sie gaben das Bedeutungsäquivalent an (T11/101).

Zu erwähnen ist ferner der Apostroph, dessen Funktion zuerst rein phonetisch war, wo er die Auslassung meist eines Vokals kennzeichnete (T11/57, 77); er findet sich häufig auch in Dramentexten, um anzuzeigen, daß Flexionen nicht silbisch gemeint waren (*'st, 'd*). Seine spezifisch syntaktische Funktion beim Gen.Sg. wurde jedoch erst im [2]17. Jh. obligatorisch, beim Gen.Pl. sogar erst im 18. Jh.

▸ **F35** Analysieren Sie die syntaktische Struktur und die Funktion der Zeichensetzung in T7, 17, 32.

▸ **F36** Vergleichen Sie die Zeichensetzung in T31D, E mit der in einer modernen Shakespeareausgabe.

3.7 Das schottische System

Ein volles Verständnis der sc. Schreibungen des 16. Jh. wäre nur durch eine Fülle von Informationen zu erreichen, die außerhalb des Themas dieses Buches liegen, so durch Kenntnis der divergenten Lautentwicklungen des Fne. ≠ Sc. seit dem Ae., den jeweils geltenden Relationen zwischen Laut und Schrift, dialektalen und zeitlichen Unterschieden innerhalb des Sc. und schließlich der orthographischen Interferenzen des Engl. im Sc. So erforderte allein die Schreibung von *quhose hayme* 'whose home' folgenden Kommentar:
1. /xw-/ des Ae. wurde im Sc. bewahrt, Schreibkonvention *quh*.

2. /i/-Diphthonge fielen im Sc. im 14. Jh. mit langen Monophthongen zu-sammen: [a:] + [ai] > [a: > ɛ:]. Seither galt *i, y* nach Vokalzeichen als Län-gezeichen.
3. ae. /a:/, das im Süden /ɔ:/ wurde, blieb im Sc. bis ins 15. Jh. erhalten, dann > /ɛ:/ (vgl. den Witz in t8, der auf dieser Divergenz beruht).
4. *o* in *quhose* (ae. /a:/) deutet auf südliche Lautentwicklung; *i* als Dehnungs-zeichen fehlt in dieser anglisierten Form.

Da eine so ausführliche Darstellung nicht für alle Erscheinungen der sc. Schreibung geleistet werden kann, soll hier nur beschreibend auf einige Eigen-heiten des Sc. hingewiesen werden: *quh* steht für fne. *wh* (vielleicht typischstes Merkmal); *w/u/v* sind weitgehend austauschbar; in Handschriften oft erhalten sind <Þ, ȝ> (T36), doch steht in Drucken *z* als typographische Interpretation von mittelalterlichem <ȝ> für /j/; *ch* steht für überall erhaltenes /x/ und entspricht fne. *gh*; *sch* ist weiter verbreitet für /ʃ/; *i, y* dienen auch der Wiedergabe von Vokallänge.

4 Lautlehre

4.1 Rekonstruktion des Lautsystems

4.1.1 Quellen
(Horn-Lehnert 1954:69-117, Görlach ²1982:44-5)

Zur Erschließung des fne. Lautsystems, oder besser seiner zeitlich, örtlich und sozial gegliederten Subsysteme, stehen folgende Hilfsmittel zur Verfügung:

1. Direkte Aussagen von Grammatikern/Orthographiereformern und ihre Umschriften. Bei der Auswertung dieser Quellen müssen Herkunft und Voreingenommenheit des Autors (präskriptive Haltung, Ausrichtung an der Schrift) und die meist unklare Terminologie der Lautbeschreibung berücksichtigt werden. Vom 17. Jh. an lassen auch Lehrbücher der Stenographie einige Schlüsse zu. Eine besondere Stellung nehmen die seit dem 16. Jh. häufiger werdenden Lehrbücher ein, die Engländern Fremdsprachen oder Ausländern Englisch vermitteln sollten.

2. Reime und Reimwörterbücher. Vorweg bleibt allerdings zu ermitteln (unter Vermeidung eines Zirkelschlusses), wie genau der Dichter gereimt hat. Das Material ist von zweifelhaftem Wert, wo Assonanzen, Augenreime oder aus einer literarischen Tradition ererbte Reime zugelassen waren (Wyld 1923).

3. Wortspiele setzen die Ähnlichkeit zweier Wörter voraus, lassen allerdings kaum Rückschlüsse auf die genaue Lautung zu (t15/14).

4. Metrik. Regelmäßig gefüllte metrische Muster lassen die Silbenzahl und die Betonung mehrsilbiger Wörter erkennen.

5. Orthographie. Da die Korrespondenzen zwischen Graphemen und Phonemen im Fne. mehrdeutig sind, ist die Aussagekraft dieses Kriteriums nicht immer groß. Andererseits läßt die fne. noch große Variation mehr Rückschlüsse zu, als dies in einer vollkommen geregelten Orthographie der Fall wäre. In der Schreibung konsequent eingehaltene Unterschiede lassen gewöhnlich auch auf lautliche Oppositionen schließen. Besonders wichtig sind 'umgekehrte Schreibungen' (T20/99 *righmes*, T46/13 *in waight*, T64/2 *their aboughts*), weil sie vollzogenen Lautwandel erkennen lassen (hier: Schwund des /x/). T64/4 *forting* 'fortune' deutet auf [ən] in diesem Wort und in regelhaftem *-ing*.

6. Synchronische Schlüsse innerhalb des Systems (Oppositionen, Lücken).

7. Diachronische Schlüsse aus der Herkunft oder späteren Entwicklung von Lauten. Aufschlußreich sind besonders Dialektformen, wo sie ältere Sprachstufen besser bewahren oder anders weiterentwickeln als das Ne., wie die nach 1603 nach Schottland verpflanzte Londoner Hochsprache oder gewisse Eigenheiten

des IrE oder AmE, die sich als eigene Entwicklungen des Lautstandes des BrE
des 17./18. Jh. erklären lassen.

8. Lehnwörter. Die Übernahme und spätere Integration eines fremden Wortes
können Schlüsse auf das System der aufnehmenden Sprache zulassen.

4.1.2 Soziolekt und Lautgeschichte

(Horn-Lehnert 1954:II, 1197-99, Leith 1983, Görlach 1994, Lass 1994)

Die Vielfalt der in 4.2-4.6 als koexistierend beschriebenen Formen spiegelt stärker, als es in geschriebenen Texten zum Ausdruck kommt, die soziale Schichtung des Fne. Die Durchsetzung des gesprochenen Standards war schwieriger als
die des geschriebenen, und eine einmal erreichte Norm war nicht so leicht zu
fixieren. Es bleibt eine durch die Quellenlage bedingte bedauerliche Lücke, daß
sich die fne. Verschiebungen nicht in der Weise rekonstruieren lassen, wie es
für einen modernen Soziolinguisten wünschenswert und nötig wäre (vgl. Harris
1985, Görlach 1988): Ermittlung der signifikanten Variablen, Herkunft des Pre-
stigemodells und allmähliche Übernahme, die abhängig ist von Faktoren wie
sozialer Schicht, Schulbildung, Wohnort, Geschlecht usw. So sind die Haupt-
entwicklungen zwar klar, und die Tendenzen werden leichter interpretierbar,
weil deren spätere Ergebnisse bekannt sind, aber im Detail sind wir oft auf Mut-
maßungen angewiesen.

Für das Ne. relevante Lautentwicklungen, die sich durch Lässigkeit der Artikulation und durch Abweichung von der geschriebenen Form als umgangs- bzw.
volkssprachlich ausweisen, haben sich meist nur zögernd gegen die Schultradition durchgesetzt. Das Ergebnis war oft eine späte Anerkennung eines Wandels
in der Hochsprache oder (wie z. B. beim Reflex des me. /au/) eine von Wort zu
Wort unterschiedliche Aussprache, die auf die Koexistenz verschiedener gesprochener Formen im London des 16. Jh. hinweist.

Bei den folgenden Beispielen wäre es demnach irreführend, von einem Lautwandel in der Hochsprache zu reden, vielmehr liegt Ersetzung der Schulform
durch eine volkstümliche vor. Nicht zufällig erscheinen diese Formen besonders
häufig nach den Wirren des Bürgerkriegs (Details in 4.2-4.6):

1. Konsonanten zeigten schon im 15. Jh. assimilatorische Vereinfachungen, die
   erst im 17. Jh. in der Hochsprache anerkannt wurden.
2. Bei den Vokalen waren es vor allem stärkere Anpassung an die lautliche
   Umgebung (kombinatorischer Lautwandel) und Phonemzusammenfälle, die
   von der Schultradition offenbar auch mit Bezug auf die Schreibung erst spät
   akzeptiert wurden.

4.1.3 Bereiche

Nicht alle lautlichen Einheiten lassen sich gleich gut erschließen. So sind die
Phoneme und ihre Distribution als distinktive Segmente weitgehend widerspruchsfrei zu rekonstruieren; auch sind einige Rückschlüsse auf allophonische

Varianten möglich, besonders wenn sie auf zeitgenössische Äußerungen ge-stützt werden können, wie Ben Jonsons Aussage zum /r/ (nach Horn-Lehnert, 1954:II, 915): *It is sounded firme in the beginning of words and more liquid in the middle, and ends; as in* rarer, riper.

Auch die Daten zur Wort- und Satzbetonung sind allgemein zufriedenstellend, während andere prosodische/suprasegmentale Faktoren wie Intonation, Tempo oder Tonhöhe kaum erschlossen werden können.

4.1.4 Betonung
(Dobson [2]1968:445-64, 838-78; Ekwall 1975:5-10)

Nicht in allen Fällen ist die Betonung eines fne. Einzelwortes eindeutig zu ent-scheiden. Allgemein gilt:

1. Stärker als heute war bei Lehnwörtern aus dem Lat./Frz. der Grad der Inte-gration (Frequenz, Schicht) wichtig. Während die häufigen Wörter (in der Sprache der weniger Gebildeten: alle Wörter) Anfangsbetonung hatten (mit entsprechenden Schwächungen der Nebentonsilben), bewahrten seltenere Wörter, die nur im Soziolekt der Gebildeten auftraten, fne. oft die roma-nische Tonsilbe. Dies bedeutete besonders in dichterischer oder in sorg-fältiger fne. Aussprache Nebenton auf Silben, die heute unbetont oder voll-ständig reduziert sind. Noch ausgeprägter hielt sich fne. Nebenton in vier- und mehrsilbigen Wörtern, wo er bis heute in vielen Beispielen im AmE bewahrt ist.
2. Es herrschte größere Unsicherheit, wo im Wort der Hauptakzent liegen sollte; diese zeigt sich noch heute an gewissen Widersprüchlichkeiten der Betonung.
3. Ebene Betonung *(level stress)* war fne. offenbar seltener als im Ne. (und wurde nur von Gil kommentiert).
4. Zwei unterschiedliche Aussprachen je nach Stellung und Betonung im Satz waren häufig, besonders bei Präpositionen, Pronomina und Hilfsverben (4.5).

Unsicherheit in der Betonung läßt sich oft an den sich widersprechenden An-gaben der Grammatiker ablesen. Sie ergab sich durch den unterschiedlichen Integrationsgrad der fremden Wörter, durch Analogie mit anderen Gliedern der-selben Wortfamilie oder Wortart oder durch besondere Betonungsbedingungen in festen Wendungen.

4.2 Das Lautsystem des Fne. (konservativ 1550-1620)
(Dobson [2]1968, Lass 1994)

Angesichts bestehender Variation ist es angeraten, ein Subsystem des Fne. zu beschreiben, bevor Entwicklungen des Systems oder koexistierende Subsysteme vorgestellt werden. Das hier gewählte System konservativer Schulaussprache von Hart (1570) bis Gil (1619) ist von fne. Phonetikern ausführlich beschrieben wor-den und war wohl in sich annähernd homogen und stabil: die scharfe Kritik, die

Gil an Details von Harts Sprachbeschreibung übte, macht deutlich, daß Grammatiker scharf über die Einhaltung dieser gesprochenen Norm wachten. Ähnliches läßt sich für Lehrer in *Grammar Schools* erschließen (wo besonders die Aussprache nach der Schreibung, 4.7, eine große Rolle gespielt haben muß). Der Bestand der Vokale und Diphthonge war:

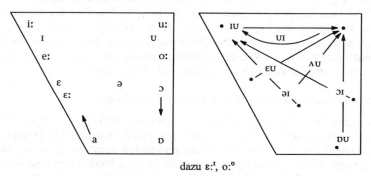

dazu ɛ:ˡ, o:ᵒ

Abb. 1: Übersicht über die fne. Vokalphoneme und Diphthonge, um 1600

Bei den Konsonanten wird im [2]16. Jh. das System durch Zuwachs von /ʒ, ŋ/ und durch den Schwund von /x/ dem des Ne. gleich:

	bilab.	lab.-dent.	dent.	alv.	postalv.	pal.-alv.	pal.	vel.	glott.
Plosiv	p, b			t, d				k, g	
Affrikata						ʧ, ʤ			
Spirant		f, v	θ, ð	s, z		ʃ, ʒ			h
Nasal	m			n				ŋ	
Lateral				l					
Approx.	w, ʍ				r		j		

Abb. 2: Übersicht über die fne. Konsonantenphoneme, um 1600

4.3 Typen des Lautwandels (vorwiegend Vokale)

4.3.1 Terminologie

Lautwandel wird als spontan bezeichnet, wenn er sich unabhängig von der lautlichen Umgebung ('regelmäßig') vollzieht. Diese Formulierung ist eine Arbeitshypothese, die es erlaubt, ihn von kombinatorischem (4.4) und sporadischem Lautwandel (der an einzelne Zeichen gebunden ist) zu unterscheiden. Lautwandel kann Änderungen des Systems bewirken (Phonemwandel) oder auf die Artikulation beschränkt bleiben (subphonemischer, allophonischer Wandel). Typen des Phonemwandels sind (Görlach [2]1982:48-50) Phonemspaltung, -verschiebung, -zusammenfall und -schwund.

4.3.2 Phonemspaltung

Phonemspaltung tritt ein, wo aus positionsbedingten Allophonen neue Oppositionen entstehen, so fne. aus dem Allophon [ŋ] von /n/ in [sɪŋg], das in seinem Auftreten vor [g, k] vorhersagbar war, aber nach Verlust des [-g] in Minimalpaaren wie *sin : sing* ([sɪn:sɪŋg] > [sɪn:sɪŋ]) Phonemstatus erhielt. Ferner entwickelte sich aus den Allophonen des /u/, [ʊ,ɣ] in fne. Zeit die Opposition /ʊ/ ≠ /ʌ/ in Wörtern des Typs *book : buck*. Bei der Neuaufteilung der Vorkommen von Allophonen braucht keine Phonemspaltung zu entstehen, wenn sich Allophone bestehenden Phonemen angliedern, so bei der Trennung des /a/ um 1600 in *cat : what*, dessen velare Variante sich /ɔ/ anschloß.

4.3.3 Phonemverschiebung: GVS und Folgeentwicklungen

Die Ursachen fne. Variation bei den Langvokalen und der Kluft zwischen Schreibung und Aussprache liegen in me. Zeit. Nach Dobson ([2]1968) liegt der Verschiebung der Langvokale im GVS die starktonige Variante zugrunde, deren allophonischer Artikulationsraum sich erweiterte. Daß hierbei bewußte sprachliche Abgrenzung gehobener Schichten (deren Frz.-Kenntnisse nicht mehr sozial unterscheidend waren und die deshalb eine verfeinerte Aussprache des Engl. pflegten) mitgespielt haben können, ist eine interessante, wenn auch spekulative Bemerkung Le Pages (Samuels 1972:Fn.3). Die frühe Zentralisierung des ersten Teils der neuen Diphthonge ist seit langem umstritten. Lass (1976:Kap.2) wendet sich gegen die sonst weithin akzeptierte Rekonstruktion der Entwicklung von ME /i:/ (> [ɪi > əi]) und ME /u:/ (> [ʊu > əʊ]), weil ein solcher Wandel von keinem Orthoepisten beschrieben wurde; deren Angaben weisen eher auf die Entwicklung /i:/ > [ei] und /u:/ > [oʊ], mit späterer Zentralisierung des ersten Elements.

Die große Verschiebung der Langvokale des 15. Jh. läßt sich schematisch so darstellen (? kennzeichnet die nur zögernde Bewegung, da kein Druck zur Differenzierung gegeben war):

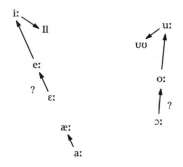

Abb. 3: Der *Great Vowel Shift* (traditionelle Darstellung)

Samuels 1972:42 erweitert das Modell, indem er die Folgewirkungen bei den Diphthongen einschließt und den Gesamtvorgang zyklisch als einen Prozeß darstellt, in dem sich einerseits die formell-gespannten (——), andererseits die umgangssprachlich-entspannten (----) Varianten durchsetzten:

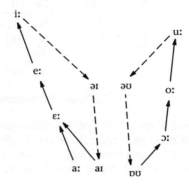

Abb. 4: Der *Great Vowel Shift* (erweitertes Modell)

Innerhalb des GVS und seiner Folgen im 16. Jh. wurde also jeder Langvokal verschoben, ohne dadurch mit dem Nachbarvokal zusammenzufallen, weil dieser selbst seine Position änderte. Solche Zusammenfälle besonders im Bereich der Langvokale vollzogen sich erst später (4.3.4).

4.3.4 Phonemzusammenfall

Im GVS waren die Phonemgrenzen in konservativer Aussprache erhalten geblieben. Jedoch wurde [ɛ:] in *progressiver* Aussprache von verschobenem me. /a:/ eingeholt (> [æ:] > [ɛ:]). Dadurch ergaben sich bei Mischung von Subsystemen Homophonien des Typs *great: grate, break: brake,* die allerdings auf die Hochsprache und die weitere engl. Sprachgeschichte geringe Auswirkungen gehabt haben.

Zu anderen Konflikten führte die Monophthongierung von me. /ai/, das nun entweder mit dem Reflex von me. /ɛ:/ oder von /a:/ zusammenfiel. In der Hochsprache setzte sich im [1]17. Jh. Homophonie der *tail : tale* Reihen durch.

Andererseits war schon me. die Opposition /ɛ:/ ≠ /e:/ in Dialekten weitgehend beseitigt und auch in London durch Einflüsse benachbarter Konsonanten und als Folge verschiedener Betonung teilweise eingeebnet, so daß fne. zumindest für die Unterschicht Homophonie der *meet : meat, mete* Wörter angenommen werden muß. In der Schulaussprache, wohl gestützt durch die allgemein durchgeführte Unterscheidung in der Schrift, blieb der Phonemunterschied jedoch bis ins späte 17. Jh. erhalten.

Samuels (1972:147) gibt eine alternative Darstellung von drei koexistierenden Systemen; die Auslese des Systems, das sich zum Ne. hin durchsetzte, begründet er funktional mit der geringsten Zahl entstehender Homophone. Seine graphische Darstellung ist hier erweitert um das System Harts, eine für das London des 16. Jh. mögliche vierte Variante:

	I	II	III	Hart t31	
meed	iː	iː	⎫ iː	bi̦	[iː]
mead	eː	⎧	⎭	le̦d	[ɛː]
made	⎱ ɛː	⎰ eː	⎱ eː	na̦m	[æː]
maid	⎰	⎱	⎰	de̦li	[ɛː]

Abb. 5: Vier verschiedene Zusammenfälle bei langen Vorderzungenvokalen im 16. Jh.

Einfacher sind die Verhältnisse bei den Hinterzungenvokalen: abgesehen von kombinatorischem Wandel (wie unterbleibender Diphthongierung von /uː/ in Nachbarschaft von Labialen und nach [w, j] in *room, wound* (n.), *you*) ist der Zusammenfall von me. /ɔː/ und /ɔu/ unter /oː/ im [1]17. Jh. bemerkenswert (*sole* : *soule*).

me.		1500	1600	1700	1800	1900	
/aː/	æː						*name*
	ɛː						
	eː			ɛɪ			
/ɛː/	ɛː						*sea*
	eː						
	iː						
/eː/	iː						*see*
/iː/	ɪɪ	əɪ	ɑɪ				*time*
/ɔː/	ɔː						*boat*
	oː		oʊ	əʊ			
/oː/	uː						*boot*
/uː/	ʊu	ʌʊ	ɑʊ				*foul*
/ai/	ʊɪ/æɪ/ɛɪ						*way*
	ɛː						
	eː		ɛɪ				
/au/	ɒʊ						*cause*
	ɒː	ɔː					
/ɔu/	oʊ	oː	oʊ	əʊ			*blow*

Abb. 6: Überblick über die Entwicklungen der Langvokale und Diphthonge, 1450-1900. Konservative ———— und progressive ———— Aussprache nach Dobson [2]1968. Gestrichelte Linien zeigen Übergangszeiten mit koexistierenden Varianten an.

4.3.5 Phonemschwund

Ein einziges Phonem ist fne. geschwunden, das /x/ mit seinen Allophonen [x, ç].
Seine Realisierungen gingen unter fortschreitender Abschwächung in der Län-
gung des vorausgehenden Vokals auf, außer wo sie sich nach /u/ dem Phonem
/f/ anschlossen (*laugh, enough*).

4.4 Kombinatorischer Lautwandel: Vokale

4.4.1 Entwicklungen der Kurzvokale

Die kurzen Vorderzungenvokale /ɪ, ɛ/ blieben weitgehend unverändert. In Dialekten wurde [ɪ] aber häufig zu [ɛ] gesenkt, wie im Londoner Stadtdialekt von
T40 (4 *menysters*, 15 *cete*, 16 *ennes*, und besonders vor [r] : 5 *consperacy*,
30 *sterope*). Gegenläufig zu den Hebungen der Langvokale im GVS wurden im
16. Jh. die hinteren Kurzvokale gesenkt [ʊ > ɣ], [ɔ > ɒ, evtl. a]. Diese Senkung konnte bei /u/ unterbleiben nach Labial und vor [ɫ, ʃ], so daß sich im
¹17. Jh. durch Spaltung der Allophone ein neues Phonem /ʌ/ ergab. [ɔ] wurde im
BrE wiederhergestellt, blieb aber im AmE; gelegentlich, besonders in modischen
Aussprachen des ²17. Jh., fiel es dagegen mit /a/ zusammen (*plot/plat*,
God/Gad). Durch die Senkung von /ɔ/ verlor /a/ seine Indeterminiertheit, es
wurde auf die vordere Aussprache [æ] beschränkt, außer wo es nach /w/ (und
nicht vor /g, k/) velarisiert mit /ɔ/ zusammenfiel (*what*, aber *wax*). Diese Entwicklungen wurden von Sprachmeistern vor 1640 beschrieben, waren aber in der
Umgangssprache wohl schon um etwa 1600 eingetreten.

4.4.2 Quantitative Änderungen: Kürzungen

Als Erbe ae. und me. Dehnungen und Kürzungen traten fne. die vom Ne. her
bekannten Quantitätsunterschiede in Paradigmen (*keep : kept, child : children*)
und Wortfamilien (*holiday, wisdom, wilderness*) auf. In vielen Fällen weist die
ne. Schreibung darauf hin, daß die Quantitätsunterschiede alt (d.h. von vor 1400)
sind: *fed, husband, nostril*. Spätere Veränderungen in der Quantität fanden dagegen meist keinen Ausdruck in der Schreibung. Wo diese nicht mit der zu erwartenden Aussprache übereinstimmt, geht entweder die ne. Aussprache auf die
ältere dreisilbige (flektierte) Form mit kurzem Vokal und die Schreibung auf die
ältere zweisilbige Form mit langem (ersten) Vokal zurück (*heaven, weather*),
oder die Aussprache spiegelt eine erst nach 1400 eingetretene Kürzung (*dead*).
Diese späten Kürzungen traten vorzugsweise bei me. /ɛ:, o:/ vor /d, t, θ, v, f/
in einsilbigen Wörtern auf, doch auch hier nur bei einer Minderheit der möglichen Wörter. Ursache für die Kürzungen war wohl das Vorbild von Wörtern,
in denen lange und kurze Formen in den verschiedenen Kasus nebeneinander
standen, jeweils bedingt davon, ob der Vokal in offener (*glade*) oder geschlosse-
ner Silbe (*glad*) auftrat. Als diese Wörter in allen ihren Formen einsilbig wurden, entfiel der konditionierende Faktor und die anscheinende freie Variation

von kurz/lang griff auf Wörter wie *dead* über. Daß dieser Prozeß eine Zeitlang wirksam gewesen sein muß, zeigen Wörter mit *-ood*, bei denen (neben solchen mit erhaltener Länge wie in *mood*) Kürzungen des 16. Jh. (*flood*) und späteren (*good*) nebeneinander stehen.

► **F37** Bei welchen Wörtern in Harts Umschrift t31 (und, soweit zu erkennen, in Chekes Version t30) weicht die Quantität von der des Ne. ab?

4.4.3 Dehnungen

Fne. Dehnungen von Vokalen sind von bestimmten Konsonanten bedingt. Die Dehnung von Vokalen vor [r] in den Umgebungen [-rd, -rð, -rz] fand bereits in ae. Zeit statt; in anderen Umgebungen begann sie im 16./17. Jh., wohl unter gleichzeitiger Abschwächung der Artikulation des [r]; erst um 1800 ging im Südengl. [r] dann ganz in dem vorausgehenden Gleitlaut [ə] auf.

Nur bei [æ] und gelegentlich bei [ɔ] wurde vor [s, f, θ] Ende des 17. Jh. gedehnt (*staff, glass, path, off*). Das entstandene [æ:] wurde erst im späten 18. Jh. im BrE zu [a:], eine Entwicklung, die das AmE nicht mitmachte. Dagegen war das entstandene [ɔ:] nicht beständig; heute herrscht im BrE überall Kürze (*off, loss*).

4.4.4 Entwicklung vor [r]

Auf Vokal derselben Silbe folgendes [r] hat rundenden und senkenden Einfluß; für die Entwicklung der Langvokale vor [r] heißt das auch, daß die normale Entwicklung des Vokals retardiert wurde: [er] > [ar] im [1]15. Jh. (*star*); [e:r] > [ɛ:r] im [1]15. Jh., und dieses wurde auf dem Stand von [ɛ:r] teilweise eingeholt von me. [a:r], das sich zu [æ:r] und weiter zu [ɛ:r] wandelte. [ɛ:r] veränderte sich nicht mehr, bis um 1800 [ɛə] entstand. Entgegen der Entwicklung von me. /ɛ:/ in anderen Positionen, wo Zusammenfall mit /a:/ sehr selten, mit /e:/ aber normal war, war die Entwicklung vor [r] unterschiedlich:

me. /ai/	*fair*	*pair*	*hair*			
/a:/	*fare*	*pare*	*hare*	*bare*	*tare*	ne. /ɛə/
/ɛ:/		*pear*		*bear*	*tear*	
	fear		*hear*		*tear*	
/e:/		*peer*	*here*	*beer*	*tear*	ne. /iə/
		pier		*bier*	*tier*	

Abb. 7: Lange Vorderzungenvokale: Entwicklung vor [r]

[ɔ:r] blieb erhalten; um 1600 fiel es mit [u:r] (aus me. [u:r] und aus verschobenem [o:r]) unter [ɔ:r] zusammen: *bore, boar, board, whore, mourn, floor, pour*. Me. [o:r] konnte sich daneben regelmäßig zu fne. [u:r] (*poor, moor*), und me. [u:r] zu fne. [aʊər] entwickeln (*shower, our*). Engl. Dialekte und das AmE zeigen eine Vielzahl abweichender Entwicklungen.

Von den Kurzvokalen vor [r] fiel [ir, ur, ɛr] um 1600 unter [ər] zusammen. Da [ɛr] im 15. Jh. regelmäßig zu [ar] geworden war, sind die Wörter, die heute <er> = [ər > ɜ:] aufweisen, jüngere Lehnwörter oder solche, in denen *er*-Schreibung wiederhergestellt worden war (*perfect, merchant*, 3.5.4) oder wo Kürze als Alternative neben Länge bestand (*earth* t31/5).

4.4.5 Entwicklung vor [ɫ]

Zwischen velarem Vokal und [ɫ + #, ɫ + K] wurde im 15. Jh. ein Übergangslaut [ʊ] eingeschoben; Ergebnisse: [a > aʊ], [ɔ:, ɔ > oʊ], [oʊ, ʊ > u:]: *all, call; doll, colt; told.* Im 16. Jh. wurde vor Labial und Velar dieses [ɫ] vollständig vokalisiert, so daß sich ergibt: vor Labial me. [aʊɫ] > fne. [ɒʊ] > ne. [a:] in *calf, calm*; sonst normale Entwicklung des entstandenen [aʊ, oʊ]: me. [aʊɫ] > fne. [ɒʊ] > ne. [ɔ:] in *chalk, talk*; me. [oʊɫ] > fne. [oᵘ:] > ne. [əʊ] in *folk, yolk.*

4.5 Vokale im Nebenton

Unterschiedliche Entwicklung im Nebenton (falls sie in der Schrift überhaupt zum Ausdruck kommt), ist bedeutsam, weil sie, abgesehen von den direkten Aussagen der Grammatiker, den einzigen Hinweis auf einige prosodische Züge des Fne. erlaubt.

Nebentonige und unbetonte Vokale erscheinen im Wort und (oft als Alternativformen) im Satz. Bei Nichthauptsilben im Wort ist, zumindest in sorgfältiger Aussprache, die Abschwächung fne. längst nicht so weit fortgeschritten wie im Ne.

Teilweise hielt sich bei Nebenton Länge in Wörtern wie *openly* [əɪ], *emperour* [ʌʊr], *captain* [ɛɪ]; Länge und Kürze wechselten z.B. in *certain* [ɛɪ/ɛ], *capital* [aʊ/a], *history* [əɪ/ɪ], *purpose* [ɔ:/ɔ], *glorious* [ʌʊ/ʊ]. Auch wo Kürze ererbt ist, blieben Vokale unterschiedlicher Herkunft meist getrennt, d.h. fielen noch nicht unter [ə] zusammen: *countenance, village* [a], *kingdom, seldom* [ʊ].

Daneben muß in abgeschwächten Silben (nach Ausweis naiver Schreibungen und späterer Entwicklungen) besonders in weniger sorgfältiger Aussprache [ə] weit verbreitet gewesen sein, besonders vor [r]. Eine weitere Abschwächung ergibt schon fne. silbische Konsonanten (vgl. Harts Umschriften von *father, heaven, evil*, t31), für die Bullokar sogar eigene Schriftzeichen vorgesehen hatte (t33/19).

Vokalschwund tritt auf bei Wörtern des Betonungstyps v́xx: *cent(u)ry = sentry, courtesy = curtsy, phantasy = fancy; bus(i)ness, med(i)cine, reg(i)ment, marr(i)age, mill(i)ons.*

Besonders bei Präpositionen, Pronomina und Hilfsverben treten je nach Gewicht im Satz voll betonte und abgeschwächte Formen auf. Die wichtigsten dieser Paare sind:

and	[ən/and]	*have*	[(h)əv/hæ:v]	*there*	[ðɛr/ðɛ:r]
are	[ar/ɛ:r]	*he*	[(h)ɪ/hi:]	*their*	[ðɛr/ðɛɪr]
as	[az/as]	*his*	[(h)ɪz/hɪs]	*thou*	[ðʊ/ðu:]
be	[bɪ/bi:]	*my*	[mɪ/məɪ]	*through*	[θrʊ/θrʌʊx]
been	[bɪn/bi:n]	*me*	[mɪ/mi:]	*thy*	[ðɪ/ðəɪ]
could	[kʊd/ku:ld]	*of(f)*	[əv, ə/ɒf]	*to*	[tʊ/tu:]
should	[ʃʊd/ʃu:ld]	*other*	[ʊðər/u:ðər]	*we*	[wɪ/wi:]
would	[wʊd/wu:ld]	*shall*	[ʃəl/ʃaʊl]	*who*	[wə/hu:]
do	[dʊ/du:]	*so*	[sə/so:]	*with*	[wɪð/wɪθ]
doth	[dʊð/du:θ]	*the*	[ðə/ðɛ:, ði:]	*you*	[jʊ/ju:]

Abb. 8: Doppelformen nach Betonung

4.6 Konsonanten
(Dobson ²1968:927-95)

Die Artikulation der Konsonanten ist, soweit Schlüsse überhaupt möglich sind, vom Fne. zum Ne. wohl im wesentlichen gleich geblieben; eine Ausnahme bildet /r/, das fne. am Wortanfang als Tremulant, sonst als alveolarer Reibelaut realisiert wurde (vgl. das Zitat von Jonson in 4.1.2).

Das fne. System wird durch zwei K-Phoneme vermehrt: /ʒ/ entstand durch Verschmelzung aus [zj], wurde von den Grammatikern des 16. Jh. noch als fremder Laut bezeichnet und erst im 17. Jh. häufiger, nachdem es auch in Wörtern des Typs *measure* auftritt. Obwohl es das engl. Phonem mit dem geringsten Vorkommen ist, ist es als sth. Entsprechung zu /ʃ/ im System fest verankert (zu /ŋ/ s. 4.3.2).

Zuwachs bekamen die Phoneme /ʃ, ʤ/ durch Verschmelzungen von [s+j] bzw. [d+z]: *profession, position* hatten nach naiven Schreibungen schon im 15. Jh. [ʃ], doch bestanden Sprachmeister des 16. Jh. noch auf [si, sj] - (vgl. Harts Umschrift *temtasion* in t31/11). Ebenso war ab 17. Jh. [ʤ] in Wörtern wie *Indian* häufig, wurde aber zum Ne. hin oft als vulgär empfunden und durch Schriftaussprache [dj] ersetzt.

Einschränkungen der Distribution am Wortanfang setzten Ausspracheerleichterungen des Ae./Me. fort: die Entwicklung [wr > r] begann im 15. Jh. und wurde im 17. Jh. anerkannt; [gn, kn > n] war im 17. Jh. weitgehend vollzogen und im 18. Jh. durchgesetzt.

Am Wortende wurde [-mb] zu [-m] vereinfacht, aber durch Schrifteinfluß teilweise wiederhergestellt. Gegenläufig war verstärkter Verschluß in *soun(d)*, nicht durchgesetzt in *tound* T50/46; vgl. seit me. Zeit *ancien(t), agains(t), whils(t)*.

Andererseits ging fne. das Phonem /x/ in der Hochsprache verloren (4.3.5). Seit dem 13. Jh. finden sich Schreibungen ohne Wiedergabe der Spirans, besonders vor /t/, doch erst im 15. Jh. scheint [x, ç] in Dialekt und Umgangssprache allgemein entweder (unter Dehnung des vorausgehenden Vokals) geschwunden oder, am Wortende nach [-u], teilweise mit /f/ zusammengefallen zu sein. In sorgfältiger Aussprache sind [ç, x] bis ins ¹17. Jh. bewahrt, zuletzt zunehmend unter Schrifteinfluß. Besonders die Anerkennung der [f]-Aussprache durch die Grammatiker war sehr zögernd; sie ist normal in heutigen [f]-Wörtern ab 1625. Noch heute bewahrt das Schriftbild allgemein zuverlässig die me. /x/-Vorkommen (aber etymologisch ungerechtfertigt in *delight*). Vokalisierungen von Konsonanten finden sich bei [ɫ] vor Labial und Velar (4.4.5) - danach galt [ɫ]-Aussprache als pedantisch (T31F/24). [w] ging schon me. in einigen Wörtern in folgendem [u, oː] auf, z.B. in *sword, two, who(se, -m)* und vor unbetontem Vokal (*Southwark, Greenwich, conquer, answer*). Komplementär dazu entwickelte sich [w] vor [ɔ, u] in Dialekten (*whotest* T23B/67, *howsswold* T40/23). Verwechslungen von *wh, w, v*, die auf Zusammenfall der damit wiederzugebenden Laute hinweisen, sind typisch für das Sc. und für südliche engl. Dialekte, so in T40/17 *whent*, T40/41 *vomen*.

Schwund von [h] am Wortanfang galt und gilt als Zeichen von Dialekt und *vulgar speech*, so in T40/28 *yt* 'hit' und überkorrekt T40/39 *hes* 'is'. In frz. Lehnwörtern war *h* historisch stumm; seit fne. Zeit wird es als Folge von Schrifteinfluß zunehmend gesprochen.

Variation von [d ≅ ð] zeigt sich fne. in einigen Wörtern wie *murthering/ murdering* T46/11, 32, *burthen* T3/9, *togyder* T35/20, *althermen, odur* T40/8f. Metathese von [r] findet sich z.B. in *thrid/third, thurst* 'thrust' T46/21.

▸ **F38** Was sagen Ogilbys und Drydens Reime (in T21) *gate:state:wait, hair:bear, souls: poles, got:hat* über die Aussprache der Zeit aus?

▸ **F39** Setzen Sie die Umschrift von T3 (4.8.1) fort bis T3/66.

▸ **F40** Liegen der Umschrift von T23A/26-37 in Strang 1970:154 dieselben Annahmen über die Aussprache des Fne. zu Ende des 16. Jh. zugrunde wie in diesem Buch?

▸ **F41** Stellen Sie ein Inventar der Vokale und Diphthonge des sc. Systems zusammen, wie es der Umschrift von T36/39-47 (4.8.4) zugrunde liegt, und vergleichen Sie dies mit dem konservativen fne. System.

▸ **F42** Wann (und in welcher Schicht) wurden folgende Wortpaare homophon: *seam:seem, write:right, sale:sail, sloe:slow*. Liegt auch bei *waist:waste, draught:draft* fne. lautlicher Zusammenfall vor?

4.7 Schriftaussprache

Wegen des höheren Prestiges der geschriebenen Sprache begannen Schulmeister früh, auf der Aussprache nach der Schreibung zu bestehen, insbesondere alle Buchstaben auszusprechen, eine Haltung, die im Pedanten Holofernes T31F karikiert wird. Diese Forderung hatte Auswirkungen besonders, wo Wörter etymologisiert worden waren (3.5.4). Hier setzte sich zögernd, aber nicht durchgehend, Schriftaussprache durch (*perfect, servant*; aber *doubt, receipt*); Hart t36/12-14 bezeichnet *c, h* in *aucthoritie, l* in *souldiours, s* in *baptisme* noch als überflüssig, weil ohne Entsprechung in der Aussprache. Die Schrift begünstigte auch die alternativen Formen aus der sorgfältigen Aussprache mit voller Silbenzahl (*marriage*, 4.5, vgl. AmE *secretary* usw.). Neben den genannten Verzögerungen von Lautwandel durch Schrifteinfluß wurden einzelne Entwicklungen sogar wieder rückgängig gemacht, so häufig [dj > ʤ > dj] in Wörtern des Typs *Indian*. Noch weitergehenden Einfluß nimmt Vachek (1962, nach Luick) an, wenn er schließt, daß fne. [əi] in Wörtern des Typs *point* (aus me. /ui/ und lautgesetzlich zusammengefallen mit dem aus me. /i:/ entwickelten Laut in *pint*) nach der Schreibung zu /ɔi/ umgeformt wurde, auch um die fremde, frz., Herkunft dieser Wörter zu unterstreichen.

4.8 Umschriften von Texten

1 T3/48-55 (1549)

ðə fɪrst ən ʧuːfəst pəɪnt ɪz ðət ðə dɪlɪʤent
mæɪstər mæːk nɔt ðə skɔlər hæːst tʊ mʊʧ
bʊt ðət hɪ ɪn kɔntɪnʊans ən dɪlɪʤens əv
tɛːʧɪŋg mæːk hɪm rɪɛ(ː)rs sɔː ðət ʍəɪl hɪ
hæːv pɑrfɪtlɪ ðat ðət ɪz bɪhəɪnd hɪ sʊfr
hɪm nɔt tʊ gɔː fɔrward   fɔr ðɪs pɔːstɪŋg
hæːst ɔːvərɵrɔʊəθ ənd ʊrtəθ ə grɛːt sɔrt
əv wɪts ən kɔstəθ ðəm ɪntʊ ən əmæːzədnəs
ʍɛn ðæɪ knɔʊ nɔt hʌʊ ðæɪ ʃʊʊl əɪðər gɔː
fɔrward ɔr bɑkward

2 T8/107-14 (1582)

bʊt ɪt mɛːʳ buː rɪpləɪd əgɛːˈn ðət ʌʊr ɪŋglɪʃ
tʊŋg dʊθ nuːd nɔː sʊʧ prɔɪnɪŋg ɪt ɪz əv smɑʊl
rɛːʧ ɪt strɛʧəθ nɔː fɛrðər ðɛn ðɪs əɪlənd əv ʌʊrz
nɛːʳ nɔt ðɛːr ɔːvərɑʊl ʍat ðɔː jɛt ɪt rɛːˈnəθ
ðɛːr ənd ɪt sɛrvz ʊs ðɛːr ənd ɪt wuːld buː
klɛːn brʊʃt fɔr ðə wɛːrɪŋg ðɛːr ðɔː ɪt gɔː nɔt
bɪjɔnd sɛː ɪt wɪl sɛrv ɔn ðɪs səɪd ənd buː nɔt
ʌʊr ɪŋglɪʃ fɔːˈks fɪnɪʃ az wɛl az ðə fɔrən

3 T15/4-10 (1672)

ɛnɪ mæn huː ruːdz ðɔːz ɛksələnt pɔːɪts ən
kɔmpeːrz ðɛːr læŋgwəʤ wɪð ʍɔt ɪz nʌʊ rɪtn
wɪl suː ɪt ɒːlmɔːst ɪn ɛvrɪ ləɪn bʌt ðət ðɪs ɪz
ən ɪmpruːvmənt əv ðə læŋgwəʤ ɔr ən ɒːltəreːʃən
fɔr ðə bɛtər wɪl nɔt sɔː uːzɪlɪ bɪ græntɪd fɔr
mɛnɪ ær əv ə kɔntrærɪ ɒpɪnjən ðət ðɪ ɪŋglɪʃ
tʌŋ wɔz ðɛn ɪn ðə həɪt əv ɪts pɛrfɛkʃən

4 T36/39-47 (sc.1531)

fɔr xwɛn ðɪs təɪrən pɛrsɛːvɪt al mɛn havənd
hɪm ɪn drɛːd hɪ bɪgɑn tø drɛːd al mɛn ɪn ðə
sɛːmɪn manər ənd bɪ ðat wɛː gɪʊ mɛːst
ɔːdɪʊs tø ɪs sʊbdɪts slɛːɪn ɪz noːbɪlz bɪ vɛːn
kɒːzɪz fɔr brɛːkɪn ɔf ɪz nɪʊ lɔːz ɔr ɛls ɛsʧɛːtɪn
ðɛr gøːdz ənd xwɛn hɪ had gɔtɪn grɛːt prɔfɪt
bɪ slɔːxtɪr ənd prɔskrɪptɪuːn ɔf ɪz noːbɪlz
hɪ bɪgɑn tø pʊt ɪz handz mɛːr pɛrtlɪ ɪn ðɛr
bløːd bɪkɒːz ðə prɔfɪt ðɛrɔf apɛːrɪt ɪlk dɛː
mɔːr swʊːt

Abb. 9: Umschriften von ausgewählten Textpassagen

5 Formenlehre
(Lass 1994)

Im Fne. gleicht der Formenbestand aller Wortarten schon weitgehend dem des Ne. Die geringe Zahl von Flexionsendungen fiel den Grammatikern besonders auf, die das Engl. am Lat. maßen (T27/78f. *it wanteth Grammar*). Während im Ae. und frühen Me. Flexion wie im Dt. eine Fülle von Funktionen hatte, sind diese nach fast völliger Einebnung oder Schwund der Endungen weitgehend von anderen grammatischen Mitteln übernommen worden (vgl. 6.4).

5.1 Nominalflexion: Plural
(Graband 1965:39-102)

Im Fne. herrscht das ne. System. Nachdem im 15. Jh. das unbetonte [ə] der Endung [əz] außer nach Zischlauten geschwunden war und im 16. Jh. [s] in sth. Nachbarschaft zu [z] assimiliert worden war, ergab sich zögernd die heutige Verteilung der Allomorphe des {s} = /iz, z, s/. Harts sorgfältige Umschriften (1570) weisen jedoch auf einen hohen Grad an Variation hin. Das heutige regelmäßige Auftreten der phonemisch bedingten Allomorphe des {s} - und des {d} der regelmäßigen Präteritalbildung (5.6.2) - etablierte sich erst im 17. Jh. (Lass 1994).

Allomorphe des Stamms bei auslautenden Spiranten sind wie im Ne. auf einzelne lexikalische Einheiten beschränkt. Bei /f ~ v/ des Typs *loaf* findet sich Alternation bei mindestens einem Dutzend häufiger Wörter; bei /θ ~ ð/ schwanken wie ne. ein halbes Dutzend (Typ *clothes, youths*); mit der Alternation /s ~ z/ ist auch fne. nur *house* bezeugt. Ob sich die Alternation im Fne. oder bis ins Ne. gehalten hat, scheint von der Frequenz, besonders der Pluralformen, abzuhängen: wo ein Wort vorwiegend im Sg. vorkam, trat Regularisierung durch Übertragung des Sg.-Allomorphs auf den Pl. ein.

Andere Pluralbildungen finden sich (wie ne.) nur in Resten: -en in *oxen, been, eyen, hosen* 'Strümpfe', *housen, peasen, shon* (t51/11) - diese und weitere Beispiele waren (außer *oxen*) auch mit regelmäßiger Flexion gebräuchlich; sie wurden von Grammatikern getadelt und von Spenser als archaische Formen gepflegt. Daneben finden sich *brethren* (*brothers* regelmäßig erst seit Shakespeare), *children, kine* (zu *cow*, vgl. *oxen*). Bei den Umlautpluralen entspricht der fne. Bestand dem ne. (Typ *mice, men*). Daneben finden sich einige Beispiele für Nullendung, besonders wo die Kategorie Plural zu kollektiv umgedeutet werden konnte: *deer, horse, swine, folk; year, pound*. Diese Erscheinung wird dann auch auf bedeutungsverwandte Wörter übertragen (*fish, fowl,* und Lehnwörter wie *cattle, people*).

Einige N sind fne. im Gegensatz zum Ne. zählbar; so kommen fne. auch im Plural vor: T8/84 *those ... learnings*, T31A/27 *stealthes*.

5.2 Kasus

5.2.1 Einführung

Nach me. Schwund aller Kasusflexion zuerst bei Artikeln und Adjektiven, dann bei N mit Ausnahme der Kennzeichnung des Gen.Sg. kann man beim Fne. nicht mehr von einer voll flektierenden Sprache reden. Die Rolle der NP im Satz wird seither von distinktiver Wortstellung, Präpositionen und (in der gesprochenen Sprache) von Intonation und Betonung bestimmt. Die Grammatiker des 16./17. Jh. waren deshalb in einem Dilemma: meist versuchten sie, die aus dem als vorbildlich angesehenen Latein übernommene Kategorie Kasus im Engl. wiederzufinden, indem sie ein Paradigma zusammenstellten wie Gil (1619), bei dem die Kasus widersinnigerweise als *of-, to-, with-, o-!* erscheinen (eine Tradition, die noch Churchill in seiner Schulzeit erlebte). Dagegen erklärte Ben Jonson die Kasus schon rein syntaktisch, was ihm erlaubte, die lat. Kasus mit ihren engl. Entsprechungen in der *Funktion* gleichzusetzen.

5.2.2 Genitiv
(den Breejen 1937, Altenberg 1982)

Als einziger durch Flexion markierter Kasus ist fne. der Gen.Sg. erhalten; Kennzeichung nur durch Position (wie im Pl.) war bei N auf Sibilant (t37) fne. auch in der Schrift üblich und war auch bei anderen Wörtern fne. im Dialekt weiter verbreitet (T40/2 *y^e quen grace*, T40/39 *master Hall cronnacull*). Inhaltlich stand der Gen. in Konkurrenz mit der PräpP mit *of* und mit dem sogenannten possessiven Dativ: *the kings palace = the palace of the king = the king his palace*, wie es der folgende Textausschnitt aus Ben Jonson verdeutlicht:

t37   I haue a peece of IASONS fleece, too,
        Which was no other, then a booke of *alchemie*,
        Writ in large sheepe-skin, a good fat ram-vellam.
        Such was PYTHAGORA'S thigh, PANDORA'S tub;
5   And, all that fable of MEDEAS charmes,
        The manner of our worke: The Bulls, our fornace,
        Still breathing fire; our *argent-viue*, the Dragon:
        The Dragons teeth, *mercury* sublimate,
        That keepes the whitenesse, hardnesse, and the biting;
10   And they are gather'd into IASON'S helme,
        (Th'*alembeke*) and then sow'd in MARS his field,
        And, thence, sublim'd so often, till they are fix'd.
        Both this, th'*Hesperian* garden, CADMVS storie,
        IOVE'S shower, the boone of MIDAS, ARGVS eyes,
15   BOCCACE his *Demogorgon,* thousands more,
        All abstract riddles of our *stone.* How now?

Die Wahl von Genitiv oder *of* + NP wurde schon früh nach dem Merkmal [± Person] und nach Funktionen bestimmt: Genitiv (abgesehen von konventionell fest gewordenen Sonderverwendungen) wurde auf die Verwendung 'Besitz, bei Personen' beschränkt und *of* + NP entsprach in der Mehrzahl der Fälle dem ne. Gebrauch. Der poss. Dativ wurde erst im 15. Jh. gebräuchlicher. Er kam vielleicht als volkstümliche Konstruktion aus der gesprochenen Sprache und geriet (durch Ausweitung der Autoren- und Leserschaft) häufiger in geschriebene Texte. Im 16. Jh. breitete sich die Konstruktion (mit *his*) in die anspruchsvollere Prosa aus, offenbar besonders wo Personennamen auf /-s/ den Genitiv aus phonologischen Gründen sonst unausgedrückt gelassen hätten (t37 *Cadmus, Argus;* vgl. *highnes* in T37B/18, 20, 30; T48/13, 31) und vielleicht auch bei der schwerfälligen Konstruktion des Gruppengenitivs (s.u.). Nur selten finden sich andere Possessivpronomina (*her, their*), wohl weil *his* und Gen.-s phonetisch fast identisch waren. Die Konstruktion wurde von fne. Grammatikern einhellig abgelehnt; so auch von Ben Jonson, der in ihr zwar eine Möglichkeit sieht, Gen.Sg. und Pl. eindeutig zu unterscheiden, aber seiner eigenen Lösung (*princis : princes*) den Vorzug gab. Trotz seiner Ablehnung kommen die Formen in seinen Dramen vor (t37), selbst im Titel *Sejanus His Fall.*

Die Schreibung *'s* war schon um 1500 möglich, wurde im 17. Jh. häufiger und setzte sich für die Sg.1690-1700 durch (*s'* im Pl. aber erst im 18. Jh.). Ausschlaggebend für die Schreibung scheint das Bestreben gewesen zu sein, eindeutige Kennzeichnung wenigstens in der Schrift zu erreichen. Nachdem *'s* für /z, s/ in der Funktion des Gen. etabliert war, wurde die Schreibung auch auf /iz/ übertragen (*fox's*) und damit zur grammatischen Konvention. Daß dies die Beibehaltung des Apostrophs bedingt hat, zeigt der Vergleich mit anderen Flexionsformen, wo Apostrophierung im 17./18. Jh. häufig war, aber wieder aufgegeben wurde (z.B. *'d*).

Mit dem Schwund des [ə] der Genitivendung war die Alternation [f ~ v] im Sg. bei Wörtern des Typs *wife* undurchsichtig geworden. Da seit dem Me. die Numerusopposition vorrangig ausgedrückt wurde, trat seit dem 15., endgültig seit dem 17./18. Jh. innerhalb der Formen des Sg. Ausgleich ein: [wəiv+z] ‖ [wəif+s] = *wiues* ‖ *wife's.*

▸ **F43** Analysieren Sie die Formen des Possessivs in t37 nach phonologischen und metrischen Gesichtspunkten.

▸ **F44** Wie wird Possessiv in T32 ausgedrückt? Ist das Verhältnis der Formen kennzeichnend für die soziale Herkunft des Textes?

Gruppengenitiv: Im Laufe des Me., endgültig aber erst im 16. Jh., wurden diskontinuierliche Konstituenten als Attribute von N beseitigt: aus *the kinges wif of England* wurde entweder *the wife of (the king of England)* oder der Gruppengenitiv *(the king of England)'s wife.* Damit wurde die Konstituente als ganze gekennzeichnet, durch *of* oder *'s.* Für die Größe und Struktur der Gruppe, auf

die der Gruppengenitiv anwendbar ist, gab es keine grammatische Einschränkung; allerdings waren zu lange Gruppen nur bedingt *akzeptabel*.
Zwei Typen des Gen. ohne Nukleus waren fne. etabliert, der die Wiederholung des Bezugswort einsparende (T48/55 *an other shippe of her Maiesties*) und
der, bei dem N ohne Informationsverlust weggelassen werden konnte (T40/12f.
vnto powlles 'to St. Paul's Church/Cathedral').
Die eindeutige Kennzeichnung der Kategorien Gen. und Numerus wurde fne.
nicht erreicht. Die vorgeschlagenen Möglichkeiten lassen sich in drei Gruppen
zusammenfassen:
1. Die Unterscheidung von Pl. und Gen. unterblieb, bzw. Gen. wurde bei Pl.
   nicht gesondert ausgedrückt, wie noch ne. in der Aussprache, und bis ins
   17. Jh. in der Schrift: *kinges* = "kings, king's, kings'".
2. Der Gen. wurde immer durch *'s* ausgedrückt; damit unterblieb die Numeruskennzeichnung: *their mother's wombs* (Bunyan) und T21/67 *hound's* (Pl.).
3. Gen. und Pl. wurden unabhängig voneinander ausgedrückt (wie ne. nur
   in der Schrift); vgl. Bullokars alternativen Vorschlag *bridgis, bridges,
   bridgeses; earis, earz, earz's*. Eine ähnliche Kennzeichnung ist noch heute
   in engl. Dialekten geläufig: *the farmerses cows*.

5.3 Adjektive
(Graband 1965:156ff.)

Seit dem Spätme. sind Adj. nicht mehr (wie im Dt.) nach Kasus, Genus und
Numerus gekennzeichnet, d. h. sie sind im Positiv unveränderlich (zur Wortstellung 6.2.3). Von Adj. konnten fne. neben der häufigeren Bildungsweise auf
-ly recht frei Adverbien ohne formale Kennzeichnung (d.h. mit Ø) abgeleitet
werden. Diese Form hält sich besonders dort, wo das Adv. ein Adj. qualifiziert
(*exceding* T12/93, *scarce* 18H/36). Erst die Grammatiker des 18. Jh. schränkten
diesen Gebrauch als fehlerhaft ein.
Bei der Steigerung sind die Typen *cold : colder : coldest* und *old : elder :
eldest* ererbt, ebenso einige suppletive Paradigmen, bei denen die Elemente etymologisch nicht miteinander verwandt sind (*good : better : best*).
Im Spätme. wurden die meisten der verbliebenen Paradigmen mit Vokalwech-
sel durch Neuableitung regelmäßiger Formen vom Positiv vereinfacht: *lenger ǁ
longer*. Neben *elder* trat als die allgemein verwendete Form *older*; zu den alten
Formen *latter, last* kamen die neuen *later, latest*, und durch Neuinterpretation
von *near* (ursprünglich Komparativ zu *nigh*) entstanden *nearer, nearest* (vgl.
next). Die Doppelformen wurden fne. noch synonym verwendet.
Daneben wurde im Me. die periphrastische Steigerung durch *more, most* üblich, deren Verwendung für alle Adj. möglich und insgesamt wohl gleich häufig
war wie die auf *-er, -est*. Sie blieb aber Zeichen der Hochsprache; so sagte Gil
(1619:12) *stonier, famouser* seien zulässig in der gesprochenen Sprache, sollten
aber nicht geschrieben werden. Dialekte bevorzugen noch heute die synthetische
Steigerung. Während die Wahl zwischen den zwei Mustern um 1600 also allen-

falls eine stilistische/soziolektale Markierung beinhaltete (und z.B. nach Erfordernissen von Reim und Metrum genutzt werden konnte), war am Ende des 17. Jh. die synthetische Steigerung bei Einsilbigen durchgesetzt. Die komplizierten Regeln für die Steigerung der Zweisilbigen weisen sie als Festlegungen durch die Grammatiker des 18. Jh. aus.

Doppelte Steigerung fand sich besonders in der Umgangssprache, wo sie zum Ausdruck der Emphase diente. Im 15.-16. Jh. nahmen diese Formen auffällig zu und waren um 1600 auch in gehobener Prosa weit verbreitet; Ben Jonson pries sie in seiner Grammatik sogar als besonderen stilistischen Vorzug. Textbeispiele: *more easier* t24/4, *more solemner* T18C/124, *most ryfest* T25/92, *the most unkindest cut of all* T31D/15 (vgl. Franz 1939:210f.) und *moste ancientest* (Verstegan in 7.1.5). Erst der Rationalismus drängte die Formen als unlogisch zurück (T15/141f., 6.1.6), und in den Shakespeareausgaben von Rowe (1709) und Pope (1725) wurden sie überall beseitigt.

▸ **F45** Lassen die von Peacham 1577: Ei^r (vgl. t53) unter "Hyperbole" versammelten 50 Komparative Regeln in der Wahl der Steigerungsart erkennen?

5.4 Artikel und Pronomina (zum Gebrauch vgl. 6.2)

5.4.1 Artikel
(Graband 1965:207ff.)

Schon spätme. war der Einheitsartikel *the* praktisch in allen Texten durchgesetzt; nur in geringen Resten überlebte der Pl. *tho* in frühen Drucken. Die Schreibung war bis ins 15. Jh. allgemein *þe* (T36), das durch typographischen Zusammenfall mit *ye* bis 1630 oft als *y^e* erschien (handschriftlich auch später: T16). Beim unbestimmten Artikel war die komplementäre Verteilung von *a ~ an* wie im Ne. erreicht; Ausnahmen waren seit dem 15. Jh. selten, lediglich vor *h-* und *u-* weicht der Gebrauch gelegentlich vom Ne. ab (*an hundred* t1/3, *an union*).

5.4.2 Personal- und Possessivpronomina

Im Gegensatz zu N unterscheiden die Personalpronomina allgemein nicht nur Numerus, sondern auch Subjekts- und Objektskasus, und bei der 3. Sg. auch Genus. Im Ne. ist nur *you*, bei dem die Kommunikationssituation die Numerusunterscheidung ersetzen muß, noch geringer gekennzeichnet als N. Da Kasusfunktion seit dem Me. allgemein durch Wortstellung ausgedrückt wird, sind die Personalpronomina übergekennzeichnet; dies erlaubte (und führte zu) Kasusvertauschungen ohne Informationsverlust. Das fne. System ist:

I (ich)	*thou*	*he*	*she*	*it*	*we*	*ye*	*they*
me	*thee*	*him*	*her*	*it*	*us*	*you*	*them (hem)*
my/mine	*thy/thine*	*his*	*her*	*his*	*our*	*your*	*their*

Abb. 10: Fne. Personal- und Possessivpronomina

Unterschiede zum ne. Bestand fallen besonders bei der 2. Person auf, die von vier Formen auf eine (*you*) reduziert ist. Diese Entwicklung hat sich wie folgt vollzogen: *ye* und *you* hatten seit dem 15. Jh. eine gemeinsame Schwachtonform [jə], was zusammen mit der Redundanz der Kasuskennzeichnung zu falschen Auflösungen führte, die auch durch die umgekehrten Verhältnisse bei den Vokalen von *thou : thee* begünstigt wurde. Seit dem frühen 17. Jh. war *ye* die seltene Nebenform von *you*, trug aber keine Kasusfunktion mehr.

Das Vordringen von *ye/you* gegenüber *thou/thee* ist dagegen aus der sozialen Verwendung von Sprache zu erklären (vgl. Barber 1976:208-13, Finkenstaedt 1963). Seit im 14. Jh. nach frz. Vorbild die höfliche Anrede einer Einzelperson mit dem Plural eingeführt war, wurde *thou* auf die Anrede Gleich- oder Niedrigergestellter beschränkt. Es ist einzusehen, daß die als höflicher geltende Form an Frequenz zunahm, bis sie um 1600 die neutrale Form der Anrede wurde. Von da an war *thou* noch eine Zeitlang die affektive, positiv oder negativ vertrauliche Form der Anrede, wurde aber seit dem späten 17. Jh. auf Bibelzitate, die Quäkersprache (T50), archaisierenden Gebrauch und auf Dialekte beschränkt.

Possessivpronomina: Die Gebrauchsregeln, besonders für die 2. Person, entsprachen denen der Personalpronomina. Bei den Formen wurden *mine, thine* auf die Positionen vor vokalischem Anlaut (wie ne. *an*) und vor Pause beschränkt. Im 17. Jh. wurden attributiv gebrauchte *n*-Formen seltener. Die prädikativ gebrauchten Pronomina unterschieden sich durch die stärkere Betonung und mögliche Stellung vor Pause und Satzgrenze; hier blieb -*n* also generell erhalten. Im 17. Jh. wurde demnach eine ursprünglich lautliche Abhängigkeit grammatisch uminterpretiert. (Daß -*n* hier als abgeschwächte Form des in dieser Position auch nach Pronomen üblich gewordenen *one* (6.2.1) wie in *such one, this one* gedeutet werden konnte, ist offensichtlich. Ob dies tatsächlich der Fall war, ist nicht nachweisbar).

Die übrigen Formen übernahmen das -*n* (*hisn, hern* usw., besonders dialektal im Süden und von den Grammatikern allgemein getadelt) oder verstärkten die prädikativen Formen durch -*s*, wohl analog zum freien Genitiv: *a ship of her Majesty's* = *of hers*.

Eine Sonderstellung nimmt *its* ein (Graband 1965:256-60): das bis ins 17. Jh. hinein übliche *his* für das Neutrum (T10/14) spiegelte nicht die sonst durchgeführte Unterscheidung in 'belebt' : 'unbelebt'. Deshalb erschien als Possessivum seit dem 14. Jh. gelegentlich *it* (T18E/50), im 16./17. Jh. häufiger eindeutiges *of it, therof* (T48/112). Die um 1598 erstbezeugte Form *its* (T18F/8, 38 *it's* gehören zu den frühesten Belegen) setzte sich dann bis 1650 schnell durch, offensichtlich weil eine Form benötigt wurde und weil die Neubildung formal gut in das System paßte.

► **F46** Stimmen die sc. Formen der Personalpron. (T28, 29, 36, 45) mit den fne. überein?

► **F47** Analysieren Sie die Aussagen zum *thou* in T50 vor dem Hintergrund des 17. Jh. (Finkenstaedt 1963).

▶ **F48** Geben Sie eine vollständige Aufstellung der Personal- und Possessivpronomina und ihrer Funktion in T31B.

▶ **F49** Vergleichen Sie den Gebrauch der Personalpronomina in den Bibelübersetzungen T19.

5.4.3 Reflexivpronomina
(Graband 1965:263ff., vgl. 6.3.3)

Seit 1500 setzten sich für die reflexive Funktion anstelle der me. gebräuchlichen Personalpronomina mit *self* abgeleitete Formen durch, die störende Zweideutigkeiten (*he killed him*) vermeiden halfen; *self* trat entweder verstärkend zum Personalpronomen oder wurde als N durch Possessivpronomina ergänzt (*him self/ his self, them selues/their selues*). Die Doppelformen wurden im Laufe des Fne. beseitigt, aber nicht nach einheitlichem Prinzip (*myself: himself*). Da *self* (nach Vorbild von *shelf*) flektiert, kann hier in der 2.Person Numerus ausgedrückt werden (*yourself: -selues*, T18E/65). Im 16. Jh. erschien die Form *oneself*, die sich aber erst im 18. Jh. durchsetzte.

5.4.4 Relativpronomina
(Graband 1965:276ff.)

Im Fne. gab es eine große Fülle von Ausdrucksmöglichkeiten für relativen Bezug, deren inhaltliche und stilistische Funktion nicht immer ganz klar wird (6.8.3). Relativpronomina des Me. wurden nicht flektiert; dies erklärt die Übernahme der Formen *whose, whom* des Fragepronomens zur genaueren Kennzeichnung seit dem 14. Jh. und deren freierer Verwendung im Vergleich mit dem erst im 15.-16. häufiger werdenden *who*. Das sc. Relativpronomen *quhilk* konnte, wahrscheinlich analog zu frz. und lat. Mustern, im Plural markiert werden (T36/2f. *quhilkis*).

5.4.5 Demonstrativpronomina
(Graband 1965:289-96)

Der Formenbestand entspricht dem des Ne.; die me. noch vorhandenen Varianten wurden vor 1500 aufgegeben. Von den anderen Pronomina unterscheiden sich *this/these, that/those* durch Numerusopposition, auch vor N, wo sie redundant ist. Das Fne. vollzog den Übergang von einem System der Dreierdeixis (*this : that : yon*) zur Zweierdeixis; dieser Wandel war jedoch nicht so einschneidend, da *yon* schon me. selten war und nicht immer von *that* unterschieden wurde. Spätestens seit dem 17. Jh. war *yon* archaisch-dichterisch (oder sc., T21/111, 42/57).
    Verstärkung der Demonstrativpronomina erfolgte im 15. Jh. durch *ilke, self*, im 16.-17. Jh. durch *same, selfsame* (archaisierendes *thilke same* T23B/1), ab 1650 ausschließlich durch *very* (nicht schriftsprachlich durch *here/there*).

Lat. Vorbild folgte die Ersetzung durch Relativpronomen in Satzperioden (6.8.4).

5.5 Personalendungen der Verben

5.5.1 Grundsätzliches

Der Gebrauch von Personalendungen steht in direktem Zusammenhang mit dem der Personalpronomina: In Sprachen, die Person und Numerus eindeutig in der Flexion kennzeichnen wie das Lat., ist der Gebrauch von Personalpronomina fakultativ meist Ausdruck starker Betonung. Der Abbau der Flexion im Me./Fne. kann somit als eine Kombination der Wirkung von Lautgesetzen (Abschwächung oder Schwund von Nebentonvokalen und von -*n*) und Funktionsverlust erklärt werden.

5.5.2 Der fne. Bestand

Fne. finden sich (seltenere, oft als dialektal/archaisch empfundene Varianten in Klammern):

Präs. Ind.	Sg.	1.	Ø	Pl.	Ø	*(en, eth, es)*
		2.	*(e)st, (es, t)*			
		3.	*eth, (e)s, ()*			
Präs. Konj.	Sg.		Ø	Pl.	Ø	*(en)*
Imper.	Sg.		Ø	Pl.	Ø	*(eth)*
Infin.			Ø *(en)*			
Part. Präs.			*ing*			
Prät.	Sg.	1.,3.	Ø	Pl.	Ø	*(en)*
	Sg.	2.	*(e)st*			
Part. Perf.			*ed/e(n)*			

Abb. 11: Personalendungen der Verben im Fne.

Bei der 2.Sg.Ind.Präs. war -*es* nördlich (T23B/34) und wurde gelegentlich zur Erleichterung von K-häufung gebraucht (T31B/36); -*t* findet sich bei einigen Modalverben (*wilt, shalt*) und in *wast, wert*. Das Schwinden von -*est* ist deutlich gebunden an die Aufgabe von *thou* (5.4.2).

Vielfältig ist die Entwicklung und Verteilung der Formen der 3.Sg. Neben Ø bei Modalverben und gelegentlich nach Zischlauten (T48/120), konkurrierten fne. die historisch südliche Endung -*eth* und die nördliche -*(e)s*. Im 16. Jh. war -*(e)s* die umgangssprachliche und die in Gedichten bevorzugte Form. Diese Unterscheidung nach Genre zeigt sich auch in der Verwendung desselben Dichters, so (Zahlen nach Franz 1939:156f.) finden sich in Lylys *Euphues* (T25) nur 4% *s*-Vorkommen, aber in seinem Drama *The Woman in the Moon* 85%; vgl. Sidneys *Apologie* (T27) mit 14% und Marlowes Dramen mit 92%. Allerdings muß hier auch mit Eingriffen der Setzer gerechnet werden: manches -*s* des Manuskripts wurde zum -*eth* des Drucks.

Allgemein scheint -*eth* die formellere Form gewesen zu sein; sie herrschte in Urkunden und in Bibelübersetzungen bis zur AV von 1611, war dagegen seltener in Briefen und Tagebüchern. Bei Dichtern war -*(e)s* im Reim häufiger als im Versinnern, und bei metrischer Dichtung bot sich die nützliche Variation zwischen einsilbigem *loues* und zweisilbigem *loueth* an. Beide Formen finden sich gelegentlich in derselben Zeile: *that hateth thee and hates vs all*. In einer Übergangszeit um 1600 war die Verteilung in einigen Prosatexten auch phonologisch bedingt (Samuels 1972:174): einsilbige Verben, ausgenommen die auf /s, z; ʧ, ʤ, ʃ/, hatten häufiger -*(e)s*: *runs, liues* (aber *riseth, preacheth, intendeth*). Daneben spielten bei der Wahl auch rhythmische, stilistische und semantische Faktoren eine Rolle. Der Gebrauch von -*(e)th* schwand im 17. Jh. sehr schnell: Wie stark die Häufigkeit des Auftretens vom Zeitpunkt des Drucks abhängt, zeigt Taylor (1976) eindrücklich am Shakespeare-Korpus, das die entscheidenden Jahre abdeckt. Im 17. Jh. hielt sich -*th* vor allem in *doth, hath*, wurde aber sonst nach dem Vorbild der Bibel von 1611 archaisierend-biblisch. Einige Grammatiker des 17. Jh.s hielten -*eth* für eine rein graphische Variante.

Im Plural des Präsens (Ind. und Konj.) kommt -*en* noch häufig in Texten des 15. Jh. vor (T1/16f, 22, 42f.) und findet sich in Briefen von Elizabeth I und (archaisierend) bei Lyly und Spenser (T23B/40, 46). Selten waren -*eth* und -*(e)s/z*, dialektaler Herkunft oder in Fällen ungenauer Kongruenz aus dem Sg. übertragen (T42/17 *Your commissionars telz me*; T44/136 *dothe*).

Hilfs- und Modalverben zeichneten sich durch viele Sonderformen aus; die negierten Formen *an't, in't, arn't; shan't, won't* waren erst seit dem 17. Jh. häufig (ne. aufgegebene Formen kursiv):

1.Sg.Präs.	2.Sg.Präs.	Pl.Präs.	1.Sg.Prät.	2.Sg.Prät.
am (*be*)	*art* (*beest*)	are (*be*)	was/were	*wert/wast*
can	*canst*		could	*couldst*
dare	*darest*		*durst,* 17. Jh.: dared	
may	*mayst*	*mowe*	might, *mought*	*mightst*
shall	*shalt*		should	*shouldst*
will, *wolle*	*wilt*		would	*wouldst*

Abb. 12: Fne. Formen der Hilfs- und Modalverben

▶ **F50** Überprüfen Sie anhand von Texten verschiedener Gattungen der Shakespearezeit im Textanhang die Verteilung von -*eth* : -*(e)s*. Lassen sich für die Verteilung in T26/43-68 Gründe angeben?

▶ **F51** Wie heißt 'sind' in den Texten des 16. Jh.? Ist Drydens Kritik an Jonson (T15/126) gerechtfertigt?

5.5.3 Das schottische System

Bei den Formen des Verbs zeigen sich besonders auffällige Unterschiede zum Fne. So ergibt eine Analyse von T28 (mit Ergänzungen) für das Präsens *I*, *we*, *ȝe*, *thay luf*; *þow*, *he lufis*, wenn das Pronomen unmittelbar vorausgeht; sonst durchgehend *-is* (vgl. T18A/5-8 *I set my bissy pane ... and spekis*). Imperative sind im Sg. unmarkiert; im Plural steht oft *-is* im ersten Verb, aber Ø bei den folgenden (T18A/2-3). Daneben läßt die sc. Endung des Part.Präs. *-and* die Form eindeutig vom Verbalsubstantiv unterscheiden. Obwohl engl. Einfluß auf das Sc. so früh einsetzt, daß alle Texte Mischung von *-and/-yng* zeigen, kann doch der Anteil von *-and* als ein Indikator für die Skottizität des Textes gelten.

► **F52** Zählen Sie die Vorkommen von *-and/-yng* (nur beim Part. Präs.!) in den Texten T21 (Douglas), T42 (James) und T45 aus. Wie sind *offeryng, offerand* T21/106, 125 zu beurteilen?

5.6 Tempusbildung

5.6.1 Starke Verben (stV)
(Ekwall 1975:98-113, Brunner 1960-2:II, 194-252)

Als 'stark' bezeichnet man die Verben, die Tempus durch Wechsel des Stammvokals und ohne dentales Segment kennzeichnen; die historische Einteilung in sieben Ablautreihen ist fne. wenig sinnvoll, wird aber zum Vergleich mit dem Ae. allgemein durchgeführt. Der Bestand der ererbten stV war schon me. stark reduziert; nach Abbrechen der schriftsprachlichen ae. Tradition und während der standardlosen folgenden Jhh. starben viele seltenere stV ganz aus oder gingen zur schwachen Tempusbildung über (vgl. die Zahlen in Baugh & Cable ⁴1993:159).

Die verbleibenden stV zeigen starke Regularisierungen innerhalb des Paradigmas. Besonders wichtig, und an der existierenden Variation im Fne. abzulesen, sind die folgenden Tendenzen:

1. Aufgabe der funktionslosen Alternation im Prät. (1.+ 3.Sg.: 2.Sg. + Pl.) des Typs *was : were*. Nur Spuren dieses Wechsels finden sich noch in frühen fne. Texten (*foond : founden*).
2. Ausgleich vorhandener Unterschiede im Konsonantismus; vgl. ne. *rose, gave* mit sth. Spirans analog zu *rise, risen* usw. gegenüber *roos* (T19B/3), *ȝaf* (T19A/16). Reste von Alternation finden sich in fne. *seethe/sod/sodden, leese/lorn*.
3. Tendenz 1. wurde oft weitergeführt zu einem Zweiersystem durch Angleichung des Prät. an das Part.Perf. oder umgekehrt: *get, got, got; hold, held, held*; T2 hat noch *vnderstande, -stod, -stonden*, t39 das Partizip *holden*.

Da diese Tendenzen jedoch von Verb zu Verb durch vielfache Besonderheiten beeinflußt wurden (Frequenz, Reimwirkung und Einflüsse anderer Klassen, Vorschriften der Grammatiker) und aus der Vielfalt der entstandenen Formen eine unsystematische Auslese getroffen wurde, blieb ein sehr unübersichtlicher Bestand als Erbe des Fne. an das Ne. (vgl. Lowth in seiner präskriptiven Grammatik, 1762:64-90).

Auffällig ist besonders, daß trotz des fne. schon stark wirksamen Schrifteinflusses noch so viele Verben von der starken zur schwachen Tempusbildung übergingen. So sind fne. noch üblich (neben schwachen Formen derselben Verben): *glide, glode; creep, crope, cropen; seethe, sod, sodden; leese, lorn; climb, clomb; help, holp, holpen; delve, dolve, dolven; melt, moulte, moulten* T49/20; *carve, corve; thresh, throshen; yield, yolden; wash, washen; wax, wox, waxen;* vgl. ferner starke Formen von *snow, snew; crow, crew; row, rown* (alle nach *blow/grow*), bei denen wie noch in ne. *sew, show* gemischte Paradigmen vorliegen.

Dem Trend entgegen stehen Verben, die zu den stV übergingen, so fne. *dig, spit, stick* mit im 16. Jh. erstbelegten starken Formen.

Als Beispiel für Formenvielfalt im Fne. kann *write* stehen: das Prät. war regelmäßig *wrote*, daneben *writ* (vom Part.) und *wrate* (nach *gave, brake*); das Part. war regelmäßig *written* oder *writ*, daneben *wrote* (vom Prät.).

Bei Verben des Typs *bear* verlor das Prät. *bare* (t51/1) durch Lautwandel (GVS) in der gesprochenen Sprache seine Unterscheidbarkeit gegenüber der Präsensform und wurde zunehmend durch *bore* (vom Part.) ersetzt, eine Form, die aber (nach Samuels 1972:172f.) wohl als umgangssprachlich geächtet war. Als Überkorrektur wurde *a* als die feinere Form nun auch auf Verben des Typs *write* übertragen, wo *o* historisch richtig war. Trotz Stützung durch *spake* usw. in der Bibel setzten sich im ¹17. Jh. *bore, spoke* endgültig durch, und dementsprechend wurden auch die analogen Formen *wrate, drave* wieder aufgegeben. (Formen mit *a* können nicht als nördliche/sc. Formen interpretiert werden, wo der Vokal regelmäßig war, vgl. *wrait* T51/24, *abaid* T36/88.)

Part.: Zwei Formen mischten sich im London des 14./15. Jh., der nördliche Typ *boren* und der südliche *ibore*. Nach Schwund des unbetonten *i-* wechselten in vielen Verben *-(e)n* und Ø. Für die Auswahl, die im Fne. aus den konkurrierenden Formen getroffen wurde, lassen sich kaum eindeutige Regeln herauslesen. In den meisten Fällen hat aber wohl die lautliche Struktur des Wortes den Ausschlag gegeben: so ist ne. *-(e)n* häufig nach Verschluß (*written, spoken*), Ø dagegen nach Nasal oder Nasal + K (*come, run; found* - fne. auch *founden* t39). Isolierte ne. Adjektive, die vom Partizip abgeleitet sind, weisen häufig auf die fne. Alternative hin (*bounden, drunken, sodden*).

5.6.2 *Schwache Verben* (swV)

Prät. und Part. werden durch Hinzufügung von [d ~ t ~ əd] (nach stammauslautendem Dental teilweise Ø) mit oder ohne Wechsel des Stammvokals gebildet. Aus der me. Einteilung in regelmäßige Verben mit [-əd] oder [-d] und unregelmäßig schwache wurde nach Schwund des [ə] im 16. Jh. die ne. phonologische

Determiniertheit der Allomorphe bei den regelmäßig schwachen ausgebildet: me. [ha:təd] > fne. [hæ:təd]; me. [luvəd] > fne. [luvd]; me. [pasəd] > fne. [past] (mit Assimilation). Die fne. Schreibung dieser regelmäßigen swV schwankte: häufig findet sich phonetische Schreibung durch *ed; d, 'd; t, 't,* daneben aber auch die vom Ne. vertraute einheitliche Wiedergabe durch *ed.*

Ø ist üblich bei den Verben auf Dental, die auch ne. keine formale Tempuskennzeichnung tragen (*cast*), aber auch bei *lift* wie in Part. *lifte* T19A/32, *up-lift* T34/28, während andererseits analoge regelmäßige Formen wie *puttide* T19B/22 me./fne. erscheinen. Wenigstens zeitweilig bekam die Ø-Klasse Zuwachs durch Verben lat. Herkunft (Typ *create*), die, zunächst als Part. entlehnt, auch als Basisform gleichlautend gebraucht wurden, bis sich die Flexion nach *hated* durchsetzte (7.3.3; vgl. die sc. Partizipien *direct* T53/34 und *educate* T53/40).

Der Bestand der unregelmäßig swV entspricht weitgehend dem Ne. (Typ *brought, sold, kept, sent, dealt*). Es gab aber auch noch Formen wie *wrought* 'worked' (T30/65); *caught* war üblich, aber regelmäßiges *catcht* trat noch auf.

Fne. stehen neben der einfachen Prät.-form eine Reihe von Varianten (ohne die ne. damit verbundene funktionale Festlegung) zur Verfügung: *he ate* neben *he was eating, did eat, has eaten* (6.5). Diese Alternativen wurden offenbar genutzt, wo die Tempuskennzeichnung nicht eindeutig oder die korrekte Form des Prät. fraglich war, so in AV ausschließlich *did eat, did lift*; vgl. das häufige Vorkommen des Typs *did separate* (T48/58f., vgl. 6.6).

Im frühen Sc. unterband eine Lautregel die Kombination Verschlußlaut + /t/ am Wortende, so daß bei Verben des Typs *stop, lack* Prät. und Basisform gleichlautend wurden. (Dieselbe Regel gilt auch für frühe Entlehnungen, T36/8, 31 *suspeck, obieck*; spätere, oder nach dem Lat. wiederhergestellte, zeigen die Kombination: T45/91-98 *infectis, corrupte, subiecte, contractit*). Die dadurch nicht mehr gesicherte Tempuskennzeichnung wurde nach Vorbild des Typs *hatit* 'hated' wiederhergestellt und dann auf alle regelmäßig swV ausgedehnt, mit Ausnahme einiger auf /-s, -ʃ/, wo sich /t/ hielt: T36/78 *purchest*; vgl. die Part. in T36/26, 61, 72, 96 *nurist, banyst, opprest, wincust.*

▸ **F53** Vergleichen Sie die Tempusbildung der starken Verben bei Spenser, Shakespeare und in der AV (Sugden 1936, Franz 1939).

▸ **F54** Interpretieren Sie die sc. Formen des Part. *dedicat, insert, cuttit* (alle T28) und *cumd* (T29/9).

▸ **F55** Sind *clad, affright, drad* in T24/104-7 archaisierend?

6 Syntax

6.1 Allgemeine Beschreibungsprobleme

6.1.1 Einführung

War im Bereich der Formenlehre der ne. Zustand im 15. Jh. weitgehend erreicht und um 1600 praktisch abgeschlossen, so vollzogen sich in der Syntax im Laufe der fne. Periode so entscheidende Entwicklungen, daß man mit Recht sagen kann, syntaktisch beginne die Neuzeit der englischen Schriftsprache erst um 1700.

Die Gründe für diese Entwicklung sind in der Funktionsausweitung der englischen Standardsprache zu suchen: unter den Anforderungen verstärkt *schriftlicher* Kommunikationsformen und zum Ausdruck auch komplexester Inhalte der Wissenschaften entstanden neue Strukturen

a) als Folge von in me. Zeit eingetretenen Unzulänglichkeiten des Systems durch inneren Ausbau englischer Kategorien,

b) unter Ausbildung verschiedenster fachsprachlicher oder textsortenspezifischer Register,

c) unter Einfluß oder in Nachahmung der als vorbildlich angesehenen lat. Sprachstruktur, und erst seit dem 17. Jh. zögernd in Konkurrenz zu ihr.

Wie bei der Erweiterung des Wortschatzes galt es zumindest im 16. Jh. als vordringlich, *inadequacy* und *inelegance* zu überwinden.

Vergleicht man T2, Caxtons Originaltext (der noch die für die me. Syntax charakteristische Parataxe aufweist) mit Texten ab 1580, so wird der Zuwachs an komplexen Satzstrukturen deutlich (T7). Dies läßt sich an Satzlänge und Satztiefe ablesen, an den spezifischeren Funktionen von Präpositionen und Konjunktionen, aber auch an der genaueren Einhaltung der Zeitenfolge, der größeren Genauigkeit von Modusgebrauch usw. Nachweislich ist dies zum großen Teil auf den Einfluß des Latein zurückzuführen, in dessen Funktion als Wissenschaftssprache das Engl. jetzt einrückte und nach dessen Vorbild es in fne. Zeit erst die Flexibilität und Präzision gewann, die es für die umfassenden Funktionen einer modernen Standardsprache voll geeignet machten.

6.1.2 Forschungslage und Beschreibungsmodell

Ein Modell, das die in fne. Zeit vorhandenen syntaktischen Strukturen umfassend beschreiben könnte, ist noch nicht vorhanden; es müßte die Entwicklungen auf Satz- und Textrang in der Vielfalt der Textsorten, in den sozialen Unter-

schieden der Leser und in der schnellen Aufeinanderfolge der Stile berücksichtigen. Voruntersuchungen beziehen sich bisher lediglich auf Teilbereiche
der fne. Syntax.
Für Unterschiede in Satz- und Textstruktur waren offensichtlich u.a. folgende
Faktoren verantwortlich (vgl. 6.9.2):
- das Thema (T6 : T49);
- der Grad literarisch-rhetorischer Durchformung (T7 : T32, 48);
- die Frage, ob der Text für den Druck bestimmt war (T40, 42, 50) und ob er
  seiner Herkunft nach überhaupt ein geschriebener Text ist (T39, auch T31);
- die Öffentlichkeit des Textes (T37f.);
- die Funktion des Textes (z.B. als Handlungsanweisung T49);
- die formale Unterscheidung metrisch/gereimt ≠ prosaisch;
- die Gattungsdifferenzierung Lyrik : Epik : Drama : Fachtext, und die damit
  zusammenhängende Entscheidung nach Stilhöhe;
- Originaltexte gegenüber Übersetzungen;
- der Einfluß bestimmter tradierter Stile (inwieweit sind rhetorische Gliederung, Archaismen, Formen lat. Lehnsyntax usw. vorhanden?).
Dagegen scheinen geographische Unterschiede, die in anderen Bereichen zwischen Engl. und Sc. so auffällig sind, nicht erheblich zu sein.

► **F56** Hat Harrison in seiner Übersetzung T36A die syntaktischen Strukturen seiner Quelle
beibehalten?

Entscheidende Einzelheiten in der Herausbildung von ne. Mustern, die ihren
Ursprung in fne. Zeit haben, bleiben noch zu erforschen; dazu gehören die folgenden Probleme:
1. Mit der fne. stärker durch Funktion und Position bestimmten Kategorie
   'Wortart' wurde die Stellung zwischen Det. und N zunehmend von N (als
   'premodifier') oder anderen Wortarten und Phrasen gefüllt. Die chronologi-
   sche Herausbildung (und die im Vergleich mit dem Dt. auffällige Beschränkung von erweiterten Part. in dieser Stellung) ist im Detail noch ungeklärt.
2. Die Tendenz, anstelle eines V ein bedeutungsarmes V + N (das dann den
   eigentlichen Inhalt trägt: *have a swim* für *swim*) zu gebrauchen, ist zwar im
   Fne. zu finden, wird aber erst in der Neuzeit häufig.
3. Partizipial-, Gerundial- und Infinitivkonstruktionen treten zum Ne. hin immer häufiger an die Stelle von Nebensätzen - eine nur scheinbare Ökonomie,
   da die infinite Form nicht mehr die Kennzeichnung nach Tempus und Modus erlaubt. Die Entstehung des Stils (in der Kanzlei- und Juristensprache?
   vgl. T37) und seine Ausbreitung bleibt nachzuweisen.
4. Bei der in fne. Zeit fest werdenden Wortstellung muß in der geschriebenen
   Sprache (wo Kennzeichnung durch Intonation ausfällt) für Thematisierung/
   Topikalisierung Ersatz durch Passivverwendung oder *cleft sentence* gesucht
   werden. (Die Möglichkeiten waren fne. vorhanden, ihre eigentliche Durchsetzung fällt aber wohl ins 18.-19. Jh.).

5. Gebrauchsregeln für den Aspekt bildeten sich im späten 17. Jh. heraus; ihre
    weitere Differenzierung und spätere Obligatorik war aber eine Entwicklung
    des 18. Jh. (wie auch die Ergänzung der im Fne. noch fehlenden *Formen*).
6. Es existieren Beschreibungen von Texten und Individualstilen nach rhetori-
    schen Kategorien, eine Anwendung moderner textlinguistischer Methoden
    auf das fne. Korpus steht dagegen noch aus.

Im folgenden wird insofern strukturalistisch beschrieben, als nach der syntaktischen Einheit und dem Rang gefragt wird. Auszugehen ist von hierarchisch
durch Funktion geordneten Rängen, unter denen der Satz eine besondere Stellung einnimmt, auch wenn besonders bei Dramentexten nicht immer vollständige
Sätze vorliegen oder die Abgrenzung des Satzes innerhalb größerer Einheiten oft
schwierig ist (T7).

Da das Fne. jedoch keine Obligatorik im Sinn des Ne. kannte, müssen Tendenzen und Frequenzen beschrieben werden, mit besonderer Berücksichtigung
der Strukturen, die entweder in eine Obligatorik des 18. Jh. einmündeten, oder
die als periodentypisch und vom Ne. abweichend erscheinen.

6.1.3 Vom Nutzen fne. Grammatiken
(Michael 1970, Padley 1985)

t38   Now the English speech though it be *rich, copious* and
        significant, and that there be divers Dictionaries of it,
        yet under favour, I cannot call it a regular language in
        regard though often attempted by som choice wits, ther
5   could never any Grammar or exact Syntaxis be made of it.
                                                        1630

Die Tradition der Grammatiken des Engl. (falls für Ausländer, in fne. Zeit bis
1685 oft in lat. Sprache) begann mit Mulcaster 1582 und wuchs im 17. Jh. nur
langsam an, auf einen Höhepunkt im 18. Jh. hin (Michael (1970) konsultierte
2 Werke aus dem 16. Jh., 9 aus der Zeit 1601-50, 25 von 1650-1700, aber 9 +
17 + 35 + 81 + 93 für je 20 Jahre des 18. Jh.). Die Grammatiker der Zeit gingen
klassifizierend vor; es läge deshalb nahe, Methoden und Material sowie Kategorien von ihnen zu übernehmen. Gegen eine unkritische Übernahme sprechen
aber nicht nur die beim Lautsystem angeführten Gründe (4.1.1), sondern auch
die ganz anderen Zielvorstellungen fne. Grammatiker.

Die im Mittelalter ausgebildete Teilung der Bereiche der Fächer des *trivium*
in Grammatik, Rhetorik und Logik (2.8.1) hatte zur Folge, daß Grammatik weitgehend als Wortgrammatik (Flexions-, Kongruenz- und Rektionslehre) verstanden wurde; vgl. dazu Michael (1970:140).

▸ **F57** Wie ist in T12/42-6, 16/28, 44/47 der Terminus *grammar* zu verstehen? (Michael
      1970:189ff.).

▸ **F58** Was hat Laneham in der Schule gelernt, wenn er sagt (T41/62f.): *I coold conster
      & pars?*

Grammatik war die *ars recte dicendi*, Rhetorik die *ars bene dicendi*, wobei das *bene* das *recte* einschloß: die Regeln der Rhetorik enthielten auch Aussagen über Grammatikverstöße, formulierten aber andererseits auch erlaubte Abweichungen.

Hinzu kam besonders in der Syntax die starke Prägung durch lat. Kategorien, eine Abhängigkeit, die sich erst mit der Unterbrechung der Schultradition durch den Bürgerkrieg allmählich lockerte. Dies hieß nicht nur, daß im Engl. vorhandene Formen nach dem Vorbild des Latein falsch gedeutet wurden (so die sich fne. anbahnende Differenzierung der Funktionen des Prät.:*Perfect*), sondern auch, daß im Latein nicht vorhandene Strukturen nicht erwähnt wurden - vielleicht weil sie gar nicht gesehen wurden, wie die Funktionalisierung des *do* (6.6) oder die Existenz von Aspektunterschieden. Im übrigen fehlte in den meisten Grammatiken vor 1660 jede Behandlung dessen, was heute unter Syntax verstanden wird; Gil 1619 und Ben Jonson sind rühmliche Ausnahmen.

Die starke syntaktische Abhängigkeit des Engl. vom Lat. erlaubt andererseits die Frage, ob bestimmte Strukturen wie absolutes Partizip, Akkusativ mit Infinitiv oder relativischer Anschluß im Fne. nicht mit diesen lat. Kategorien benannt werden sollten, deren Übernahmen sie ja darstellen.

6.1.4 Das Problem der Wortarten

Da Flektierbarkeit und Zahl der Wortformen - im fne. Verständnis das zentrale Gebiet der Grammatik - von der Wortart abhängen, wurde deren Bestimmung wichtiges Thema der fne. Grammatik. Dabei entwickelte sich zögernd die Abkehr von der bloß formalen Klassifikation des Latein hin zu einer Definition auf syntaktischer Basis, obwohl alle drei Möglichkeiten der Bestimmung weiter gemischt auftraten:

a) die formale, morphologische Definition,
b) die von der Funktion in der Struktur des Satzes ausgehende syntaktische,
c) die semantische, die Wortart nach Inhalt und Referenz auf Gegenstände und Sachverhalte zu definieren suchte.

Das Problem war besonders dringend
1. durch den Schwund der meisten Endungen und den Zusammenfall vieler der verbleibenden, so daß im Stamm identische (voneinander abgeleitete) Wörter nun in der Mehrzahl ihrer Wortformen homonym wurden (*work, works*, aber *worketh, worked, working*);
2. durch die wachsende Zahl von Nullableitungen (7.5.6), welche die aus dem Me. ererbten oder aus dem Frz. entlehnten Paare stark vermehrten;
3. durch die Verwendung von Wörtern bestimmter Wortarten in ungewöhnlichen Positionen (ohne Wandel der Wortart), wo allein ihre Stellung die syntaktische Funktion klarmacht (so die im Fne. langsam zunehmende Verwendung von N oder Adv. als *premodifier*). T33/20 *choycest* und T3/48 *chieffest*, die formal den Übergang zur Wortart Adj. anzeigen, sind Ausnahmen.

4. Die wachsende Aufhebung des Unterschieds zwischen transitiven und in-
    transitiven Verben, deren syntaktische Funktion aus der Position im Satz er-
    schlossen werden mußte.

Mit dem Abbau der Flexionsunterschiede wurde schließlich auch die Unterscheidung von N und Adj. weitgehend syntaktisch: N wurde als Nukleus einer
NP im Fne. obligatorisch (6.2.1), zumindest wurde Vertretung durch *man, thing*,
oder *one* erforderlich; dagegen waren Adj., da sie keine Numerusunterschiede
ausdrücken können, nur noch in festen Wendungen als Nukleus möglich (*the
poor, the sublime*).

Allein bei den Adverben zeigt sich eine gegenläufige Tendenz: anders als im
Dt. (wo Adv. nur syntaktisch definiert sind) wird fne. die Kennzeichnung durch
-ly bei abgeleiteten Adv. mit wenigen Ausnahmen obligatorisch, zuletzt und zögernd bei denen, die Adj. oder Adv. qualifizieren (5.3).

6.1.5 Syntaktische Interferenzen aus dem Latein

In einer Zeit, in der Latein nicht nur Stilideal war, sondern auch als Sprache
der *Grammar Schools* Grundlage aller sprachlichen Schulung, konnten Übernahmen aus dem Latein ins Fne. nicht ausbleiben. Sie betrafen alle syntaktischen Ränge, waren aber besonders auffällig und häufig in der VP (Rektion),
auf Teilsatzrang (Gebrauch von Partizipial- und Gerundialkonstruktionen), auf
Satzrang (Tempusfolge, Satzverbindung) und schließlich in der rhetorischen
Gliederung des Gesamttextes. Nicht immer läßt sich entscheiden, ob eine syntaktische Anleihe beim Latein bewußtes Stilmittel war, zumal wenn heimische
Konstruktionen sehr ähnlich waren. Wie bewußter Gebrauch von Latinismen
den Stil bestimmen konnte, läßt sich z.B. an Milton zeigen: seine frühen Gedichte und politische Prosa zeigen wenige Einflüsse, aber in *Paradise Lost*
treten sie in Nachahmung Vergils gehäuft auf (Beispiele ergänzt aus weiteren
Texten):

1. Der Gebrauch 'absoluter' Partizipialkonstruktionen (nach dem Vorbild des
    abl.abs.): T34/75 Satan *except*;
2. Wortstellungsmuster (z.B. Anfangsstellung des Objekts bei Endstellung des
    Verbs): T12/102f.;
3. Gebrauch des Adj. in substantivischer Funktion;
4. relativischer Anschluß: T34/74 *Which when* Beelzebub *perceiv'd*;
5. doppelte Negation als verstärkte Bejahung;
6. absoluter Komparativ: T21/70 *Her prouder Steed* 'very proud', T24/30 *Thy
    weaker Novice* 'too weak';
7. Genitiv (= fne. *of*) beim Part.Präs. zum Ausdruck dauernder Eigenschaft (lat.
    patriae amans): T14/20 *was most loving of Antiquity*.
8. Die vielleicht auffälligste Übernahme ist die lateinische Regel, die es ver-
    bietet, einen Relativsatz von einem Superlativ abhängig zu machen. Miltons
    Nachahmung ergibt T34/74f. *Beelzebub ... then whom ... none higher sat.*

Syntax

81

Diese Übernahmen, bei Milton im Sinne einer stilistischen Erhöhung, verstärkten zusammen mit lat. Wortgebrauch (Lehnbedeutungen) wie in *aspect* 'Gesichtsausdruck' die Latinität des Werkes, ohne die Zahl der Lehnwörter auffällig groß werden zu lassen.

6.1.6 Einflüsse des Rationalismus

Das späte 17. Jh. brachte die Entwicklung des Engl. zu größerer Regelmäßigkeit, logischer Klarheit und Eindeutigkeit. Davon betroffen waren alle Ebenen der Grammatik, von der Orthographie bis zur Textsyntax, ohne daß die Entwicklungen eindeutig den Grammatikern oder den Schulen zuzuschreiben wären. Neben den Versuchen, etymologische Schreibungen durchzuführen, Homophone in der Schreibung zu differenzieren, 'unnötige' Wörter zu meiden, hybride Wortbildungen zu ersetzen (so die Unterscheidung *un-* : *in-* bei Adj.) und Homonyme/Polyseme zu vermeiden, wirkten sich die Bestrebungen zu größerer logischer Klarheit besonders auf dem Gebiet der Syntax aus (vgl. dazu die von Sprat formulierten Ziele, T17, und Drydens Kritik an den elisabethanischen Dramatikern, T15). Sie lassen sich nach Knorrek 1938 wie folgt zusammenfassen:

1. Striktere Numerus-/Kongruenzregelung;
2. Genauere Differenzierung des Gebrauchs von Genitiv und *of*-Periphrase; endgültige Ächtung des 'possessiven Dativs';
3. Durchgehendere morphologische Kennzeichnung der Wortart bei abgeleiteten Adverben;
4. Funktionalisierung des Gebrauchs von *do*;
5. Festlegung der Inversion nach satzeinleitendem negativen Adverbial;
6. Ächtung der doppelten Verneinung;
7. Ächtung der doppelten Steigerung;
8. Differenzierung des Gebrauchs von *who* und *which*;
9. Aufgabe redundanter Pronomina, wo sie Subjekt oder Objekt verdeutlichend wiederaufnehmen oder vorwegnehmen;
10. Sprachregelung für das Nebeneinander von *will* und *shall*;
11. Striktere Einhaltung der Tempuskennzeichnung, einschließlich der Differenzierung von *Past* und *Perfect*;
12. Beginn der Obligatorik, Aspekt auszudrücken;
13. Rückgang des Konjunktivs nach *if, though* usw. (da die Konjunktion als ausreichende Kennzeichnung angesehen wurde).

▸ **F59** Welche der aufgeführten Punkte lassen sich als Abbau von Redundanzen, welche als Ausbau spezifischerer Kategorien beschreiben?

Man beachte, daß diese Einflüsse im späten 17. Jh. begannen, aber das ganze 18. Jh. hindurch weiterwirkten; sie hatten deshalb in Amerika weniger Auswirkungen, so daß graduelle Gebrauchsunterschiede zwischen dem AmE und dem BrE in dieser Epoche und in diesen Punkten zu suchen sind.

6.2 Die Nominalphrase (NP)
(Barber 1976:225-35, Rissanen 1994)

6.2.1 Nukleus

Fne. galten für die Konstituenten und ihre Reihenfolge innerhalb der NP im wesentlichen die vom Ne. her bekannten Regeln. Auf folgende Unterschiede ist allerdings besonders hinzuweisen. Als Nukleus wurde N (mit der Möglichkeit der Numeruskennzeichnung) obligatorisch. Wo nicht lexikalisiert ein substantiviertes Adj. vorhanden war, trat von fne. Zeit an obligatorisch ein bedeutungsarmes N hinzu (*man/men, thing/s*), seit 1500 auch zunehmend *one* und seit dem 16. Jh. auch die Pluralform *ones* (T18D/3-5; der Plural wird im 17. Jh. aus Gründen der Logik angegriffen, T15/99). *One* hat die Doppelfunktion, anaphorisch die Wiederholung von N zu vermeiden (bei Personen und zählbaren Sachen) oder unabhängig zu stehen (nur bei Personen). Jespersen (1909-49:II, 248) erwähnt das an Neuvermählte gerichtete Wortspiel: *May all your troubles be little ones.*

Welche Adj. in welcher speziellen Funktion als Nukleus zugelassen waren, war fne. noch nicht nach konsequenten Regeln herausgebildet. Ihr Gebrauch war im Vergleich mit dem Ne. oft überraschend: T7/41 *this last sort of ambitious and enuious*; T8/150 *the learned foren*; T8/158 *naturall* 'the vernacular'; T10/115, 11/16 *originall(s)* 'Ursprung'. Häufiger war die Verwendung im generalisierenden Sg. (für Sachen) oder Pl. (für Personen), aber hier war wiederum die Frage der Pluralkennzeichnung unterschiedlich geregelt (vgl. Jespersens Zitat II, 234 aus Fielding: *We moderns are to the ancients what the poor are to the rich*). Seit dem 16. Jh. war *-one, -body, -thing* auch bei singularischen *some, any, no, every* obligatorisch.

6.2.2 Artikel und Pronomina als 'determiners'

Von 1500 an wird *a(n)* üblich in den Mustern *It is a custom (folly, honour, labour, pity, pleasure, shame, wonder). He is a lawyer.*

Bei den Abweichungen vom ne. Gebrauch des best. Artikels fällt besonders der bei Körperteilen (wie im Dt.) auf; vgl. den Wechsel von Artikel und Possessivpronomen in T46/19-31.

Kombinationen von Pronomina waren fne. noch üblich: T5/34 *this your handiwork* (T5/34,; vgl. T5/36, 6/81, 10/30, 18C/105), T8/80 *euerie his preface*; T23A/53 *such his purpose*; T37A/56 *all and euery his subiectes*; vgl. auch T38/25 *this her Maiesties commaundement* und T23A/65 *other some*. Daneben kam aber auch die ne. Konstruktion vor: T8/1 *This period of mine*.

6.2.3 Art und Stellung der Attribute

Modifizierung durch Adj./Part. war normal; diese standen üblicherweise vor N, jedoch war Nachstellung des einfachen Adj. im Fne. häufiger als im Ne.

und nicht etwa auf die Register 'Juristensprache', 'Poesie' beschränkt: t39/14 *a thyng excusable*; T3/45 *profe reasonable*; T23 *Epistle Dedicatory*; T38/8 *towne corporate*.
Erweiterte Konstruktionen standen (wie im Ne.) üblicherweise nach: T31B/18f. *a Custome More honour'd in the breach...*; T34/16 *Things unattempted yet in Prose or Rhime*; T34/28 *With Head up-lift above the wave*.
Seltener ist die Trennung der Konstruktion: T18C/40f. *the translated Bibles into the vulgar tonges*; T34/41 *with fixed Anchor in his skaly rind*. Wie die Übersetzung von Mt 13.47 (in Görlach ²1982:164) zeigt, ist diese Konstruktion schon ae. zu finden.
Die Tatsache, daß die Stellung vor N üblicherweise für nichterweiterte Part. reserviert ist, kann (in Verbindung mit anderen Merkmalen dichterischer Sprache) zur Poetizität von Ausdrücken wie T34/39 *night-founder'd Skiff* beitragen (vgl. 7.5.2).
Bei mehreren Adj. kann fne. eines nachstehen (ohne durch *one/s* ergänzt zu werden): T42/85 *a rare younge man and a wise*.
Die freiere Verwendung von N als *premodifier* nimmt im Fne. zu, ist aber im Vergleich zum Ne. noch relativ selten. Vgl. aber T17/104, 106, wo *neighbour, melancholy* in dieser Position gebraucht werden, die heute die entsprechenden Adj. verlangt.
Genitive gehen dem Nukleus voran; ist der Genitiv erweitert, wird nach der alten Konstruktion getrennt, eine Stellung, die sich z.B. bei Chaucer findet (*of euery shires ende of Engelond*) und bis Shakespeare vorkam (*the Archbishops grace of York*). Seit dem 15. Jh. wurde aber auch hier Zusammenziehung der Konstruktion üblich, vorausgehend als Gruppengenitiv, oder nachgestellt mit *of* (5.2.2).
Präpositionale Attribute und Nebensätze folgen dem Nukleus; Relativsätze waren fne. noch häufig weiter von ihrem Bezugswort entfernt als im Ne.
Wiederum ist dichterische Sprache, besonders in metrischer Dichtung, gesondert zu betrachten: Nachstellung des Adj. war hier häufiger, und besonders Nichtsetzung des Artikels im 16. Jh. ein beliebtes Stilmittel.

▸ **F60** Belegen Sie die erwähnten Stilmittel in den Auszügen aus Spenser (T23B, 24). Wie sind die Zeilen aus Shak. *MSND*, V.i. aus dem Spiel der Handwerker zu interpretieren:
Which Lyon vile with bloody mouth did staine ...
When Lion rough in wildest rage doth roare ... ?

6.3 Die Verbalphrase (VP)
(Franz 1939, Rissanen 1994)

6.3.1 Rektion

Herkömmlicherweise werden Verben nach ihren Ergänzungen klassifiziert: sie sind transitiv bei obligatorischem direkten Objekt, sonst intransitiv oder werden absolut gebraucht. Diese Unterscheidung ist nicht möglich bei Verben mit beiden Verwendungen, wie seit dem Ae. bei *break, burst, bow,* oder einigen Entlehnungen aus dem Frz. (*cease, join*). Das Vorhandensein dieser Verben und die zunehmende Bedeutung der Satzstruktur (vgl. 6.1.4) hat me. und im 16. Jh. zur Funktionserweiterung einer großen Zahl von Verben geführt (T1/19f. *ben lerned and taught; breed, bend, compare, close, divide, drop, fill, open* usw.). Seltener war die Ausweitung eines intrans. Verbs in trans. Gebrauch, meist bei Verben der Bewegung, wo das Ziel als direktes Objekt unter Fortfall der Präposition gebraucht wurde: T16/128 y^e *designe were ariv'd thus far*; ähnlich bei *depart (this life), banish (the court)...,* T31B/93 *walke the night.*

Einige dieser Verwendungen waren sicher literarisch (vgl. T21/69 *waite the Queen*); sie sind häufig in Miltons *Paradise Lost* (teilweise Übernahme der lat. Rektion).

6.3.2 *Mutative/intransitive Verben*

Im Ae./Me. bildeten intrans. Verben, besonders die der Bewegung, das Perf./ Plusq. (sofern schon vorhanden) mit dem Hilfsverb *be* (vgl. dt. *sein*). Schon seit me. Zeit weitete sich jedoch der Gebrauch von *have* auf diese Verben aus; die Umwandlung war um 1700 schon weit fortgeschritten, aber erst um 1850 abgeschlossen, zuletzt bei *go/come.* (Vgl. Ryden & Brorström 1987, und T18D/25, 15/150, 17/60: *is/are become*). Shakespeare benutzte normalerweise noch *be* mit *flee, retire, enter, meet, creep, go, ride, run* usw. (Franz 1939:513-5). Die Wahl von *be* oder *have* wurde teilweise davon bestimmt, ob der Zustand oder die Handlung betont werden sollte, konnte daneben aber von einer Vielzahl von Faktoren beeinflußt werden (Fridén 1948, vgl. Barber 1976:262).

6.3.3 *Reflexivität*

Der Rückbezug der Handlung auf das handelnde Subjekt wurde fne. (wie im Ae./Me. oder nach frz. Vorbild) oft ausgedrückt, obwohl dies redundant war, so nach Verben der Bewegung und der Gemütsbewegung (*come, go, hie, return, run; despair, doubt, fear, repent, wonder*). Nach 1700 wurde das Reflexivum bei diesen Verben ungebräuchlich, ja, es wurde auch da seltener, wo es in Opposition zum direkten Objekt stand (T3/57 *tourne hym* = ne. *turn*); vgl. auch ne. abweichenden Gebrauch in T31B/118 *rots it selfe.*

6.3.4 *Unpersönliche Verben*
(Trnka 1930:54ff.)

Bei vielen Verben erschien die nicht als handelnd gedachte Person im Objektsfall, während die Subjektsposition durch *it/there* oder Sachnomen/Infinitiv ausgefüllt wurde (T4/56 *if it would like you to extend*). Mit dem Verlust der Flexion waren Konstruktionen des Typs *the king liketh the crown* 'dem König gefällt die Krone' zweideutig geworden, oder: mit zunehmender SVO-Stellung im Aussagesatz wurde *the king* als Subjekt interpretiert. Im 16. Jh. wurden auch die pronominalen und deshalb eindeutigen Sätze (Typ *me thinketh* T25/9) dem Muster SVO angeglichen, so daß die um 1600 noch vorhandenen Verben *ail, chance, like, list, please, think*[2] unpersönlich konstruiert archaisch klangen. Bis 1660 war diese Konstruktion bei den erwähnten Verben ausgestorben. Den Übergangsprozeß verdeutlicht auch T25/6f., wo *need* in beiden Konstruktionen gebraucht ist: *there needeth no Iuie-bush. The right Coral needeth no colouring.* Konsequenterweise sah Spenser diesen Typ als Zeichen archaischen Stils und gebrauchte Formen wie *me behoueth, me liefer were, was him loth, it pitties me, her listed.* Zeichen schwülstigen Stils ist wohl T43/55ff. *it shall ... behoue him ... to ...*

6.3.5 Phrasal Verbs

In me. Zeit wurde die Praxis, ein lokales Adverb dem Verb teils voraus-, teils nachzustellen (vgl. dt. *ausreiten*) zugunsten der Nachstellung vereinheitlicht. Gleichzeitig verwischten sich die Unterschiede zwischen Adverb (zum Verb) und Präposition (die NP einleitend): *he went up/the hill = he went/up the hill.*

In fne. Zeit wurden Voranstellungen weiter abgebaut: letzte finite Vorkommen/Infinitive wie *outride* 'to ride out' wurden ab 1580 von Verben des Typs *outride*[2] 'to ride faster than' abgelöst. Aber auch in Ableitungen der Typen *looker-on, looking on, come-at-able* wurde Nachstellung immer üblicher.

Bei folgenden Verwendungen ist demnach fne. Nachstellung zu erwarten:
- beim Passiv (möglich seit dem 14./15. Jh., vgl. Brose 1939 und 6.5.7): T20/107 *vnlookt for Age*, T42/16 *long-taried-for answer*, T17/59f. *spoken against*, T18D/5 *to be excepted against*, T23A/13 *wondered at of the best*;
- beim Gerundium/Verbalsubstantiv: T25/53f. *so the sho holde the plucking on, nor I, so my labours last the running over*;
- beim Nomen agentis: T41/20 *a priar in at the chinks* (umgangssprachlich?);
- bei Thematisierung: T41/68f. *Stories I delight in*;
- bei Relativsätzen (unvermeidlich bei *that* und Ø). Da bei Relativsätzen jedoch Alternativen bestanden (besonders im 16. Jh. Konstruktionen mit *whereof, -at, -by* usw. oder Präp. + *which*), geriet die 'nachgestellte Präposition' in die besondere Kritik des späten 17. Jh.; vgl. Drydens selbstkritischen Kommentar zu Jonsons *frighted from, reach unto*, T15/73-82).

Freiere Stellung wurde (oft archaisierend) als dichterisch empfunden: T24/101 *she vp gan reare* (in Verbindung mit archaischem *gan* und der Bedeutung von *reare*); T34/28 *with Head up-lift.*

6.4 Kasus, Wortstellung und Präpositionen

6.4.1 Kasus und Wortstellung

Eine Kennzeichnung der Kasus durch Flexion war im Fne. mit Ausnahme des Gen.Sg. nicht mehr gegeben; diese Funktion hatten schon me. weitgehend die

Wortstellung und Präpositionen übernommen. Jedoch finden sich fne. noch zahlreiche Abweichungen von der im Ne. zu erwartenden Wortstellung und in den
Bedeutungen der Präpositionen (deren Grundfunktionen jedoch gleich sind).
   Im Aussagesatz war schon um 1500 SVO die häufigste Stellung; jedoch blieben die folgenden Strukturen noch nicht endgültig geregelt:

1.   Nach satzeinleitendem Adverb (*then, now; here, there; so, yet*) stand noch
     bei Chaucer das Verb (oder Aux.) meist an zweiter Stelle (vgl. die dt.
     Wortstellung). In der Folge unterscheiden sich die statistischen Werte für
     die vorherrschende Wortstellung je nach Autor und Textsorte erheblich
     (Jacobsson 1951:96f.): Hatten im 16. Jh. Roper, More und Sidney noch
     überwiegend Inversion (85-67%) und hielten sich beide Stellungen bei
     anderen Autoren die Waage (Puttenham, Deloney, Nashe, Lyly), so zei-
     gen andere wie Caxton (8%) schon früh die ne. Stellung. Im 17. Jh. wur-
     de Inversion jedoch auffällig selten (Ausnahmen: Browne, Raleigh und
     Bunyan, vgl. T60/8, 12, 61 etc.); mit Dryden war der ne. Stand erreicht.

1a. Diese Bemerkungen gelten nur für die Prosa; in der metrischen Dichtung
     herrschte bis ans Ende des Fne. weitgehende Freiheit.

1b. Nach langer einleitender adverbieller Bestimmung war oft die Länge der
     Glieder mitbestimmend (T15/178); so wirkt die Inversion natürlich in
     T10/1, aber auffälliger in T10/2.

2.   War dagegen das Adverb (semantisch) negativ oder einschränkend oder
     stand sonst eine negative Konstruktion am Satzanfang, wurde Inversion
     im Lauf des 17. Jh. obligatorisch (T63/17).

3.   Voraussstellung des Objekts (OSV, seltener OVS, T44/184f.) war me. ge-
     läufig und blieb bis Dryden (T15/146f.), Bunyan und Swift üblich (Ja-
     cobsson 1951:135), ohne daß im Einzelfall immer ein spezifischer Grund
     für die Stellung angegeben werden könnte (Thematisierung, Aktualität;
     Wohlklang, Rhythmus, usw.). Häufig diente die Anfangstellung von O der
     Anknüpfung (*this, that such*; auch relativischer Anschluß durch *which*,
     T7/27).

3a. Die im Ne. ausgebildeten Ersatzmöglichkeiten der Thematisierung, Passiv-
     paraphrase oder *cleft sentence* sind fne. vorhanden, aber seltener: T15/45f.
     *But it is not their Plots which I meant, principally to tax; I was speaking
     of their Sence and Language.* T31B/53 *And for my Soule, what can it doe
     to that?* Aber: T19A/70 *Him hath God exalted* = T19A/90 *He it is whom
     God has exalted.*

▶ **F61** Wie verhalten sich die Texte zu Punkt 1? Sind die Stellungen nach *then* (T10/26,
         13/50, 51, 55, 58, 61...), *there, here* (T25/60, 62, 67), *so* (T26/77, 27/2), *yet* (T25/2,
         35/19) die ne. üblichen? Analysieren Sie besonders T41.

▶ **F62** Wie lassen sich die Stellung in T31/45f. *And such Readers we wish him*, in T48/105
         and them we tooke, in T48/108 *& on their tops grow nuts* und in T18H/9 *Of this
         Opinion was...* erklären?

▶ **F63** Bedeutet die Kritik Drydens, in der er abweichende Wortstellung als *Synchaesis* verurteilt (T15/70, 82), daß er selbst von der Prosa abweichende Wortstellung vermeidet? Vergleichen Sie darauf hin seine Vergilübersetzung mit denen seiner Vorgänger (T21).

6.4.2 Präpositionen

Präpositionen erfüllen vielfältige Funktionen in den syntaktischen Beziehungen zwischen Satzkonstituenten, besonders als Teile von NP (häufig *of*, doch sind auch andere Präp. möglich) und als Teil von VP (entweder als obligatorische Ergänzung oder als fakultative Adverbialphrase).

Im Laufe des Fne. lassen sich - entsprechend der zunehmend wichtigeren Rolle der Präp. in der schriftlichen Kommunikation - zwei Tendenzen deutlich ablesen: die vorhandenen Präp. wurden durch Abbau vorhandener Polysemie eindeutiger; spezifischere Präp. wurden in größerer Zahl neu gebildet oder entlehnt.

Als Beispiel für Abbau von Polysemie kann fne. *of* stehen.

1. *of* war häufigste Kennzeichnung des Täters bei Passivkonstruktionen in me. Zeit und blieb herrschend bis ins späte 16. Jh. Sätze wie T11/113f. *A terme borrowed of our common lawyers* sind also zweideutig, auch wenn bei Puttenham *by* beim Täter überwog (Schwanken zeigt *allowed of/by* vs T11/100, 128).

2. Es stand noch ohne Unterscheidung in der Schreibung für ne. *off*. In dieser lokalen Verwendung wurde es als Präp. jedoch zunehmend durch *from* oder *out of* ersetzt.

3. Seit dem 17. Jh. rückte *about* häufig an die Stelle von *of*, wo es nach 'sagen, meinen' usw. in der Bedeutung 'über, mit Hinsicht auf' stand; an die Stelle des lokalen *about* rückte neu *(a)round*.

4. *of* wurde damit - abgesehen von idiomatisch festgewordenen Kombinationen - beschränkt auf die Verwendungen, die im Lat. durch den Genitiv ausgedrückt werden (wo es wiederum im späten 17. Jh. gegen den engl. Genitiv abgegrenzt wurde; vgl. 5.2.2).

Ähnliche Verschiebungen ergaben sich auch bei anderen Präp., so daß sich im Vergleich mit dem Ne. zahlreiche Unterschiede zeigen (Liste in Partridge 1969:100-10).

Bei der verhältnismäßigen Geschlossenheit der Liste der Präp. im Ne. ist der Zuwachs an neuen Präp. (oder Wendungen, die präp.-ähnlichen Charakter haben) im Fne. beachtlich. Er läßt sich wiederum am ehesten durch das Bedürfnis größerer Prägnanz bei wachsender Verschriftlichung der Kommunikation erklären. Neue Präp. enstehen aus:

1. Ehemaligen Partizipien. Die Konstruktion entwickelte sich aus absoluten Partizipialkonstruktionen nach lat. Vorbild. So kamen neu hinzu: im 14. Jh.: *considering, during;* 15. Jh.: *according to*; 16. Jh.: *concernynge* (T19A/35), *touching* (T7/47, T12/63), *sauing for* (T11/1); 17. Jh.: *pending*; 18. Jh.: *respecting, regarding;* 19. Jh.: *including, excluding; owing to.*

2. Phrasen aus Präp.+N+Präp. (meist *of*). Da der Gehalt von N durchsichtig
bleibt, ist der Übergang der Phrase zu 'Präp.' nicht immer eindeutig. Wie
unter 1. sind viele dieser Phrasen auf das schriftliche Engl. beschränkt oder
haben lange Zeit gebraucht, bevor sie im mündlichen Gebrauch eingebür-
gert waren.
14. Jh.: *for the sake of, in respect of, by reason of, because of, apart from*;
15. Jh.: *in spite of, in/with regard to*; 16. Jh.: *in consideration of, in place
of, in/with reference to*; 17. Jh.: *on account of, in front of, in advance of*;
18. Jh.: *on (the) occasion of.*

Daß die angestrebte größere Eindeutigkeit schon bald durch neue Polysemie
dieser Ausdrücke gefährdet werden konnte, zeigt *in respect of*, das zusätzlich zu
seiner alten Bedeutung 'in comparison with' (T7/73) allein im 16. Jh. die Bedeutungen 'with reference to', 'in view of/ because of', 'considering/ since that', 'in
case', erhielt (OED).

Eine ähnliche Differenzierung findet sich bei den Konjunktionen, wie überhaupt viele der neuen Ausdrücke (evtl. mit *that*) auch als Konjunktionen verwendet wurden (wie schon im Me. die alten Präpositionen *after, until, till, since,
before, because* usw.).

6.5 Tempus, Modus und Aspekt
(Franz 1939, Visser 1963-73, Rissanen 1994)

6.5.1 Allgemeines

Das Formensystem war fne. noch nicht voll ausgebaut, so daß nicht alle möglichen Kombinationen in Texten belegt sind, ja offensichtlich manche noch nicht
möglich waren, wie z.B. *the house is being built* (18. Jh.) fne. heißen mußte *the
house is built* oder (unter Betonung des Vorgangs bei Nichtkennzeichnung des
Passivs, wie häufig noch ne. beim Infinitiv) *the house is building*. Wichtiger ist
die Einschränkung, daß die vom Ne. her vertrauten funktionalen Differenzie-
rungen der Kategorien noch nicht voll ausgebildet waren oder daß zumindest
eine noch nicht durch Schulsyntax festgewordene Obligatorik größere Freiheit
in der Wahl von Alternativen bot, d.h. die Wahl durch Stil, Rhythmus, Metrum
und andere nichtsemantische Faktoren mitbestimmt werden konnte.

6.5.2 Tempus

Das Fne. war auf dem Weg zum ne. voll ausgebauten System, das Handlungs-
zeitpunkt/-raum, Sprecherzeitpunkt, Bezugszeitpunkt/-raum berücksichtigt. Vielfach war jedoch die eindeutige Kennzeichnung nicht gegeben. Auch hat das lat.
Vorbild (dessen Tempussystem wesentlich anders aufgebaut ist) eher gestört,
was die Beschreibungskategorien der fne. Grammatiker oder die Nachahmung
lat. Stils betrifft.

Das Präsens diente wie im Ne. für zeitlose Aussagen, aber auch (bei noch nicht ausgebautem Aspekt) für den Zusammenfall von Sprecher- und Handlungszeitpunkt ('aktuelle Gegenwart'). Daneben wurde es gebraucht

- anstelle des Futurs: T7/76 *as long as letters endure*; T8/17-9 *When the age ... is dead, there will another succede*;
- anstelle des Prät. ('historisches Präsens'): T32/10-21 *got...gets...goes...quoth*, oder nach lat. Vorbild in den Übersetzungen von *Aeneis* IV, 129-34 (T21);
- anstelle des Perfekts (bei Betonung des Ergebnisses): T4/14f. *He that cometh lately...*

Vergangenheitstempora: Die ne. Unterscheidungen waren noch nicht fest; so war Prät. noch möglich zum Ausdruck von Vorvergangenheit (besonders T7/55 nach *after*), das Perfekt noch üblich für das sehr seltene Futur II (T15/156 *till Custome has made*), und die heutige semantische Unterscheidung '*Past:Perfect*' war noch nicht obligatorisch (Fridén 1948:27-37). Das Vorhandensein beider *Formen* (und die mißverständlichen Deutungen fne. Grammatiker nach lat. Vorbild) machen Fehlinterpretationen möglich. Es lassen sich zwar deutliche Hinweise finden, daß sich die ne. Verteilung im 16. Jh. anbahnte (s. Vissers Parallelstellen aus Tyndale und Wyclif, 1963-73:II, 751), doch zeigt die deutlich niedrigere Frequenz des Perf. und die Verträglichkeit von Prät.-Formen mit *since, never*, sowie die (seltene) Kombination des Perf. mit Adverbien, die abgeschlossene Handlung anzeigen, daß die strenge ne. Funktionsverteilung fne. noch nicht gegeben ist. Gelegentlich findet sich übertriebene Genauigkeit in der Kennzeichnung der Vergangenheit (T31A/20f.) oder in der Wiedergabe von *scripsisse* (irreal) sogar als *to had vrytin* T45/24.

Erst nach der durchgehenden semantischen Unterscheidung von Perf.:Prät. (d.h. seit [1]18. Jh.) wurde auch die Einhaltung der Zeitenfolge, besonders in Subjekts- und Finalsätzen, möglich (Präs./Perf./Futur gegenüber Prät./ Pperf./ Futur II, vgl. Brunner 1960-2:II, 305).

▶ **F64** Interpretieren Sie die Vorkommen des Prät. in T1/8; 7/55; 10/19, 10/69; und die des Perf. 2/41; 10/71f. Lassen sich weitere Verwendungen in den Texten finden, wo der Gebrauch mit dem Ne. nicht übereinstimmt oder zumindest zweifelhaft ist?

Futur: Es bleibt offen, ob das Futur im Me. als 'reines' Tempus vorhanden war, ja, ob der Gebrauch von *shall/will* nicht überhaupt besser unter Modalität einzuordnen wäre, weil Aussagen über die Zukunft immer von Wunsch, Furcht, Pflicht usw. begleitet werden: Zumindest seit me. Zeit standen jedenfalls zwei Modalverben, *will* (zum Ausdruck des Wunsches und seiner Untergruppen) und *shall* (Verpflichtung, wenn auch in zunehmend verblaßter Bedeutung) zum Ausdruck des Futurs zur Verfügung. *Shall* scheint das bis ins 16. Jh. in unmarkierter Position häufiger gebrauchte Verb zu sein; darüber hinaus herrschte es in biblischer Sprache vor. Erst im 17. Jh. wurde die dann durch Grammatiker verfestigte Regel allgemein, *shall* mit der 1. & 2. Person und *will* mit der 2. & 3. Person zu gebrauchen. Da Verwendung als Modalverb jedoch immer möglich, bzw. der

Gehalt an Modalität schwer zu bestimmen ist, bleibt die Interpretation von Text-
stellen oft problematisch.

▸ **F65** Ist der Wechsel beider Aux. in 6/8-11, 25-29 auf Modalität zurückzuführen?

▸ **F66** Welche Bedeutungen, außer den oben erwähnten, haben *will* und *shall* in den Texten
(z.B. T4/10-27; 3/55, 67-70)?

Beachte den Ausdruck unmittelbaren Futurs (noch vor Durchsetzung von *be
about to*, *be going to*) in T27/25 *when he was to driue out C.*; T49/12 *when it
is to be eaten.*

6.5.3 Modus
(Visser 1963-73:II, 789-95)

Modalität drückt die Haltung des Sprechers zum propositionalen Inhalt des
Satzes aus; sprachlich kann dies außer durch Intonation durch eine Fülle einander ergänzender (und oft pleonastisch gebrauchter, T32/38f.) Signale ausgedrückt werden:

1. durch flexivische Kategorien des Verbs (Indikativ ≠ Konjunktiv; evtl. durch
    das Tempus);
2. modale Konjunktion (*as, though, if*);
3. einleitende Formeln (*I desire that ...*) oder andere kontextuelle Mittel;
4. Modaladverbien (*possibly, probably*);
5. Modalverben (*may, might, should, ...*);
6. Abweichen von der Zeitenfolge.

Die vielfachen Kennzeichnungsmöglichkeiten machten es möglich, daß auch
im Fne. der Abbau der Verbflexion (Konjunktiv) weiterging, weil die Funktion
anders ausgedrückt werden konnte. Der reduzierte Bestand an spezifischen Formen des Konj. hat fne. dazu geführt, daß ein Großteil der Grammatiker die
Formen nicht als solche verstanden hat.

Andererseits sind Verwendungen des Konj. oft nicht vom modalen Gehalt der
fne. Aussage, sondern aus lehnsyntaktischen Einflüssen des Lat. zu erklären.

Wichtige Kategorien der Modalität sind (Auswahl aus Visser): Volition (ex-
hortation, command); hypothesis (potentiality, probability, contingency, non-
reality, conditionality); doubt (uncertainty, diffidence, modesty, reserve, advice).

6.5.4 Konjunktiv
(Franz 1939:521-35)

Der Konjunktiv ist fne. nur in folgenden Formen erhalten:
-   Präs. 3.Sg. *he take* (≠ *he taketh*)
-   1.-3.Sg. *I, thou, he be* (≠ *am, art, is*)
    Sein Gebrauch war fne. üblich in HS zum Ausdruck des Wunsches (Ersatz
may) und in NS, besonders in Konditional- und Konzessivsätzen, daneben aber
auch in Temporalsätzen zum Ausdruck der in der Zukunft liegenden Unsicher-

heit (*till, before*). In NS war Konj. in fast allen Vorkommen ersetzbar durch Modalverb (*should, might*).

Die Häufigkeit des Gebrauchs war bis 1650 von Autor zu Autor verschieden, ohne daß sich klare Gesetzmäßigkeiten nach Textsorte oder Stil ablesen ließen. Für das 16. Jh. zeigen T8, 10 häufigen Gebrauch (T8/2 *till decaie ensew*, 60-62 *if lak ... be*, 75 *tho he be dead*, 98f. *if ... were*, 112 *tho it go*, ...). Im 17. Jh. läßt der Gebrauch nach, besonders unter dem Einfluß der Rationalisten (6.1.6/13), die Modalität durch die Konjunktion ausreichend gekennzeichnet und den Konj. somit als redundant ansahen. Jedoch bleibt im ganzen 17. Jh. der Gebrauch unabhängig von der Stilebene des Textes möglich (T31B/56 *if it tempt*, 31B/138 *though ... court it*, 31C/3 *Least that ... take*), auch im späten 17. Jh. (T15/171f. *if ... there happen not*, T16/4 *though it be*) - so daß Miltons Gebrauch nicht als Latinismus eingeordnet werden muß (T34/4f. *till ... Restore us and regain*; 10f. *if ... Delight*).

Konj. (besonders die Formen *were, had*) mit Inversion wechselt mit *if*-Satz (T31D/57 *were I* Brutus; T41/52 *gyue shee onz but an ey*; T15/136; T41/55).

6.5.5 Modalverben

Modalverben wurden im Fne. auf ihre Rolle 'Aux.' beschränkt; Gebrauch ohne begleitendes Verb hielt sich fne. nur bei Ortsangaben und lange auch bei *can* (= *know*: T1/34 *lerne no frenssh ne can none*). Im übrigen kamen die folgenden schon vorher seltenen Konstruktionen seit [1]16. Jh. nicht mehr vor, d.h. sie waren wenigstens in der Schriftsprache offensichtlich ungrammatisch geworden (letzte Belege nach OED, MAY):

> *that appered ... to mow stande the realme in great stede* (1533);
> *... my letters shall may come vnto your ... hands* (1532);
> *Maeyinge suffer no more the loue ...* (1556);
> *Ye haue mought oftentimes & yet maie desceyue me* (1510).

Entsprechend wurden für die infiniten Formen Quasi-Modale eingeführt oder in der Frequenz ausgeweitet, zumal die infiniten Verbkonstruktionen insgesamt an Bedeutung zunahmen (*to have to, be able to, be going to*, usw.). *Dare* und *need*, die noch ne. schwanken, näherten sich fne. stärker den Modalverben an.

Die zwei formalen Tempora haben als Folge der Semantik der Modalverben von jeher mehrere Funktionen: neben temporaler Verwendung (z. B. in der Zeitenfolge) steht die Präteritalform für höflichere, weniger direkte Aussagen, Bitten und Fragen. Zuwachs in den Funktionen bekamen die Prät.-/ Konditionalformen durch den Ausbau der Nichttatsachenbehauptungen (konditional, hypothetisch, irreal), auch auf Kosten des Konjunktivs.

Nach Schwinden von *mot(e)* im frühen 16. Jh. (nur im Sc. länger erhalten: T45/36), ursprünglich Präs. zu *moste, must*, aber seit dem 14. Jh. semantisch von ihm dissoziiert, ergab sich der fne. Bestand: *can, could; dare, durst; may, might; shall, should; will, would*. Daneben standen die Einzelformen *must, need, ought* (und dichterisches und durch den Rückgang der unpersönlichen Formen seltenes *list*). Nur nördlich war *mun, man* T29/14, in T29/29 als *must* übersetzt. In der Bedeutung ergaben sich zum Ne. hin leichte Verschiebungen. So hieß *may* fne. noch 'kann, vermag', *can* stand noch nicht für 'Erlaubnis'; bei *will, would* war die Komponente 'Wunsch' noch vorherrschend, während *shall* (nicht nur in der Bibel) Verpflichtung anzeigte.

6.5.6 Aspekt
(Nehls 1974, Brunner [2]1960-2:II, 366-379)

Aspekt hat sich chronologisch als späteste Kategorie herausgebildet (auch wenn sich *Expanded Form* = EF als *Ausdrucks*kategorie schon ae. findet); auch ne. läßt sie sich schwer unter einer Grundfunktion beschreiben. Es ist möglich, daß sich die spezielleren Verwendungen der EF aus allgemeinen Funktionen wie 'die Dauer und Intensität der Handlung als solcher betonend' entwickelt haben; da das Auftreten dieser Funktion fakultativ wäre, ist sie in historischen Texten schwer nachzuweisen. Außerdem bestand im 16. Jh. eine gewisse Nähe zum Gebrauch von *do*, bis beide im 17.Jh. allmählich für verschiedene Funktionen differenziert wurden. Die Beschränkung auf 'Verlauf' scheint auch durch die in der Funktion vergleichbare, im 17. Jh. relativ häufige Gerundialfügung des Typs *he is a-praying* (*Hamlet* III.3.73) mitbestimmt worden zu sein.

Die ne. Funktionen der EF lassen sich mit Nehls zusammenfassen:
1. aktuelles Präsens: *he is speaking English; the bucket is leaking.*
2. Inzidenzfall: *he was eating when the door opened.*
3. Atelisierung: *he was drowning (but did not drown).*
4. Intention: *he was feeling the ground with his foot.*
5. Iterierung von punktuellen Aussagen: *he was yelling* 'stieß Schreie aus'.
Besonders die Seltenheit der EF im Fne. und der unvollständige Formenbestand zeigen an, daß diese Funktionen noch nicht wie im Ne. ausgebildet sein können. Nehls zählte auf 100000 Textwörter 40 x EF bei Shakespeare, 120 x EF in der Restaurationskomödie, aber 837 x EF im Drama der Gegenwart. Erwartungsgemäß sind die Vorkommen der EF im Korpus sehr selten:

T19A/58 *are standing* ist wohl von der lat. Quelle beeinflußt (vgl. die wörtlichere Übersetzung T19A/39f.). Unklar, vielleicht die Intensität betonend, ist T39/7f. *let your plough therfore be going and not cease.* Intensivierend ist wohl auch der Gebrauch beim Imperativ, wie in T12/142f. *Bee going ... be faring.* (Diese Form starb im 17. Jh. aus und wurde durch *do go* ersetzt). Bis Dryden blieb EF sehr selten: T18H/13 *I was thinking of it.*

Besonders auffällig ist das Fehlen von EF-Vorkommen im Korpus in der ne. häufigsten Verwendung, dem aktuellen Präsens, wo stattdessen überall die einfache Form steht.

▸ **F67** Welche Formen in T31B müßten im Ne., welche könnten je nach Interpretation der Textstelle in der EF stehen?

Auch der Formenausbau der EF vollzog sich nur zögernd, weil fne. die Kennzeichnung des Futurs und die Unterscheidung *Past/Perfect* noch nicht obligatorisch waren und weil infinite Formen (also auch das in EF enthaltene Part.) gegenüber den Kategorien Tempus und Genus ursprünglich neutral sind. Der Ausbau vollzog sich chronologisch wie folgt:

he shows is shown	is -ing **is being -n**	-ed was -n	was -ing **was being -n**
will - will be -n	*will be -ing*	would - would be -n	*would be -ing*
has -n has been -n	*has been -ing*	had -n had been -n	*had been -ing*
will have -n WILL HAVE BEEN -N		*would have -n* WOULD HAVE BEEN -N	

Abb. 13: Die Entwicklung der Aspektformen (Me., *spätme.*, FNE., **18.-19. Jh.**)

Offensichtlich haben das Bestreben, zu lange Formen zu meiden, und die Möglichkeit, Aspektfunktionen auch durch andere sprachliche Mittel auszudrücken, den vollständigen Ausbau des Paradigmas bis heute verhindert.

6.5.7 Passiv

Bis ins Ne. können infinite Formen gegenüber Genus neutral sein, so daß 'Passiv' nicht ausgedrückt wird: *it is easy to see = it is easily seen; the book is printing = is being printed.* Diese Tatsache galt verstärkt für das Fne., auch wenn bei manchen Autoren unter lat. Einfluß Genuskennzeichnung übertrieben genau beachtet wird.

Das Passiv dient häufig dazu, das Objekt oder Ziel zu thematisieren; daneben findet es sich besonders in Fällen, wo Agens nicht ausgedrückt werden kann oder soll. Durch Verlust der Form des indefiniten Agens (*me, men*) im 15. Jh. und dadurch, daß andere (nichteindeutige) Kennzeichnungen wie *people, you, they* sich bis ins Ne. nicht recht durchgesetzt haben, stieg die Frequenz des Passivs im Fne. stark an, besonders in Textsorten, in denen unpersönliche Redeweise bevorzugt wird, wie in wissenschaftlichen Texten.

So ist Verschweigen des Agens Stilmittel in T31B/96f. *But that I am forbid/ To tell the secrets*; T31B/120 *It's giuen out.*

Ein spezifischer Agens ist dagegen unwichtig in T30/47-52 *Some* Bookes *are to be Tasted...*, während die Wahl des Passivs in T31A/19, 22 nur stilistische Funktion hat, weil Agens leicht zu ergänzen ist: *a thing ... worthie to haue bene wished* [by vs]; *it hath bin ordain'd* [by God].

Auffällig ist die verstärkte Tendenz, passivische Konstruktionen bei Partizip und (unter lat. Einfluß) Infinitiv zu gebrauchen: T36A/78f. *being aduertised ... he* came; T36A/84 *Makbeth ... caused the wife ... to be slaine.*

▸ **F68** Analysieren Sie Frequenz und Funktion des Passivs in T36 im Vergleich mit T36A.

▸ **F69** Inwiefern ist der Unterschied in der Häufigkeit des Passivgebrauchs zwischen T32 und T17 von Thema und Textsorte bedingt?

Passivgebrauch wurde auch dadurch häufiger, daß es seit dem 15. Jh. in Konstruktionen des Typs *I am told a story* und *I am sent for* (Brose 1939) üblich wurde; vergleiche auch den attributiven Gebrauch in *my long-taried-for answer* T42/16 und *one thing, not to be pass'd by* T17/80. Die größere Freiheit, mit der fne. Passivkonstruktionen verwendet wurden, drücken auch Beispiele aus wie T33/9 *there ought no regard be sooner had.*

Da EF beim Passiv und Quasi-Modalverb *get* + Part. noch fehlten und der Typ *the house is building* selten war, blieb der Unterschied zwischen Vorgang und Zustand beim Passiv normalerweise unausgedrückt: T46/19 *their necks are broken.*

6.6 Funktionen von *to do*
(Ellegård 1953, Barber 1976:263-7)

Do hat fne. als Hilfs- und Vollverb viele meist vom Ne. her vertraute Funktionen, so in der Wiederaufnahme eines genannten Verbs (T31B/50 *Doe not my Lord*; T3/43, 19B/77, 30/23); in der Antwort; bei Thematisierung des Verbinhalts (T50/54 & *pay it wee did*); als Vollverb mit einer Vielzahl von Objekten oder absolut in der Bedeutung 'tun, machen, erzeugen, usw.' (T19B/74 *doe ... wrong*).

Außerdem trat *do* im 14./15. Jh. in zwei Funktionen neben die modalen Verben, zuerst als kausatives, dann zunehmend als bedeutungsleeres Hilfsverb. Gelegentlich traten bis ins späte 15. Jh. beide Varianten zusammen auf: T2/13 *(he) ded do shewe to me* 'ließ mir zeigen'.

Wegen seiner Nützlichkeit für Metrum und Reim war dies expletive *do* seit dem 15. Jh. besonders in der Dichtung sehr beliebt; es verdrängte das synonyme *gin, gan.* Im 16. Jh. war *do* in dieser Funktion bei allen Dichtern häufig (bei Spenser finden sich in T24/37-108 18 Belege für *do* neben sechs für archaisierendes *gan*); es hielt sich (wie das Beispiel Prestons T20/189ff. zeigt) bis ans Ende der fne. Epoche - und ist vor allem bei zweitrangigen Dichtern noch heute zu finden.

▸ **F70** Wie verhalten sich die anderen Übersetzer von T20-21 zum expletiven *do*? Bestätigt die Analyse einer längeren Passage seiner Aeneisübersetzung die Vermutung, daß Dryden füllendes *do* meidet?

▸ **F71** Sind alle Verwendungen des *do* in T31B expletiv?

Do konnte in allen Satztypen auftreten, außer wo ein anderes Hilfsverb vorhanden war (im 15. Jh. gelegentlich auch dort). Beachte den speziell sc. Gebrauch als Partizip: *Had he done wryt* 'had he written' (T51/28; vgl. T51/51). Die Häufigkeit von *do* in der Prosa beträgt bis ins späte 15. Jh. jedoch unter 10%. Danach steigt die Frequenz stark an, und zwar abhängig vom Satztyp (Aussage : Frage : Befehl und positiv : verneint), wie die Zahlen der Untersuchung Ellegårds zeigen (wegen der Sonderstellung der Dichtung untersuchte er einen repräsentativen Querschnitt aus der Prosa):

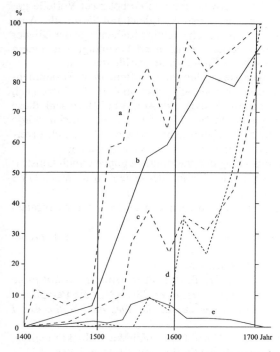

Abb. 14: Die Entwicklung des funktionalen *do* (nach Ellegård 1953:162)
a   verneinte Fragen
b   positive Fragen
c   verneinte Aussagesätze
d   verneinte Imperative
e   positive Aussagesätze

Die aus den Zahlen ablesbare zunehmende Funktionalisierung des *do* hängt mit den fne. fester werdenden Regeln für die Wortstellung zusammen: Zu Anfang des Fne. fanden sich im Fragesatz zwei Stellungen der Typen

Seest thou these things? or feare we thee in vaine   T21/128
  V   S   O   V   S   O
Or do those flames ... vs affray   T21/130
  Aux   S   O Vb
Do we fear in vain/ Thy boasted Thunder   T21/246f.
  Aux S Vb   O
Doeth wit reste in straunge wordes, or els standeth it in...   T4/70
  Aux   S   Vb AdvP   V   S AdvP

is not the tongue geuen   T4/73
Aux S   Vb
Will ye saie it is nedelesse?   T8/57
Aux S Vb O
Objektsfragen:
What should we doe? What may this meane?   T31B/40, 34
 O   Aux S Vb   O Aux S Vb
What say you to ...
 O V S

Die um 1500 in Fragen *mögliche* Verwendung von *do* bot zwei Vorteile gegenüber der Inversion des Vollverbs: sie war strukturgleich mit Sätzen, die Aux. enthielten, und sie bewahrte die satzsemantisch wichtige Reihenfolge der Glieder SVb(O) und wurde offensichtlich deshalb zunehmend bevorzugt - in einem Prozeß, der erst 200 Jahre nach seinem Einsetzen abgeschlossen war.

Zwei andere fne. Entwicklungen stehen hiermit in offenbarem Zusammenhang: fand sich 1370-1500 (nach Jacobsson 1951) noch in 44% der Sätze nach satzeinleitendem Adverb Inversion (AdvVS(O), AdvAuxSVb(O)), so sank diese Ziffer im 16. Jh. auf 34% und im 17. Jh. auf 7% - d.h. wie bei Fragen wurde die Variante bevorzugt, die SVO zeigt. Kennzeichnenderweise hielt sich Inversion besonders bei Sätzen, die Aux. oder ein intrans. Verb enthielten.

Vergleichbar ist auch die Entwicklung der ursprünglich unpersönlich konstruierten Verben (6.3.4), wo durch Uminterpretation der ersten Position aus OVS die Struktur SV(O) hergestellt wird.

Auch bei verneinten Sätzen war der Gebrauch von *do* frei, d.h. es ergaben sich zwei Varianten:

if then you doe not like him ≠ *if you neede them not*   T31A/41, 44
     S Aux Neg Vb O   S V   O Neg
- oder, falls O nicht ein Personalpronomen ist:
(he) seeth not the vse T3/36, *I say not this* T11/51, aber +Aux: *I wil not force any man* T4/36f., *I haue not dedicat this ... treatise* T28/1f. Nur die Paraphrase mit *do* erhält die Kontaktstellung VbO, wie aus ne. *he does not see the use, I do not say this* deutlich wird.

Im Verlauf des Fne. wurde zwischen V und O nur indirektes Objekt möglich, d.h. es wurden die Sätze ungrammatisch, die O_i ohne Präp. folgen ließen (T31A/35f. *who... giue them you*) und bei denen ein Adverb V und O trennte (T11/104f. *ye finde also this word*). Im Zuge dieser Entwicklung wurde die Variante bevorzugt, die erstens dem Muster der Sätze mit Aux. entsprach und zweitens die Sperrung von V und O vermied. Ein dritter Grund für die Ausweitung des Gebrauchs von *do* findet sich in durch *not* verneinten Sätzen, in denen Satznegation eindeutig ausgedrückt werden konnte (im Gegensatz zu Objektnegation).

Die Verwendung von *do* blieb in dem Maße fne. frei, wie sein Gebrauch noch nicht grammatisch funktionalisiert war. Das heißt nicht, daß die Verteilung der alternativen Formen *ate, did eat, was eating, has eaten* willkürlich war, sondern nur, daß es noch keine Obligatorik und damit Vorhersagbarkeit des Vorkom-

mens gab. Außer Metrum oder Reim konnte offenbar eine Vielzahl von Faktoren die Wahl beeinflussen (vgl. Samuels 1972:174):
Die durchgehende Verwendung von *did eat*, *did set* in AV ist wohl durch die Eindeutigkeit der Tempuskennzeichnung mitbestimmt. Bei *-ate* Bildungen aus dem Lat. (7.5.5) erleichterte *do* die Integration; *doth illuminate* ersparte schwerfälliges *illuminateth* (doch T31F/26 *insinuateth!*); *did illuminate* umging das Problem, ob vom ursprünglich partizipialen Typ ein Präteritum gebildet werden kann. *Do* erlaubte Inversion (und damit satzrhythmische Möglichkeiten), z.b. in T13, und diente dazu, komplexe Satzperioden rhythmisch und logisch zu gliedern. Schließlich konnte *do* auch für Emphase stehen wie in der aufnehmenden Korrektur *stung ... did sting* T31B/121, 124. Jedoch ist davor zu warnen, auch nur die Mehrzahl der fne. Vorkommen als emphatisch zu deuten: diese Funktion wurde erst im 18. Jh. grammatikalisiert, nachdem *do* im positiven Aussagesatz dafür frei geworden war.

6.7 Kongruenz
(Franz 1939:565-75)

Mit der weitgehenden Aufgabe der Flexion reduzierten sich die Probleme der Kongruenz im Fne. auf die Frage, ob das Prädikat im Sg. stehen kann, wenn zwei eine Einheit bildende Subjekte vorhanden sind oder wenn ein pluralisches Subjekt folgt, oder ob Plural im Prädikat bei Kollektivum (formal Sg.) oder nach *each, every, either, none, many a* in Subjektsposition angebracht ist.

Wie nicht anders zu erwarten in einer Sprache, deren Einzelregeln formal noch nicht durch Grammatiker festgelegt waren, schwankte der fne. Gebrauch, doch gab oft der Inhalt (und nicht die Form) den Ausschlag für die Wahl des Numerus.

Eine neue Haltung gegenüber Verstößen gegen Kongruenz läßt sich schon bei den Herausgebern der 2. Folioausgabe der Werke Shakespeares erkennen, die konsequent besonders verbales *-s* bei Subjekt im Pl. beseitigten.

6.8 Zur Syntax des komplexen Satzes

6.8.1 Grundsätzliches

Ein zusammengesetzter Satz kann parataktisch aus mehreren gleichrangigen Sätzen gereiht sein; er ist dann komplex, wenn er neben dem Prädikat des Hauptsatzes andere Verben (hypotaktisch untergeordnet als Prädikate von Nebensätzen oder in Form von infiniten Konstruktionen) enthält. Nebensätze oder Partizipial-/Gerundial-/Infinitivkonstruktionen sind austauschbar mit NP in Subjekts- und Objektsposition oder PräpP als adverb. Bestimmung.

Wieviel das 16. Jh. noch zu lernen hatte, fühlten die Humanisten selbst, wenn sie ihre englische Prosa mit der Ciceros verglichen. Der Mangel zeigt sich auch an den Ungeschicklichkeiten und fehlender Struktur bei Autoren, die sonst

wegen ihres Stils von Zeitgenossen gepriesen wurden, wie Sir Thomas More
in seiner *Apologye*:

t39   Now then as for other fautes of lesse weyght and toler-
           able, I nothynge douted nor do, but that euery good
           chrysten reader wyll be so reasonable and indyfferent,
           as to pardon in me the thyng that happeth in all other
5   men, and that no suche man wyll ouer me be so sore an
           audytour, & ouer my bokes suche a sore controller, as to
           charge me with any great losse, by gatherynge to gether
           of many such thynges as are wyth very fewe men aughte re-
           garded, and to loke for suche exacte cyrcumspecyon and
10   sure syght to be by me vsed in my wrytynge, as exept the
           prophetis of god, and Cryste and his apostles, hath neuer
           I wene be founden in any mannes elles byfore, that is to
           wit to be perfyte in euery poynte clene from all manner
           of fautes, but hath alway ben holden for a thyng excus-
15   able, though the reader in a longe worke perceyue that
           the wryter haue as Horace sayth of Homere, here and there
           some tyme fallen in a litle slomber, in whyche places as
           the reader seeth that the writer slept, so vseth he of
           courtesy yf he can not slepe, yet for company at the leste
20   wyse, to nappe and wynke with him, and leue his dreme
           vnchekked.   1533

6.8.2 *Adverbiale (modale) Nebensätze*
(Franz 1939:427-73)

Die Entwicklung innerhalb des Fne., besonders im 16. Jh., bestand in einer starken Frequenzsteigerung und zunehmender Verfeinerung des Gebrauchs der Ne-
bensatzkonjunktionen zur Gliederung immer komplexerer Satzstrukturen. Das
lat. Vorbild, besonders Ciceros, ist unverkennbar. Nach NS-Typen geordnet,
ergibt sich fne.:

Beziehung	Konjunktionen (kursiv = häufig mit Konjunktiv)
Folge/ konsekutiv	(so) that
Zweck, Ziel/ final	*so that, to the end; least*
Einräumung/ konzessiv	*(al)though, albeit, however, for all*
Vergleich/ komparativ	as ... as, so ... as, as (if)
Gegenüberstellung/ adversativ	whereas
Zeitrelation/ temporal	while(s), when(as), as, *(un)til, before, ere,* after, since
Bedingung/ konditional	*if, an(d), so; unless,* without, but
Grund/ kausal	as, sith, since, because, for, now, for why, in that
Art/ modal	how, as, in that

Fast alle Konjunktionen konnten zunächst noch mit *that* auftreten, das im
²17. Jh. als entbehrlich aufgegeben wurde.

Hypotaxe war dort besonders schwer zu handhaben, wo sich NS, Part. und Inf. im Wechsel in einer Hierarchisierung der Abhängigkeiten finden, die in T7 den 7. Grad erreicht:

Zeile	Verbindung	Tiefe/Satztyp	Argument
9	R(elativ.)	HS1	A: Gründe
	A(nschluß)		des Mangels
10	*for*	HS2	
	then	2/kompar. NS1	
	and	2/kompar. NS2	
13	RA	HS3	B1:
13	Infin.	2/Infin. Konstr.	Notlösungen
14	Part.	3/Part. Konstr.	(innere
15	Infin.	4/Infin. Konstr.	Folge)
16	*how*	5/Obj.-S.	
17	*when*	6/Adv.-S.	
18	RA	HS4	B2a:
18	*though*	2/Adv.-S.	Äußere Folge (für Lernende)
20	Wortstellung	HS5	
21	Part.	2/Part. Konstr.	
21	*when*	2/Adv.-S.	
24	RA	HS6	B2b: Urteil des Auslands
25	*whereas*	HS7	C: Entschuldigung
26	(Spezifiz.)	2/Parenthese	
27	RA	HS8	
28	Wortstellung	HS9	
28	*when*	2/Adv.-S.	
29	Part.	3/Part.1	
29	Ø	4/Obj.-S.	
30	Part.	3/Part.2	
31	Part.	3/Part.3	
32	Part.	4/Part. Konstr.	
32	Infin.	4/Infin. Konstr.	
33	*because*	5/Kausals.	
34	*if*	6/Kondit.-S.	
35	*as*	7/Rel.-S.	
36	*and*	HS10	
36	*so ... that*	2/Konsek.-S.	
37	*and*	HS11	
37	Ø	2/Konsek.-S.1	
38	*and*	2/Konsek.-S.2	
39	Part.	3/Part. Konstr.1	
39	Part.	3/Part. Konstr.2	

Abb.15: Die Struktur eines komplexen Satzes (T7/9-40)

▶ **F72** Erfüllt Bullokars Satz Demetrius' Definition der 'Periode' ("The members in periodic style may, in fact, be compared to the stones which support and hold together a vaulted dome", *On Style, 13*)?

6.8.3 Relativsätze (RS)

Auch wenn die Vorkommen von RS im Fne. zunehmend durch infinite Konstruktionen eingeschränkt oder durch spezifischere Adverbial-S. ausgedrückt
werden, bleibt der RS wichtigster NS-Typ, besonders in einer losen, deskriptiven
Form (vgl. Sugden 1936:55):

> On the evidence of syntax alone, it is quite clear that Spenser's fondness of descrip-
> tive clauses, for picturesque details, additions, and elaborations, is much greater than
> his desire for the purely defining or restrictive clause. His style is revealed as loose,
> discursive, diffuse, highly-coloured and emotional.

Es ist allerdings zu erwarten, daß diese Aussage nicht für Sachtexte gilt und sich
das Verhältnis der zwei RS-Typen im späten 17. Jh. grundlegend ändert.

Einleitend gebraucht wurden *(the) which, that, who(m)* und Ø, daneben als
seltenere Alternativen:
as (fast nur nach vorausgehendem *such*);
but (nach vorausgehender Verneinung T22A/1, 26/43).
Außerdem finden sich häufig (fast nur mit Sachbezug) Zusammensetzungen mit
where: -about, -against, -at, -by T13/2, 17/84, 18E/15, 17, *-fore* T18E/49, *-in*
T13/17, 18C/25, 26/28, 31B/8, *-into, -of* T13/66, 18D/44, *-to* T27/42, 74, *-unto,
-upon* T18E/65, *-with(al)*. Sie stehen anstelle einer unhandlichen Verbindung aus
Präp + *which* oder der Nachstellung der Präp. und sind fne. noch nicht auf den
formellen Stil beschränkt. Auch *(the time) when, (the cause, reason) why, (the
way, manner) how, (the place) where, whence* sind relativisch verwendet.

Im Lauf des Fne. änderten sich die Vorkommen der gewählten Rel.-partikel/
-pronomina langsam. Nur im 16. Jh. üblich waren *the whiche* und die Wiederholung des Bezugsworts (nach lat. Vorbild): T22A/6f. *whiche olde englysshe
wordes and vulgars;* T27/49f. *win credit ... which credit, is the neerest step to
perswasion: which perswasion...*

Whom stand im 16. Jh. bei Personen gleichrangig neben *which*, aber *who* war
bis 1550 selten (nicht vorhanden bei Tyndale und entsprechend selten in AV);
dann setzten sich alle *who*-Formen bei persönlichem Bezugswort auf Kosten von
which allmählich durch. Wegen Fehlen eines Genitivs bei *which, that* wurde
whose schon früh mit Bezug auf Sachen gebräuchlich (T3/6).

Which dominierte im frühen 16. Jh. (besonders auch in Übersetzungen), wurde
aber bei Personen nach AV (1611) nur noch selten gebraucht.

That scheint von jeher beim restriktiven RS bevorzugt worden zu sein; daneben dehnte es sich sowohl in AV als vor allem im Drama nach Shakespeare
stark aus. Dies weist darauf hin, daß *that* vor allem umgangssprachlich stark
bevorzugt wurde, eine Tendenz, die Steele 1711 zu dem Aufsatz "A Humble
Petition of Who and Which" gegen den Emporkömmling *That* herausforderte.
Typisch fne. ist auch der Gebrauch von einfachem *that* für 'that which' (T3/
35f., 64); daneben wurden (in T3/11, 51) aber auch *that, whyche* und *that, that*
gebraucht, während *what* erst im [2]17. Jh. häufiger wurde.

Ø war im 16. Jh. noch verhältnismäßig selten und ist im Korpus nur bei Sidney häufiger belegt: T26/55 *the matter it workes vpon is nothing*; T26/60 *so is the hiest ende it aspires vnto*; T26/63 *for the matter we speake of*. Anders als im Ne. kann Ø in bestimmten Strukturen (nach *there* oder Superlativ) auch in Subjektsposition stehen: T31D/58f. *there were an Anthony would ruffle...*; T12/149 *theres noe bodye holdes you*; T27/90 *which is one of the greatest beauties can be in a language*.

Umfassende Untersuchungen und verläßliche Statistiken über die Verteilung der Rel.-pronomina fehlen außer für die frühe fne. Zeit (Rydén 1966), doch scheint in dieser Periode die Verteilung von *who: which: that* von Autor zu Autor, ja von Werk zu Werk ohne erkennbare Regelmäßigkeit zu schwanken. Für Tendenzen des 17. Jh. geben die bei Graband (1965:288) und Barber (1976:216, 218) zitierten Teilauszählungen nur ein unbefriedigendes Bild.

▸ **F73** Analysieren Sie die Rel.-pronomina in den Ausschnitten der Bibelübersetzungen. Lassen die Zeitunterschiede (bis zum Ne.) diachronischen Wandel in der Wahl erkennen?

▸ **F74** Vergleichen Sie die in T36 und T36A gewählten Pronomina. Stimmt das sc. System (abgesehen von lautlichen Unterschieden) mit dem fne. überein?

Die Syntax des RS ist ganz besonders von lat. Vorbildern geprägt; dies zeigt sich vor allem an

1. der Häufigkeit des RS im frühen 16. Jh. (wo dem Engl. andere Ausdrucksmittel zur Verfügung gestanden hätten);
2. der Beachtung der Regel, daß die Präp. dem Rel-pron. vorausgehen sollte (*which, whom*);
3. der Eigenheit, daß auch *than* dem Rel.-pron. vorausgehen kann (zur Vermeidung eines Superlativs): T34/74f. *then whom ... none higher sat*;
4. der Wahl eines Rel.-pron. anstelle eines Dem.-pron. am Satzanfang (relativischer Anschluß, 6.8.4);
5. der gelegentlichen Schachtelung zweier RSe, einer Konstruktion, die leicht zu Verständnisschwierigkeiten führen konnte;
6. der Kombination von Rel.-pron. mit absoluten Partizipialkonstruktionen (T36A/37 *which being once vnderstood*) oder mit AcI (T48/40f.).

6.8.4 Relativischer Anschluß (RA)
(Reuter 1938)

Die Konstruktion des relativischen Anschlusses sollte streng genommen unter Textsyntax (6.9) behandelt werden. Doch da der Übergang von RA zum lose angeschlossenen Relativsatz oft fließend ist, wird sie hier angefügt. Dies ist auch deshalb gerechtfertigt, weil die Einheit 'Satz' im Fne. (und Lat.) offenbar anders definiert ist, wie wenn in T7 auf die vollständige Ausführung eines Arguments innerhalb der Satzgrenze Wert gelegt wird.

RA war besonders häufig in den frühen Übersetzungen, breitete sich jedoch
in die anspruchsvolle Prosa (T7) aus; sie findet sich überaus häufig bei Spenser,
vorwiegend als Bindeglied am Anfang einer Stanze (so in T24/47, 74, 88, 92).
Noch bemerkenswerter ist ihr Auftreten im Brief (T42/37 *wiche whan bothe you
way*) und im volkstümlichen Schwank T32, wo diese Konstruktion im Gegensatz
zu vielen volkssprachlichen Elementen zu stehen scheint (T32/19, 20, 59; 7 und
25 sind eher als lose anschließende RSe zu interpretieren). Dies könnte darauf
hinweisen, daß der Text von einem Autor bearbeitet worden ist, der dies Stilmittel bewunderte, ohne es zu beherrschen.

Auffällig, weil unenglisch, ist die Verwendung besonders,
- wo dem Pron. eine Konjunktion folgt (lat. *quod cum vidisset*): T24/47 *Which
when that warriour heard*; T24/74 *Whom when (he) did behold*; T23A/60 *which
default when as some endeuored to salue*;
- wenn das Pron. Teil einer Partizipialkonstruktion ist (lat. *quibus rebus cognitis*): T24/92 *Which he perceiuing greatly gan reioice*; T32/19f. *which being noted by ..., hee was quickly in* George *his pocket: which he perceiuing, wrings ...*

▸ **F75** Stellen Sie die Texte zusammen, die Gebrauch von RA machen; findet sich RA in
den hier abgedruckten Texten des [2]17. Jh.?

6.8.5 *Partizipialkonstruktionen*
(Brunner [2]1960-2:II,379-83)

Die folgenden drei Kapitel behandeln Partizipialkonstruktionen (PK) auf Teilsatzrang (*clause level*), die infinite Verbformen enthalten und mit NS kommu-
tieren. Ihr Gebrauch hat unter lat. Einfluß und wohl auch wegen ihrer schein-
baren Kürze seit dem Fne. stark zugenommen, hat sich aber teilweise erst im
Ne. voll entfaltet.

▸ **F76** Stellen Sie die infiniten Konstruktionen in den NEB-Versionen T19A, 19B zusammen. Klassifizieren Sie sie und vergleichen Sie, welche Wiedergaben frühere Übersetzer gewählt haben.

Der Gewinn an Prägnanz ist oft nur scheinbar, da bei infiniten Formen viele
Kategorien nicht ausgedrückt werden, deren Fehlen das Textverständnis beein-
trächtigen kann (s.u.). Dies ist ein Mangel aller infiniten Formen, wird aber
besonders deutlich bei Nominalisierungen: so kann *the shooting of the hunters*
verstanden werden als 'the hunters shoot/ the hunters are shooting/ the hunters
shot/ the hunters are shot/ the hunters are being shot/ the hunters were shot'.

Außer wo Partizipien lexikalisiert als Präp. (*sauing, except = outtaken*) oder
als Konjunktionen (*considering, provided*), in adjektivischer Funktion (*inter-
esting*) oder im Zusammenhang mit der Bildung zusammengesetzter Tempora
erscheinen, sind sie Verbformen in einem verkürzten Satz und durch einen NS
(Rel.- oder Adverbialsatz, meist temporal oder konditional) zu paraphrasieren.
Die verschiedenen Typen der Verwendung können je nach Textsorte sehr unter-

schiedlich verteilt sein, doch war die Freiheit der Verwendung von PK im Fne. offensichtlich generell größer als heute.

Die folgenden Beispiele stammen zum großen Teil aus T36A, einem Text, der nicht von einer lat. Quelle abhängt, sondern in dem der häufige Gebrauch von PK (wie ein Vergleich mit T36 zeigt) Harrisons gewolltes Stilmittel ist; allerdings lassen sich auch wenige Gegenbeispiele finden, wie in T36/80, wo Bellendens PK *Thir tythingis comin in Scotland drew þe nobillis* aufgelöst wird in T36A/116f. *After these newes were spread abroad in Scotland, the nobles drew...* Daneben zeigen Beispiele aus T31B (*Hamlet*), wie häufig PK auch in einem Dramentext sein konnten. Die Vorkommen lassen sich wie folgt klassifizieren, teilweise nach den Kategorien der lat. Grammatik, die sie nachahmen:

1. attributiv.
1a. Part. geht voraus (normal, falls nicht erweitert): T36A/28 *a prepensed deuise*; -/57 *the* contriued *slaughter*; -/63 *one surmized cauillation.* T31B/30 *Canoniz'd bones*; -/84 *tormenting Flames*; -/122 *forged processe.* Der Übergang zur adjektiv. Verwendung ist fließend (T36A/50, 53; T31B/189 *smiling damned Villaine*).
1b. Nachgestellt, nur selten ohne Erweiterung: T31B/23 *Goblin damn'd.* T36A/10f. *sonne named F.*, -/76f. *hill called D.*, *situate in G.*
    In dieser Kontaktstellung mit N (vgl. T31B/19, 30, 93, 94) sind auch losere Formen des verbundenen Part. möglich, die jedoch (ohne die im Lat. eindeutige Flexion) mißverständlich werden können, T36A/94f. *cruelties exercised by the tyrant Makbeth, hauing committed* manie ... *murders...*
1c. In der Konstruktion mit *have* 'zulassen, veranlassen': T36A/17 *haue his house slandered.*
1d. Nach Verben der Sinneswahrnehmung im Wechsel mit Inf.: T36/39 *persauit all men havand him in dreid.*
2. Verbundenes Part. (vgl. 1b.). Im Lat. mit Bezug auf jeden Satzteil zu verwenden, im Ne. (wegen mangelnder Eindeutigkeit) auf Subjektsbezug (2a.) eingeschränkt:
2a. T36A/78-81 *being aduertised ... he* came ... *trusting to haue found...* (vgl. T36A/2, 14, 23, 52, 54, 83, 101, 103, ... , T31B/19, 157, 187, ...).
2b. Mischung mit NS durch Beibehaltung der Konjunktion: T31B/139 *So Lust, though to a radiant Angell link'd.*
2c. Lose Konstruktion, auf andere Satzteile bezogen (ne. als *dangling participle* gemieden): T36A/49 *falling out with one of his companions ... the other to his reproch obiected...* T31B/120 *that sleeping in mine Orchard, A Serpent stung me.* -/142-6 *Sleeping within mine Orchard, My custome ... mine eares...*
3. Absolutes Partizip, ae. und dann wieder seit dem 15. Jh. häufig, in Nachahmung des Lat. und Frz.; ne. üblich in einigen festen Wendungen, doch vorzugsweise in schriftlichem Gebrauch:

T36A/37 *which being ... vnderstood* = *quibus rebus cognitis.* T31B/161 *No reckoning made.* Vgl. im stärker latinisierten Text T44/59f. *al these thinges had, ... is a man ... by speculacion. And speculacion obtayned ...*, oder T44/137f., wo *than* die zeitliche Relation deutlich macht.

▸ **F77** Ergänzen Sie die Beispiele aus T36A zu einer vollständigen Liste, klassifizieren Sie die Belege und stellen Sie fest, welche aus der Quelle übernommen worden sind.

▸ **F78** Lassen sich die aus Hamlet belegten Kategorien auch in den anderen Textauszügen T31 finden?

▸ **F79** Die Rheimser Bibelübersetzung von 1582 ist besonders sklavisch in der Nachahmung der lat. Syntax der Quelle. Zeigen sich in T19A, B Unterschiede im Gebrauch des Part. zu den Parallelversionen in AV?

Es bleibt besonders hervorzuheben, daß zusammengesetzte Formen der Typen *having seen, being seen, having been seen*, wie sie fne. zunehmend gebildet wurden, um verbale Kategorien auch im infiniten Part. auszudrücken, ohne formales Vorbild des Latein zustandekamen.

6.8.6 *Infinitiv*
(Brunner [2]1960-2:II, 339-51)

Der Infinitiv kann als nominale Form für NP in Subjekts- und Objektsposition eintreten (und steht hier für Subjekts- und Objektssatz, bes. mit *that*). Daneben ersetzte er zunehmend Final- und Folgesätze, Relativsätze und koordinierte HS der Typen *Time that will come* = *time to come* (me.). *The first (man) that saw* = *the first (man) to see* (14. Jh.). *He went and never returned* = *he went never to return* (17. Jh.).

Inf. Perf. wurde abweichend vom Ne. auch zum Ausdruck einer möglichen, beabsichtigten oder irrealen Handlung gebraucht (Brunner II,348): T2/25f. *for to haue sayled.* Dabei wird finale Verwendung bis ins 16. Jh. durch *for to* (T1/22; 2/27 usw.), im 16./17. Jh. häufig durch *to the end to*, erst seit [2]17. Jh. durch *in order to* eingeleitet. Im übrigen schwankte der Gebrauch mit oder ohne *to* beträchtlich, so abweichend vom Ne. nach *let* und *make* in T32/57, 60.

Seit fne. Zeit wurden auch Konstruktionen des Typs *it was good/easy/dangerous for him to leave* durch neue Analyse der Struktur als *good/for him to leave* übertragbar auf andere Kontexte und damit vielseitiger verwendbar. Der Typ erreichte seine heutige Frequenz allerdings erst ne. (T19B/80f. *the time approached for God to fulfil the promise*).

Zuwachs bekam der Infinitiv auch durch Ausweitung des Gebrauchs als Ergänzung eines Objekts (lat. *AcI*), der nach weiteren Verbklassen möglich wurde und häufiger in passivischer Form auftrat: T31B/172 *showes the Matine to be neere*; T18E/65f. *which your selues confesse by vse to be made good.*

6.8.7 *Gerundium und Verbalsubstantiv*
(Brunner ²1960-2:II, 351-61)

Seit dem 14. Jh. entwickelte sich neben schon vorhandenem Verbalsb. nach lat.
Vorbild(?) das Gerundium mit verbaler Rektion. Seither besitzt das Engl. zwei
inhaltlich ähnliche, aber formal geschiedene Ableitungen, die praktisch von jedem Verb möglich sind. Die Homonymie der Formen und die weitgehende Austauschbarkeit der Konstruktionen hat fne. zu zahlreichen Mischformen geführt,
die die Einordnung von Belegen oft unmöglich machen; besonders stand das
Gerundium häufig mit *of*: T12/47 *For easye learning of other Languages by
ours,...*; T12/62 *of others easye learninge our Language.* T16/41-3 *as in reciting
of playes, reading of verses, &c, for the varying the tone of the voyce...*
  Die Zunahme dieser Konstruktionen hat vielleicht in der Kanzleisprache ihren
Ursprung; vgl. T37A/3-6: *A proclamation ... for dampning of erronious bokes
and heresies, and prohibitinge the hauinge of holy scripture...* (vgl. auch die
Frequenz im formalen Stil von T17). Ihre heutige Häufigkeit ist jedoch eine
Entwicklung des Ne.: vgl. die NEB mit früheren Übersetzungen: T19B/95
avenged the victim by striking; T19A/80f. *but without using force for fear of
being stoned by the people*; T19A/83f. *We ... ordered you ... to desist from
teaching*; T19A/89f. *whom you had done to death by hanging him.*

▸ **F80** Vergleichen Sie ein größeres Textstück der NEB mit AV im Hinblick auf die Häufigkeit der infiniten Konstruktionen.

▸ **F81** Zählen Sie das Verhältnis von aktiven und passiven, finiten und infiniten Konstruktionen in T17. Ist die Verteilung signifikant für die Zeit der Entstehung und
die Textsorte?

▸ **F82** Beschreiben Sie die Funktionen des Infinitivs in T38.

  In der Funktion verwandt mit EF und weitgehend mit ihr austauschbar ist die
Verwendung des Gerundiums in der Struktur *he was a-hunting of the hare = he
was hunting the hare* (vgl. Nehls 1974:166-72). Sie findet sich besonders im 17.
und 18. Jh., ist jedoch verhältnismäßig selten (14x bei Shakespeare gegenüber
348x EF; im Korpus findet sich kein Beispiel).

6.9 Textsyntax und Rhetorik

6.9.1 *Text: Satz*

Nach dem Vorbild besonders Ciceros lernten fne. Autoren, komplexe Argumente
in überlangen Sätzen zu ordnen - der 'Satz' kann hier als Einheit mit dem Paragraphen zusammenfallen (T7). Probleme der Satzdefinition ergaben sich aber
auch im 17. Jh., und zwar auch in Texten, die nicht zum Lesen bestimmt waren:

> though Milton's prose was obviously intended to be printed and read, it is nonethe-
> less difficult to escape the conviction that he composed with an audience rather than
> a reader foremost in his mind. Certainly much of the difficulty and awkwardness of

particularly that associated with the length and complexity of his sentences, is greatly diminished if we attend to him as to spoken discourse - as to an oration... (Hamilton in Emma/Shawcross, 1976:321f.).

> Milton's sentences are often closer to the paragraph than to the sentence in modern usage: that is, they are at times less a single, closely integrated and self-contained idea or complex of ideas than a means of holding together all that he wished to say on a particular point (Hamilton, 318f.)

6.9.2 Kohärenz
(De Beaugrande & Dressler 1981, Halliday & Hasan 1976, Isenberg nach Plett 1975)

Was Einheiten oberhalb des Satzranges zu Texten macht, läßt sich am besten unter Kohärenz zusammenfassen, mit der die vielfältigen Beziehungen der Textkonstituenten strukturiert werden. Fehlt diese Kohärenz, zerfällt die Ansammlung von Wörtern in einen Nicht-Text.

Kohärenz wird hergestellt durch
1. das nichtsprachliche-kulturelle Vorauswissen von Sprecher und Hörer,
2. sprachliche Indikatoren:
2a. intonatorisch (Lage der Satzakzente, Intonation, Emphase und Kontrast),
2b. syntaktisch (Anapher, Artikelselektion, Reihenfolge der Satzglieder, Pronominalisierung und Proadverbiale, Tempusfolge),
2c. semantisch (verschiedene Formen der Wiederaufnahme von Inhalten, einschließlich durchgehender Metaphorik, 7.6.8).

Sind die Mittel universell oder wenigstens nicht auf die Einzelsprache beschränkt, so ist ihre Verteilung und Konsequenz der Anwendung nach Textsorten, Adressatenkreis usw. doch auch für Einzelsprachen und Perioden spezifisch. Welche Mittel fne. gewählt wurden, um Kohärenz herzustellen, war von einer Reihe von Faktoren abhängig (vgl. 6.1.2):
1. Medium: war der Text zum Lesen oder zum Vortrag bestimmt? Herrschte schriftlicher oder mündlicher (oratorischer) Stil vor?
2. Abhängigkeit von bestimmten Traditionen? (z.B. Cicero : Tacitus);
3. Angestrebte Stilhöhe (hoch, mittel, niedrig);
4. Vorherrschen logischer Argumentation oder assoziativen Fortschreitens;
5. Bedeutung von Symmetrie und Rhythmus; Länge und Komplexität der Glieder auf den verschiedenen Rängen;
6. Relevanz bloß sprachlichen Schmucks und Vorherrschen ganz bestimmter Figuren;
7. Vorherrschen von Parataxe oder Hypotaxe;
8. Explizitheit der Relationen zwischen Gliedern des Satzes (besonders durch Wahl von Präpositionen, Konjunktionen, Tempus und Modus);
9. Übernahme lat. Gliederungsmuster (wie relativischer Anschluß)?
10. Abgrenzung des Satzes als Einheit und seine Einbindung in höhere Ränge (Paragraph);
11. Typographische Gliederung eines Textes (Überschriften, Randtexte, Schrift-

typen, Absätze, aber auch Numerierung, graphische Darstellungen und Zeichensetzung);

12. Einheitlichkeit oder Mischung nach 1.-11., Natürlichkeit des Ausdrucks.

Andere Strukturen, deren Wahl zum Teil von der Erzählweise bestimmt ist und die sich in verschiedenen Mischungen im Korpus finden, lassen sich in folgenden Haupttypen ordnen (eine Klassifizierung, die sich mit anderen wie oben überschneidet):

1. Chronologisch-reihend: Gliederungsprinzip ist die zeitliche Abfolge, die u.U. (aber nicht notwendigerweise) eine kausale Beziehung impliziert oder explizit herstellt wie in Tagebüchern, Reiseberichten, Chroniken, Kochbüchern (T40, 41, 48-50). Mittel: Zeitadverbien, Datum, Temporalsätze.

2. Deskriptiv: Durch Fehlen einer naturgegebenen Abfolge oft lose in Anordnung und Relationen der Glieder (sofern nicht feste Traditionen vorliegen): Bild-, Landes-, Charakterbeschreibungen (Teile von T1, 14, 29, 45).

3. Definierend-schließend: Die Teile des Arguments gliedernd, aufzählend; als Periode zueinander ordnend und auf einen Schluß hin fortschreitend, wie in wissenschaftlicher Prosa, Gerichtsrede, Predigt usw.; (T3, 6-8, 13, 39), oft reiche explizite sprachliche und typographische Gliederungsmittel.

4. Rhetorische Kunstprosa: Die sprachliche Gliederung (Parallelen, Antithesen usw.) kann sich verselbständigen auf Kosten der gedanklichen, s. Bacons Kritik in T13; an Moden, nicht an Textsorten gebunden (T25, 36, 43).

5. Dialogisch: Sich ergänzende sprachliche Formen verschiedener Personen in Drama, Brief und Frage : Antwort. Als rhetorisches Mittel auch eingeführt in 3., wo Argumente auf Scheinfragen hin geäußert werden (T8).

Es ist verständlich, daß sich die Einflüsse der rhetorischen Vorschriften besonders in Texten der Typen 3.-5. finden, die, oftmals nach den vorgeschriebenen Mustern im Lateinunterricht eingeübt (*Chrie*), dann auch auf engl. Texte angewendet wurden. Nur selten wird dies jedoch explizit, wie in T43/143-217, wo die lat. Termini dem Leser deutlich machen, in welchem Teil des Gesamttextes er sich befindet; wo dies nicht ausdrücklich geschah, läßt sich die Zuordnung aber oft nachträglich leicht herstellen.

▸ **F83** Schlagen Sie die von Day in T43 verwendeten Termini in einem Lexikon der Rhetorik nach. Ist der jeweilige Beitrag des Absatzes zum Gesamtargument richtig klassifiziert?

▸ **F84** Gliedern Sie T26 nach rhetorischen Kategorien und überprüfen Sie Ihre Lösung mit der Duhamels (1948) für dieselbe Passage.

▸ **F85** Diskutieren Sie die These, daß eine Abhandlung wie Sidneys *Apologie* (T27) selbst dem rhetorischen Schema folgt (vgl. die Ausgabe G. Shepherds, Edinburgh 1965:12-17).

Ein weiteres (auf Bühlers Sprachtheorie beruhendes) Textmodell schlägt Plett 1975:34f. vor: Text läßt sich als sprachliches Zeichen von den folgenden vier Positionen aus analysieren:

- bei Betonung des Empfängers: Appellfunktion - rezeptiv,
- des Senders/Autors: Symptomfunktion - expressiv,
- des Referenten: Darstellungsfunktion - mimetisch,
- des Code: - rhetorisch.

Die vier Komponenten sind grundsätzlich in jedem Text vorhanden, aber sind je nach Textsorte, Intention des Autors usw. verschieden gewichtig.

6.9.3 *Stilwandel*
(Croll in Watson 1970:84-110)

Stilwandel (vgl. 2.6.2), bedingt zum großen Teil durch den Anschluß an unterschiedliche Traditionen, manifestierte sich fne. weitgehend durch die Weisen, wie der Text konstituiert wurde. So zeigt sich der Übergang von der ciceronianischen Periode des 16. Jh. zu den Stilen des 17. Jh. (Seneca, Royal Society) nicht nur an der Länge der Periode, sondern (im *curt style*):

1. an der Abwesenheit von Konjunktionen, Adverbien, usw., die die Relationen der Teilsätze und Sätze untereinander präzisieren. An ihre Stelle trat weitgehend Interpunktion, oft auch bewußte Asymmetrie (Wechsel im Subjekt, in der Wortstellung, im Tempus; mangelnde Koordination von logischer Struktur und Rhythmus) und tastende unfertige Argumentation.
2. an der überschaubaren Kürze der Einheiten zwischen den Satzzeichen.

1. bedeutet auch, daß die Kohärenz des Textes nicht sprachlich, sondern durch Kontextwissen und durch Präsuppositionen der Partner hergestellt werden mußte.

Die Alternative zum *curt style* bot der lose Stil (*loose style*) mit langen, aber durch wenig spezifische Konjunktionen gegliederten Sätzen (anreihend, assoziativ), der geplant spontan erscheint, dem Gang der Gedanken bei Sprecher und Hörer natürlichen Lauf gibt, mit Digressionen, Parenthesen und Anakoluthen und unsicheren Satzgrenzen (Sir Th. Browne), anstatt wie eine ciceronianische Periode auf einen Höhepunkt hin geordnet zu sein und in einen abgerundeten Schluß auszulaufen.

Beide Stile stellen eine Desintegration des logischen Gefüges dar. Diese Tendenzen wurden durch die philosophischen Richtungen des späten 17. Jh. aufgefangen, die der engl. Sprache brachten:

> the study of the precise meaning of words; the reference to dictionaries as literary authorities; the study of the sentence as a logical unit alone; the careful circumscription of its limits and the gradual reduction of its length; the disappearance of semicolons and colons; the attempt to reduce grammar to an exact science; the idea that forms of speech are always either correct or incorrect ; the complete subjection of the laws of motion and expression in style to the laws of logic and standardization - in short, the triumph, during two centuries, of grammatical over rhetorical ideas. (Croll, 109)

▸ **F86** Vergleichen Sie Jonsons (im wesentlichen aus Quintilian übernommene) Bemerkungen zu den Stilen T14:47-59 mit seiner eigenen Praxis. Wie ist *mortar* Z.57 in die Terminologie der Textlinguistik zu übersetzen?

7 Wortschatz

7.1 Allgemeines

7.1.1 Die Struktur des Wortschatzes
(Görlach ²1982:101-4)

Der Wortschatz ist synchronisch in verschiedener Weise gegliedert. Strukturen lassen sich finden
1. ausdrucksseitig (Ähnlichkeit, Reimwörter usw.),
2. inhaltlich (Synonyme, Antonyme, Homonyme usw., 7.6),
3. referentiell nach enzyklopädischen Sachgebieten,
4. nach Kombinierbarkeit und Texthäufigkeit,
5. nach schichten- und registerspezifischer Verteilung (dialektal, soziolektal, idiolektal usw.),
6. nach der Herkunft der Wörter, sofern sie bewußt ist (Etymologie, 7.1.5, Integrationsgrad 7.1.7f.).

Auch wegen der vielfältigen Gliederungsmöglichkeiten des Wortschatzes und seinen oft unübersichtlichen Strukturen ist die Wortstatistik ein wichtiges Hilfsmittel (Finkenstaedt *et al.* 1973, Wermser 1976).

7.1.2 Das Anwachsen des fne. Wortschatzes

Die fne. Zeit, besonders 1530-1660, brachte das stärkste Anwachsen des Wortschatzes innerhalb der engl. Sprachgeschichte, und zwar absolut wie proportional zur Größe des ererbten Bestandes. Dies läßt sich an einer Zusammenstellung der neuen Wörter nach Jahrzehnten und halben Jahrhunderten deutlich machen (nach CED):

	-10	-20	-30	-40	-50	-60	-70	-80	-90	-00
15..	409	508	1415	1400	1609	1310	1548	1876	1951	3300
16..	2710	2281	1688	1122	1786	1973	1370	1228	974	943

	¹16 (5341)	¹17 (9587)	¹18 (3651)
²15 (2716)	²16 (9985)	²17 (6488)	²18 (4678)

Abb. 16: Das Wachstum des fne. Wortschatzes

Die Ermittlung von Erstbelegen ist problematisch. Auch die Angaben des OED sind unvollständig (T4/54f. *contemplate* 1553, OED Erstbeleg von 1592; T8/69 *gaietie* 1582, OED 1634). Außerdem müssen viele Wörter Jahrhunderte in mündlichem Gebrauch gewesen sein, bevor sie zum erstenmal in Quellen belegt sind - und diese Quellen müssen erhalten sein (vgl. Schäfer 1980). So ist die Tatsache, daß die Zahl der Gesamtbelege in Jahren besonders hoch liegt, in denen wichtige Wörterbücher erschienen, nicht nur darauf zurückzuführen, daß Lexikographen besonders des 17. Jh. Neubildungen versucht haben, sondern auch darauf, daß die Wörterbücher Wortschatz erfaßten, der nur mündlich tradiert worden war. Etwas sicherer ist die Beurteilung, ob wirklich neue Wörter vorliegen, falls diese zuerst in literarischen Werken erscheinen und in ihrer Bildung die sprachliche Gestaltung des Autors verraten. Ausdrückliche Texthinweise auf die Neuheit des Wortes (nach Kenntnis des Autors) finden sich in den Übernahmen Elyots (t48, 49), in den Diskussionen Puttenhams (T11/77ff.), in Holofernes' *peregrinat as I may call it* (T31F/15) oder in Drydens Neuprägung *witticism* (1677, OED *A mighty Wittycism, (if you will pardon a new word!)...*).

▸ **F87** Welche Wörter in CED unter 1530 sind sicher älter als dies Datum, sind aber durch das Erscheinen von Palsgraves Wörterbuch in diesem Jahr erstbelegt?

▸ **F88** In T31B sind 10 *rouse* (n^3), 31 *cerement*, 43 *impartment*, 58 *beetle* (v), 69 *unhand* (v), 160 *unaneled* für 1601; in T31E 13 *insisture*, 32 *primogenitive*, 37 *oppugnancy* für 1602 erstbelegt (Schreibweise nach OED). Inwiefern ist die Originalität der Wörter unterschiedlich zu beurteilen?

Bei aller Unschärfe der Daten des CED (auf dem die obigen Zahlen beruhen) werden die Grundtendenzen der Entwicklung sehr deutlich: ein steiles Ansteigen der neuen Wörter im frühen 16. Jh., ein ausgeprägter Gipfel um 1570-1630 und das Tief des neuerungsfeindlichen Klassizismus 1680-1780. Das Anwachsen war bedingt durch das objektive Bedürfnis, neue Sachverhalte im Engl. auszudrücken (vor allem auf Gebieten, die bis dahin dem Lat. vorbehalten waren) und ab 1575 auch durch das subjektive Bestreben, die engl. Sprache rhetorisch anzureichern. Da eine Steuerung des Zuwachses durch feste Wörterbuchtraditionen, Akademien usw. fehlte, regte die sprachliche Experimentierfreude eine Überproduktion oft konkurrierender Entlehnungen oder Bildungen an, die erst im ^{2}17.-18. Jh. in natürlicher (oder von Grammatikern und Lexikographen gesteuerter) Auslese bereinigt wurde.

Der Zuwachs geschah fast ausschließlich durch Entlehnung aus fremden Sprachen und durch Wortbildung (7.5) - neben der Bedeutungserweiterung schon vorhandener Wörter (7.7). Das sprunghafte Anwachsen des Wortschatzes und die Quellen der neuen Wörter wurden schon in fne. Zeit immer wieder kommentiert und am Ende der großen Wachstumsperiode von Wilkins (1668:8) gültig zusammengefaßt:

t40   Since Learning began to flourish in our Nation, there
       have been more then ordinary Changes introduced in our
       Language; partly by new artificial *Compositions*; partly
       by *enfranchising* strange forein words, for their elegance
5   and significancy, which now make one third part of our

Language; and partly by *refining* and *mollifying* old words,
for the more easie and graceful sound: by which means
this last Century may be conjectured to have made a
greater change in our Tongue, then any of the former, as
10   to the addition of new words.   1668

Wie stark an der Zunahme die Entlehnung beteiligt ist, zeigt Wermser (1976:
40) in Schnitten von 15 Jahren (nach CED). Danach ergibt sich folgendes Verhältnis von Entlehnungen zu Neubildungen:
1510-24 (40,5%:53,5%), 1560-74 (45,3%:49,4%), 1610-24 (50,5%:47,2%),
1660-74 (47,9%:47,8%), 1710-24 (37,6%:58,3%).
Der Anteil der Entlehnungen erhöht sich noch, wenn man (anders als Wermser)
Wortbildungen nach fremden Mustern zu den Entlehnungen zählt; vgl. die Aufgliederung der einzelnen Wortbildungsarten in 7.5).
Der Zuwachs an Sachbereichen, den das Engl. im 16.-17. Jh. erfuhr, wird
auch an einer thematischen Aufgliederung der Lehnwörter deutlich (nach Wermser 126-8; die Zahlen geben jeweils die absolute Zahl der neuen Wörter für je
15 Jahre und dahinter die, die davon heute nur noch als Fachwort vorkommen):

	1510-	1560-	1610-	1660-	1710-
Theologie	12/ 2	60/21	124/73	42/25	17/10
Philosophie, Rhetorik	2/ 0	11/ 6	28/19	18/13	12/10
Architektur, Kunst	7/ 2	60/41	56/24	58/35	64/42
Recht	21/13	20/11	44/28	12/ 9	6/ 2
Schiffahrt	11/ 2	11/ 3	46/30	21/15	11/ 6
Handel, Banken, Finanz	12/ 0	19/ 1	33/ 7	12/ 1	17/ 3
Handwerk, Technik	19/ 2	26/ 7	96/57	80/59	47/27
Biologie	28/18	102/65	125/89	224/189	72/62
Medizin, Anatomie	12/ 4	46/32	141/100	84/75	53/44

Abb. 17: Das Wachstum des fne. Fachwortschatzes

▶ **F89** Inwiefern unterscheidet sich der Anteil der Wörter, die Fachwörter geblieben sind,
nach Sachgebiet und Zeit der Entlehnung, und wie lassen sich diese Unterschiede
erklären?

7.1.3 Wortschwund
(Visser 1949, Görlach ²1982:107-9)

Neben der starken Expansion des fne. Wortschatzes findet sich auch Schwund
von Wörtern. Dieser ist allerdings auffälliger im 15. Jh., als bei der Herausbildung des Standards viele Wörter als regional oder sozial stigmatisiert und deshalb aufgegeben wurden. Dieser Prozeß der Auswahl auf Londoner Basis wird
besonders deutlich, wenn man mit Hilfe des OED feststellt, wie viele me. Wörter nach 1500 nur noch sc. oder nordengl. belegt sind.

Die Frequenz einiger Synonymenpaare im Werk Chaucers, Spensers und Shakespeares kann die Umschichtung des Wortschatzes andeuten: der Verlust vieler Wörter, die Chaucer in spätme. Zeit noch verwendete, illustriert den Bruch im 15. Jh. auf lexikalischem Gebiet. Zudem läßt sich das Phänomen des Archaismus, der im 16. Jh. weitgehend auf Chaucer zurückgreift (7.1.4) aus den Ergebnissen belegen. Die Darstellung wird dadurch erschwert, daß bei Wortschwund oft mehr als zwei konkurrierende Wörter beteiligt sind. Aus diesem Grunde fallen Wortpaare wie *folk:people, host:army, cheer:face, fowl:bird* usw., die im Rahmen ihres Wortfeldes behandelt werden müssen, für den rein numerischen Vergleich aus (7.6); zu *elde/age* vgl. T20/31, 33 usw., zu Spenser die Belege in T23B/33f., 49.

	Chaucer	Spenser	Shakesp.	andere fne. (Teil-) Synonyme
swink n/v	6n+19v	9	-	*toil, travail, work*
labour n/v	73n+10v	100+	x	
wone	22	19	-	*live, abide*
dwell	240	100+	x	
siker(ly)	48	11	-	*forsooth, soothly,*
iwis	180+	4	3	*in faith*
certes	++	54	5	
certainly	77	2	29	
elde	28	15	2	
age	83	62	224	
delve	10	-	3	
dig	1	3	10	
clepe	300+	12	2	*cry, shout*
call	150+	250+	958	
sweven	25		-	
dream n	42		x	

x = herrschend oder in Konkurrenz mit anderen Wörtern; ++ = von den Konkordanzen nicht ausgezählt; + = ungefähre Zahlenangaben.

Abb. 18: Wortschwund und Wiederbelebung ausgewählter Wörter

Neben diesen allgemeinen lassen sich aber auch spezifischere, außer- wie innersprachliche Gründe des Wortschwundes nennen, wenn auch die Fülle der bedingenden Faktoren den Nachweis im Einzelfall oft problematisch oder unmöglich macht.

Der Grund für Wortschwund ist offensichtlich bei Sachwandel: da der alte Ausdruck nur selten auf neue Inhalte übertragen wird, die den alten Sachverhalt ablösen (so bei *paper, match*), ist Wortschwund besonders auf Gebieten wie Bekleidung, Speisen oder Waffen unvermeidlich. Dies zeigt jeder Vergleich mit begrifflich geordneten Wortlisten aus älteren Zeiten, wie 'Waffen' in Wilkins (1668:278f.):

t41   **V.** The Provifions neceffary for Offence and Defence are ftyled by the general name of AMMUNITION, *Magazin, charge, difcharge, Arcenal.*
To which may be adjoyned the word BAGGAGE, *Impediments, Luggage, Lumber.*

5   They are diftinguifhable according to their Shapes, and thofe feveral Ufes for which they are defigned, into fuch as are more

      General; denoting the common names belonging to things of this nature; whe-
      { WEAPON, *Arms offenfive.*   (ther fuch as are || *effenfive:*or *defenfive.*
      1. { ARMOUR, *defenfive Arms, Mail, Headpiece, Helmet, Scull, Gorget, Gaunt-*

10   *Special; for*   (*let, Habergeon,* &c. *Armorer, Armory.*
      Offence.
      Comminus, near hand; being either for,
      Striking chiefly; whether || *bruifing :* or *cutting.*

15   2. { CLUB, *Bat, Batoon, Battle-ax, Mace, Pole-ax, Cudgel.*
      { SWORD, *Scimitar, Hanger, Rapier, Tuck, Ponyard, Stilletto, Dagger, Fauchion, Glave, Cutler.*
      Thrufting chiefly; of which the latter is fometimes ufed for *ftriking.*
      { SPIKE, *Spear, Launce, Javelin, run at tilt.*
      3. { HALBERT, *Partizan, Trident.*

20   *Eminus,* at a diftance; whether
      Ancient and lefs artificial; denoting either the
      Inftrument giving the force, being of a curved figure and elaftical power; *to be held in the hand, either* || *immediately :* or *by the ftock to*

25   4 { BOW, *fhoot, Archer, Fletcher.*   (*which it is fixed.*
      { CROSS-BOW, *fhoot.*
      Inftrument or Weapon projected; whether || *immediately out of the hand:*
      { DART, *Javelin, Harping-iron.* (or *mediately from fomething elfe.*
      5. { ARROW, *Shaft, Bolt.*
      Modern and more artificial, (i.) fire-Arms; denoting either the

30   *Veffels giving the force;* according to the name of || *the whole kind :* or *of the bigger kind.*
      { GUN, *fhoot, Snaphance, Fire-lock, Musket, Carbine, Blunderbuff,*
      6. { *Piece, Arquebus, Petronel, Piftol, Dagg, Potgun, play upon.*
      { ORDNANCE, *Cannon, Artillery, Saker, Minion, Bafilisk, Drake,* &c. *fhoot.*

35   *Utenfils; fignifying the thing* || *enkindling :* or *enkindled.*
      { MATCH, *Tinder, Touchwood, Spunk.*
      7. { POWDER, *Gunpowder.*
      Things difcharged; either || *folid :* or *hollow.*

40   8. { BULLET, *Ball, Pellet, Shot.*
      { GRANADO, *Petard.*
      Defence.
      9. BUCKLER, *Shield, Target.*

▶ **F90** Welche der aufgeführten Wörter sind im ALD nicht mehr verzeichnet? Macht ihre Definition im OED deutlich, daß es sich bei den bezeichneten um heute nicht mehr vorhandene Waffen handelt? Machen Sie dieselbe Probe für 'Gefäße', t58.

Unter die psychologischen Ursachen des Schwundes fallen Schwächung der Emphase, die wohl zum Untergang mancher Intensiva geführt hat (*wondrous;* bei me./fne. *al, ful, right, wel* liegt Bedeutungsverengung vor). Euphemismen, d.h. verhüllende Bezeichnungen für tabuisierte Sachverhalte, führen zu wiederholtem Schwund. Dies belegen die Bezeichnungen für 'Toilette' in allen europäischen Sprachen (vgl. Barber 1976:156f., T44/208, 45/80) oder für 'Hure': So führt Wilkins 1668:273 unter FORNICATION an: *courtesan, concubine, harlot, trull, leman, punk, quean, drab, strumpet* und läßt dabei noch fne. *wench, whore* (t47/30f.) und *minion, mistress, prostitute, stale, vizard* usw. unerwähnt. Aus anderen Gründen als bei 'Waffen', aber im Resultat gleich, hat Wortschwund diese Synonymenreihung ne. dezimiert.

Unter den innersprachlichen Ursachen ist der Homonymenkonflikt die überzeugendste (wenn auch selten nachzuweisen). Betroffen sind vorzugsweise Wörter derselben Wortart, die dazu weitere (syntaktische und semantische) Merkmale gemein haben, was in bestimmten Kontexten zu Mißverständnissen führen kann. T31B/70 *Ile make a Ghost of him that lets me* illustriert das Problem (vgl. Samuels 1972:69, T8/149). Me. [lɛːtən, leːt/lɛttə] 'lassen' und [lɛttən, lɛttə] 'hindern' gerieten in Konflikt nach der Durchsetzung der schwachen Form im Prät. und des Kurzvokals im Präs. bei 'lassen' im 15.-16. Jh. Die Tatsache, daß beide Verben in einer Reihe von Kontexten syntaktisch unterscheidbar blieben (*that lets me/do it* $\neq$ *from doing it*) reicht nicht aus, Eindeutigkeit zu gewährleisten, und da für 'hindern' genügend Synonyme zur Verfügung standen, wurde *let* im 17. Jh. schnell obsolet. Ähnlich sind ne. *cleave* 1 'spalten', 2 'kleben' zwar syntaktisch differenziert (T19A/37 *claue asunder*), aber durch Homonymie belastet; sie sind ne. zwar nicht ausgestorben, aber praktisch durch die (schon fne. vorhandenen) Synonyme *split* und *stick* (T3/56) ersetzt. Das bekannteste Beispiel ist im Engl. aber wohl das Paar *quean* 'Dirne': *queen* 'Königin', die in der Hochsprache im ^{2}17. Jh. homophon wurden, was einen unerträglichen Konflikt schuf. Es kam hinzu, daß *quean* als Bezeichnung eines Tabus sowieso gefährdet war und genügend Alternativen zur Verfügung standen (s.o.).

Vergleichbare Ambiguität kann bei Polysemie entstehen, doch führt dies üblicherweise zur Aufgabe von Einzelbedeutungen und nicht zum Wortschwund. Gegensätzliche Gründe, der Abbau von Redundanz, führen zur semantischen Differenzierung von Synonymen, gelegentlich aber auch zur Aufgabe des einen Zeichens. Dieser Fall ist wohl bei me. *taken: nimen* gegeben: so war *nimen* schon im 14. Jh. aus der Schriftsprache Londons verdrängt, überlebte aber bis ins 17. Jh. als 'stehlen' in der Gaunersprache (T32/19 *a notable nimmer*).

Andere Faktoren, die bei Wortschwund möglicherweise wirksam sind, lassen sich noch schwerer zwingend nachweisen. So ist lautliche Angemessenheit (im Sinne submorphemischer *phonaesthemes* wie *sl-, fl-,* usw.) sicher an Wortschwund (und Bedeutungswandel) beteiligt (Samuels 1972:45-48), und Wörter können schwinden, wenn ihre Wortbildung nicht mehr geläufigen Mustern entspricht (*soulish* T8/6) - aber es bleiben viele ungeklärte Fälle. So kann der Schwund von *neat* 'Rind' (T49/1) nicht allein durch das Vordringen von *cattle* in ähnlicher Bedeutung im 16. Jh. erklärt werden, da es syntaktisch als Mengen-bezeichnung und inhaltlich gar nicht an die Stelle von *neat* tritt (T49 **cattle's tongue*), und Gleichklang mit *neat* Adj. kann wohl auch nicht störend genug gewesen sein (anders Samuels 1972:73).

Nicht eigentlich als Wortschwund zu klassifizieren ist das Verschwinden von *dictionary words* (7.2), die, in großer Zahl z.B. von Cockeram (1623) geprägt, von späteren Wörterbuchautoren oder gar von den Sprechern des Fne. nicht auf-gegriffen wurden und somit nicht zum Lexikon des Fne. zu rechnen sind (vgl. die Praxis des OED, das einen Großteil dieser Wörter nicht verzeichnet).

7.1.4 Archaismen und poetic diction
(Barber 1976:96-100)

Archaismen als bewußte Entlehnungen aus früheren Perioden der eigenen Spra-che schienen im 16. Jh. eine Möglichkeit, den Mangel im engl. Wortschatz zu beheben und so auf einen Teil der Entlehnungen aus fremden Sprachen zu ver-zichten (hier berühren sich die Ziele von Archaisten und Puristen, 7.3.7). In Wirklichkeit bot die Wiederbelebung alter Wörter zwar eine begrenzte Möglich-keit, im Anschluß an Chaucer eine *poetic diction* zu schaffen, die sich von der Alltagssprache abhob, sie bot aber für das Hauptproblem des 16. Jh., die Er-weiterung des wissenschaftlichen Wortschatzes, keine Lösung.

Hatte Caxton (T2/8ff.) die Chance von Wiederbelebungen sehr vorsichtig be-urteilt, so rechtfertigte Berthelette (T22A/5-26) die Neuausgabe Gowers mit der Möglichkeit, alten engl. Wortschatz bereitzustellen. Äußerungen, die bezeugen, wie sehr archaische Wendungen und Chaucerismen in Mode waren, finden sich im ganzen 16. Jh.; in ihrem nationalen Eifer übersahen aber viele, daß der gegen Fremdwörter erhobene Vorwurf der *obscurity* und *affectation* gegenüber Archais-men genauso zutraf, wie neben anderen P. Ashton bemerkte:

t42   throwghe al this simple and rude translation I studyed
    rather to vse the most playn and famylier english speche,
    then either Chaucers wordes (which by reason of antiquitie
    be almost out of vse) or els inkhorne termes (as they
5   call them) whiche the common people, for lacke of latin,
    do not vnderstand.   1556

Der Hauptvertreter des Archaismus im 16. Jh. war natürlich E. Spenser, des-sen Kommentator E.K. gerade diesen Aspekt besonders hervorhob und bezeich-nenderweise mit Ciceros Haltung rechtfertigte (T23A/1-46). Die Tabellen in 7.1.3 machen aber auch klar, daß Spenser nicht ausschließlich das alte Wort durchsetzen wollte, sondern es maßvoll neben dem modernen Ausdruck dazu einsetzte, seiner Dichtung altertümliches Kolorit zu verleihen, ohne sie dadurch unverständlich zu machen.

Außerhalb der Spenserschule blieb die Haltung gegenüber Archaismen oft negativ (wie bei Puttenham, T11/40-42) oder gespalten, wie bei Ben Jonson, der Archaismen in seiner Praxis mied und Spenser wegen seiner Sprachmischung scharf tadelte (*Spenser, in affecting the ancients, writ no language*), aber dort, wo er Quintilian folgte (T14/6-14), eine vermittelnde Haltung einnahm. Im 17. Jh. nahm die Diskussion um Archaismen und die damit verbundene Frage des Purismus stark ab. Die Tatsache, daß Dryden Chaucer *übersetzte* und die Notwendigkeit damit begründete, daß der Originaltext unverständlich geworden war (T18H), zeigt die völlig neue Einstellung der Restaurationszeit.

▸ **F91** Sündigte Puttenham gegen seine eigene Vorschrift, archaisierende Sprache zu meiden, als er in seiner Übersetzung des Horazzitats T11/139-42 *yfalne, eft* gebrauchte?

▸ **F92** Spricht der Geist von Hamlets Vater archaisches Englisch (T31B/160 *Vnhouzzled, ... vnnaneld*)?

▸ **F93** Überwiegt unter den im Anhang abgedruckten Texten die negative Einschätzung von Archaismen und Chaucerismen? (vgl. Sachindex)

7.1.5 *Etymologie*
(Jones 1953:214-71, Schäfer 1973:1-25; vgl. 3.5.4)

Das Bewußtsein der Herkunft der Wörter wurde fne. in zwei Aspekten besonders wirksam. Einmal gab das Wissen, daß viele engl. Wörter ursprünglich aus dem Lat./Griech. stammten, aber in Form und Inhalt von der Ursprungssprache abwichen, Grund zu Korrekturen. So wurde zunehmend die Orthographie von Lehnwörtern aus dem Frz. der lat. Schreibung angeglichen (*avowtery ‖ adultery*), teilweise in falscher Etymologisierung (*rime ‖ rhyme*, als ob von *rhythmos*; *sithe ‖ scythe*, als ob von *scindere*; *abhominable* T31F/25, als wenn von *ab homine* und nicht von *omen*), aber auch die Bedeutung der Lehnwörter wurde zumindest um die klassisch-lat. Bedeutungen erweitert (Lehnbedeutung), oder ihr syntaktisches Verhalten (wie die Rektion des Verbs) an das Lat. angeglichen.

Andererseits wurde die germanische Herkunft der engl. Sprache zunehmend betont. Diente im 16. Jh. die Kenntnis des Ae. im Kreis von Parker vorwiegend kirchlichen Interessen (um die Unabhängigkeit der ae. Kirche von Rom nachzuweisen), so wurde um 1605 mit dem Erscheinen der Bücher von Camden und Verstegan (der seinen Namen Rowlands in den seines holländischen Großvaters änderte) England von einer Welle von 'Teutonismus' überschwemmt. Die Sprache der Germanen wurde als gleichrangig, weil gleich alt, mit dem Latein erachtet, vgl. Verstegan 1605:192: *yf the Teutonic bee not taken for the first language of the world, it cannot bee denied to bee one of the moste ancientest of the world.*

Die Verwandtschaft dieser Haltung mit Purismus und Archaismus ist offensichtlich. Sie verlor sich zunehmend gegen Ende des 17. Jh., als in der Restauration frz. Einfluß übermächtig wurde.

Trotz großer Fortschritte gegenüber dem Mittelalter kann auch im 16.-17. Jh. die Etymologie noch nicht als eine moderne wissenschaftliche Disziplin angesehen werden; Phantasie ersetzte oft philologisches Wissen, die biblische Erzählung von der Sprachverwirrung beim Turmbau zu Babel wurde ernst genommen, und der Glaube, mit der Ermittlung der Herkunft eines Wortes käme man auch der korrekten Bedeutung nahe, führte die Lexikographen oft auf Abwege.

Wie viele auch der im 16. Jh. neu belegten Wörter unklarer Herkunft sind, zeigt ein Blick auf die bei Wilkins 1668:273 angegebenen Wörter für 'spotten': *MOCKING, deride, flout, jeer, scoff, twit, gibe, quip, gird, frump, bob, taunt, wipe, jerk,* ... Abgesehen von der klaren Etymologie von *deride* (lat.) und *twit* (ae.) und plausiblen Bedeutungserweiterungen des 16. Jh. bei *bob, gird, jerk, wipe* 'strike' erscheinen sieben mit unklarer Etymologie, davon sechs zuerst im 16. Jh. belegt: *scoff* (v) 1380, *taunt* (v/n) 1500, *quip* (n) 1532/ (v) 1584, *flout* (v) 1551/ (n) 1570, *gibe* (v) 1567/ (n) 1573, *jeer* (vi) 1577/ (vt) 1590, *frump* (v) 1587/ (n) 1589.

Das Bestreben, unverständliche Wörter auf der Grundlage bekannter Morpheme neu zu analysieren, führte zur Volksetymologie (vgl. Formen des Malapropismus wie *honey-suckle* = 'homicidal', 2.6.; 7.3.6), wie in *barberry* T49/26 (aus *berberis*); dagegen wäre es vorschnell anzunehmen, Autor oder Setzer hätten in T8/140 *Moanarchie* volksetymologische Deutung (oder Systemkritik!) versucht.

7.1.6 Zur Geographie des Wortschatzes: Schottisch
(vgl. 2.4-5)

Fne. Originaltexte im Dialekt sind sehr rar; Meritons Dialog (T61) ist zwar eine literarische Fingerübung, aber doch viel aussagekräftiger als andere Verwendungen bei Spenser und Shakespeare. Wortlisten wie die Rays (t5) helfen diesem Mangel an Originaltexten nicht ab. Deshalb wird die Diskussion hier auf den Vergleich fne.:sc. eingeengt, wo Textvergleiche (T29, 36:36A) von Original und Übersetzung eine direkte Gegenüberstellung der Lexis erlauben. Es finden sich zahlreiche Wortpaare, die in ihren Systemen offensichtlich äquivalent, also Heteronyme, sind (T36:36A): *traisting - trusting, wrangwis - vnrighteous, gudeserr - grandfather, compere - appeare (in the kings presence), subdittis - subiects, biggitt - builded, fretis - prophecies.* Heteronymie kann auch zwischen idiomatischen Wendungen bestehen: *put him to þe horne - proclamed him traitor* (T36/60, T36A/87).

Da aber die völlige Deckung der Inhalte zweier Zeichen aufgrund von Polysemie nicht zu erwarten ist, muß wie bei Synonymie (7.6.9) meist von teilweiser Überlappung, Teilheteronymie, zweier Signifikate gesprochen werden: T36/20 *child* + T36/58, 64 *barn* ~ T36A/36, 84, 92 *child.*

▸ **F94** Sind die in T29 ersetzten Wörter *soldatis, allyae, hardiment, man, spagnoll* Skottizismen? Welche Heteronyme treten für sie ein? Hat der Drucker T29/12, 27 *ualkeryfe* zu übersetzen vergessen?

▸ **F95** Sind die erwähnten Wörter *bairn, big, mun* und *gart* 'veranlaßte' (T21/115), *weird* 'Schicksal' (T36/5) heute auf Schottland beschränkt (Wright EDD 1898-1905)?

7.1.7 Die soziale Gliederung des fne. Wortschatzes
(vgl. 2.4; Barber 1976:37-47)

Unterschiede des fne. Wortschatzes nach sozialer Gliederung werden besonders deutlich
- in ganz spezifisch auf einen bestimmten Leserkreis ausgerichteter Literatur,
- in gelegentlichen Äußerungen zu umgangssprachlichen Wörtern der Unterschicht (t10),
- in Fachsprachen und besonders in der Gaunersprache (T9),
- in Unterschieden der religiösen Gemeinschaften (T18C, D; T50).

▸ **F96** Welche Wörter und Wortverwendungen in T32 ermöglichen die eindeutige soziolektale Zuordnung des Textes?

▸ **F97** Sind die von Cotgrave t47 gegebenen Übersetzungen von FOL soziolektal gleichwertig?

T9 bietet die Sonderform eines Textes, bei dem in fne. Satzpläne einzelne Heteronyme des Cant eingesetzt worden sind (inwiefern dies auch die Sprachwirklichkeit spiegelte, ist heute nicht mehr zu entscheiden). Es ist aber davon auszugehen, daß im allgemeinen jedem Cant-Wort ein fne. Wort in seiner Bedeutung entspricht, daß die Heteronymie also gegeben ist.

▸ **F98** Überprüfen Sie an späteren Wörterbüchern des Cant, ob sich Harmans Vermutung (T9/73-5) bewahrheitet hat, daß sich die Gaunersprache besonders schnell wandelt. Welcher Grund ist für diesen schnellen Wandel anzunehmen?

Die sprachlichen Unterschiede zwischen Protestanten und Katholiken werden im Streit um Bibelübersetzungen im 16. Jh. besonders deutlich. Wortpaare wie *baptism - washing, grace - love, azymes - shewbread* sind Merkmale der Religionszugehörigkeit und Heteronyme (oder heteronymisch in der gemeinten Einzelbedeutung).

▸ **F99** Stellen Sie aus T18C, D eine Liste der spezifischen Wörter zusammen und überprüfen Sie am OED, ob diese wirklich auf die entsprechenden Religionsgemeinschaften beschränkt waren.

Die Eigenheiten, die als sprachliche Signale die Gruppenzugehörigkeit betonen (und als solche zu anderen Verhaltensregeln wie Ablehnung des Kniens und des Hutziehens vor weltlichen Autoritäten hinzukommen), waren bei den Quäkern (T50) besonders deutlich. Es handelt sich dabei um
1. Neuprägungen (ihr Gebrauch war auf die Quäker untereinander oder auf Diskussionen über Quäker beschränkt): *steeplehouse, to thee/thou.*
2. Eingeschränkte Bedeutungen: *convince(ment), church* 'Gemeinde'.
3. Idiomatisches, bes. biblische Redewendungen (*come to ye light y^t Christ had enlightned him withall,* T50/12f.).

7.1.8 Fachwortschatz

Obwohl sich die Problematik des Fachworts nicht in der Unverständlichkeit von
Fremdwörtern erschöpft - gerade fachsprachliche Sonderbedeutungen erschweren
das Verständnis -, ist doch in der Renaissance in diesem Bereich die Fremdwort-
frage besonders dringlich (2.9). Beispiele für Fachterminologie reichen vom
Kochbuch (T49/28 *parboyle*) zur Schiffahrt (T56) und zur Astrologie (T44/104-6
sygnes ... attractyue, recentyue, expulcyue, dygestiue), von der Rhetorik (T43/
145ff.) bis zur Bibelübersetzung (T18D/42f. *Azimes, ... Holocausts, Præpuce*),
von Waffensystemen (t41) über Pharmazie (T44/160-9, 185ff.) und Alchemie
(t37 *argent-viue*, mercury *sublimate, alembeke*) zu Recht und Medizin.

Die zwei letztgenannten Bereiche können als exemplarisch gelten. War die
Rechtssprache bis ins 14. Jh. ausschließlich, später weitgehend Frz. (Kibbee
1991), so wurde beim langsamen Übergang zur engl. Rechtssprache im 15.-
16. Jh. eine Fülle von Termini ins Engl. übernommen. Die große Bedeutung dieses Bereichs für das Alltagsleben ließ viele der entlehnten Wörter (umgangssprachlich oft in unspezifischer, entleerter Bedeutung oder gar mißverstanden)
in den Gesamtwortschatz eindringen. Die Spannung zwischen speziellen und entleerten Bedeutungen spiegelt Shakespeares Verwendung in Sonett 46 (T31G),
das durchgehend die Rechtsmetaphorik verwendet (ebenso wie das Streitge-
spräch zwischen Auge und Herz eine übliche dichterische Konvention):

defendant OED 3: the party in a suit who defends, ≠ plaintiff. 1400-
plead 2: to maintain or urge the claim of a party to a suit. 1305-
plea 2a: an allegation formally made by a party to the Court. 1381-
bar 5a: to arrest or stop (a person) by ground of legal objection from enforcing
      some claim. 1531-
title 7: legal right to the possession of property. 1420-
impannel: to enter (the names of a jury) on a panel or official list; to enrol or
      constitute (a body of jurors). 1487-
quest 2: The body of persons appointed to hold an inquiry. 13..-
verdict: the decision of a jury in a civil or criminal cause upon an issue which
      has been submitted to their judgement. 1297-
moiety 1: a half, one of two equal parts (in legal use). 1444-

Die Lektüre von T45 und T44 macht den Unterschied zwischen stark volks-
tümlicher und weniger angepaßter Darstellung medizinischer Sachverhalte deutlich. Besonders in T44 wird klar, daß die Hilfestellung, die der Text dem Nicht-
gebildeten geben sollte, durch den Gebrauch der Fachtermini zweifelhaft wird
(T44/195f. *for I nor no man els can nat in theyr maternall tonge expresse the
whole termes of phisicke*):

insycyons T44/92: cutting into some part of the body in surgery. 1474-
scaryfycations -/92: making ... slight incisions in a portion of the body. 1400-
flebothomy -/92: venesection, blood-letting, bleeding. 1400-

adusted -/151: supposed state of the body ... of dryness, heat, deficiency of
    serum ... 1430-
congellacion -/179: process or state of freezing, paralysis. 1536-

Eine gewisse Hilfe wurde manchmal durch Doppelungen gegeben, die dem
Fachwort seine allgemeinsprachliche Entsprechung folgen ließen: T44/146, 148
corrode & eat, corodyng or eatynge; T44/148 *putryfy & corrupt*.

Medizinischer Fachwortschatz wurde vielleicht noch häufiger als juristischer
metaphorisch verwendet. Was im Sachtext T44/95-99 behandelt wird, erscheint
übertragen in *Hamlet* III.4 (*First Folio*:2530-2) als: *It will but skin and filme the
Vlcerous place, Whil'st ranke Corruption mining all within, Infects vnseene.*
(vgl. Waldron [2]1978:185).

Der Übergang eines Fachworts· in die Allgemeinsprache bringt Bedeutungserweiterung mit sich. Dies wird besonders deutlich bei Ausdrücken wie *humour*
(7.7) oder *moiety* (s.o.), das juristisch 'Anspruch auf die Hälfte' 1444, allgemein
verwendet 1475, schließlich 1593 'kleiner Teil' bedeutete.

7.2 Die Tradition der Wörterbücher
(Starnes/Noyes 1946, vgl. Barber 1976:106-11)

7.2.1 Das 16. Jahrhundert

Wenn man bedenkt, wie sehr die Frage des Wortschatzes, besonders der Entlehnungen, im 16. Jh. im Vordergrund gestanden hat, ist es erstaunlich, daß
die Forderung nach einem *englischen* Wörterbuch erst gegen Ende des 16. Jh.
laut wurde.

Mulcaster (1582) unterstrich den Wert eines solchen Wörterbuchs und stellte
selbst eine Liste von 8000 Wörtern (ohne Definitionen) zusammen; bei William
Bullokar (1580) war das Wörterbuch Teil seiner Gesamtbeschreibung der engl.
Sprache, das aber (da er nie über die Orthographie hinauskam) nicht realisiert wurde. Die Lexikographie des 16. Jh. beschränkte sich also auf die zweisprachigen, meist lat. Wörterbücher, eine Tatsache, die Puttenhams Aussage
(T11/57) unverständlich macht.

Daneben gab es speziellere Sammlungen, wie Paul Greaves *Vocabula* 1594,
Glossare zu Fachtexten, Erläuterungen von Archaismen (T23B in E.K.'s Glos-
sen, Speghts Chaucerausgabe 1598, vgl. T22B) oder einen Ansatz zu einer Liste
von *hard words* bei E. Coote (1596) - Vorarbeiten, die als Quellen für die ersten
engl.-engl. Wörterbücher wichtig· wurden.

7.2.2 Das 17. Jahrhundert

Inspiriert von Coote und vervollständigt durch Thomas' lat.-engl. Wörterbuch
von 1588, brachte Cawdrey 1604 das erste, mit 2500 Einträgen eher bescheidene
Wörterbuch heraus, das wie alle seine Nachfolger im frühen 17. Jh. nur einen
Teil des Wortschatzes, nämlich die schwer verständlichen Wörter aufnahm:

t43   A Table Alphabeticall, conteyning and teaching the true
writing, and vnderstanding of hard vsuall English wordes.
borrowed from the Hebrew, Greeke, Latine, or French, etc.
With the interpretation thereof by plaine English words,
5   gathered for the benefit & helpe of Ladies, Gentlewomen,
or any other vnskilfull persons. Whereby they may the
more esilie and better vnderstand many hard English
wordes, which they shall heare or read in Scriptures,
Sermons, or elswhere, and also be made able to vse the
10   same aptly themselues.   1604

Stärker noch als Cawdrey betonte John Bullokar in seinem doppelt so starken Buch *An English Expositor* (1616) die Tradition der *hard word lists*. Doch schon mit H. Cockeram (1623) setzte eine verderbliche Tendenz ein: außer offenen Anleihen bei seinen Vorgängern schrieb er große Teile des lat.-engl. Wörterbuchs von Thomas aus, indem er die lat. Stichwörter anglisierte und so 'neue' engl. Wörter schuf - womit er auf eine starke Erweiterung seines Wörterbuchs gegenüber seinen Vorgängern verweisen konnte. Noch kennzeichnender ist aber Teil II, der zu einfachen Wörtern elegante Entsprechungen angibt, dem offenbaren Wunsch der Käufer entgegenkommend, nicht nur schwierige Ausdrücke zu verstehen, sondern auch einfache Sachverhalte gewählt ausdrücken zu können:

t44   The first Booke hath the choisest words themselues now
in vse, wherewith our Language is inriched and become so
copious, to which words the common sense is annexed. The
second Booke contains the vulgar words, which whenso-
5   euer any desirous of a more curious explanation by a more
refined and elegant speech shall looke into, he shall
there receiue the exact and ample word to expresse the
same: Wherein by the way, let me I pray thee to obserue,
that I haue also inserted (as occasion serued) euen the
10   *mocke-words* which are ridiculously vsed in our Language,
that those who desire a generality of knowledge, may not
bee ignorant of the sense, euen of the *fustian termes*,
vsed by so many, who study rather to be heard speake,
than to vnderstand themselues.   1623

Cockerams Vorschläge enthalten im 2. Teil u.a. unter *B*:

t44a	to babble	*Deblaterate*	a foster brother	*Homogalact*
	a babler	*Inaniloquos*	to build a nest	*Nidulate*
	much babling	*Dicacity,*	to bury	*(Con)tumelate,*
		Vaniloquie		*sepulize*
5	loue of b.	*Phylologie*	to burn like a coal	*Carbunculate*
	baked	*Pistated*	halfe burnt	*Semiustulated*
	to barke	*Latrate, Oblatrate*	to buy and sell at	*Nundinate*
	to boyle	*Elinate, Ebullate*	fayres	
	to play the boy	*Adolescenturate*		1626

Die *inkhorn terms* des 16. Jh., die auf wenige Gruppen beschränkt waren und vor allem als Stilfehler der Universitäten galten (T11/31, t51), wurden hier unter das Volk getragen, das im Gebrauch latinisierter Wörter sprachliche Emanzipation erfüllt sah. Daß die Folge jedoch falscher Fremdwortgebrauch (Malapropismus 7.3.6) sein mußte, ist leicht vorhersehbar.

In der Folge erweiterten sich die Wörterbücher durch Aufnahme von enzyklopädischem Material (vor allem durch Sacherklärungen zur Antike), durch Archaismen, Dialekt- und Cant-Wörter und gelegentlich durch Angabe von Etymologien (vgl. die von Coles 1676 formulierten Grundsätze, T59). Eine Sammlung des Gesamtwortschatzes blieb im 17. Jh. jedoch eine unerfüllte Forderung (so durch Evelyn nach frz. Vorbild, T16/44ff.)

Mit Phillips' *The New World* of Words begann 1658 die Reaktion auf die latinisierten *dictionary words*, die als meidenswert gekennzeichnet wurden; vgl. Phillips' Formulierung im Vorwort zur 5. Auflage (1696):

t45   Errors for which *Blunt* and *Cole* are justly to be con-
        demned, as having crouded the Language with a World of
        Foreign Words, that will not admit of any free Denization;
        and thereby misguiding the Ignorant to speak and write
5   rather like conceited Pedants and bombastic Scriblers
        than true Englishmen.   1696

Doch die Abkehr von dem Irrweg, immer längere Wörterbücher mit immer ausgefalleneren Wörtern zu produzieren, erfolgte erst mit J.K., der im Titel seines *New English Dictionary* versprach

t46   a Compleat Collection of the Most Proper and Significant
        Words, Commonly Used in the Language; with a Short and
        Clear Exposition of Difficult Words and Terms of Art (...)
        omitting (...) such as are obsolete, barbarous, foreign or
5   pecular to the several Counties of England.   1702

7.2.3   Fne. Wörterbücher zeitgenössischer Sprachen

Neben den lat.-engl. und engl.-engl. Wörterbüchern verdienen die fne. Wörterbücher der lebenden Sprachen besondere Beachtung. Als Folge ihres erklärten Ziels, auch für den Alltag zu dienen, boten sie den Wortschatz - auch den engl. - in großer thematischer Breite und idiomatischer Vollständigkeit. Sie sind deshalb eine Fundgrube für Synonymensammlungen und für Umgangssprache, so neben Palsgrave (1530) und Florio (1598, 1611) besonders Cotgrave (1611). Die folgenden Ausschnitte aus Cotgrave zeigen sein Bemühen, kein mögliches Äquivalent des frz. Wortes unerwähnt zu lassen, bei polysemen frz. Wörtern die engl. Entsprechungen klar voneinander zu trennen und daneben enzyklopädische Information aufzunehmen.

t47   ADVENIR. To happen, chance, betide, come to passe, fal
       out, befall.
       ELEGANT. Elegant, eloquent, fine-spoken, choice in words,
       neat in tearmes; also, compt, quaint, spruce, trimme,
5   daintie, delicate, polite.
       ELLEND. Th'Elke; a most fearefull, melancholike, strong,
       swift, short-neckt, and sharp-houued, wild beast;
       much troubled with the falling sicknesse, and (by
       reason of the extraordinarie length of his vpper lip)
10   euer going backward as he grazeth; (some report, that
       his forelegs are ioyntlesse, and his flesh good veni-
       son; but *Vigenere* (vpon Cæsar) denies th'one, and
       Gesner dislikes th'other).
       ENNUY. Annoy; vexation, trouble, disquiet, molestation;
15   sorrow, griefe, anguish; wearisomenesse, tediousnesse,
       irkesomenesse, importunitie; a loathing, or sacietie,
       of; a discontentment, or offence, at.
       FILLE. A daughter; also, a maid; girle, modder, lasse,
       wench.
20   FIN. Wittie, craftie, subtile, cunning, wilie, fraudulent,
       cautelous, beguiling; also, fine (...)
       FOL. A Foole; asse, goose, calfe, dotterell, woodcocke;
       noddie, cokes, goosecap, coxcombe, dizard, peagoose,
       ninnie, naturall, ideot, wisakers (...)
25   FOL. Foolish, fond, simple, witlesse, foppish, idle, vaine.
       FOLIE. Follie, simplicitie, foolishnesse, fondnesse, vn-
       aduisednesse, foppishnesse, indiscretion, ideotisme (...)
       FORT. Strong; tough, massiue; hardie, sturdie, lustie,
       able-bodied; mightie, forcible, powerfull, effectuall (...)
30   GARÇE. A wench, lasse; girle; also, (and as wee often
       meane by the first) a Punke, or Whore.
       GARÇON. A boy, lad; youth, stripling.
       LATINISEUR. One that writes, or speakes Latine; also, an
       inkhorniser; one that vses inkhorne tearmes. FAIRE DU
35   LATINISEUR. A dunce, or ignorant fellow to counterfeit
       Schollership.
       MAL. An euill, mischiefe; hurte, harme, domage, wrong,
       displeasure, annoyance; also, a griefe, paine; sick-
       nesse, disease.
40   MAL. Ill, bad, naughtie, lewd; scuruie; mischieuous, hurt-
       full, harmfull, shrewd; vnseemely, vncomely, vndecent;
       sicke, diseased, crazie, pained, sore, ill at ease.
       RUSTIQUE. Rusticall, rude, boorish, clownish, hob-like,
       lumpish, lowtish, vnciuill, vnmannerlie, home-bred,
45   homelie, sillie, ignorant.
       SPHINGE. The Sphinga, or Sphinx; an Indian, and Ethyopian
       beast, rough-bodied like an Ape (of the kind whereof
       he is) yet hairelesse betweene his necke, and breast;
       round, but out, faced; and breasted like a woman; his

50   vnarticulate voice like that of a hastie speaker; more
      gentle, and tameable then an ordinarie Ape, yet fierce
      by nature, and reuengeful when he is hurt: hauing
      eaten meat ynough, he reserues his chaps-full to feed
      on when he feels himselfe hungrie againe.   1611

7.3 Die Lehnwortfrage
(vorwiegend anhand des lat. Einflusses)

7.3.1 Sprachkontakte und Sprachmischung

Berührung zweier Sprachsysteme (im mehr oder weniger zweisprachigen Sprecher) verursacht gegenseitige Beeinflussung, sei es zwischen Subsystemen einer
Sprache (Dialekten, Soziolekten), sei es als Lehnbeziehungen zwischen Einzel-
(National-) Sprachen. Form und Intensität des Einflusses werden durch eine
Reihe von Faktoren bedingt, unter denen am häufigsten genannt werden (Weinreich 1959; Görlach [2]1982:129f.)
1. Innersprachlich: Ähnlichkeiten und Unterschiede der Strukturen der in Kon-
    takt tretenden Sprachen.
2. Außersprachlich: Größe und Geschlossenheit der Sprechergruppen, Anteil
    der Zweisprachigen, Dauer des Sprachkontakts, Kommunikation zwischen
    den Gruppen, Kommunikationsbedingungen; Grade der Kompetenz, Verwen-
    dungsbereiche und Häufigkeit des Gebrauchs der Sprachen, Art des Erwerbs
    der Zweitsprache, Status der Sprachen, Wertung von Zweisprachigkeit und
    von Interferenzen.
Das überragende Prestige des Latein in der Renaissance erklärt den durchgrei-
fenden Einfluß auf alle Volkssprachen. Er kann deshalb exemplarisch am Lehngut im Fne. dargestellt werden, auch wenn zu beachten ist, daß das Latein als
überwiegend geschriebene Sprache, die auf bestimmte Schichten und auf wenige
Sachgebiete beschränkt war, nicht als repräsentativ für Sprachkontakt im allgemeinen gelten kann.
Von Lehngut unterschieden werden muß (obwohl sie der Entlehnung oft den
Boden bereitet) die spielerische, unbedachte oder angeberische Verwendung
fremder Sprachfetzen, die als fremdsprachlich kenntlich bleiben, wie in der Mischung mehrerer Sprachen in Pepys' Äußerung *Here did I endeavour to see my
pretty woman that I did baiser in las tenebras a little while depuis.*
Wahrscheinlich war es besonders solche Sprachmischung (und nicht das Ent-
lehnen von Einzelwörtern), die von Zeitgenossen als *oversea language* oder
Ingleso Italiano usw. (vgl. T4/14-7) getadelt wurde.
Dagegen waren lateinische Brocken, meist in Form von Zitaten in Belegfunktion, bis zum Ende des Fne. durchaus akzeptabel, wie ihr ständiger Gebrauch in
anspruchsvoller Literatur zeigt (T14, 15), ja, ihr Vorkommen war im Sinne der
auctoritas Kennzeichen der Literaturgattungen, die sich auf antike Tradition beriefen, und war besonders häufig in rhetorisch-literaturtheoretischen Schriften.

7.3.2 Formen des Lehnguts

Lehneinflüsse des Latein finden sich (mit Ausnahme der Phonetik/Phonologie) auf allen Gebieten der fne. Grammatik. Dabei ist besonders auffällig (und für die starke Abhängigkeit des Fne. kennzeichnend), daß die Syntax in so starkem Maße betroffen ist und daß im Wortschatz die Zahl der Entlehnungen unvergleichlich höher ist als die Zahl der Wortbildungen nach fremdem Vorbild (Lehnübersetzungen usw.). Lehneinflüsse lassen sich klassifizieren als:

1. Einflüsse auf das Schriftsystem (Einführung von Graphemen wie <æ, œ>),
2. auf das Lexikon,
3. auf die Syntax.

Die Einflüsse auf den Wortschatz lassen sich ordnen nach
a) Rang des Zeichens (Morphem, Zusammensetzung/Ableitung, Syntagma),
b) Übernahme oder Wiedergabe, und Genauigkeit der Wiedergabe,
c) Betroffensein von Ausdruck, von Inhalt oder von Ausdruck + Inhalt:

c1. nur ausdrucksseitiger Einfluß: *parfit* ‖ *perfect*; hyperkorrekt: *rime* ‖ *rhyme*; *prophane* T18C/95.

c2. nur inhaltsseitig (Lehnbedeutung, vgl. 7.6., Einflüsse oberhalb des Wortranges sind selten): *wit* nach *ingenium*, *washing* = *Baptisme* T18D/40, *poetike flouris* T29/50; vgl. den Buchtitel T14 *Timber* nach lat. *silva* 'ungeordneter Stoff, Kladde'.

c3. Inhalt + Ausdruck:

c3a. Übernahme: Grad der Anpassung und geordnet nach Rang (z.B. Fremdwort : Lehnwort, aber auch längere Syntagmen).

Fremd-: *Pasche* T18C/129; *indiuiduum* T12/16f., *Logodædali* T16/67; ·*Cymini sectores* T30/74; *Ne sutor vltra crepidam* ('Schuster, bleib bei deinen Leisten') T28/44; für noch längere Textstücke vgl. das Horazzitat T11/134-6 = T15/157 = T18H/19-21.

Lehn-: *conspicuous* T17/102; *letters patentes* T4/88.

c3b. Wiedergabe (Lehnbildungen: weiter untergliedert nach Genauigkeit der Wiedergabe und Rang):

Lehnübersetzung: *maker or Poet* T11/25; *shew bread* T18C/131 (nach Luthers *Schaubrot*); *forespeache* (= *prologus*, Lever); *consent of the Learned* T14/18 (= *consensus eruditorum*).

Lehnübertragung: *ouer-reacher* (= *hyperbole*, Puttenham); *witcraft, naysay* (= *logica, negatio,* Lever).

Lehnschöpfung: *dry mock* (= *ironia*, Puttenham), *backset* (= *praedicatum*, Lever), *fleshstring* (= *muscle*, Golding).

7.3.3 Integration des Lehnguts

Während es im Me. üblich war, daß Lehnwörter aus dem Frz. und aus dem Lat. aus der Oberschicht in die Sprache der Unterschicht durchdrangen und auf diesem Wege vielfältige Anpassungen erfuhren, läßt die Angleichung bei Entlehnungen aus lebenden westeuropäischen Sprachen im 16. Jh. nach; viele, besonders aus dem Frz. und Ital., werden wohl bewußt nicht angepaßt, weil sie als Schibboleths gebildeter Sprache empfunden wurden.

Diese Haltung gilt nicht gegenüber Entlehnungen aus den exotischen Sprachen Amerikas, Afrikas und Asiens, deren lautliche Form und nicht erkannte Morphologie bei der Übernahme oft bis zur Unkenntlichkeit verändert wurde.

Unter den Problemen, die sich bei der morphologischen Integration ergaben, ist das der Verben besonders auffällig. Waren schon me. Inkonsequenzen bei der Entscheidung deutlich, welche frz. Verbform die Basisform des Engl. ergeben sollte (T19A/17 *obeischinge*, 36 *obey*; aber T19B/10 *nurischide*, ne. *nourish*), so stellte sich besonders seit dem 14. Jh. dieselbe Frage bei Entlehnungen aus dem Lat. (Daten nach Reuter 1936):

Engl. Basisformen sollten aus dem lat. Präsensstamm abgeleitet sein, wie es Chaucers Beispiele *appropre, calcule, confeder, dissimule, encorpore* usw. und T2/1 *delyber* auch zeigen. Dagegen sind Entlehnungen lat. Partizipialformen ursprünglich auch im Engl. Partizipien; jedoch wurden schon bei Chaucer Formen wie *determinate, exaltate, preparate* als Part. und als Basisform gebraucht. Die Unsicherheit, welche lat. Form der engl. Basisform zugrunde zu legen sei, hielt in den folgenden Jahrhunderten an, wie Reuters Auszählung der Beispiele nach OED, **A-J** zeigt: 14. Jh. (44 Präs.-/20 Part.-stamm); 15. Jh. (71/81); 16. Jh. (180/407); 17. Jh. (176/645); 18. Jh. (18/75); 19. Jh. (14/72). Unterschiede nach Autoren lassen sich auch aus folgenden Zahlen ablesen: Chaucer (ca. 200/37); Caxton (300/100); Shakespeare (400/200); Cockeram (250/850); Cawdrey (175/200). Besonders Cockerams Zahlen sind jedoch durch das mechanische Ableiten von Retortenwörtern auf *-ate* (761 der 850) verzerrt.

In der frühen Zeit spiegelte das Nebeneinander der Formen auch die Herkunft aus dem Frz. : Lat., wie bei Caxtons *conduyse/conduct; corrige/correct; possede/possess*. Auch konnte geschehen, daß das Südengl. die eine, das Sc. die andere Form wählte: *conquer - sc. conquess* (T36/3); *dispose - dispone* (t36/7).

Mehr als 800 Verben existierten zu einer Zeit in beiden Formen; wo nur eine überlebte, war es in 238 Fällen der Präsensstamm (meist vor 1450 entlehnt), in 264 der Partizipialstamm. 175 überlebten als Doubletten, meist mit differenzierter Bedeutung, doch ist heute oft eine Form obsolet. *Administer/administrate, conduce/conduct, confer/collate, confound/confuse, convince/convict, esteem/ estimate, refer/relate, repel/repulse, transfer/translate* geben eine Auswahl aus den fest etablierten Paaren.

▶ **F100** Läßt sich bei den oben gegebenen Wortpaaren der Zeitpunkt ihrer semantischen Differenzierung bestimmen (OED)?

▶ **F101** Sind die in T4/40-66 besonders reich vertretenen *-ate*-Bildungen zuerst als Partizip oder als Basisform belegt?

7.3.4 **Augmentation:** *Expansion des Wortschatzes durch Entlehnung*

Als typisch für das frühe 16. Jh. kann Sir Thomas Elyot gelten, der als einer der eifrigsten Vermittler klassischen Wissens in der Volkssprache wegen der Lücken des engl. Wortschatzes zu Entlehnungen greifen mußte. Er tat dies systematisch, wie er im Vorwort zu *Of the knowledg which maketh a wise man* selbst sagt:

t48   His highnesse benignely receyuynge my boke/ whiche I
         named the Gouernour, in the redynge therof sone perceyued
         that I intended to augment our Englyshe tongue/ wherby,
         men shulde as well expresse more abundantly the thynge
5   that they conceyued in theyr hartis (wherfore language
         was ordeyned) hauynge wordes apte for the pourpose: as
         also interprete out of greke, latyn/ or any other tonge
         into Englysshe, as sufficiently/ as out of one of the
         said tongues into an other. His grace also perceyued/
10   that through out the boke there was no terme new made
         by me of a latine or frenche worde, but it is there de-
         clared so playnly by one mene or other to a diligent
         reder that no sentence is therby made derke or harde to
         be vnderstande.   1553

Die erklärende Einführung von neuen Wörtern war auch anderswo üblich: T1/11f. *commixtion and medling*; T1/21 *counterfete & likene*; T3/7f. *foundation and groundewoorke*; T16/103f. *rotation and circling*; T30/64 *Stond or Impediment*; T31E/32 *The primogenitiue, and due of Byrth* (die Doppelungen waren jedoch zum Teil auch Streben nach Ausdrucksfülle, s. u.). Wenige Autoren machten sich die Mühe längerer Erläuterungen, so Florio (T18F/61-64) und Elyot bei der Begründung von *modesty/mansuetude*:

t49   In euery of these thinges and their semblable/ is
         Modestie: whiche worde nat beinge knowen in the englisshe
         tonge/ ne of al them which vnderstode latin/ except they
         had radde good autours/ they improprely named this vertue
5   discretion. And nowe some men do as moche abuse the worde
         modestie/ as the other dyd discretion. For if a man haue
         a sadde countenance at al times/ & yet not beinge meued
         with wrathe/ but pacient/ & of moche gentilnesse: they/
         whiche wold be sene to be lerned/ wil say that the man is
10   of a great modestie. where they shulde rather saye/ that
         he were of a great mansuetude: whiche terme beinge sem-
         blably before this time vnknowen in our tonge/ may be by
         the sufferaunce of wise men nowe receiued by custome:
         wherby the terme shall be made familiare.   1531

Eine wichtige Rolle bei der Einbürgerung spielten die Übersetzungen, die zwar von Gelehrten oft bekämpft wurden (Hoby 1556: *our learned menne for*

*the most part hold opinion, to haue the sciences in the mother tunge, hurteth
memorie and hindreth lerning*), deren Wert aber sonst weithin anerkannt wurde;
vgl. Hobys Gegenargument im Vorwort zu *The Courtier*:

t50   translations open a gap for others to folow their steppes,
           and a vertuous exercise for the vnlatined to come by
           learning, and to fill their minde with the morall vertues,
           and their body with ciuyll condicions, that they may
5   bothe talke freely in all company, liue vprightly though
           there were no lawes, and be in readinesse against all
           kinde of worldlye chaunces that happen, which is the
           profite that cometh of philosophy.   1556

Unter den Gründen, mit denen Entlehnungen gerechtfertigt wurden, blieb der
Bedarf als Folge sprachlicher Lücken und unzureichender Differenzierung des
Engl. bis in die Gegenwart häufigstes Argument: so der Mediziner Boorde (T44)
mit Bezug auf die lat. Fachterminologie, der Übersetzer Florio (T18F), aber auch
der entschieden für die Volkssprache eintretende Evelyn bei nichtfachsprach-
lichen Entlehnungen aus dem Frz. (T16/112-5). Ferner wurde angeführt, auch
die Römer hätten von den Griechen entlehnt, und die Fremdheit des neuen Wortes würde sich mit häufigem Gebrauch verlieren.
    Die Tendenz zu Entlehnungen wurde durch das Stilideal der Ausdrucksfülle
(*copia verborum*) verstärkt, das seit dem 15. Jh. wichtig war, aber seit 1570 besonders in den Vordergrund trat. Diese *copia* durch pleonastische Wiederholung
ist nur möglich, wenn zahlreiche (Teil-)Synonyme zur Verfügung stehen, und
durch Entlehnungen aus dem Frz. und Lat. konnte der Bestand leicht erweitert
werden. Streben nach Ausdrucksfülle läßt sich schon an dem frühen Text T35
ablesen, wo nebeneinander gestellt sind
1. weitgehend synonyme Ausdrücke: *shewe, open, manifest, declare*;
2. Synonyme, die auf eine Klimax hin führen: *eschewe, auoyde, vtterly flye*;
3. Ausdrücke für drei aufeinander folgende Handlungen: *enquere, desyre,
   folowe*.
    Auch als gegen Ende des 16. Jh. die Diskussion um Fremdwörter viel von
ihrer Schärfe verlor, blieb es nötig, Entlehnungen zu rechtfertigen. Die Argumente sind nicht immer sehr klar oder überzeugend, wie Puttenhams Vertei-
digung in T11 zeigt. Er ließ neben Lücken des Wortschatzes als Kriterien auch
Verbreitung bei Hofe und Wohlklang gelten, verdammte aber Synonyme, die
weder Differenzierung noch schönen Klang beitrugen. Besonders der erhabene
Stil des Epos konnte nicht ohne sprachliche Pracht auskommen, und die Dichter glaubten, dies nicht ohne erlesene Fremdwörter erreichen zu können (so
noch Dryden in einer langen Passage seiner *Dedication of the Æneis* 1697,
ed. Ker 1961:234f.).

▸ **F102** Vergleichen Sie Elyots Methode der Entlehnung (t49) mit Florios (T18F).

> **F103** Überprüfen Sie Puttenhams Beispiele für notwendige Entlehnungen in T11/77-117. Sind die Wörter (oder Bedeutungen) hier zuerst belegt und standen fne. für die Inhalte keine anderen Ausdrucksmöglichkeiten zur Verfügung? Beurteilen Sie seine Kritik an *audacious* T11/129.

> **F104** Sind die von Evelyn T16/112-5 genannten Lehnwörter wirklich Beispiele für Lücken des Engl., z.b. angesichts der Übersetzungen von *Ennuy* in Cotgrave (t47)?

7.3.5 *Inkhorn terms*
(Barber 1976:81-90)

Es waren weniger die von den Wissenschaften benötigten neuen Wörter und auch nicht das in Maßen gehaltene Streben nach *copia*, die Widerstand und Spott hervorriefen, als vielmehr die Mode, latinisierte Ausdrücke (Lehnwörter oder Neubildungen aus lat. Elementen) als Zeichen gewählten Stils dort zu verwenden, wo ein engl. Ausdruck zur Verfügung stand, besonders für alltägliche Sachverhalte oder in anderswie unpassender Kommunikationssituation. Diese Mode, noch von Puttenham T11/31 als *peeuish affectation* besonders der Universitäten getadelt, wird illustriert durch das Verhalten des Oxforder Studenten in *A Hundred Mery Talys*:

t51   *Of the scoler that bare his shoys to cloutyng.*
      In the vnyuersyte of Oxonford there was a skoler y^t de-
      lytyd mich to speke eloquent english & curious termis/
      And cam to ye cobler wyth hys shoys whych were pikid
5   before as they vsyd y^t seson to haue them cloutyd &
      sayd thys wyse/ Cobler I pray the set me .ii. tryangyls
      & .ii. semy cercles vppon my subpedytals & I shall gyue
      the for thy labor/ This cobler because he vnderstode hym
      not half well answerid shortly & sayd/ Syr youre elo-
10   quence passith myne intelligence/ but I promyse you yf
      ye meddyll wyth me/ the clowtyng of youre shone shall
      coste you .iij. pence. ¶ By thys tale men may lerne y^t
      it is foly to study to speke eloquently before them that
      be rude & vnlernyd.   1526

(Der Witz wird erst voll verständlich, wenn man weiß, daß *semicircle* - noch nicht durch den Geometrieunterricht verbreitet - hier erstbelegt ist und *subpeditals* sich nirgendwo sonst findet.) Diese modisch-lat. Ausdrücke wurden seit Mitte des 16. Jh. als *inkhorn terms* verspottet und bekämpft (in t42 muß der neue Terminus noch durch *as they call them* eingeführt werden). Die klassische Textstelle für die Mode ist Wilsons *ynkehorne letter* (T4/40-66); er macht klar, welche Typen von Latinismen angegriffen wurden und daß sie nur *ein* Zeichen eines hochgestochenen, pleonastischen Stils sind, der erst nach Übersetzung ins Engl. (damals wie heute) verständlich wird. Daß der Stil in einem (wenn auch fiktiven) Bittbrief verwendet wird, spiegelt vielleicht die schon damals verbreitete Meinung, er sei 'fein' und im Umgang mit Höhergestellten angebracht. Wilson schloß die weitsichtige Warnung an, daß weiteres Latinisieren des Wortschatzes die engl. Sprache in untereinander unverständliche Soziolekte zerfallen lassen muß (T4/76-81).

Die Kritik an den Exzessen setzte sich bis um 1600 fort, auch wenn sich nach 1575 mit wachsendem Selbstgefühl für die Gleichwertigkeit der engl. Sprache übergroße Empfindlichkeit allmählich verlor. Ausführliche zeitgenössische Kritik an der überladenen latinisierten Sprache Boordes (T44) findet sich in Day (1586, vgl. T43):

```
t52     was there euer seene from a learned man a more preposter-
        ous and confused kind of writing, farced with so many and
        such odde coyned termes in so litle vttering? ... diuers
        to whome I haue showed the booke haue very hartily laughed
5       in perusing the parts of his writing.              1586
```

Inkhornism blieb jedoch ein beliebtes Schlagwort der literarischen Kontroverse: das zeigen die gegenseitigen Beschuldigungen von Nashe und Harvey. Auch Marston wurde als Crispinus in Ben Jonsons *Poetaster* Zielscheibe der Kritik, als er nach erzwungener Einnahme von Brechmitteln u.a. folgende Wörter von sich gab (vgl. Prein 1909:40):
Retrograde, reciprocall, Incubus, glibbery, lubricall, defunct, magnificate, spurious, snotteries, chilblaind, clumsie, barmy froth, puffy, inflate, turgidous, ventosity, oblatrant, obcaecate, furibund, fatuate, strenuous, conscious, prorumped, clutch, tropologicall, anagogicall, loquacity, pinnosity, obstupefact.

► **F105** Übersetzen Sie T4/40-66 in verständliches Engl. (unter Auslassung der Pleonasmen). Welche schwierigen Wörter sind hier zuerst belegt? (Vgl. Barber 1976:264.)

► **F106** Gehören die von Jonson kritisierten Wörter zu einem Typ? Welche von ihnen wären ne. noch als *hard words* anzusehen?

7.3.6 Malapropismen

```
t53     CACOZELON, an ill imitation or affectation, that is;
        when words be vsed ouerthwartly, or contrarily, for want
        of iudgement, vsed of foolish folk, who coueting to tell
        an eloquent tale, doe deface that which they would fain-
5       est beautie, men not being content to speake plaine eng-
        lish, doe desire to vse wordes borowed of the latine
        tongue, imitatyng learned men, when they knowe no more
        their signification, then a Goose, and therfore many
        tymes they apply them so contrarily, that wyse men are
10      enforced to laugh at their folly, and absurditie.    1577
```

Die Flut von lat. Wörtern hatte notwendigerweise zur Folge, daß die 'Sprachbarriere' im 16. Jh. zunehmend *ins* Englische verlegt wurde: nicht mehr allein die Kenntnis fremder Sprachen, sondern die Beherrschung des lat.-griech. Wortschatzes der eigenen Sprache wurde zum Klassenmerkmal.

Eine der Folgen war ein undifferenzierter Gebrauch der fremden Wörter - der sich dann im Nachhinein als Bedeutungserweiterung klassifizieren läßt - unter Ungebildeten durch fälschliche Gleichsetzung des Bedeutungsumfangs des fremden Wortes und seines heimischen Teilsynonyms: so werden *old, ancient* und *antique* im 16. Jh. weitgehend synonym, offensichtlich im Bestreben eines Teils der Bevölkerung, das gewähltere Wort zu benutzen (T4/50; vgl. T2/46).

Auffälliger sind Verstümmelungen von Fremdwörtern, volksetymologische Umdeutungen und Verwechslungen von ähnlich klingenden Fremdwörtern (T41/7 *prezidents* 'presence'). Hart machte als einer der ersten auf die Gefahr aufmerksam:

t54   as to say for temperate, temporall: for surrender, sul-
            lender: for stature, statute: for abiect, obiect: for
            heare, heier: certisied, for both certified, and satis-
            fied: dispence, for suspence: defende, for offende:
5   surgiant, for surgian: which is the French term *chirur-*
            gian, which is flesh clenser.   1570

Diese Fehler sind Zeichen eines weitverbreiteten (aber teilweise mißglückten) sprachlichen Emanzipationsstrebens, die von den zeitgenössischen Dramatikern oft verspottet wurden, so von Shakespeare in Mistress Quickly und Dogberry (der Prototyp, der der Erscheinung den Namen gab, Mrs. Malaprop in Sheridans *The Rivals*, kam erst 1775 auf die Bühne).

Nach den Erfolgen Cockerams und seiner Nachfolger (7.2.2) zu urteilen, war im 17. Jh. ein großer Markt für Wörterbücher vorhanden, die einfache Wörter in wohlklingende übersetzten. Dies zeigt, wie schwierig es in der fne. Zeit gewesen sein muß, die Zahl der Entlehnungen auf ein vernünftiges Maß zu beschränken. Hier ging es ja nicht mehr um die Schließung von sprachlichen Lücken zur feineren semantischen Differenzierung, sondern darum, jedem einfachen Wort ein latinisiertes Äquivalent gegenüberzustellen, mit der Gebrauchsanweisung, daß die Wahl des lat. Wortes soziales Prestige verleiht - auch wenn es für den Gesprächspartner unverständlich ist.

▶ **F107**   Sind die Typen der Wortverstümmelungen, die Hart (t54) nennt, auch in der Sprache von Mistress Quickly und Dogberry zu finden?

7.3.7 *Purismus*
   (Prein 1909, Barber 1976:90-100, Gray 1988)

Purismus im Sinne der Abwehr fremder Wörter und der Besinnung auf die Möglichkeiten der eigenen Sprache setzt einen gewissen Standard und das Gefühl für die Werte der Muttersprache voraus. Es ist deshalb nicht verwunderlich, daß puristische Strömungen bis zum Ende des Me. fehlen. Wo bis zu dieser Zeit

heimische Ausdrücke statt möglicher fremder Termini gewählt oder neu gebildet
wurden, dienten sie dem Bemühen, sich einer ungebildeten Schicht verständlich
zu machen, so besonders in Predigten und Bibelparaphrasen. Noch Tyndales
Bestreben, sich möglichst engl. auszudrücken, war Teil seines Ziels, den Jungen
am Pflug mehr von der Bibel verstehen zu lassen als die gelehrten Bischöfe.

Herausgefordert wurde eine puristische Reaktion von der Mode falscher Eloquenz, die sich in *aureate diction* des 15. Jh. und *inkhorn terms* des 16. Jh.
(7.3.5) äußerte. Die Humanisten hatten am klassischen Latein eine wohlgeordne-
te Sprache kennengelernt, die sich gegen die Überflutung griech. Terminologie
wie modischer Gräzismen erwehren mußte, andererseits aber auf die Entlehnung
der wichtigsten fachsprachlichen Termini nicht verzichten konnte. Das Verhalten
von Ascham, Wilson und Cheke (die alle zu den 'Puristen' gerechnet werden)
entsprach genau dem Ciceros: sie schrieben in der Volkssprache - keine Selbst-
verständlichkeit besonders um 1530-50 - und vermieden modische Übernahmen
und ausgefallene Wörter, gestatteten aber die Übernahme von Fachausdrücken.

Wie in seinen Versuchen, eine reformierte Orthographie zu benutzen (3.5.2),
war Cheke auch als 'Purist' sehr inkonsequent. Einerseits ging er weiter als seine Zeitgenossen in seinem Bestreben, das Engl. *vnmixt and vnmangeled* (T5/14)
zu erhalten, andererseits entlehnte er mehr als nötig und wohl auch mehr als
von ihm selbst konzediert (das Problem der unübersetzbaren Termini löste er
in seiner Bibelübersetzung durch Randerläuterungen). Auch die Praxis (und
geschichtliche Erfolglosigkeit) der wenigen anderen, die sich um eine Übersetzung lat. Termini bemühten, so Golding für medizinische, Lever für philo-
sophische und Puttenham für rhetorische Fachausdrücke (7.5.3), macht klar, daß
es im 16. Jh. in England keinen rigorosen Purismus in der Art der dt. Sprach-
vereine des 18.-19. Jh. gab. Die Position der Puristen und ihr Einfluß ist von
Prein (1909) sicher überschätzt worden; vielleicht spricht man besser mit Moore
(1910) von "unterschiedlichen Graden der Latinität".

Bei der antirhetorischen Haltung der protestantisch-puritanischen Tradition
(2.8.2) ist Purismus auch in der Sprache der Bibel und der Theologie zu erwarten. Allerdings lag hier durch die me. Bibel und die Schriften von Wyclif und
seinem Kreis seit 1380-1400 eine kontinuierliche Tradition der Kirchensprache
vor, so daß kein dringender Anlaß zu neuen Entlehnungen bestand. Auch bei der
Forderung Bischof Gardiners von 1542, 99 religiöse Termini unübersetzt zu lassen (die Liste ist abgedruckt in Partridge 1969:51), ging es um die nicht sprachliche, sondern dogmatische Frage, welche Begriffe der Interpretation der Kirche
vorbehalten bleiben sollten. Die Übersetzer der katholischen Rheims-Douai Bibel bemühten sich, die Vorwürfe möglicher Ungenauigkeit und Textferne, die
Ketzertum begünstigte, zu vermeiden. Das Ergebnis ist eine im Wortschatz,
aber auch in der Idiomatik und der Syntax eng dem Lat. verpflichtete Version,
die Worttreue sehr ängstlich auslegt (T18C/105-21; vgl. T19). Hier war die
Rechtfertigung gegen den Vorwurf vorweggenommen, der schon 1583 kam:
A. Marten sprach von *new inkpot terms* für Inhalte, die dem Gläubigen in seiner

Muttersprache wohlvertraut seien. Der implizite Vorwurf war, daß die Katholiken den Laien genau das vorenthalten wollten, was sie ihnen mit der Übersetzung (widerwillig) zu gewähren schienen.
Fremdwortsucht und puristische Reaktion blieben in abgeschwächter Form
auch Probleme des 17.-18. Jh. Im 17. Jh. mündeten puristische Stimmen ein in
die national-antiquarische Tendenz mit ihrer Vorliebe für einsilbige germanische
Wörter. Ein letzter extremer Vertreter war Fairfax, der 1674 in seiner Darstellung der Naturwissenschaften ohne fremde Wörter auszukommen versuchte:

t55   That thinking with my self, how I an English man would
      write a Book in English tongue, I made it now and than a
      little of my care, to bring in so many words of that
      speech, that the Book might thence be call'd English
5   without mis-calling it. And indeed however our smoother
      tongued Neighbours may put in a claim for those bewitch-
      eries of speech that flow from Gloss and Chimingness;
      yet I verily believe that there is no tongue under heaven,
      that goes beyond our English for speaking manly strong
10   and full. And if words be more to teach than tickle, as I
      reckon they are, our Mother tongue will get as much by
      speaking fit and after kind, as it can loose by faring
      rough and taking up the tongue to utter, and more than
      any else can gain by kembing better and running glibber.
15   Where I thought an outlandish word would be better taken,
      I have often for the Readers sake set an English by it,
      as thinking it unmeet to free my *words* upon another, in
      such a piece as where I was to leave all free, as to the
      things I spake about. Only I thought it not amiss after
20   I was once in, for the taking off that charge that some
      have too heedlesly layd upon our speech, of a patcht up
      Tongue from Lands and kinreds round about, to shew that
      a Book of thus many sheets, might be understandingly and
      roundly written, in hail and clear English, without tak-
25   ing from abroad, so much as twice so many words ... 1674

t56   either to fetch back some of our own words, that have
      been justled out in wrong that worse from elsewhere
      might be hoisted in, or else to call in from the fields
      and waters, shops and work-housen, from the inbred stock
5   of more homely women and less filching Thorps-men, that
      well-fraught world of words that answers works, by which
      all Learners are taught to do, and not to make a Clatter ... 1674

Im ^{2}17.-18. Jh. wurde das Problem weitgehend auf modische Entlehnungen aus
dem Frz. eingeengt (vgl. 7.4.2). Nur so ist die aus der Sicht der Elisabethaner
reichlich unverständliche Meinung Johnsons zu erklären, eine Rückkehr zu den
klassischen Autoren vor der Restauration bedeute eine Wendung zu den *wells
of English undefiled* (1755).

7.4 Entlehnungen aus lebenden Sprachen
(Serjeantson 1935)

7.4.1 Vorbemerkung

Das Verhältnis der Entlehnungen aus zeitgenössischen europäischen und außer-
europäischen Sprachen ist unausgewogen, spiegelt aber die kulturelle Situation
Englands zwischen 1500 und 1700, seine wirtschaftlichen Verbindungen, die
Horizonterweiterung durch die Entdeckung der Welt und schließlich Englands
Aufstieg zur Weltmacht.
Wermser (1976) hat in Ausschnitten von je 15 Jahren nach CED folgende
Zahlenverhältnisse ermittelt (S.45, hier nur die Prozentangaben):

	lat.	griech.	frz.	ital.	span.	holl.	and. eur.	außer- eur.	N
1510-24	47,8	0,6	40,7	0,9	0,9	3,4	5,3	0,3%	= 322
1560-74	54,4	3,8	31,8	2,4	1,4	1,8	2,8	1,7	= 953
1610-24	60,7	5,2	19,3	2,3	2,6	1,3	1,7	6,9	=1725
1660-74	57,7	5,9	22,5	3,1	1,4	1,4	3,4	4,6	= 974
1710-24	37,9	6,9	25,7	14,2	1,7	1,7	6,6	5,2	= 346

Abb. 19: Herkunft fne. Lehnwörter

7.4.2 Entlehnungen aus dem Französischen

Neben dem beherrschenden Einfluß des Latein wird der auch nach der me. Zeit
anhaltende Beitrag des Frz. leicht übersehen. Er hat folgende Ursachen (Lambley
1920, Kibbey 1991):
1.   Auch nach der Ablösung des Frz. als Standardsprache 1350-1450 blieb frz.
     üblich in Dokumenten und bes. bei Gericht (als *Law French*) bis ins 17. Jh.
2.   Frz. fehlte zwar im Curriculum der *Grammar Schools*, seine Kenntnis war
     aber (mit Abstand vor Ital./Span.) dank frz. Tutoren, oftmals Emigranten, im
     Adel weit verbreitet. Lange vor den muttersprachlichen erschienen viele
     Frz.-Grammatiken schon im frühen 16. Jh. (1521 Alex. Barclay, 1530 Pals-
     grave, 1533 Duwes, usw.). Neben den *Grammar Schools* bestanden Privat-
     schulen, die von frz. Emigranten geleitet wurden.
2a. In Schottland war Frz. in Grundschulen und *Grammar Schools* weiter ver-
     breitet, auch als Konversationssprache.
3.   Frz. Emigranten (meist Protestanten) strömten besonders im 16. Jh. ins Land
     (als 5% der Londoner Bevölkerung Franzosen und Flamen gewesen sein
     sollen) und nach der Aufhebung des Edikts von Nantes (1685).
3a. Nach der Rückkehr der engl. Bürgerkriegs-Emigranten nach 1660 erreichte
     die Gallomanie in England einen Höhepunkt (zumal frz. Kultur auch sonst-
     wo in Europa als vorbildlich galt). Zu den Rückkehrern zählten Waller,

Denham, Cowley, Hobbes und Fanshawe und später Rochester, Wycherley und Vanburgh.

4. Nicht nur frz. Originalliteratur (besonders Romanzen) blieben in England weit verbreitet, auch der Großteil der griech. Literatur und eine größere Anzahl lat. Werke wurde jedenfalls im 16. Jh. nicht aus den Originalsprachen, sondern aus frz. Übersetzungen ins Engl. übertragen (so Caxtons *Aeneidos*, T2, und Sir Thomas Norths Übersetzung von Plutarchs *Leben*).

Daß die Zahl der Entlehnungen nicht notwendigerweise etwas mit der Reaktion der Sprachbenutzer zu tun hat, zeigt ein Vergleich des 16. und 17. Jh.: So richteten sich puristische Bestrebungen im 16. Jh. gegen Latinismen, ließen aber die Menge der frz. Entlehnungen unerwähnt (vielleicht wegen der größeren Unauffälligkeit - auch wenn Angriffe gegen die Modetorheit der *oversea language* wie T4/14 das Frz. einschloß). Dagegen erzeugte die frz. Welle 1660-1760 heftige Reaktionen, obwohl die Zahl der frz. Lehnwörter nicht übermäßig groß war (7.4.1).

Allerdings lesen sich die frz. Entlehnungen der Zeit wie ein Stück Kulturgeschichte, so ausgewählte neue Wörter zu 1673, 1676, 1699 im CED:

1673 *billet-doux, dishabille, double entendre, minuet, naiveté, ridicule, suite.*
1676 *chicane, couchee, faux pas, pis aller, routine.*
1699 *atelier, bijou, bureau, fiacre, tableau.*

Vieles war wohl Modesprache des Hofes, wurde aber von den Dichtern der Restaurationszeit aufgenommen, die den Wörtern dauernden Gebrauch sicherten - nicht zufällig häufen sich die Belege 1673, dem Erscheinungsjahr von Drydens *Mariage a la Mode* und Wycherleys *Gentleman Dancingmaster*, und 1676, als Wycherleys *Plain Dealer* und Etheregees *Man of Mode* erschienen.

▶ **F108** Überprüfen Sie am OED die Quellen (Erstbelege) der oben genannten Wörter. Analysieren Sie die Funktion der Gallizismen in *Mariage a la Mode* iii.1. Inwiefern ist das Kriterium des ersten gedruckten Beleges hier besonders irreführend?

Die Funktion der frz. Lehnwörter wandelte sich in fne. Zeit von notwendigen und durch alle Schichten verbreiteten Lehnwörtern zu fremden Wörtern, die Prestige und Zugehörigkeit zu einer gebildeten Schicht anzeigten. Dies wird auch deutlich an der nach 1550 nicht mehr erfolgten Anpassung an die engl. Lautstruktur, oft nicht einmal an den Bestand der engl. Grapheme.

▶ **F109** Wann sind *machine, éclat, abandon* und *manœuvre* erstbelegt, und inwiefern zeigen sie mangelnde Integration? Was sagen die Formen von *gentle, genteel, jaunty* (alle aus frz. *gentile*) über die Zeit der Entlehnung aus?

7.4.3 Entlehnungen aus anderen lebenden Sprachen

Lehngut aus den anderen europäischen Sprachen ist zahlenmäßig weit geringer und - anders als beim Frz./Lat. - auf spezifische Sachgebiete beschränkt, wie in absteigender Häufigkeit aus dem Ital. (Militär, Architektur, bildende Kunst,

Musik, Handel), dem Span. (fremde Gegenstände und Sitten) und dem Niederl./ Fläm. (Schiffahrt, Handel, Militär).

Obwohl Span. und Ital. als Fremdsprachen in England im 16. Jh. recht weit verbreitet waren, wurden viele Wörter aus diesen Sprachen nicht direkt aufgenommen, sondern durch das Frz. vermittelt.

Indirekt waren auch fast alle Entlehnungen aus überseeischen Sprachen, wie aus dem Arab. (über das Frz., Span.) oder aus Amerika, Afrika und Asien (meist über das Span.); jedoch ermöglichte die Gründung der *East India Company* (1600) die ersten direkten Entlehnungen aus indischen Sprachen, ebenso wie die erste Dauersiedlung auf amerikanischem Boden seit 1607 und die Fahrt der Pilgerväter (1620) die ersten Gelegenheiten zum direkten Sprachkontakt mit nordamerikanischen Indianersprachen ergaben.

▶ **F110** Inwieweit sind Zeitpunkt, Quellen und Inhalt der folgenden Lehnwörter kennzeichnend: *racoon* 1608, *opossum* 1610, *moccasin, pemmican* 1612, *moose* 1613?

Reiseberichte, wie der Hortrops (T48), gehörten zu den beliebtesten Lesestoffen der fne. Zeit. Bei aller Fehlinformation (T48/116-23) brachten die Entdeckungsreisen eine große Erweiterung des Horizonts, die sich auch sprachlich niederschlug. So ließen sich lange Listen aus den Bereichen Nutzpflanzen, Tiere, fremde Gebräuche, Gebäude und Würdenträger usw. zusammenstellen (Serjeantson 1935:213-58). Als Beleg seien hier die neuen Wörter aus dem Bereich Nahrungs- und Genußmittel eines einzigen Jahres (1598) genannt: *ananas, cashew, coffee, curry, papaw, sardelle.*

▶ **F111** In welcher Schreibung und auf welchem Wege (Ausgangs- und Mittlersprachen) sind die erwähnten Wörter ins Fne. gelangt? Spiegelt der Weg die kulturgeschichtlichen Gegebenheiten? Ist die Konzentration der Neuentlehnungen um 1600 zufällig?

▶ **F112** Wann finden sich die Erstbelege für *articoke, banana, potato, tea, tobacco, tomato?*

7.5 Wortbildung

7.5.1 *Grundsätzliches*
(Görlach ²1982:73-77, Bauer 1983)

Wortbildung ist von Flexion und Syntax durch den Begriff des Wortes abzugrenzen. Schwierigkeiten formaler Art ergeben sich dabei bei Abgrenzung der Nullableitung gegenüber Funktionserweiterung (7.5.6) oder bei Unterscheidung von Komposita und festen Wendungen. Insbesondere ist die Entscheidung wichtig, ob Wortbildung im engeren Sinn verstanden werden soll, die nur lexikalische Einheiten beschreibt, die aus kleineren Zeichen aufgebaut sind, wie Komposita (freies + freies Morphem), Zusammenbildungen (freies + freies + gebundenes Morphem), Ableitungen (Affix + freies Morphem) und Nullableitung (freies Morphem + Ø). Oder sollen, nach einer weiteren Definition, auch die folgenden

Typen eingeschlossen werden: Rückbildungen, *clippings* und *portmanteau words* (*blends*); Wortschöpfungen auf submorphemischer (meist lautmalender) Grundlage (*phonaesthemes*); Akronyme und andere Kunstwörter; sowie Wortbildungen, die nicht analysierbare Reste enthalten: mit blockierten Morphemen (Wochentage, Beeren), auf fremder Grundlage (*exorc+ist* 1382, *+ism* 1450, *+ize* 1546), oder morphologisch angepaßte Entlehnungen (wie viele von Cockerams Neuwörtern, vgl. 7.2.2)?

▸ **F113** Wie sind die Wörter in T1/14, wie die der folgenden Liste von Wilkins zu beschreiben?

t57   Sensible Quality perceptible by the Ear, together with
      the Privation of it, is styled by the name of
      SOUND, *Noise, resound, Report, Coil, Rout, Racket, blow,*
      loud, dinn, quetch, Echo, Euphony. To which may be ad-
5   joyned those natural words (*fictitia à sono*) *bounce,*
      buz, chatter, chink, clack, clap, clash, clatter, click,
      clink, crash, crush, ferk, hum, hiss, jar, jingle, jerk,
      knock, rattle, ruffle, rumble, russle, clutter, lash,
      pipe, ring, scream, shriek, snap, squeak, squall, roar,
10   *thump, toot, twang, thwack, tinkle, wheez, whimper, whip,*
      whine, whistle, yell.   1668

Folgende Einzelprobleme der Wortbildung verdienen für das Fne. besondere Aufmerksamkeit:
-   Wieweit sind Aussagen über Analysierbarkeit von Wörtern möglich?
-   Läßt sich Produktivität von Wortbildungsmustern nachweisen, und ist dieser Nachweis nur statistisch möglich?
-   Gibt es phonologische, morphologische, syntaktische oder semantische Restriktionen?
-   Wie weit reicht der Einfluß fremder Vorbilder (z.B. des Lat.)?
-   Sind bestimmte Wortbildungstypen kennzeichnend für einzelne Stile oder Autoren, oder sind sie zumindest gehäuft in ihnen zu finden?
-   Wie entwickeln sich konkurrierende Muster bzw. die nach ihnen geformten Lexeme in fne. Zeit (und bis ins heutige Engl.)?
-   Welche Rolle spielt die Etymologie (oder andere Kriterien der Grammatiker) bei der Bevorzugung bestimmter Muster, z.B. in der Frage der hybriden Bildungen?
-   Läßt sich diachronisch ein Wandel im Status von Morphemen (frei → gebunden, Kompositum → Lexem) feststellen?

Analysierbarkeit und Produktivität. Die Mehrheit der ins Me. aufgenommenen Lehnwörter war für den gebildeten Sprecher schon bald nach der Übernahme analysierbar, d.h. in kleinere Zeichen zerlegbar: *agree, +able, +ment.* Jedoch war die Zahl der Neubildungen mit fremden Suffixen me. noch gering: der Typ *faithful* geht dem Typ *lovable* voran. Die Produktivität der Affixe lat./frz./griech.

Herkunft war im wesentlichen eine Erscheinung des 16. Jh., und selbst dann verboten Restriktionen die Verbindung der meisten Affixe mit heimischem Stamm. Produktivität ist für historische Sprachstufen vor allem aus der Zahl der belegten Neubildungen, ihrer Frequenz in Texten und aus der Art dieser Texte zu erschließen. Die Einschätzung wird erschwert durch die Fragwürdigkeit der Erstbelege (7.1.2). Daß Analysierbarkeit und Produktivität für jede Epoche neu bestimmt werden müssen, zeigt nicht nur die Tatsache, daß alte noch analysierbare Muster unproduktiv werden können (Typ ne. *hard : hardship*), sondern auch, daß Komposita und Ableitungen in ihrer Bildung verdunkelt werden: T21/120 *hallfett* 'Stirn' < ae. *healfhēafod*; T40/30 *sterope*, ne. *stirrup*, < ae. *stīgrāp*; vgl. dt. *Stegreif*). Von Flexion unterscheidet sich Wortbildung auch dadurch, daß nicht alles, was das System zuläßt, auch akzeptabel ist. Dies Kriterium setzt das Vorhandensein einer lexikalischen Norm voraus. Da aber im 16. Jh. keine wirksame Kontrolle durch Grammatiker oder Wörterbücher gegeben war, blieb nur der Test durch den Gebrauch der sprachfreudigen Sprachgemeinschaft (vgl. damit das Innovationen gegenüber zurückhaltender eingestellte 18. Jh.). Erwartungsgemäß finden sich deshalb im Fne. viele vollkommen durchsichtige, aber ne. nicht mehr übliche Vokabeln, die die große Freiheit, aber auch die Unsicherheit des Fne. bei der Bildung neuer Wörter illustrieren.

> ▸ **F114** Was macht die Bildungen T1/20 *yongth*, T3/25 *bestnesse*, T5/22f. *vnperfight*, T7/61 *perfectnesse*, T8/57 *nedefull*, T14/79 *overmuchnesse*, T27/67 *wordish*, T41/69 *likesum*, T45/47 *theiflie*, T46/54 *vnhonest* und besonders die folgenden auf *-able*: t49/1 *semblable*, T11/8 *disciplinable*, T20/93 *deceyuable*, T42/133 *steadable*, T45/49 *feuerable* ne. ungewöhnlich?

Geringste Restriktionen bestanden offensichtlich bei der Ableitung von Verbalsubstantiven auf *-ing* und - zunehmend frei - bei *er*-Ableitungen, die für den Täter einer Handlung neben schon bestehende Berufsbezeichnungen traten: T5/32 *ouerstraight a deemer of thinges*; T6/76f. *causers of our present maner of writing*; T8/168f. *the* English *vtterer... foren vtterer*; T8/171 *a great welwiller*; T42/46f. *sinistar whisperars, nor busy troblars of princis states*; T41/20 *a priar in at the chinks* (6.3.5).

> ▸ **F115** Sind die oben zitierten *er*-Bildungen im OED verzeichnet? Ließe sich für eine mögliche Nichtaufnahme ein lexikographischer Grund nennen? Vergleichen Sie die Behandlung der fne. sehr produktiven Adj.-Bildungen mit *over*-.

Blockierung von Neuableitungen. Das Vorhandensein eines Wortes verhindert meist die Neubildung einer vom System her möglichen Konkurrenzbildung (**warmness wegen *warmth*). Das Fehlen einer lexikalischen Norm im Fne. und die offensichtliche Freude an Neubildungen hat jedoch dazu geführt, daß dies Ökonomieprinzip vielfach durchbrochen wurde (die Jahresangaben beziehen sich jeweils auf intrs./trans. Gebrauch): *to glad* ae./ae., *gladden* 1300/1558, *englad* -/1523, *engladden* -/1874, *beglad* -/1617. Die Tatsache ist ne. verschleiert, wenn (wie im Falle ähnlicher Fülle von Ableitungen mit *light*) die Vielfalt bestehender Formen zur späteren semantischen Differenzierung genutzt wurde. Vorhandene Lehnwörter blockieren in gleicher Weise Neubildungen. So gibt es engl. kein 'häuslich' = ****housy/**housely** wegen *domestic*, kein **springly wegen *vernal*, nur dichterisch *skyey, skyish* (beide zuerst bei Shakespeare) wegen *celestial* - auch wenn *fleshly/carnal, bodily/corporeal, heavenly/celestial, kingly/royal, regal* oft bedeutungsdifferenziert nebeneinander bestehen.

Darüber hinaus war das Engl. (im Gegensatz zum Lat.) von seiner Struktur her zumindest seit dem Me. nicht zu Ableitungen N → Adj. genötigt: seit dem Fne. trat zunehmend auch N in der Funktion des *premodifier* auf. Die schwerfälligen Latinismen in T4/40-66 *dominicall, scholasticall, pastorall* sind unnötig, da die Inhalte engl. überhaupt nicht durch Adj. ausgedrückt werden müssen (*scholasticall panion = schoolfriend*).

7.5.2 Dichterischer Stil und Wortbildung

Dichterische Traditionen prägen zu verschiedenen Zeiten verschiedene Stile auch in der Wortbildung, was zur Folge hat, daß bestimmte Typen ausschließlich oder vorwiegend textsortengebunden erscheinen. Was als *poetic diction* zu gelten hat, entscheidet sich für jede Generation und für jede literarische Gattung neu. Für das Fne. kann die Erscheinung an drei Typen illustriert werden:
1. Sidney preist T27/88f. die Fähigkeit des Engl., Zusammensetzungen zu bilden. Seine eigene Praxis in diesem Text zeigt, daß er dabei besonders an Adjektive gedacht hat, die (homerisch, aber über die Dichter der Pléiade/Ronsard vermittelt) als Epitheta in der Stellung vor N dienen (T27: *honny-flowing, Curtizanlike painted, winter-starued*). Die Aeneisübersetzung von Lewis (T21/83ff., 262ff.) zeigt mit *fine-meshed, keen-nosed, high-spirited, foam-flecked*, daß diese Bildungen bis in die Gegenwart hinein als angemessen für epischen Stil empfunden werden (vgl. Miltons *rushie-fringed banck*, t29).

Poetizität erhalten diese Komposita durch ihre Neuheit oder Variation literarischer Vorbilder und durch die semantisch oder syntaktisch ungewöhnliche Verbindung. Daneben gibt es denselben Wortbildungstyp in anspruchsloser Verwendung; auch seine Bildungen nehmen in fne. Zeit stark zu: *a stiffe nekkit people* (2.5 Zitat James VI); t47/7 *a short-neckt, and sharp-houued (...) beast*; t47/47 *rough-bodied*; t55/5f. *our smoother tongued Neighbours*.

▶ **F116** Stellen Sie alle Komposita der Vergilübersetzungen T21 zusammen. Welche Typen und welche Traditionen ergeben sich? Inwiefern unterscheidet sich Stanyhurst mit seinen Bildungen *catch toyls, huntspears, quicksenting, galloper horsman, smocktoy, hearelocks* von anderen Übersetzern?

2. Seit Spenser wurden Ableitungen mit dem Präfix *em-/en-* besonders häufig; in vielen Fällen traten diese Bildungen an die Stelle von schon vorhandenen Verben, oder sie variierten eine vorhandene Bildung durch Austausch des Stamms (7.5.5).

3. Besonders im 17. Jh. wurde es üblich, *-y* Adjektive als Epitheta zu verwenden (*forky Lightnings* T21/248). Daneben kommen in Drydens Übersetzung allein von Buch 4 vor (Auswahl): *tusky boar, wintry deluge/winds, airy race/quarrel, starry skies, piny forest, fishy food, wreathy spear, sulphury flame, watery war, snowy fleeces, snaky locks, cloudy front, balmy sleep, downy wings, rosy skies.*

▸ **F117** Welche dieser Ableitungen sind als poetisch anzusehen, durch Tradition, durch die Semantik der Ableitungsbeziehung oder durch die spezifische Kollokation?

▸ **F118** Was macht *skaly rind* T34/41 und *rushie-fringed banck* t29 poetisch?

7.5.3 *Fremde Einflüsse in der Wortbildung*

Schwer einzuschätzen ist der Einfluß fremder Sprachen genereller Art, wo er sich nur in steigenden Häufigkeiten ausdrückt. Ein Fall ist vielleicht die zunehmende Ableitung von Adjektiven aus N, ein Bildungstyp, der im Lat. weitaus häufiger ist als im Engl. (T4/40-66).

Nachweisbar sind Nachahmungen lat. abgeleiteter Verben (Trnka 1930:14), die allerdings nicht die Aufnahme auch des fremden Wortes verhindern: *ineye* (1420-1708, *inoculate* 1420-); *innew* (1432, *innovate* 1548); *in-/embreathe* (1382, 1529-, *inhale* 1725); *inbread* (1547, *impane* 1547); *embody* (1548, *incorporate* 1398); *enoil* 1420-1647, nach frz. *enhuiler*).

Die Möglichkeiten der Zusammensetzung und Ableitung wurden im Engl. des 16. Jh. wieder stärker bewußt und auch angewandt, besonders als Alternative zur Entlehnung. So erklären sich Chekes (ca.1550) *hunderder* für *centurion, biwordes* für *parables*; Lever wagte in *The Arte of Reason, rightly termed, Witcraft* (1573, doch wohl um 1550 geschrieben) den Versuch, die Logik mit engl. Wörtern und neuen Zusammensetzungen darzustellen, und Golding, der eine von Sidney begonnene Übersetzung beendete, prägte *fleshstrings* für *muscles*. Puttenham (1589) fühlte sich zu Paraphrasen der rhetorischen Termini gezwungen, weil sein Buch an ein ungeschultes Publikum gerichtet war; die Umschreibungen waren jedoch nur als Verständnishilfe, nicht als Ersatz der lat./ griech. Fachausdrücke gedacht: *cooko-spel* (epizeuxis), *crossecouple* (synesiosis), *dry mock* (ironia), *false semblant* (allegoria), *misnamer* (metonymia), *ouerlabour* (periergia), *ouer-reacher* (hyperbole), *redouble* (anadiplosis), *rerewarder* (hypozeugma), *ringleader* (prozeugma), *single supply* (zeugma), *turn tale* (apostrophe).

Die Autoren waren sich der Gefahr bewußt, daß die vorgeschlagenen Bildungen fremd klangen und belächelt werden konnten, gingen aber von der richtigen Annahme aus, daß sich die Fremdheit (wie bei Fremdwörtern) bald verlieren, die Einbürgerung aber durch die Durchsichtigkeit der Bildungen erleichtert würde.

Es fällt auf, daß nur Cheke und Hart sich meist an der Form des zu ersetzenden fremden Wortes orientierten (Lehnübertragungen vorschlugen), während Lever, Golding und Puttenham oft viel freier den Inhalt des Fachwortes paraphrasierten, Bildungen, die als Lehnschöpfungen einzuordnen wären (*fleshstring*).

► **F119** Klassifizieren Sie die bei Jones 1953:108, 129, 136 zitierten Beispiele nach der Genauigkeit der Wiedergabe als Lehnübersetzungen, Lehnübertragungen und Lehnschöpfungen.

7.5.4 Konkurrierende Muster und das Problem hybrider Bildungen

In fne. Zeit wurden fremde Ableitungsmorpheme im Engl. zunehmend produktiv, wenn auch die Mehrheit ausschließlich oder überwiegend zur Ableitung von fremden Stämmen benutzt wurden. Jedoch ergab sich zusammen mit synonymen engl. Ableitungsmorphemen eine Fülle oft redundanter Bildungen. So standen z.b. bei den folgenden Typen mehrere Möglichkeiten nebeneinander:

a) Adj → N (abstrakt): *-th, -head, -hood, -ness, -ship; -ment, -esse, -ity/acy, -ion, -ure*, etc.
b) N/V → Adj: *-y, -ish, -ful, -ly, -like; -al, -ous, -ic.*
c) N/Adj → V: *be- Ø, en- Ø, -Ø; -ize, -(i)fy.*
d) N/Adj → V (privativ): *-Ø, un-/dis- Ø, dis- ize.*
e) Adj → Adj (negativ): *un-; in-, dis-.*

Im Fne. finden sich deshalb viele heute ungewöhnliche oder nicht mehr akzeptable Wörter aufgrund einer der folgenden Entwicklungen:
1. Bei Synonymen setzte sich *eine* Form durch: †*hardiesse* 1340-19. Jh., *hardihead* (1579 Spenser), *hardihood* (1634-), †*hardiment* (1384-1600), *hardiness* (1634-; *rare*), †*hardiship* (1240).
2. Bei parallelen Bildungen trat Bedeutungsdifferenzierung ein: *height* (ae.), †*thighth* (T34/24) : *highness* (ae.) - vgl. dt. *Höhe : Hoheit*; *hardship* (1225) : *hardness* (ae.).
Auf die Lebensfähigkeit der Ableitungen wirkten sich offensichtlich verschiedene Faktoren aus:
1a. Grad der Produktivität des Musters zum Ne. hin: so das Vorherrschen von *-ness* in Gruppe a).
1b. Bedeutungsentwicklung des Ableitungsmorphems: so machte die Beschränkung der *-ish* Ableitungen auf negative Wertung seit dem 17. Jh. *soulish* (T8/6) unmöglich.
1c. Die Tatsache, daß eine konkurrierende Bildung nach Verbreitung und Bedeutung fest im Engl. verankert war (*freedom*).
1d. (Seit dem späten 17. Jh.) die Frage, wieweit die Bildung lat./griech. Mustern entsprach, bzw. ob die Ableitung Morpheme verschiedener Herkunft kombinierte; besonders wirksam, wo alternative Ableitungsmöglichkeiten vorhanden waren, wie bei negativierendem *un-/in-*, oder bei *-ness/-ity, -ion.*
1e. Phonologische und morphologische Restriktionen. So ist (entgegen 1c.) *in-* unmöglich vor weiterem *in-*: *unintelligent, disinterested; to womanish* (T26/79) ist ne. nicht möglich wegen der Restriktion, daß von *-ish* Adjektiven keine Nullableitungen vorkommen.

1f. Punktuell wirksame Analogien oder Assoziationen (z.B. die zu große Nähe zu Tabuwörtern; ausdrucks- oder inhaltsseitig);
1g. (In Einzelfällen) Bewahrung als Folge des Gebrauchs durch einen bekannten Autor (Zitatwirkung).

7.5.5 Ableitungen: Verben auf -ate, -ize, be-, en-, dis-

Als typische Bildungen der fne. Zeit seien diese fünf Verbtypen dargestellt. Eine Auszählung der Erstbelege der Jahre 1598-9 (CED), aufgeschlüsselt nach Autoren, ergibt:

	BE-	*DIS-*	*EN-/EM-*	*-ATE*	*-IZE*
Shakespeare (Schäfer 1973)		*-hearten*	*en- schedule entame*	*deracin-*	*diamond- model-*
Ben Jonson		*-cloak -gallant -title*	*enstyle engallant*	*remonstr-*	*diamond- model-*
Nashe, *Lenten Stuffe* 1599	*-shackle*	*-terminate*	*embarrel endungeon ensaint* (+2)	*adequ- decurt- diluvi- releg-*	*document- paralog-*
Sylvester, *Du Bartas* 1598	*-bless -cloak -cloud -hem -rinse*	*-leaf -pair*	*embright*		*champion- crystall- german- idol- polygam-*
Florio, *Dictionary* 1598	*-cacke -flour -meale -lome -smother*	*-acknow- ledge -adorn -enamour -entangle -establish -infect*	*entrammel*	*disintric-*	*art-*
E.Sandys, *Europæ - Speculum* 1599		*-friar*	*enfree enfroward*	*altern- commemor- specul-*	*epitom- histor-*
A.M., Übs. Gabelhouer's *Booke of physicke*				*decoll- degust- urin- vulner-* (+2)	

	BE-	DIS-	EN-/EM-	-ATE	-IZE
andere	-ash -dare -gall -mist -wreath ...	-afforest -attire -encumber -live -wit ...	encoffin	compassion- concaten- exor- preponder-	humor- polit- satan- spaniol-
vgl. 1580-9 1590-9 1600-9	9 (+20) 11 (+30) 15 (+16)	24 50 38	15 (+4) 45 (+30) 31 (+20)	29 65 79	10 50 32

Abb. 20: Ausgewählte Muster von verbalen Ableitungen 1598-9 (Zahlen in Klammern: ohne Haupteintrag in OED, ausgezählt für *be-*, *en-/em-*)

▶ **F120** Geben Sie eine entsprechende Aufstellung der Einträge für 1593 im CED.

-ate (Marchand [2]1969:256, Reuter 1936, vgl. 7.3.3)

-ate erscheint selten als Suffix (*URINATE, COMPASSIONATE* - Beispiele aus der Tabelle im folgenden in Großbuchstaben). Häufiger tritt es als Wortausgang bei lat./griech. Neuentlehnungen (oder neolat. Neubildungen) auf, die zunächst meist als Partizipien klassifiziert wurden (7.3.3), bis um 1530 die Mehrzahl der *-ate* Wörter als engl. Basisform aufgenommen wurde - auch wenn sich die Bildung von Prät.-/Partizipialformen auf *-ated* nur zögernd durchsetzte. Schon in Wilsons Brief (T4) bildeten *-ate* Wörter einen Großteil der als latinisiert kritisierten Beispiele; sie blieben der häufigste Typ auch in den Scheinentlehnungen der Wörterbücher des 17. Jh. (Cockeram) und dementsprechend Hauptangriffspunkte der Kritik. Oft stellten *-ate* Wörter Doppelungen schon vorhandener Lexeme dar (*attemptat* T11/130), so auch nach *-ize* (*pulverizate*) und wurden später als funktionslos wieder aufgegeben. Der enge Zusammenhang zwischen *-ate v.* und *-ation n.* erlaubt es nicht immer, die Richtung der Ableitung zu bestimmen: historisch sind wohl eine große Anzahl der Verben als Rückbildungen aus vorhandenen N auf *-ation* zu klassifizieren.

▶ **F121** Zählen Sie nach dem Glossar der Everyman-Ausgabe von Th. Elyot, *The Governour* das Verhältnis der Wortarten V: Part. unter den *-ate* Belegen aus.

-ize (Marchand [2]1969:318-9)

Waren die frühen Entlehnungen bis ins 15. Jh. oft nicht analysierbar (*baptize*), so wird mit Ende des 16. Jh. *-ize* zunehmend von denen als produktives Suffix gebraucht, die das griech. Suffix *-izein* (und das frz. *-iser*) in ihren verschiedenen Verwendungen kannten (*petrarchize* 'schreiben wie ...', *GERMANIZE* 'übersetzen ins ...'). Bildungen dieser Art breiteten sich besonders in den Wissenschaften aus (Literatur, Medizin, Naturwissenschaften, Theologie), wo sie (nicht immer in derselben Bedeutung) mit Nullableitungen in Konkurrenz traten (*equalize* 1590 = *to equal* 1590, *civilize* 1601 = *to civil* 1591, *MODELIZE/to model* 1604, *CHAMPIONIZE/to champion* 1605). Basis der Ableitung war fast ausschließlich ein frz./lat. Stamm (vgl. aber *womanize* 1593).

Daß nicht allein Bedarf, sondern auch sprachliche Mode bei *-ize* Bildungen im Spiel war, zeigt deutlich der Streit zwischen Nashe und Harvey, der Nashe die Erklärung von dem größeren Wohlklang der *-ize* Wörter über heimische Bildungen abnötigte:

> (They) carrie farre more state with them then any other, and are halfe so harsh in their desinence as the old hobbling English verbs ending in R (*Christs Tears*, [2]1594, pref., nach Jones 1953:210f.)

Die *-ize* Bildungen stellten die zweitgrößte Gruppe der *dictionary words* des 17. Jh. (teilweise wurde *-ize* auch irrtümlich zur Einbürgerung lat. Verben auf *-ire* verwendet); wie bei den *-ate* Verben verschwanden auch hier zahlreiche Doubletten in der Zeit des Klassizismus.

be- (OED, Franz 1939:103-4, Marchand [2]1969:146-8)

Seit ae./me. Zeit hatte dieses Präfix (in Verbindung mit Nullableitung oder nicht) vor allem drei Funktionen (vgl. das verwandte dt. *be-*); die Produktivität des Musters stieg aber erst seit 1580 wieder sprunghaft an, offensichtlich als Folge einer literarischen Mode:
1a. 'bedecken, umgeben mit': *BECLOUD, BEMIST, BE-ASH*; T20/102 *bedew.*
1b. 'versehen mit': *BESHACKLE.*
2. 'Transitivierung vorhandener Verben': *bemock* 1607, *BEDARE.*
3. 'faktitive Ableitung von Adj.': *bedim.*
4. 'intensivierend' : *BEBLESS; bebaste* (T32/62, vgl. T32/31), *besprinckle.*

Daneben trat (fne. weitgehend als neues Muster) 'betiteln als': *bemadam, bewhore* 1604, *belord* 1586.

Da viele dieser Funktionen auch von -∅ allein getragen werden konnten, traten *be-* Ableitungen häufig neben Nullableitungen, d.h. das Präfix wurde (wie *a-* in *agreued/greued* T4/87, 92) zunehmend als metrisch nützliche, aber inhaltsentleerte Silbe betrachtet (so in *BEBLESS?*).

en-/em- (OED, Marchand [2]1969:162-4)

Die frühen Vokabeln bis 1450 waren Entlehnungen aus dem Frz., danach wurden im Fne. besonders drei Typen äußerst produktiv:
1. (mit lokaler Bedeutung von *en-*) 'einschließen in' *en* + N/Adj + ∅: *EN-COFFIN, ENDUNGEON; embay* T24/62.
2. 'in einen Zustand versetzen' *en* + Adj/(N) + ∅: *ENSAINT, ENFREE, embase* T16/81.
3. 'intensivierend' (OED "in poetry often merely to give an additional syllable") *en* + V.

Die Form des Präfixes (*en-/em-*) erscheint je nach lautlicher Umgebung; die Variante *in-* wird zunehmend durchgeführt bei Verben, deren lat. Charakter deutlich ist (*include/enclose*).

dis- (OED, Marchand [2]1969:158-61)

Für die privative Verwendung (die Ableitung beinhaltet die Umkehrung des Inhalts der Basis) finden sich wenige Beispiele unter Nullableitungen (*to stone* 'entsteinen'). In fne. Zeit wurden zuerst die Bildungen mit *un* + N/Adj + Ø, darauf die mit *dis* + N/Adj + Ø/*ize* ausgebaut, ohne daß eine der Möglichkeiten die durchgängige Produktivität von dt. *ent-* erreichte. Resultierende Mehrfachableitungen wie *disthronize* 1583, *disthrone* 1591, *dethrone* 1609, *unthrone* 1611 spiegeln die Unsicherheit.

▸ **F122** Sind die als Alternativen zu *dis-* Ableitungen der Tabelle belegten *uncloak* 1598, *unleave* 1589, *unwit* 1604 Synonyme? Vergleichen Sie diese Bildungen mit den Ableitungen *unhand* T31B/69 und *untune* T31E/35.

7.5.6 Nullableitungen
(Marchand [2]1969:359-89)

Der fne. fortschreitende Abbau von Flexionsendungen ließ immer mehr Wortformen über die Wortartgrenzen hinweg homonym werden (*love/love, loves/loves*): die Definition der Wortart verlagerte sich zunehmend von der Formenlehre in die Syntax. Auch wenn Nullableitungen ae./me. üblich waren, wurden im 16. Jh. offensichtlich weitere Restriktionen abgebaut: die Freiheit des Fne. scheint nicht in der Frequenz der Nullableitung (die Anteile an der Summe der Neuwörter blieb über die Jahrhunderte etwa stabil), sondern in der formalen und semantischen Freiheit zu liegen, mit der das Muster angewendet wurde, vgl. die eigentümlichen Nominalisierungen Spensers (*the adorn, detain, implore, repent, covetize, riotize*), oder die Verbableitungen Nashes von formal als N gekennzeichneten Basen (*to exception, remembrance, supplication, intercession, commotion*).

Da diese Ableitungen redundant neben vorhandene gleicher Bedeutung traten, ist deutlich, daß sie nicht aus einem sprachlichen Bedarf heraus gebildet wurden.

Nashs Bildungen stehen in eindrucksvollem Gegensatz zu den Angaben Gils, der 1611 als erster Grammatiker auf Nullableitungen des Typs N + Ø → V aufmerksam machte; er schränkte die Möglichkeit aber auf Fälle ein, wo ein *nomen commune uere nostrum* vorliegt (d.h. keine Neuentlehnung aus dem Frz./Lat.) und nannte nur die seit Jh.en vorhandenen Ableitungen *worship, cloak, fish, house* [s/z], *bed, board, flower*.

Früher noch weist Carew (T12/110ff.) auf Nullableitungen hin, die er als besonderen Vorzug des Engl. gerade auch bei entlehnten Wörtern pries (nicht alle seine Beispiele sind wirklich Lehnwörter!). Sein Beispiel *to cross* kann aber neben den Vorzügen dieser Art der Ableitung auch die semantischen Probleme deutlich machen. Laut OED bedeutete *to cross* um 1595 (frühere und spätere Bedeutungen in Klammern):

(†1)   'kreuzigen' (bis Cheke 1550)
2   '(sich) bekreuzigen' 1430-
4   'tilgen (cross out)' 1483-; 'widersprechen' T12/61.
5   (Schwerter, Beine usw.) 'kreuzen' 1489-
6   (intrs., Linien) 'sich schneiden' 1391-
(7c)   (Scheck) 'kreuzweis beschreiben' 1834-
8   (Fluß usw.) 'kreuzen, überqueren' 1583-
(10)   'sich begegnen' 1782-
11   'feindlich entgegentreten' 1598-
(13)   (~ one's mind) 'einfallen' 1768-
(16)   (Tiere, Pflanzen) 'kreuzen' 1754-

Auch wenn die entstandene Polysemie in den meisten Kontexten disambiguiert wird, zeigt die Vielzahl der Verwendungen mögliche Schwierigkeiten auf
(die dt. Äquivalente zeigen die vielfältigeren Ableitungsmöglichkeiten des Dt.).

▸ **F123**   Welche Bedeutungen hatten *to air/to beard* (T12/110) um 1595? Diskutieren Sie
die Vor- und Nachteile von Nullableitungen auch anhand der übrigen Beispiele
Carews.

▸ **F124**   Erläutern Sie die Funktion der Nullableitungen in T39/30, 43f. (*to lorde, hauke,
card, dyce, pastime*), auch mit Hinblick auf die Textsorte.

▸ **F125**   In T4/11-14 waren mindestens die folgenden schon fne. als V und N/Adj gebräuchlich: *man, charge, counterfeit, English, journey, return, like, love, go, apparel,
powder, talk*. Ist die Richtung der Ableitung (→V oder V→) entscheidbar, fne.-
synchronisch oder historisch?

▸ **F126**   Wo gebraucht Shakespeare die Verben *to stranger, monster, gallow, virgin*? Welche Paraphrasebeziehungen drängen diese Verben an ihrer Textstelle zusammen?

7.6 Beschreibung der Bedeutung

7.6.1 *Grundsätzliches*
(Baldinger, 1980; Bühler [2]1965; Görlach [2]1982:111-28; Lyons 1968:400-81; Waldron
[2]1978)

Wie Verständigung zustandekommt, d.h. wie ein Hörer eine sprachliche Äußerung so versteht, wie der Sprecher sie gemeint hat, ist ein sehr komplexer Sachverhalt. Im folgenden soll deshalb nur eine Skizze der Probleme gegeben und
auf einige Beispiele aus den Texten exemplarisch eingegangen werden; zur me-
thodischen Grundlegung wird auf die Literatur verwiesen.
    Sprachliche Zeichen bestehen aus Ausdruck (Signifikant) und Inhalt (Signi-
fikat). Ihre wechselseitige Beziehung heißt Bedeutung (im folgenden auch in lo-
serer Verwendung); die Beziehung ist nicht motiviert (sie ist arbiträr) und sie
liegt für die Benutzer der Sprache fest (sie ist konventionell). Bacon drückt dies
durch den Vergleich mit Geld aus (1605, vgl. T13): *Words are tokens current
and accepted for conceits, as moneys are for values.* Locke meint dagegen:

Words then are made to be signs of our Ideas (T63/24). Sprecher referieren mit sprachlichen Zeichen auf Gegenstände und Sachverhalte (Referenten).

Zu der aktualisierten/gemeinten Bedeutung im Text tragen offenbar verschiedene Faktoren bei: a) die begrifflich beschreibbare Bedeutung (denotativ), b) wertende assoziative Faktoren, die der Hörer teilen kann, aber nicht unbedingt teilt (konnotativ); c) Elemente, die dem Zeichen durch seine spezifische sprachliche und situative Umgebung zukommen, d) Information, die die Situation, Rollen usw. und außersprachliche Zeichen wie Gesten beitragen; e) die Intention des Sprechers und die Reaktion des Hörers. Eine solche Gliederung ist in ähnlicher Form von Bühler (^{2}1965) vorgeschlagen worden, der Signal-, Symptom- und Appellfunktion von Sprache unterscheidet.

Die Bedeutung eines Zeichens (im folgenden besonders nach a) und b)) ist immer sprachlich definiert, ist also auch immer einzelsprachlich gebunden: es ist deshalb weder zu erwarten, daß sich der Bedeutungsumfang eines ne. Wortes mit dem eines fne. deckt, noch gar daß das bei einem lat. und einem fne. der Fall ist. Stellvertretend für andere Übersetzer drückt Douglas das typische Dilemma aus, wenn er beklagt (T18A/37-50), daß eine einfache Übersetzung von lat. *animal* und *homo* nicht möglich ist, weil sich die Bedeutungsstrukturen der zwei Sprachen nicht decken. So zeugt die Forderung der Katholiken, bei der Bibelübersetzung ein lat. Wort immer durch dasselbe fne. wiederzugeben, von einem naiven Mißverständnis. Das Ergebnis einer solchen Übersetzung ist nicht die Bewahrung des Bibelsinnes, sondern seine Verfälschung, wie die Protestanten erkannten (T18D/7-28). Die verschiedenen Verwendungen von lat. *iudicium* und die dafür benötigten engl. Wiedergaben allein machen den Punkt deutlich.

Dagegen ist die begriffliche Ebene übereinzelsprachlich. Diese Tatsache erlaubt erst Übersetzung (durch einzelsprachlich unterschiedliche Strukturen), sie bildet die Grundlage für Onomasiologie (7.6.3) und sie liegt den Bestrebungen um eine Universalsprache zu Grunde, die im ^{2}17./18. Jh. weit verbreitet waren (Wilkins 1668, Knowlson 1975, Slaughter 1982). Allerdings wurde hier irrtümlicherweise die Bedeutung häufig nicht nur mit dem Begriff, sondern auch mit der Sache selbst gleichgesetzt.

7.6.2 *Ermittlung der Bedeutung*

Bedeutung ist definiert durch paradigmatische und syntagmatische Beziehungen, d.h. 1. die Abgrenzung des Inhalts eines Zeichens von anderen desselben semantischen Feldes und 2. seine Kombinierbarkeit mit anderen Zeichen. Diese Beziehungen lassen sich als Teile der Kompetenz von Sprecher und Hörer beschreiben, die sich (zu 1.) Alternativen zu den jeweils gewählten Zeichen bewußt machen können und (zu 2.) aus der Summe der lexikalischen Einzelbedeutungen die Kombination herausfinden können, die eine sinnvolle (und den Intentionen des Sprechers gemäße) Information ergibt.

Da die Interpretation vergangener Sprachstufen von Texten ausgeht, muß sie bei 2. ansetzen, also die Bedeutung eines Zeichens aus der Summe der belegten

Umgebungen zu definieren versuchen. Dagegen ist 1. nur in ganz bestimmten definitorischen Kontexten gegeben, wie in t49, wo Elyot *discretion* und *modesty (mansuetude)* gegeneinander abgrenzt; in T44, wo Boorde Krankheiten nach Symptomen usw. definiert, oder weniger perfekt in Beschreibungen wie Hortrops in T48/107-16. Besonderen Wert haben Handbücher, wo in Artikeln wie t53 ein Terminus definiert und seine Anwendung erläutert wird, oder einsprachige Wörterbücher, die den Inhalt von Zeichen durch Genus-Spezies-Definition und durch Teilsynonyme (vgl. T56/29-49), oder in zweisprachigen Wörterbüchern durch partielle Übersetzungsgleichungen (t47) eingrenzen. Ein Modell macht jedoch klar, daß Wörterbuchdaten nur eine Hilfestellung geben, nicht aber fne. Kompetenz ersetzen können:

Abb. 21: Semantische Relationen, nach:

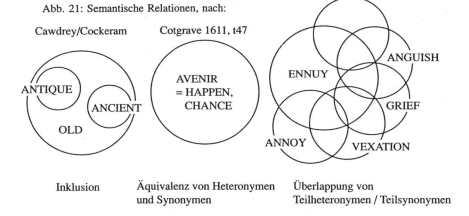

Cawdrey/Cockeram	Cotgrave 1611, t47	
Inklusion	Äquivalenz von Heteronymen und Synonymen	Überlappung von Teilheteronymen / Teilsynonymen

Da nun Überlappung als der Normalfall angesehen werden muß, können Wörterbücher nur als wichtige Hilfsmittel betrachtet werden, die Material zur Verfügung stellen, das dann aber noch sehr sorgfältiger semantischer Analyse bedarf.

Eine weitere wertvolle Hilfe für die Rekonstruktion von Wortbedeutungen stellen Übersetzungen dar, besonders weil bei sorgfältigen Übersetzern die Gleichungen nicht auf den Wortrang beschränkt sind. Die Qualität theoretischer Überlegungen, die der eigentlichen Übersetzung oft vorausgeschickt sind, ist zwar unterschiedlich (T18), kann aber die Praxis weiter erhellen. Der Wert von Übersetzungen bei der semantischen Analyse wird allerdings dadurch eingeschränkt, daß die Bedeutung der Einheiten des Ausgangstexts ermittelt sein muß und daß der Grad des Textverständnisses des Übersetzers in die Interpretation einzubeziehen ist.

Vorsicht ist geboten bei der Deutung fne. Texte mit Hilfe ne. Kompetenz (auch wenn sie Kenntnis archaischer Register einschließt); da mit Bedeutungswandel gerechnet werden muß, können sich ne./fne. Gleichsetzungen als sehr gefährliche *faux amis* erweisen (7.7.1).

Besondere Schwierigkeiten der Analyse ergeben sich durch idiolektal unterschiedlichen Gebrauch. So ist der Bereich 'Bescheidenheit' nach t49 je nach Sprecher durch 1-3 Zeichen abgedeckt, und je nach Anzahl der Wörter und der Prägnanz ihres Gebrauchs schwankt der individuelle Bedeutungsumfang. Hinzu kommt, daß in dichterischer Sprache bewußt von der üblichen Verwendung von Wörtern abgewichen werden kann, um Alltäglichkeit des Ausdrucks zu vermeiden.

7.6.3 Semasiologie und Onomasiologie

t58 V. Such kind of *Utenfils* as ferve *to contain* other things, are ufually called VESSELS, *Cask, Receptacle, Pan, Plate,* &c.
Thefe are diftinguifhable by their Matter, Shapes and Ufes, into fuch as ferve
⌜ *Keeping and carriage of things* ; being either (*for the*

5 │ ⎰ *Pliable to the things they contain* ; whether ‖ *more loofe :* or *more clofe.*
  │ ⎱ ⎰ BAG, *Sack, Budget, Pocket, Pouch, Purfe, Sachel, Scrip, Wallet, Poke,*
  │ │ 1. ⎱ *Male, Knapfack, Portmantue, Cloak-bag.*
  │ ⎩ CASE, *Sheath, Scabbard, Shrine, Covering, Quiver, Tike, Pillowbear.*
  │ (*Stiff* ; *for*

10 │ ⎧ *Arids* ; being made either *of* ‖ *bords :* or *twigs.*
  │ │ ⎰ BOX, *Cheft, Trunk, Ark, Coffer, Cabinet, Casket, Bin, Clapper, Cupbord,*
  │ │ │ *Hutch, Locker, Safe, Spence, Prefs, Pyx, Coffin, Sumpter, Desk, Flafk,*
  │ │ 2. ⎱ *Till, Drawer, Cap-cafe.*
  │ │ ⎩ BASKET, *Flask, et. Maund, Frail, Hamper, Pannier, Scuttle, Weel, Dorfer.*

15 │ ⎩ *Liquids* ; *in*
  │ (*Greater quantities* ; either ‖ *clofed at both ends :* or *open at one.*
  ⎰ ⎰ BARREL, *Cask, Fat, Firkin, Keg, Hogfhead, Kilderkin, Pipe, Tun,*
  ⎱ 3. ⎱ *Butt, Rundlet, Cooper.*
  │ ⎩ TUB, *Bucket, Coul, Vate, Ciftern, Pale, Piggin.*

20 │ (*Lefs quantities* ; whether (Earth, &c.
  │ ⎰ *Shallow* ; being made either *of* ‖ *Metal :* or *other materials,* Wood,
  ⎰ ⎰ DISH, *Platter, Pan, Charger, Voider, Bafon, Laver, Patin, Plate, Por*
  ⎱ 4. ⎱ TRAY, *Pan, Boul, Trough.* (*ringer, Saucer.*
  │ ⎩ *Deep* ; of ‖ *a bigger :* or *leffer aperture.*

25 │ ⎰ POT, *Flagon, Tankard, Jack, Jar, Pitcher, Jugg, Mugg, Noggin,*
  │ 5. ⎱ BOTTLE, *Crewet, Jugg, Crufe.* (*Poftnet, Urne.*
  Dreffing or boiling of Meat ; either ‖ *without :* or *with feet.*
  ⎰ KETTLE, *Caldron, Copper, Furnace.*
  6. ⎱ SKILLET, *Pipkin.*

30 ⎩ *Spending* ; either by
  ⌜ *Taking out, the Tube of effufion :* to which may be adjoyned *the inftrument*
  │ ⎰ FAUCET, *fpout.* · *tub-l-4*. (*for ftopping it.*
  │ 7. ⎱ TAP, *fpiggot, ftopple.*
  ⎰ *Receiving in* ; whether ‖ *of a roundifh :* or *oblong Cavity.*

35 │ ⎰ SPOON, *Ladle, Scummer.*
  │ 8. ⎱ SCOOP, *Shovel, laving.*
  ⎩ *Laying on of Meat :* or *pouring out of Drink.*
  ⎰ TRENCHER, *Plate.*
  9. ⎱ CUP, *Boul, Goblet, Beaker, Cann, Chalice, Mazer, Glafs.*

Die semasiologische Fragestellung geht von den vorhandenen Zeichen aus und fragt nach deren Inhalten, indem sie den Bedeutungsumfang aus der Summe der möglichen Kontexte eines Zeichens und seiner Abgrenzung von Teilsynonymen usw. ermittelt. Dagegen setzt die onomasiologische Fragestellung eine übereinzelsprachliche begriffliche Gliederung voraus und sucht zu ermitteln, ob und wie diese sich in der semantischen Struktur der Einzelsprache wiederfindet. Semasiologische Struktur findet sich also in üblichen einsprachigen Wörterbüchern, onomasiologische in Begriffswörterbüchern wie Roget (1983). Im folgenden werden Beispiele aus Wilkins 1668 gegeben (auf den Roget sich bezieht), um so fne. Belege und Gliederungen für die synchronische Darstellung des Fne. und die historische Entwicklung (7.7) nutzbar zu machen; vgl. 'Waffen' t41 und die Zusammenstellung 'Gefäße' t58 (s. S.149; Wilkins 1668:262).

7.6.4 Syntagmatische und paradigmatische Beziehungen

Jedes sprachliche Zeichen ist durch die Kombinationen bestimmt, die es eingehen kann oder (bei enger Korpusabhängigkeit der Analyse) in denen es belegt ist. Für die Bedeutung aufschlußreich sind besonders enge syntagmatische Beziehungen, die bis zur Implikation reichen (in T31D/6, 8 setzt *stabb'd* das Wort *dagger* voraus).

Paradigmatische Beziehungen bestehen zwischen untereinander austauschbaren Einheiten. Für die semantische Struktur sind besonders die Zusammenstellungen wichtig, in denen sich Inhalte von Wörtern minimal unterscheiden, wie in Wilkins 1668:350 durch [± erwachsen] bei Tieren:

t59   By the firſt of theſe is meant the young ones or *brood* of any ſorts of Animals, for which we have no proper word in *Engliſh*. So

Theſe words		will ſignifie		Theſe words		will ſignifie	
Horſe	Colt,Foal,Filly		Dog	Puppy, Whelp
Cow	Calf		Cat	Kitlin, Chitt
Deer	Fawn		Cony	Rabbet
Sheep	Lamb		Hare	Leveret
Goat	Kid		Hen	Chicken
Hog	Pig		Frog	Tadpole
Bear	Cub		Herring	Sprat

Wenn man von Homonymien (*calf* 1. 'Kalb', 2. 'Wade', 7.6.7) absieht und auch mögliche Polysemien vernachlässigt, dann kann der Inhalt eines jeden Einzelwortes mit den Komponenten [Tiergattung X] + [± erwachsen] beschrieben werden. Wörter wie *mare, stallion, gelding, steed, jade, bay* usw. machen klar, daß schon zur Differenzierung aus dem Bereich 'Pferd' im Engl. erheblich mehr Komponenten nötig sind. So ergibt sich bei Hinzunahme der Merkmale [± männlich] und [± kastriert] bei 'Pferd' die folgende Darstellung in Form von Stemma und Matrix:

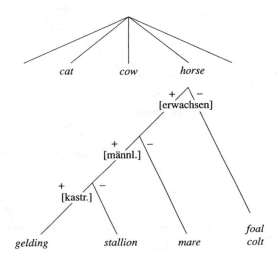

	[Pferd]	[erwachsen]	[männlich]	[kastriert]	[x]
horse	+	0	0	0	
stallion	+	+	+	-	
gelding	+	+	+	+	
mare	+	+	-	0	
foal	+	-	0	0	?
colt	+	-	0	0	?

Abb. 22: Bedeutungsanalyse in Form von Stemma und Matrix

In beiden Darstellungsformen ist *horse* als das merkmalärmere, generelle Zeichen (Hyperonym, Archilexem) ausgewiesen, während spezifischere, merkmalreichere Zeichen (Hyponyme) weiter unten im Stammbaum erscheinen. Wo sich die Merkmalmengen zweier Zeichen decken, ist die Analyse fortzusetzen, oder es liegt Synonymie nach 7.6.9 vor.

▸ **F127** Erweitern Sie die Aufstellung durch die Zeichen, die sich bei Hinzunahme des Merkmals [± männlich] bei den anderen Tierarten ergeben. Welche zusätzlichen Seme sind nötig, um die Zeichen für 'Pferd' in F22 zu differenzieren?

Die Ergebnisse der Komponentenanalyse sind also darstellbar a) im fortlaufenden Text (wie teilweise bei Wilkins), b) in einer Matrix, in der das Vorhandensein von Semen durch '+/-/0' gekennzeichnet ist, und c) in Form eines Stammbaums. Diese Möglichkeiten sind grundsätzlich ineinander übersetzbar.

Als weitere Illustration sei Wilkins' Sammlung der Landfahrzeuge (1668:257) unter Beibehaltung der von ihm genannten unterscheidenden Merkmale gegeben:

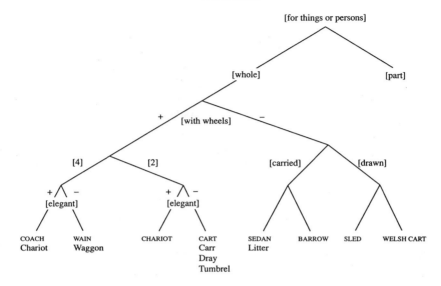

Abb. 23: Wortfeldanalyse 'Landfahrzeuge' nach Wilkins 1668:257
'provisions for carriage' = conveyance from one place to another

▸ **F128** Versuchen Sie, die Merkmale für die bei Wilkins noch nicht differenzierten Lexeme zu formulieren. Wo wären fne. *bier* und *vehicle* im Stammbaum einzuordnen?

▸ **F129** Sind Wilkins' Merkmale ne. semantisch distinktiv, z.B. [elegant]?

▸ **F130** Geben Sie eine Darstellung von 'Waffen' und 'Gefäße' in Form von Matrix und Stammbaum, in dem Sie die von Wilkins explizit angegebenen Merkmale übernehmen. Welche Darstellung verdient den Vorzug? Sind die angegebenen Merkmale ausreichend?

Bei einer weitergeführten Analyse ließen sich die Sememe (7.6.7) aller fne. sprachlichen Zeichen auf Grund gemeinsamer zentraler Merkmale zu semantischen Feldern ordnen. Diese Felder sind Teil der Bedeutungsstruktur der Einzelsprache, können sich aber mit enzyklopädischen Bereichen ('Waffen', 'Gefäße') decken. Polyseme Wörter fungieren in verschiedenen Feldern, so *trade, conference* u.a. in der Zusammenstellung zu 'Kommunikation' im Fne. (s. S.153).

In vielen Fällen stimmen die gewonnenen Seme, die Sememe unterscheiden, mit außersprachlichen Klassenmerkmalen und enzyklopädischen Komponenten überein. Daß sie dennoch nicht gleichgesetzt werden dürfen, zeigt die Tatsache, daß Alter und Geschlecht zwar bei jedem Tier vorhanden sind, aber sprachlich nur bei einer kleinen Anzahl von Tiergattungen ausgedrückt werden. Außerdem ist die Zahl der enzyklopädischen Merkmale unbegrenzt, während sich die Zahl der Seme aus der Zahl der notwendigen semantischen Unterscheidungen bestimmt. Die Bedeutung normalsprachlicher Wörter unterscheidet sich also grund-

	traffic 1505-	trade 1375-	commerce 1537-	intercourse 1473-	communication 1382-	conference 1538-
'Güteraustausch'	+1 1506- 1719		1	+1 1494- 1669	1?	
'Verkauf, Handel'	2 1568-	8	1			
'Ware'	+4 1555- 1778	11				
'Verkehr'	5 1825-					
'Umgang'	3?	+7b 1602-	2	2	5	+5 1565- 1651
'Sex. Verkehr'			+3 1624-	2d		
'Gedankenaus- tausch, Diskussion'			+5 1634- 1757	+4 1570- 1692	+4 1462- 1605	4
'Information'					2	

Abb. 24: Überlappung und Differenzierung von fne. Teilsynonymen: 'Kommunikation' (Bedeutungsangaben nach OED-Klassifizierung)

sätzlich von der fachsprachlicher und wissenschaftlicher Termini, die begrifflich definiert sind und widerspruchsfrei und unabhängig von der jeweiligen Einzelsprache gültig sein sollen.

In der Praxis fällt es allerdings oft schwer, Seme eindeutig zu isolieren und ein Signifikat in eine ganz bestimmte Anzahl von Sememen zu zerlegen. Ähnliche Schwierigkeiten wie bei der Binnengliederung von Feldern treten in der Praxis auch bei der Abgrenzung von Feldern gegeneinander auf (s.o. 'Kommunikation', oder 'Ärger, Verdruß' in der Teilsammlung der Übersetzungsgleichungen für *ennuy* in t47). Im besonderen muß davor gewarnt werden, die Gliederung des OED (z.B. die ersten Gliederungsränge) mit Sememstatus gleichzusetzen: Lexikoneinträge sind nicht ausschließlich semantisch geordnet.

7.6.5 Lexikalische Bedeutung

Das kleinste sprachliche Zeichen ist das Morphem; es tritt frei als Wort auf oder als Teil in zusammengesetzten Wörtern (7.5). Morpheme haben entweder lexikalische oder grammatische Bedeutung (Funktion).

Die Bedeutung größerer sprachlicher Zeichen ergibt sich aus den Bedeutungen ihrer Teile; daß dies nicht nur eine Addition sein kann, zeigt die Vieldeutigkeit von Komposita, deren richtiges Verständnis außer der Kenntnis der Teile häufig das Wissen voraussetzt, in welcher Relation die Teile zueinander gemeint sind (durchsichtige wie T47/80 *horssebacke*; T49 *spoonefull, siluer spoone, Orange pill, Rye paste*, Ableitung T47/52 *vnskilfull*, stehen neben solchen, deren Analyse selbst auf Wortrang schwierig ist; vgl. ne. *hothouse/greenhouse*, oder das von Carew wegen seiner Ausdruckskraft gepriesene *moldwarp* T12/25, das nicht eindeutig ist für den Sprecher, der das Tier nicht, oder nur als *mole*, kennt).

Die Restriktionen der Wortbildung, die eben nicht jedes mögliche Wort auch vorkommen lassen, und die Beobachtung, daß Bedeutungen von zusammengesetzten Wörtern oft wieder konventionell sind (Lexikalisierung) führen zu der lexikographischen Praxis, Wörter und nicht Morpheme zu verzeichnen.

Auch auf höheren syntaktischen Rängen tritt der Fall auf, daß sich die Bedeutung eines Zeichens nicht aus seinen Teilen erklären läßt, so in idiomatischen Wendungen und Sprichwörtern: T36/60 *put him to the horne* 'verbannte ihn', T12/147f. *a shippe of salte for you, saue your credite* für 'verschwinde' oder in den sprichwörtlichen Wendungen Days T43/145f. *to caste pearles before swine* (nach Mt. 7.6); *so long the pot goeth to the riuer, that at last it commeth broken home* T43/195f. Vergleiche dazu eine Auswahl von fne. gebräuchlichen Sprichwörtern, die Peacham unter dem Stichwort *parœmia* versammelt (1577:sig. Diiv).

Wenn im folgenden die Bedeutung von Wörtern (meist einmorphemischen) behandelt wird, so weil Lexikalisierungen auf höherem Rang seltener sind.

7.6.6 Denotative und konnotative Bedeutung

Auch wenn bei der logisch-semantischen Strukturierung der Lexis die denotative Bedeutung stark im Vordergrund steht, ist die Frage, welche Wertungen und Gefühle sich mit einem Wort für einen Sprecher und eine Sprachgemeinschaft verbinden, für den aktuellen Sprachgebrauch und erfolgreiche Kommunikation von hoher Wichtigkeit. Wertungen insbesondere sind in ihren Anfängen schwer erkennbare Ursachen für Bedeutungswandel (7.7.2).

7.6.7 Polysemie und Homonymie

Viele Wörter sind mehrdeutig. Nicht gemeint ist hier Mehrdeutigkeit als Folge syntaktischer Ambiguität oder spezieller Intention des Sprechers, wie bei Ironie. Vielmehr finden sich in demselben Subsystem einer Sprache zahlreiche Wörter, deren Inhalt sich nur als Summe deutlich unterschiedener Einzelbedeutungen beschreiben läßt. Zwischen diesen Sememen kann eine deutliche Verbindung bestehen, wie bei den meisten festgewordenen Metaphern. Oft aber erscheinen die Inhalte als so heterogen, daß die Übereinstimmung in der Ausdrucksseite als zufällig angesehen wird.

Die Unterscheidung der zwei Gruppen leistet die Komponentenanalyse. Danach gilt nach synchronischer Definition: Polysemie liegt vor, wenn die Sememe eines Zeichens untereinander (jeweils benachbarte miteinander) gemeinsame Seme aufweisen.

Bei Homonymie fehlen dagegen diese offensichtlichen Bedeutungsübergänge, d.h. die Sememe zeigen keine gemeinsamen Merkmale. Homonymie liegt auch vor, wo sich Bedeutungszusammenhänge nur über den gemeinsamen Stamm der Ableitung (*to set* → *the set*) oder über die Kenntnis einer fremden Sprache (*conference* über *conferre* 7.7.2.h) herstellen lassen.

Da für die Beurteilung von Polysemie : Homonymie kompetente Sprecher als Informanten wichtig sind, wächst für historische Sprachstufen die Unsicherheit der Klassifizierung, und es müssen in der Praxis divergierende Entscheidungen auftreten.

Die historische Definition der zwei Termini fragt dagegen nach der Herkunft der Wörter und setzt Polysemie dort an, wo ursprünglich ein Zeichen vorlag, das durch verschiedene Prozesse des Bedeutungswandels (7.7.2) aufgefächert wurde. Sie schließt also Fälle unter Polysemie ein, die wegen des Verlusts gemeinsamer Merkmale im Verlauf des Bedeutungswandels nach synchronischer Definition als homonym gelten müssen (*game* 'Wettkampf'; 'Wild(braten)') oder wo sogar die heutige Schreibung differiert (*flower, flour*).

Dagegen gilt nach der historischen Definition als Homonymie der Zusammenfall zweier Zeichen in der Ausdrucksseite (als Folge von Entlehnung oder konvergenter Lautentwicklung). Eingeschlossen sind also die wenigen Fälle, bei denen heutige Mehrdeutigkeit (obwohl aus verschiedenen Quellen) als Polysemie gedeutet wird (*mean* 'mittelmäßig', 'gemein'; *pregnant* 'zwingend', 'schwanger' in T25/9 *pregnant wit*). Klassifikation ist also möglich, soweit die Etymologien der beteiligten Wörter erschlossen werden können.

Wörterbücher zeigen in ihrer Praxis Schwanken zwischen synchronisch-semantischer und historisch-etymologischer Klassifizierung, tendieren aber zur letzteren. Dabei ist für die meisten Wörter der Unterschied der Methode nicht gravierend, da etymologische Trennung meist auch semantisch erhalten bleibt.

Für den Sprachbenutzer ist es meist unerheblich, wie die Bedeutungsvielfalt eines Zeichens zustande kommt. Aufgrund der Häufigkeit metaphorischer Bedeutungserweiterung (und vielleicht eines allgemein menschlichen Bestrebens, sprachliche Beziehungen herzustellen, vgl. Volksetymologie) scheint die Deutung als Polysemie zu überwiegen.

► **F131** Klassifizieren Sie die Beispiele Carews T12/33ff. als Polysemien oder Homonymien nach synchronischen und historisch-etymologischen Kriterien.

Mehrdeutigkeit (sowohl Polysemie wie Homonymie) wird normalerweise durch den Kontext disambiguiert. So bedeuten in T41/23f., 61 *foorm* eindeutig 'Bank' (durch *sit dooun*) bzw. 'Schulklasse' (durch Schulkontext und *fifth*); *rheast/rest* (die ungewöhnliche Schreibung soll vielleicht graphisch den Bedeutungsunterschied hervorheben) eindeutig 'Bank, Ruhesitz' (durch *sit dooun*), bzw. 'der Rest' durch Hervorhebung des Freundes. Auch ist *stone* eindeutig 'Gallen-/Nierenstein' in T30/66f. *Bowling is good for the Stone and Reines*, aber 'Stein der Weisen' in t37/16 *our stone*.

Wortspiele und Witze ergeben sich (bewußt oder unbeabsichtigt), wenn die disambiguierende Kraft des Kontexts nicht ausreicht: T31A/3f. *depends vpon your capacities: and not of your heads alone, but of your purses.* In T18G/6f. wird die Mehrdeutigkeit von *spirit* (1. 'Geist', 2. 'Mut', 3. 'Gespenst', 4. 'Alkohol') durch widersprüchliche Kontextelemente erhalten: *wit (1) distilled (4) in one language, cannot be transferred without loss of spirits (1, 4)*.

Mit wachsender Ähnlichkeit der Sememe nimmt die disambiguierende Leistung des Kontextes ab; der entstehende 'pathologische Zustand' (Ullmann 1963) betrifft historische Homonyme (in der gesprochenen Sprache auch Homophone) wie *quean : queen* und Polyseme (*copy* 'Vorlage, Original'/'Abschrift'). Die eingeschränkte Brauchbarkeit dieser Zeichen führt gelegentlich zur Aufgabe eines Wortes (bei Homonymie, 7.1.3) oder zumindest von Einzelbedeutungen (bei Polysemie, 7.7.2.g).

Mehrdeutigkeit ist oft als Mangel der Sprache empfunden worden, so besonders im [2]17. Jh., wo die Gleichung "ein Begriff (oder gar eine Sache) = ein Ausdruck" erstrebenswertes Ideal war (T17). Dagegen sieht Carew (T12/31-35) in ihr einen Teil der *significancy* (Bedeutungsfülle), die mit *copiousnes* (T12/11, 65, Ausdrucksfülle) korrespondiert und als besonderer Vorzug des Engl. hervorzuheben ist.

Äußerste, auch graphische, Bestätigung der Homonymie kann die oft sekundäre Unterscheidung in der Schrift sein, mit der die Trennung in zwei Zeichen eindeutig und endgültig wird: So wird die ursprüngliche orthographische Einheit und Polysemie von *travel/travail* in T48/31 deutlich (vgl. den Titel und T48/36), denn der Bedeutungszusammenhang der Sememe macht es hier unmöglich, mit entweder *travel* oder *travail* zu übersetzen. In fne. Texten gleichfalls noch nicht vollzogen sind Unterscheidungen wie *human/humane, discreet/discrete, flour/flower, mettle/metal*.

7.6.8 *Metapher und Metonymie*
(Lausberg [3]1967:59-79)

Metaphorische Verwendung eines Zeichens bedeutet seine Übertragung (auf Grund eines gemeinsamen semantischen oder enzyklopädischen Merkmals, des *tertium comparationis*) auf einen neuen Sachverhalt; man hat deshalb die Metapher auch als verkürzten Vergleich charakterisiert. Bei der Übertragung bleibt die Bedeutung des Zeichens (sein Signifikat) unverändert: die Kluft zwischen Bedeutung und Verwendung sichert gerade die Wirksamkeit der Metapher. So darf in T31G/1-14 die Vorstellung von der elisabethanischen Rechtswirklichkeit und prozessualen Technik nicht fehlen (vgl. T56/1-28, *lively set forth by an Allegorie of a Shippe under Sayle*).

Das schließt nicht aus, daß Metaphern traditionell werden und verblassen. T31B/170f. *Thornes ... pricke and sting* bezogen auf Gewissensbisse waren schon me. und T31B/181f. *from the Table of my Memory,/ Ile wipe away all triuiall fond Records* seit der Antike gebräuchliche Metaphern. Beispiele durchsichtiger Metaphorik finden sich auch im Bild der lat. Amme und der Entwöhnung, d.h. Emanzipation des Engl. in T8/155-9: *wean ... dry nurse ... milch nurses*; oder in der Gleichsetzung 'gefälliger sprachlicher Ausdruck' = 'Süße' in T27/3, 20f. *honny-flowing; they cast Sugar and Spice, vpon euery dish.* Metaphorische Verwendung kann habituell, und damit Teil des Signifikats werden (*foot* 'part of the leg', 'measure', 'bottom part of a ladder, of a page ...'. Diese Art der Bedeutungserweiterung ist ein übliches Mittel, sprachliche Lücken zu schließen, dient aber besonders in der Umgangssprache auch dazu, ausdrucksstarke Zeichen zur Verfügung zu stellen (t47 FOL).

Verwandt mit der Metapher (und nicht immer eindeutig von ihr zu trennen) ist die Metonymie. Ihre Grundlage ist nicht der Vergleich, sondern die situationelle Berührung zweier Referenten; nach ihr kann ein Teil für das Ganze (Synekdoche, T23B/89), das Material statt des Gegenstands (T31D/6, 9 *Dagger ... cursed Steele*), Gefäß statt des Inhalts usw. gesetzt werden. Auch hier kann die Verwendung habituell, d.h. Teil des Signifikats werden (so hat *tongue* die Sememe 'Zunge' T11/5, 'Sprache' T8/66, die in den Feldern 'Körperteil' und 'menschliche Verständigung' fungieren).

In der Dichtung ist die Metaphernsprache oft sehr komplex durch die Mischung verschiedener Bereiche: In T31E/35f. findet sich nicht nur die Übertragung der musikalischen auf die gesellschaftliche Harmonie (mit dem für die Stelle neugebildeten Wort *vn-tune*), sondern auch die Homonymie von *Discord* (von *dis*+*cord* 'heart'/*dis*+*chord* 'string', vgl. T23A/51 *dischorde*). Eine weitere Steigerung findet sich besonders in den fne. *conceits*, Metaphern, bei denen auch das *tertium comparationis* ungewöhnlich, überraschend und geistreich ist. Ferner bleibt Metaphorik nicht auf den Rang 'Wort' oder 'Satz' beschränkt, sondern durchzieht ganze Texte vom Gedicht (T31G/1-14) bis zum ganzen Drama (z.B. Sexualität und Krankheit in *Hamlet*). Vergleiche auch die Funktion der Allegorie, so in Spensers *a continued Allegory, or darke conceit* (T24/3f.), die erst auf Textrang auflösbar wird.

Der Metaphernreichtum schwankt nach Perioden, Autoren und Textsorten. Im [2]17. Jh. wurde metaphorische Ausdrucksweise (trotz biblischen Metaphernreichtums in T50) allgemein als Mangel gesehen, weil er dem eindeutigen Ausdruck entgegensteht (T17).

7.6.9 Synonymie

Der Terminus ist im Fne. in dreierlei Weise verwendet worden:
1. Ein naiver Zeichenbegriff, und demnach naive Synonymie, liegt der Auffassung in T18D/33f. zugrunde, wonach Referenzidentität Synonymie begrün-

det: *hee vsing diuers words ... and indifferently for one thing in nature.* Solche Synonymie hat dann nur noch die Funktion der Ausdrucksfülle (T18D/ 36 *copie or store*).

2. Synonymie als denotative Übereinstimmung von Signifikaten (Sememen?) sprachlicher Zeichen legt Carew zugrunde, wenn er Übersetzungsäquivalente von *fortis* offenbar als synonym ansieht (T12/150ff.; *Synnonomize* bezeichnet allerdings 'übersetzen').

3. Daß er Synonymie auch als Austauschbarkeit in einer gegebenen Situation versteht, unter Einschluß von Paraphrase, zeigt Carews Beispiel für 'verschwinde' T12/140-50.

Hier sollen nach 7.6.1 solche Zeichen als synonym gelten, deren Signifikate sich denotativ decken (vgl. Carew, 2.). Diese Äquivalenz ist selten; da Zeichen meist polysem sind, ist Teilsynonymie, die Übereinstimmung von Sememen, das Übliche: *copie or store* (18D/36) sind synonym, aber nicht für *copie* 'Textvorlage', 'Abschrift', oder für *store* 'Vieh', 'Vermögen'. Außer in ihren Ausdrucksseiten sind (Teil-)Synonyme meist auch in konnotativen Faktoren wie Wertungen unterschieden - ein Ansatzpunkt für ihre Differenzierung in der Zeit (Bedeutungswandel, 7.7.2.f).

Synonymie war ein wichtiges Stilmittel im Dienste der *copia,* zur Doppelung (*copie or store*) oder zur Variation und Vermeidung von Wiederholungen (T31B/20, 86 *ghost,* -/23, 92 *spirit;* -/42 *beckons,* -/46 *wafts,* -/55 *waues*; vgl. die Kombination in T39/54-6). Da die beteiligten Wörter meist polysem sind, kann es sich allerdings nur um eine Teilsynonymie (zwischen Sememen, denotativ) handeln.

▸ **F132** Sind die in T31G/29-42 verwendeten Wortpaare *wrong/iniuries, power/might, Art/cunning, slay/kill, enemies/foes* Synonyme? Wie faßt Schäfer 1973:184-203 den Synonymiebegriff in seiner Kontrastierung heimischen und romanischen Wortschatzes?

▸ **F133** Sind Puttenhams Beispiele T11/121-5 Synonyme?

Das Miteinander von Teilsynonymen kann große Komplexität erreichen, so daß die Strukturen der Signifikate und die paradigmatischen Beziehungen zwischen den Sememen in ihrer Vielfalt verwirrend werden, besonders wenn zusätzlich Unterschiede nach Schicht, Umgangssprache : Fachterminologie oder nach altem : neuem, modischem Sprachgebrauch zu berücksichtigen sind. Die Diagramme zeigen die teilweise Überlappung von fne. *gay, jolly, brave* (sp = Spezifizierung, p = Pejoration, g = Generalisierung) und fne. *wit* und seiner Teilsynonyme (s. S.159; vgl. Barber 1976:145-7; vgl. die diachronische Darstellung in 7.7.2.).

▸ **F134** Was heißen *gay* (in T8/69 *gaietie*), T11/87 *iolly,* T8/23, 174 *braue* (und T10/13, 25/20 *brauerie*) und T8/62, 82f., 11/7, 18G/6, 25/9, 85, 30/64-72, 31B/128f., 33/20, 42/13 *wit*?

▸ **F135** Ermitteln Sie die Textbedeutungen von *art* (z.B. T11/Titel und 118, 47/34-39), *science* (z.B. T11/80, 44/9f., 44/40) und *craft* (nach OED) und versuchen Sie mit Hilfe des OED eine Darstellung ihrer überlappenden Bereiche.

▸ **F136** Was bedeuten die Buchtitel *The Anatomy of Wyt* (T25) und *The arte of ... witcraft* (t14), und was macht diese Titel typisch fne.?

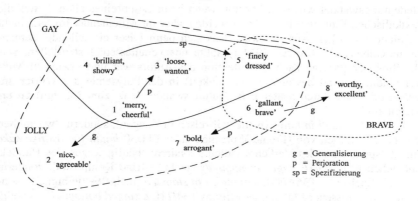

Abb. 25: Bedeutungsüberlappung und -wandel bei drei fne. Adjektiven

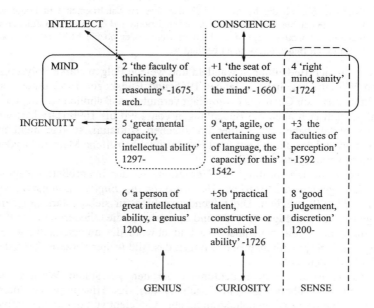

Abb. 26: Teilsynonyme im fne. Wortfeld 'Geist, Verstand'

7.7 Bedeutungswandel
(Ullmann 1963:171-257, Waldron [2]1978, Görlach [2]1982:111-28)

7.7.1 Einführung

Bedeutungswandel wird u.a. bewußt, wenn beim Lesen eines alten Textes die lexikalischen Einheiten identifiziert werden, aber ihr Miteinander im Satz nicht zu einer sinnvollen Aussage wird. Das sich beim Leser einstellende 'semantische Unbehagen' (Lewis [2]1974:1) sollte uns veranlassen, festzustellen, was der Sinn der Passage nach der Intention des Autors war und inwieweit Mißverständnisse (und bewußte Vieldeutigkeit) in der Polysemie der Wörter angelegt oder erst durch späteren Bedeutungswandel (z.B. zum Ne. hin) zu erklären sind:

T8/66 *we trauell in tungs* (nicht 'wir reisen in Zungen', sondern: 'wir mühen uns beim Erlernen von (Fremd-)Sprachen ab'); T11/30 *haunt for traffike sake* (nicht 'spuken um des Verkehrs willen', sondern: 'häufig wegen des Handels aufsuchen'); T31G/16 *eager compounds* (nicht 'eifrige Komposita', sondern: 'scharfe Speisen'); T36A/47f. *stoutnesse of stomach* (nicht 'Fettleibigkeit', sondern: 'entschlossener Mut'); oder Miltons T34/71f. *a singed bottom all involv'd/ With stench and smoak* (nicht ...).

> ► **F137** Ermitteln Sie, ob die Mehrdeutigkeit der zitierten Satzfragmente in Folge von Polysemie der fne. Zeichen schon damals existierte und durch welche Zeichen im weiteren Kontext sie ggf. disambiguiert wurde oder ob die Mißverständlichkeit allein durch Bedeutungswandel bedingt ist.

Wie schnell sich Bedeutungen wandeln und welche Folgen starke Polysemierung von Wörtern hat, haben Menner 1945 und Rudskoger 1952 untersucht. Eine Lektüre z.B. von Chaucers *Prolog* läßt vermuten, daß ähnlich wie im Wortschatz allgemein sich auch die Bedeutungen von 1390 bis 1690 (Dryden) weit stärker gewandelt haben als seither im gleichen Zeitraum, so daß nicht nur Wortschwund und das durch Laut- und Formwandel betroffene Metrum Drydens Übersetzung veranlaßten (T18H).

Eine empirische Überprüfung der Vermutung ist nur im größeren Rahmen (z.B. in dem geplanten *Historical Thesaurus of the English Language*, vgl. Samuels 1972:160) möglich. Die folgenden Zahlen für sieben stark polyseme Wörter geben eine zufällige Auswahl und übernehmen die Gliederung des OED, obwohl diese nicht rein semantisch ist und obwohl die unterschiedliche Behandlung von fachsprachlichen Bedeutungen das Bild weiter verzerrt. Trotzdem spiegeln die Zahlen, daß

1. der Zuwachs an neuen Bedeutungen bei den gewählten Wörtern den Schwund weit überwiegt (ein Ergebnis, das das Hineinreichen älterer Sprachstufen im Lexikon unterstreicht, aber vielleicht von der konservativen Haltung der OED-Kompilatoren beeinflußt ist);

2. das semantische Wachstum auch eines schon stark polysemen Wortes nicht
unterbunden wird, nicht einmal die Entlehnung neuer Bedeutungen zu einem
schon polysemen Lehnwort;
3. das Fne. nicht nur im Wachstum an lexikalischen Einheiten, sondern auch
ihrer Einzelbedeutungen eine Zeit gewaltiger Expansion war.

	draught	form	sense	set	stock	trade	train	wit	Summe
Summe	46–15	21–5	28–3	31–7	53–13	13–6	15–4	13–4	220–56
ae.					2–1			3–1	5–2
–1300	5–2	8–3			2–1			4–1	19–7
–1400	11–6	5–1	2–1	1	9–2	2–2	1–1	2–2	33–15
–1500	7–2	3–1		2–2	8–3	1–1	4–1	1	26–10
–1600	11–5	2	16–1	8–4	14–4	4–2	6–2	2	63–18
–1700	5	2	8–1	3–1	12	2	1	1	34–2
–1800	2	1	1	7	6–1	2–1	2		21–2
–1900	5		1	10		2	1		19

Abb. 27: Bedeutungswandel bei ausgewählten polysemen Wörtern des Ne.: Wachstum der Haupteinträge im OED und Aufgabe von Bedeutungen nach Jahrhunderten, unter Ausschluß von einmaligen oder fraglichen Bedeutungen.

7.7.2 Ursachen und Bedingungen des Bedeutungswandels

Eine befriedigende Beschreibung und Klassifizierung der Ursachen, die Bedeutungswandel auslösen, der Bedingungen, die ihn ermöglichen, und der Faktoren, die seine Verbreitung begünstigen, ist wegen der Vielzahl der Komponenten und der jeweils verschieden gelagerten Verhältnisse des Einzelworts in geschichtlicher Rekonstruktion kaum zu erreichen. (Es ist zu erwarten, daß alle in 7.6.1 genannten Komponenten, die zur aktualisierten Bedeutung beitragen, auch beteiligt sein können, wenn sich Bedeutungen wandeln. Im folgenden wird die Diskussion aber wieder auf denotative und konnotative Faktoren eingeschränkt.)

Immerhin lassen sich aber einige Faktoren herauslösen und mit Beispielen belegen, wo einzelne Komponenten so sehr vorherrschen, daß eine Einordnung des Wandels *plausibel* erscheint:

a) *Wandel der Umwelt* kann sich im Wechsel des Ausdrucks (z.B. Ersatz durch ein Lehnwort) oder im Wandel der Bedeutung des alten Zeichens niederschlagen. Er kann aber auch semantisch ohne Wirkung bleiben, wo, ungeachtet aller Veränderung von enzyklopädischen Merkmalen, die Summe der semantischen Merkmale konstant bleibt, wie bei *ship* 'Verkehrs-/Transportmittel zu

Wasser' oder bei *house* 'Wohngebäude', deren materielle Form sich seit ae. *scip*
und *hus* in der Tat sehr gewandelt hat. Bedeutungswandel ist jedoch eingetreten,
wenn Zeichen ihre Position in einem semantischen Feld verändert haben; so
wenn zusätzliche semantische Oppositionen durch neu ins Feld gekommene
Wörter sich auf die Zahl oder Zusammensetzung der Sememe älterer Wörter
ausgewirkt haben.

So ist im Bereich der Landfahrzeuge (7.6.4) seit fne. Zeit durch technische
Entwicklungen auch semantische Differenzierung durch enzyklopädisch neue
oder fne. semantisch noch nicht distinktive Merkmale eingetreten, z.B. in den
Merkmalen [schienengebunden, Antrieb (Elektrizität/ Benzinmotor usw.), für
Personen/Lasten], die in wechselnden Kombinationen mit alten Merkmalen (z.B.
Zahl der Räder) ne. Sememe konstituieren.

> **F138** Ermitteln Sie für *car, coach, waggon* und *wain* im BrE und AmE die Sememe und
> deren Semstruktur. Läßt sich bei *coach* ein enzyklopädisches Merkmal nennen, das
> die Übertragung der Bezeichnung von 'Kutsche' auf die ne. Referenten ermöglicht
> oder nahegelegt hat?

b) *Psychologische Faktoren*, die Bedeutungswandel begünstigen, lassen sich
am Euphemismus illustrieren. Zur Umgehung eines sozialen Tabus (Krankheit,
Tod, Sexualität, Exkremente) wird häufig ein emotional unbelastetes und morphologisch nicht durchsichtiges Fremdwort (T42/59 *defunct* 'die Tote') oder aber
ein merkmalarmes Wort gewählt, dessen volles Verständnis durch explizit hinzu-
gesetzte oder kontextuell mitverstandene Spezifizierung ermöglicht wird:
t47/30f. *wench* 'junges Mädchen' > 'Dirne' (vgl. *mistress, quean*). T44/208 *sege*
'Sitz' > 'Toilette'; T45/80 *closettis (of ease)* 'abgeschlossener Raum' > 'Toilette'. Ähnliche Verhüllungen ergeben sich durch Metaphern und Metonymien
(*washroom* 'Toilette').

Diese neue als verhüllend gemeinte Bedeutung kann leicht die generelle Bedeutung gefährden und verdrängen (vgl. ne. *undertaker*); in diesem Fall kann ein
alter Text oft unfreiwillig komisch werden: T50/1 *I passed away* 'ging fort',
nicht 'verschied'; vgl. Milton, *singed bottom* (T34/71).

Ist bei Euphemismus eine Abschwächung intendiert, so ist bei ausdrucks-
starker Metaphorik besonders der Umgangssprache eine gegenläufige Tendenz
zu beobachten: so sind die Übersetzungsäquivalente von FOL t47 zum großen
Teil emphatisch gebrauchte Metaphern (vgl. die Bezeichnungen für 'Kopf' in
europäischen Sprachen). Ähnliche Verstärkung findet sich bei Adverbien des
Typs fne. *wondrous, exceeding*.

Verhüllung wie Emphase verlieren im Lauf ständigen Gebrauches ihre Wirksamkeit und bedingen eine Verschiebung im konnotativen, nicht selten aber auch
denotativen Bereich.

c) *Ausdrucksähnlichkeit* oder historisch entstandene Homonymie kann die Bedeutung beeinflussen, indem auch die Bedeutungen der beteiligten Zeichen kon-
vergieren. Dies trifft auch auf Wörter zu, die Lautgruppen enthalten, die in einer

Sprache zunehmend zum Ausdruck bestimmter Inhalte genutzt werden (*phonaesthemes*; Beispiele für erfolgten Bedeutungswandel in Samuels 1972:45-8).

d) *Fachsprachen und Gemeinsprache* stehen in einem ständigen Austausch. Bei diesem Prozeß ist bei Entlehnung aus der Fachsprache Bedeutungserweiterung durch Generalisierung üblich, besonders auffällig bei Zeichen aus dem juristischen (7.1.8) oder medizinisch-psychologischen Bereich (vgl. unten *humour*). Umgekehrt werden fachsprachliche Bedeutungen von Termini aus der Gemeinsprache durch Setzung spezifiziert, d.h. fachsprachlich enger (um dann u.U. durch Rückentlehnung in die Gemeinsprache wieder generalisiert zu werden).

Ähnliche Bedeutungswandlungen ergeben sich bei inneren Entlehnungen zwischen anderen Subsystemen (Gruppensprachen, Dialekte, Soziolekte); wie bei allen Entlehnungen ist nicht zu erwarten, daß der ganze Bedeutungsumfang und die konnotativen Komponenten in das neue System übernommen werden.

e) *Kontextbeschränkungen oder -erweiterungen* verändern die Kombinierbarkeit von Zeichen und damit möglicherweise ihre Bedeutung. Die Tatsache, daß die Bedeutung von Adj. stärker von der sprachlichen Umgebung bestimmt ist als die von N oder V, insbesondere daß Adj. öfter Wertungen ausdrücken, bedingt bei ihnen noch auffälligeren Wandel als bei anderen Wortarten, wie die ausführlichen Untersuchungen von Menner 1945, Lewis [2]1974 und Rudskoger 1952 gezeigt haben.

▶ **F139** Welche Bedeutung haben an ihrer Textstelle T30/Titel, t3/17 *cyuyll*; t15/5, T5/10, 13/52, 18D/31 *curious*; t15/5, T25/1 *daintie*; t15/5f., T13/10 *delicate*; T31B/3, 152 *eager/Aygre*; T31B/182 *fond*; T47/5 *foule*; T32/28, 68 *mad*; T8/77, T12/65 *nice*; t49/7 *sadde*; und T8/62 *sillie*, und wie ist die Bedeutungsentwicklung zum Ne. hin zu erklären?

Insbesondere die durch Adj. ausgedrückten Wertungen können sich sehr stark wandeln; so in den oben erwähnten *nice, fond, silly*. Bedeutungsverschlechterung zeigt (mit Ausnahme von *shrewd*) die Gruppe der Adj. (und der semantisch/ morphologisch zugehörigen N) des Klugheitsfeldes. So sind T8/90, 99, 124, 175 *cunning*, die meisten Verwendungen von *art* und *craft* (s. F135) und T30/9 *craftie* sowie T18A/4 *sle* noch wertneutral, doch T31G/29-42 zeigt die kontextuell negative Wertung bei *cunning/art*, die sich zumindest bei *cunning* zum Ne. hin durchgesetzt hat (vgl. auch *artful*).

Festlegung auf negative Wertung erfolgte bei den im Text neutral verwendeten *vulgar* T37A/6; *voluble* T11/5 (aber *volubility* T17/47); *vitious* 'fehlerhaft', T14/6; *impertinent* 'nicht hergehörig', T11/59; *insolent* 'ungewohnt', T18E/34. Neutrale Verwendung von *notorious/notable* macht es schließlich möglich, daß die Wörter in einer im Ne. sehr ungewöhnlichen Umgebung erscheinen in T12/21 und T32/19 *a notable nimmer*.

Syntagmatisch bedingt ist schließlich auch der Wandel durch Ellipse, wenn die Bedeutung einer Wortgruppe auf das Einzelwort übergeht. Wenn dabei das spezifizierende Attribut eingespart wird, ist das Ergebnis eine Spezifierung der

Bedeutung, wie in *closettis* [of ease], aber auch komplexerer Wandel ist möglich: vgl. *fall* [of leaves] und *private* [soldier].

f) *Synonymendifferenzierung* ist in konnotativen und kontextuellen Faktoren
angelegt. Neben Beispielen wie *ghost/spirit*, in T31B noch in der Funktion der
Variation, aber ne. nicht mehr austauschbar, stehen Beispiele wie *freedom/
liberty*, bei denen die Differenzierung immer wieder durch Konvergenz unterbunden wurde. Die Entwicklung von *evil/ill/bad* illustriert die durchgeführte,
komplizierte Differenzierung dreier "Fast"-Synonyme: Schon die Statistik zeigt
den Wechsel des zentralen, unmarkierten Wortes von ae./me. *evil* über fne. *ill*
zu ne. *bad* (unter Nichtbeachtung von Teilsynonymen, die bei dieser Ausgren-
zung offensichtlich keine Rolle gespielt haben, wie *wicked*, fne. *shrewd*, usw.):

	evil	*ill*	*bad*	N
Chaucer	77%	7	15	163
Spenser	30	50	20	351
Sidney	55	27	18	98
Shakespeare	19	54	27	500
West	24	27	49	1551

Abb. 28: Relative Häufigkeit von *evil*, *ill* und *bad*

▸ **F140** Versuchen Sie eine Darstellung der Verteilung von *evil/ill/bad* bei Shakespeare. Ist
in T31E/18 semantische Differenzierung oder bloß metrische Bequemlichkeit mit
Variationsstreben für die Wahl von *ill/euill* anzunehmen?

g) *Polyseme* Wörter tendieren zur Reduktion ihres Bedeutungsumfangs, und
zwar abhängig davon, wie häufig der Kontext zur Disambiguierung nicht
ausreicht und wie wichtig die zu übermittelnde Information ist. Es ist einsichtig,
daß *doom* wegen seiner Bedeutungsfülle im juristischen Bereich, der
terminologische Eindeutigkeit erfordert, im Lauf der engl. Sprachgeschichte
unbrauchbar wurde (vgl. Görlach ²1982:122).

Die Reduktion tritt auch meist dort ein, wo nach Spezifizierung einer
Einzelbedeutung ein Zeichen sein eigenes Hyponym (7.6.4) wird, so bei
mete/meat im 15.-17. Jh.:

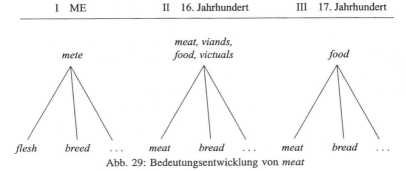

Abb. 29: Bedeutungsentwicklung von *meat*

h) *Lehnbeziehungen* nehmen in dreierlei Weise Einfluß auf die Bedeutung (hier anhand des lat. Einflusses auf das Fne., vgl. 7.3.2):
1. Die Bedeutung eines heimischen (oder früher entlehnten) Wortes erweitert sich durch Aufnahme einer fremden Einzelbedeutung. Ausgangspunkt ist Teil-synonymie (Sememäquivalenz) eines heimischen und eines polysemen fremden Wortes, d.h. sie haben bereits Sememe gemeinsam und deshalb können weitere Sememe leicht übertragen werden:

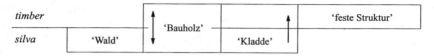

Abb. 30: Bedeutungsentlehnung

2. Die Neuaufnahme eines Lehnwortes dient der genaueren Kennzeichnung eines vorher zu vage ausgedrückten Sachverhalts. Dadurch kann sich der Bedeutungs-umfang des alten Wortes um den der Neuentlehnungen verringern: *old - (antique und ancient)*; jedoch ist auch der Fall möglich (und als Folge von Streben nach Eloquenz fne. eingetreten), daß *antique* und *ancient* Verwendungen von *old* übernehmen und damit zu Synonymen von *old* werden.
3. Ein schon entlehntes Wort wird (oft wiederholt) neu entlehnt. Es ist dabei schwer zu entscheiden, ob man im Einzelfall von Neuentlehnung oder Lehnbe-deutung nach 1. sprechen soll (Punkt h. steht in scheinbarem Widerspruch zu Punkt g. und sollte davor warnen, g. zum allgemein gültigen Prinzip zu erhe-ben.) Die fortlaufende Entlehnung von neuen Einzelbedeutungen ließe sich an den Beispielen in 7.7.1 (nach Prüfung des Sememstatus der OED-Gliederung), oder an Beispielen wie fne. *copie* und *conference* darstellen.
OED verzeichnet für *copy* u.a.:

I,†1	'Überfluß'	(1375-1656)	
I,†1b	'Fülle'	(1483-1500)	
I,†1c	'Ausdrucksfülle'	(1531-1637)	T13/64
II,2	'Abschrift'	(1330-)	
II,3	'Gemäldekopie'	(1580-)	
II,4	'Ebenbild'	(1596-)	
II,†4b	'Beispiel'	(1641-55)	
III,6	'Exemplar' (z.B. eines Buches)	(1538-)	T18C/50
IV,8	'Textvorlage, Quelle'	(14..-)	t9/4, T18C/108

In der für die Rhetorik wichtigen Bedeutung 1c hat es die Teilsynonyme *store* T18D/36, *plentye* T12/68, *copiousnes* T12/65 (und sc. *fowth* T18A/16) neben sich.
Das Verhältnis von einzelsprachlich entwickelten (--) und (→) entlehnten Se-memen läßt sich folgendermaßen darstellen (... gibt die unsichere Verbindung wieder, die auf einer syntagmatischen Übertragung beruhen muß):

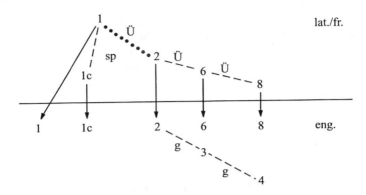

Abb. 31: Bedeutungsentlehnung und unabhängige Entwicklung: *copy*
(sp = Spezifizierung, g = Generalisierung, Ü =Übertragung)

Alle entlehnten Bedeutungen von *conference* (OED 1-5, davon überlebt nur 4) stammen aus der Zeit vor 1610: †3 'Vergleich, Textvergleich' (t2/6f., t32/5) 1538; †2 'Beitrag, Ausrüstung' 1545; 4 'Konversation' > 'Beratung' (T30/19) 1555; †5 'Kommunikation, Gedankenaustausch' (T8/34, 37, vgl. Abb.24) 1565; †1 'Zusammenfassung, Sammlung' 1610. Nicht entlehnt, sondern im Fne. entwickelt, ist wohl durch Metonymie aus 4 um 1586 die Bedeutung OED 6 'Konferenz'. Es ist schwer zu entscheiden, wie weit die weit auseinanderliegenden Bedeutungen (Homonymie zwischen 1 ≠ 2 ≠ 3 ≠ 4 + 5 + 6) einander gestört und die spätere Reduktion des Bedeutungsumfangs verursacht haben.

Die hier unter a.-h. angebotene Klassifizierung von Bedeutungswandel überschneidet sich auch mit anderen möglichen, z.B. der Unterscheidung, ob der Wandel unbewußt oder bewußt, graduell oder sprunghaft ist. Die aufgeführten Faktoren sind auch nicht gleichrangig, aber schwer in einer hierarchischen Ordnung zu beschreiben. Daneben zeigen sich viele komplexe Wandlungsprozesse, die ein Zusammenwirken einzelner Komponenten deutlich machen. Wie sehr darüber hinaus die Entwicklung einzelner Wörter die Zeit- und Kulturgeschichte in einer Vielschichtigkeit spiegelt, die sich mit der herkömmlichen Komponentenanalyse der Semantik nur unvollkommen beschreiben läßt, zeigt ein Blick auf die u.a. in Monographien (Knobloch *et al.* 1963, Lewis [2]1974, Schäfer 1966) ausführlicher untersuchten Beispiele *wit, humour* und *conceit*.

Wit, dessen ae. Form den Verstand und metonymisch den Sitz des Verstandes bezeichnet, wird me. zunehmend polysem, indem es zur Übersetzung von lat. *scientia* und *sententia* (neben entlehnten *science, sentence, sense*) herangezogen wird. Seither macht die weitgehende Überlappung von *wit* auch mit *mind, reason, fancy* eine isolierte Beschreibung schwer oder unmöglich; diese Beschreibung müßte zudem auf spezifische Wandlungen in der Philosophie und Psychologie des Mittelalters und der Renaissance eingehen.

Starben einige der me. Bedeutungen aus, so entstanden in der Renaissance neue, da *wit* im 15. Jh. auf die Person, den Träger des *wit* (OED 9) überging, und im 16. Jh. zunehmend mit der Rhetorik verbunden, jetzt die Kunst der geistreichen Rede (und davon abgeleitet, geistreichen Spott) bezeichnete. Diese Entwicklung ist (wie das Aufkommen vieler neuer Wörter für 'spotten', 7.1.5) für das 16. Jh. signifikant. Im 17. Jh. wurden zwei weitere Entwicklungen wichtig: zum einen wurde *wit* mit Komik assoziiert und bezeichnete letztlich entleerten Wortwitz, daneben wurde es als 'dichterische Phantasie' zentraler Terminus literarischer Wertung - eine unverträgliche Polysemie, die Dichter zwischen 1660 und 1760 veranlaßte, *false wit* von *true wit* zu unterscheiden und damit positiv zu werten.

Humour illustriert in seiner frühen Entwicklung den Wandel des physikalisch-medizinischen Wissens und die Bedeutungserweiterung, die sich beim Übergang aus der Fachsprache in die Gemeinsprache ergibt. Im Me. ursprünglich 'Flüssigkeit, Saft' im allgemeinen, wurde *humour* in medizinischen Texten (seit dem Gebrauch der engl. Sprache in diesem Bereich) zur Bezeichnung der Körperflüssigkeiten benutzt (= *blood, phlegm, choler, melancholy*). Da deren Mischung (= *temper/ament*) die Charaktereigenschaften und demzufolge auch Erscheinungs- und Verhaltenseigentümlichkeiten bestimmten, hat *humour*, besonders beim Übergang in die Gemeinsprache und in der Entwicklung zum Modewort um 1600, eine Fülle von metonymischen Erweiterungen durchgemacht: OED 4 'seelische Haltung', 4b 'typische Eigenart', 5 'Laune', 6 'Marotte', 6b 'Neigung', 7a 'komische Eigenschaft' und schließlich ab 1700 7b 'die Fähigkeit, Komisches zu sehen und darzustellen'. Besonders einschneidend ist die Einengung und Weiterentwicklung nach 1632, als mit der Entdeckung des Blutkreislaufs der alten Temperamentenlehre der wissenschaftliche Boden entzogen war.

conceit hat in seiner ursprünglichen Bedeutung (OED *'what is conceived in the mind'*) offensichtliche Berührung mit *wit* als Geistestätigkeit. Am häufigsten erschien es im 16. Jh. als 'Vorstellung, Begriff', so in Bacons Erklärung des sprachlichen Zeichens (7.6.1), aber auch ähnlich in t23/3, T11/2, 12/206, 27/37, 86; außerdem stand es für 'Vorstellungskraft' (T43/204) oder gedankliche Leistung (T8/164) - Bedeutungen, die bis 1700 zunehmend durch Relatinisierungen (*concept, conception*) ersetzt wurden.

Ein zweiter Strang ist unabhängig von der Grundbedeutung aus *conceive* 'einschätzen' herzuleiten (OED II). Die neutrale Verwendung als 'Meinung' wurde bald eingeengt zu 'gute Meinung', und dann (aus *self conceit* gekürzt) ab 1605 zu 'übermäßiges Selbstbewußtsein, Eingebildetsein'.

Am fruchtbarsten aber war im 16.-17. Jh. die Entwicklung, die *conceit* ähnlich wie *wit* in das Umfeld von *imagination* und *fancy* brachte, wo es als 'geistvoller, einfallsreicher, exzentrischer Gedanke (Handlung)' erschien: so als 'Grille' (OED 7), als 'Einbildungskraft' (OED 7b), als 'witziger oder gesucht-einfallsreicher Ausdruck' oder als 'einfallsreicher Trick' (*an odde conceit*, T32/10). Ein Teil dieser Bedeutungen wurde entweder aus dem ital. *concetto* entlehnt (so der

Gebrauch als Fachwort für 'ungewöhnliche, überraschende Metapher', 7.6.8) oder zumindest durch diesen fremden Einfluß gestützt. Wie *wit* (≠ *humour*) und *fancy* (≠ *imagination*) wurde auch *conceit* von der Literaturtheorie des 18. Jh. schärfer als 'bloßer Schmuck' gefaßt und somit von *imagery* abgegrenzt.

Wit, humour und *conceit* sind ne. nicht ausgestorben, lassen aber heute nichts mehr von der Bedeutungsfülle des 16./17. Jh. ahnen. Die Reduktion zum Ne. hin ist aber nicht nur Reflex veränderter Erkenntnisse der Wissenschaft (*humour*), Verdrängung durch Teilsynonyme (*wit* ‖ *sense, conceit* ‖ *concept, conception*), sondern offensichtlich auch Ausdruck eines anderen Weltbilds und Lebensgefühls. Diese Art umfassenden Bedeutungswandels läßt sich rein linguistisch kaum erfassen und erfordert zumindest weit eingehendere Einzeldarstellungen.

7.7.3 *Klassifikation des Bedeutungswandels*

Das Ergebnis des Prozesses, der zur Bildung eines neuen Semems führt, kann im Vergleich zum Ausgangssemem entweder als Spezifizierung (nämlich durch Zuwachs weiterer semantischer Merkmale), als Generalisierung (durch Wegfall/ Neutralisierung von bisher distinktiven Semen) oder als Übertragung beschrieben werden. Ein Teil der metaphorischen Übertragungen, bei denen gemeinsame Seme der alten und neuen Einzelbedeutung die Grundlage der Übertragung bilden, beruht somit auf einer Kombination von Fortfall und Zuwachs. Das Ergebnis dieser Etablierung eines neuen Semems ist jedenfalls eine Erweiterung des Bedeutungsumfangs/Signifikats.

Die Aufgabe von Sememen (Bedeutungsverengung) z.B. zum Zwecke genauerer Bezeichnung ist der gegenläufige Prozeß. Auch wenn er den Auslesevorgang zwischen spezifischerer und genereller Bedeutung (*meat*) betrifft, setzt er Wandel in zwei Stufen voraus: auf eine Spezifizierung folgt eine Reduktion des Bedeutungsumfangs. Ähnlich ist die Bedeutungsverschiebung (wie bei den von Menner untersuchten Adjektiven, 1945 und vgl. Görlach ²1982:123) ein wiederholtes Nacheinander von Erweiterungen und Verengungen.

Auch andere Klassifikationen sind Variationen dieses Grundmodells. So sind Bedeutungsverschlechterung und -verbesserung offensichtliche Spezifizierungen im wertenden Bereich; fach- und gruppensprachliche Verwendungen (sofern sie überhaupt in demselben System zu beschreiben sind) Spezifizierungen, die gleichzeitig die Bedeutung und das Register betreffen.

Außerdem gibt es eine Tendenz, metaphorische (bildliche, anschauliche, expressive) Ausdrücke zu verwenden, die dem Trend zur Spezifizierung entgegenwirken - und viele Zeichen (wie die oben erwähnten Adjektive) scheinen sich einer eindeutigen Kategorisierung überhaupt zu entziehen.

TEXTE

Zur Transkription der Texte

Alle Texte sind den Originalen oder Faksimileausgaben entnommen. Zeichensetzung und Orthographie sind beibehalten, außer daß Allographen des <r> (r,) und des <s> (s,) vereinheitlicht sind und daß *vv* als *w* wiedergegeben ist; *u/v* und *i/j*, sowie Großschreibung folgen jedoch dem Original (vgl. die Faksimileseiten). Wo Randüberschriften übernommen sind, sind sie kursiv in den Text eingefügt.

Der Wechsel verschiedener Schriftsorten, ein typisches Kennzeichen des Buchdrucks der Renaissance, ließ sich nicht vollständig nachahmen. Deshalb ist die Grundtype immer in CG TIMES, die Kontrasttype in *Italic* wiedergegeben. In T1, T21 und 36A ist die Kursive benutzt, um Trevisas Zusätze zu seiner lat. Quelle, Surreys wörtliche Übernahmen aus Douglas und Harrisons Gebrauch des Bellenden-Textes hervorzuheben.

In den gedruckten Texten bis 1640 finden sich Kontraktionen, die häufig nur dazu dienen, den rechten Randausgleich herzustellen. Da die Zeilen der Abschrift nicht diplomatisch wiedergegeben sind, werden Kontraktionen (mit Ausnahmen von y^e, y^t, w^t in einigen Texten) aufgelöst. Offensichtliche Druckfehler, wie *n* für *u*, sind stillschweigend korrigiert.

ZU SPRACHE UND SPRACHEN

1 W. CAXTON: THE DESCRIPTION OF BRITAIN (1480)

OF THE LANGUAGES OF MANERS & VSAGE OF THE PEPLE OF
y^t LONDE

As it is knowen how many maner of peple ben in this jlonde
ther ben also so many langages and tonges/ Netheles walssh
& scottes that ben not medlid with othir nacions kepe neyh
yet their langage & speche But yet the scottes that were
5   somtyme confederate & duellid with pictes drawe somwhat
after their speche But the flemmynges y^t duelle in the
west side of wales haue lefte her straunge speche & speken
like to saxons/ also englisshmen though they had fro the
beginnyng thre maner speches/ southern/ northern & myddell
10 speche in the myddell of the londe as they come of thre
maner of peple of germania/ Netheles by commixtion and
medling first with Danes & afterward with Normans in many
thinges the contre langage is appaired/ for some vse strange wlaffing chitering harryng garryng & grisbyting/
15   This appayring of the langage cometh of two thinges/
ones because that children y^t gone to scole lerne to speke
first englissh/ & than ben compellid to constrewe her lessons in frenssh & that haue ben vsed syn the normans come
in to englond/ Also gentilmens children ben lerned &
20 taught from their yongth to speke frenssh/ & vplondissh
men wyll counterfete & likene hem selfe to gentilmen/ &
arn besy to speke frenssh for to be more sette by wherfor
it is said by a comyn proveerbe/ Jack wold be a gentilman
if he coude speke frenssh/
25   *this was moche vsed to for ye grete deth but sith it*
is somdele chaunged/ for sir Johan Cornewayll a maister of
gramer chaunged the techyng of gramer scole & construction
of frenssh in to englissh/ And othir scolemaisters vse the
same way now in the yere of our lord .M.CCClxxxv. the ix.
30 *yere of kyng Richard the seconde/ & leue all frenssh in*
scoles & vse alle construction in englissh/ wherin they
haue auantage one way that is that they lerne the sonner
their gramer And in anothir disauauntage/ for now they
lerne no frenssh ne can none/ which is hurte for them
35 *that shall passe the see/ And also gentilmen haue moche*
lefte to teche their children to speke frenssh/
    Hit semeth a grete wonder that englissh haue so grete
diuersite in their owne langage in soune and in spekyng

of it/ whiche is all in one jlonde/ And the langage of
40 normandie is comen oute of anothir lande/ and hath one
maner of soune among alle them that speketh it in englond/
for a man of kente/ Southern western/ & northern men speken frenssh all lyke in soune & speche/ but they can not
speke theyr englissh so/ *Netheles ther is as many diuerse*
45 *maner of frenssh in the reame of fraunce/ as diuerse eng-*
lissh in the reame of englond/ Also of the forsaid tonge
which is departed in thre is grete wonder/ for men of the
eest with men of the west accorde better in sownyng of
their speche/ than men of the north with men of the south/
50 Therfore it is that men of mercij that ben of myddell
Englond as it were partiners with the endes/ vnderstande
better the side langages northern & southern than northern
& southern vnderstande eyther othir/ Alle the langages of
the northumbres & specially at york is so sharp slitting
55 frotyng & vnshappe/ that we sothern men may vnneth vnderstande that langage/ I suppose the cause be that they be
nygh to the aliens that speke strangely/ And also by cause
that the kyngis of englond abyde and duelle more in the
south contrey than in ye north contre/ is by cause that
60 ther is better corn londe more peple/ moo noble Citees/ &
moo prouffytable hauenes in the south contrey than in the
north.

2 W. CAXTON: PROLOGUE TO ENEYDOS (1490)

... And whan I had aduysed me in this sayd boke I delyber-
ed and concluded to translate it in to englysshe And
forthwyth toke a penne & ynke and wrote a leef or tweyne/
whyche I ouersawe agayn to corecte it And whan I sawe
5   the fayr & straunge termes therin/ I doubted that it sholde
not please some gentylmen whiche late blamed me sayeng y^t
in my translacyons I had ouer curyous termes whiche coude
not be vnderstande of comyn peple/ and desired me to vse
olde and homely termes in my translacyons. and fayn wolde
10 I satysfye euery man/ and so to doo toke an olde boke and
redde therin/ and certaynly the englysshe was so rude and
brood that I coude not wele vnderstande it. And also my
lorde abbot of westmynster ded do shewe to me late certayn
euydences wryton in olde englysshe for to reduce it in to
15 our englysshe now vsid/ And certaynly it was wreton in
suche wyse that it was more lyke to dutche than englysshe
I coude not reduce ne brynge it to be vnderstonden/
    And certaynly our langage now vsed varyeth ferre from
that. whiche was vsed and spoken whan I was borne/ For we
20 englysshe men/ ben borne vnder the domynacyon of the mone.
whiche is neuer stedfaste/ but euer waueryng/ wexynge
one season/ and waneth & dyscreaseth another season/ And

that comyn englysshe that is spoken in one shyre varyeth
from another. In so moche that in my dayes happened that
25   certayn marchauntes were in a shippe in tamyse for to
haue sayled ouer the see into zelande/ and for lacke of
wynde thei taryed atte forlond and wente to lande for to
refreshe them And one of theym named sheffelde a mercer
cam in to an hows and axed for mete. and specyally he axyd
30   after eggys And the goode wyf answerde. that she coude speke no frenshe. And the marchaunt was angry. for he also
could speke no frenshe but wold haue hadde egges/ and she
vnderstode hym not/ And thenne at laste a nother sayd that
he wolde haue eyren/ then the good wyf sayd that she vnder-
35   stod hym wel/ Loo what sholde a man in thyse dayes now
wryte. egges or eyren/ certaynly it is harde to playse
euery man/ by cause of dyuersite & chaunge of langage. For
in these dayes euery man that is in ony reputacyon in his
countre. wyll vtter his commynycacyon and matters in suche
40   maners & termes/ that fewe men shall vnderstonde theym/
And som honest and grete clerkes haue ben wyth me and desired me to wryte the moste curyous termes that I coude
fynde/ And thus bytwene playn rude/ & curyous I stande
abasshed. but in my Iudgemente/ the comyn termes that be
45   dayli vsed ben lyghter to be vnderstonde than the olde
and auncyent englysshe/ And for as moche as this present
booke is not for a rude vplondyssh man to laboure therin/
ne rede it/ but onely for a clerke & a noble gentylman
that feleth and vnderstondeth in faytes of armes in loue
50   & in noble chyualrye/ Therfor in a meane bytwene bothe I
haue reduced & translated this sayd booke in to our
englysshe...

3   W. LILY AND J. COLET: A SHORT INTRODUCTION
   OF GRAMMAR (1549)

TO THE READER

To exhort every man to the learnyng of grammar, that intendeth to atteyne to the vnderstandynge of the tungues,
(wherin is conteyned a great treasorye of wysedome and
knowledge) it shoulde seeme muche vayne and little nedefull:
5   for so muche as it is knowen, that nothynge canne surely
bee ended, whose begynnyng is eyther feble or fautye: and
no buyldynge bee perfecte, whan as the foundation and
groundewoorke is ready to falle, or vnable to vpholde the
burthen of the frame. Wherefore it were better for the
10   thynge it selfe, and more profytable to the learner, to
vnderstande howe he may beste come to that, whyche he
oughte moste necessaryly to haue, and to learne the gayn-
est waye of obteynynge that, whyche muste be his beste

and certaynest guyde, bothe of readyng and speakynge, than
15 to falle in doubte whether he shall more lamente that he
lacketh, or esteeme that he hathe it, and whether he shall
oftener stumble in trifles, and be deceaued in lyghte mat-
tiers, whan he hath it not, or iudge trewely and faythful-
ly of dyuers weyghtye thynges whan he hath it.
20   The whyche hathe seemed to many verye harde to compasse
afore tyme, bycause that they, who professed this arte of
teachyng grammar, dyd teache dyuers grammars, and not one,
and yf by chaunce they taughte one grammar, yet they dyd
it dyuersly, and so coulde not doo it all beste, for so
25 muche as there is but one bestnesse, not onely in euery
thynge, but also in the maner of euery thyng.
As for the diuersitees of grammars, it is welle and
profytably taken awaye, by the Kynges Maiestees wysedome,
who fureseeynge the inconuenience, and fauourably prouid-
30 ynge the remedye, caused one kynde of grammar by sundry
learned men, to be diligently drawen, and so to be sette
out, onely euery where to be taught, for the vse of learners, and for the hurte in chaunge of schoolemaysters.
The varietee of teachynge is dyuers yet, and alwayes
35 wyll bee: for that euery schoolemayster lyketh that he
knoweth, and seeth not the vse of that he knoweth not,
and therefore iudgeth that the moste sufficient waye,
whyche he seeth to bee the readyest meane, and perfectest
kynde to bryng a learner to haue a thorough knowledge
40 therin.
Wherefore it is not amysse, yf one seeyng by tryall, an
easyer and readyer waie, than the common sorte of teachers
dooth, wold saie what he hath proued, and for the commod-
itee allowed, that other not knowynge the same, myghte by
45 experience proue the lyke, and than by profe reasonable
iudge the lyke, not hereby excludyng the better way, whan
it is founde, but in the meane season forbyddyng the worse.
The first and chieffest poynte is, that the diligente
mayster make not the scholar haste to muche, but that he
50 in contynuaunce and dilygence of teachynge, make hym re-
herse so, that whyle he haue perfectely that, that is be-
hynde, he suffre hym not to go forwarde. For this postynge
haste, ouerthroweth and hurteth a greate sorte of wyttes,
and casteth them into an amasednesse, whan they knowe not,
55 howe they shall eyther goe forewarde or backewarde, but
stycketh fast as one plunged, that can not telle what to
dooe, or whyche waies to tourne hym, and than the mayster
thynketh the scholar to bee a dullarde, and the scholar
thynketh the thynge to bee vneasy and to harde for his
60 wytte, and the one hath an yll opinion of the other, whan
oftentymes it is in neither, but in the kynde of teachynge. Wherfore the best and chieffest poynte throughly to
be kept, is, that the scholar haue in mynd so perfectely

that he hath learned, and vnderstande it so, that not
65 onely it bee not a stoppe for hym, but also a lyght and
an helpe to the resydue that foloweth.
This shall be the maisters ease, and the chyldes en-
couragynge, whan the one shall see his laboure take good
effecte, and thereby in teachynge, the lesse tourmented,
70 and the other shall thynke the thynge easyer, and so
with more gladnesse readye to go about the same.

4 T. WILSON: THE ARTE OF RHETORIQUE (1553)

PLAINES WHAT IT IS

Emong al other lessons, this should first be learned, y^t
we neuer affect any straunge ynkehorne termes, but so speake
as is commonly receiued: neither sekyng to be ouer fine,
nor yet liuyng ouer carelesse, vsyng our speache as most
5 men do, & ordryng our wittes, as the fewest haue doen.
Some seke so farre for outlandishe Englishe, that thei
forget altogether their mothers langage. And I dare swere
this, if some of their mothers were aliue, thei were not
able to tell, what thei say, & yet these fine Englishe
10 clerkes, wil saie thei speake in their mother tongue, if a
man should charge them for counterfeityng the kynges English. Some farre iorneid ientlemen at their returne home,
like as thei loue to go in forrein apparell, so thei wil
pouder their talke w^t ouersea language. He that cometh
15 lately out of France, wil talke Frenche English, & neuer
blushe at the matter. Another choppes in with Angleso
Italiano: the lawyer wil store his stomack with the prat-
yng of Pedlers. The Auditour in makyng his accompt and
rekenyng, cometh in with sise sould, and cater denere,
20 for vi.s. iiij.d. The fine Courtier wil talke nothyng but
Chaucer. The misticall wise menne, and Poeticall Clerkes,
will speake nothyng but quaint prouerbes, and blynd allegories, delityng muche in their awne darkenesse, especially, when none can tell what thei dooe saie. The vnlearned
25 or foolishe phantasticall, that smelles but of learnyng
(suche felowes as haue seen learned men in their daies)
will so latine their tongues, that the simple cannot but
wonder at their talke, and thynke surely thei speake by
some Reuelacion. I knowe them that thynke Rhetorique
30 to stande wholy vpon darke woordes, and he that can catche
an ynke horne terme by the taile, hym thei compt to bee a
fine Englishe man, and a good Rhetorician And the rather
to set out this folie, I will adde here suche a letter,
as Willyam Sommer himself, could not make a better for
35 that purpose. Some will thinke & swere it to, that there
was neuer any suche thyng written, well I wil not force

any man to beleue it, but I will saie thus muche, and
abide by it to, the like haue been made heretofore, and
praised aboue the Moone.

40 *An ynkehorne letter.* Ponderyng, expendyng, and reuolut-
yng with my self your ingent affabilitee, and ingenious
capacitee, for mundane affaires: I cannot but celebrate
and extolle your magnificall dexteritee, aboue all other.
For how could you haue adepted suche illustrate prerog-
45 atiue, and dominicall superioritee, if the fecunditee
of your ingenie had not been so fertile, & wounderfull
pregnaunt. Now therfore beeyng accersited, to suche
splendent renoume, & dignitee splendidious: I doubt not
but you will adiuuate suche poore adnichilate orphanes,
50 as whilome ware condisciples with you, and of antique
familiaritee in Lincolne shire. Emong whom I beeyng a
Scholasticall panion, obtestate your sublimitee to extoll
myne infirmitee. There is a sacerdotall dignitee in my
natiue countrey, contiguate to me, where I now contem-
55 plate: whiche your worshipfull benignitee, could sone
impetrate for me, if it would like you to extend your
scedules, and collaude me in them to the right honorable
lorde Chauncellor, or rather Archigrammacian of Englande.
You knowe my literature, you knowe the pastorall pro-
60 mocion, I obtestate your clemencie, to inuigilate thus
muche for me, accordyng to my confidence, and as you
know my condigne merites, for suche a compendious liuyng. But now I relinquishe to fatigate your intelligence
with any more friuolous verbositie, and therfore he that
65 rules the climates be euermore your beautreux, your
fortresse, and your bulwarke. Amen.

  What wise man readyng this letter, will not take him
for a very Caulfe, that made it in good earnest, &
thought by his ynkepot termes, to get a good personage.
70 Doeth wit reste in straunge wordes, or els standeth it
in wholsome matter, and apt declaryng of a mannes mynd?
Do we not speake, because we would haue other to vnderstande vs, or is not the tongue geuen for this ende,
that one might know what another meaneth? And what
75 vnlearned man can tell, what half this letter signifieth?
Therfore, either we must make a difference of Englishe,
and saie some is learned Englishe, and other some is rude
Englishe, or the one is courte talke, the other is countrey speache, or els we must of necessitee, banishe al
80 suche affected Rhetorique, and vse altogether one maner
of langage....

  Now whereas wordes be receiued, aswell Greke as Latine,
to set furthe our meanyng in thenglishe tongue, either for
lacke of store, or els because wee would enriche the lan-
85 guage: it is well doen to vse them, and no man therin can
be charged for any affectacion, when all other are agreed

to folowe the same waie. There is no man agreued, when he
heareth (letters patentes) & yet patentes is latine, and
signifieth open to all men. The Communion is a felowship,
90   or a commyng together, rather Latine then Englishe: the
Kynges prerogatiue, declareth his power royall aboue all
other, and yet I knowe no man greued for these termes,
beeyng vsed in their place, nor yet any one suspected for
affectacion, when suche generall wordes are spoken. The
95   folie is espied, when either we will vse such wordes, as
fewe men doe vse, or vse theim out of place, when another
might serue muche better. Therfore to auoyde suche folie,
we maie learne of that most excellent Orator Tullie, who
in his thirde booke, where he speaketh of a perfect Ora-
100   toure, declareth vnder the name of Crassus, that for the
choyse of wordes, foure thinges should chiefly be obserued. First, that suche wordes as we vse, shuld bee
proper vnto the tongue, wherein wee speake, again, that
thei be plain for all men to perceiue: thirdly, that thei
105   be apt and mete, moste properly to sette out the matter.
Fourthly, that woordes translated from one significacion
to another, (called of the Grecians, Tropes) bee vsed to
beautifie the sentence, as precious stones are set in a
ryng, to commende the golde.

5   J. CHEKE: LETTER TO HOBY (1557)

TO HIS LOUING FRIND MAYSTER THOMAS HOBY

For your opinion of my gud will unto you as you wriit,
you can not be deceiued: for submitting your doinges to
mi iudgement, I thanke you: for taking this pain of your
translation, you worthilie deseru great thankes of all
5   sortes. I haue taken sum pain at your request cheflie in
your preface, not in the reading of it for that was plesaunt vnto me boath for the roundnes of your saienges and
welspeakinges of the saam, but in changing certein wordes
which might verie well be let aloan, but that I am verie
10   curious in mi freendes matters, not to determijn, but to
debaat what is best. Whearin, I seek not the bestnes hap-
lie bi truth, but bi mijn own phansie, and shew of goodnes.
   I am of this opinion that our own tung shold be written
cleane and pure, vnmixt and vnmangeled with borowing of
15   other tunges, wherin if we take not heed by tijm, euer
borowing and neuer payeng, she shall be fain to keep her
house as bankrupt. For then doth our tung naturallie and
praisablie vtter her meaning, whan she bouroweth no coun-
terfeitness of other tunges to attire her self withall,
20   but vseth plainlie her own, with such shift, as nature,
craft, experiens and folowing of other excellent doth

lead her vnto, and if she want at ani tijm (as being vn-
perfight she must) yet let her borow with suche bashful-
nes, that it mai appeer, that if either the mould of
25   our own tung could serue vs to fascion a woord of our
own, or if the old denisoned wordes could content and
ease this neede, we wold not boldly venture of vnknowen
wordes. This I say not for reproof of you, who haue
scarslie and necessarily vsed whear occasion serueth   .
30   a strange word so, as it seemeth to grow out of the matter and not to be sought for: but for mijn own defens,
who might be counted ouerstraight a deemer of thinges,
if I gaue not this accompt to you, mi freend and wijs,
of mi marring this your handiwork. But I am called awai,
35   I prai you pardon mi shortnes, the rest of mi saienges
should be but praise and exhortacion in this your doinges, which at moar leisor I shold do better.
From my house in Woodstreete the 16. of Iuly, 1557
      Yours assured Ioan Cheek

6 J. HART: AN ORTHOGRAPHIE (1569)

THE PREFACE

In any chaunge which is to be attempted in any peoples
maner of doings, there is requisite eyther excelling
authoritie, or a good perswasion of a common commoditie.
The first must be obeyed what chaunge of any inferior
5   purpose soeuer may come therof. And thother is at libertie to be taken or refused, according as experience,
maye finde it profitable or hurtfull.
      Wherefore I will nowe signifie vnto such as haue not
wilfully professed them selues to be obstinate in their
10   custome, that the vse and experience of thorder of this
following English Orthographie, shall bring these commodities following.
      *The first commoditie for the vnlearned naturall English
people.* First it shall cause the naturall English knowing
15   no letter, to be able to learne to decerne and easily to
reade (whatsoeuer he may see before him so written or
printed) so soone as he were able to learne readily, and
perfectly to know and name, the number of figures or members of the bodie and substance of our voice and speach,
20   & so obseruing the new or strange order hereafter written,
the learned may instruct any naturall English reasonable
creature, to read English, in one quarter of the time that
euer any other hath heretofore bene taught to reade, by
any former maner. And in what lesse time, and how much
25   more easie and readie, it will be for the writer or Printer, Reader and hearer, I will not write, but leaue it to

the iudgement of the Reader, of the sayd following treatise, and to the experience it selfe as occasion shall
serue.
30   *Secondly for straungers or the rude countrie English*
man, which may desire to read English as the best sort
vse to speake it. Secondly, if anye man of one or other
nation, would gladly learne to pronounce any straunge
speach which is accustomed to be written so confusedly,
35   as it were (of necessitie) only to be learned by the
liuely voice, and not able to be red by any order of
their writing, as maye be sayde of the Welsh and Irish,
yet vsing thorder hereafter, he shall be able to write
eyther of them (or any other like) euen as iustly in the
40   least voice, sound or breath, as it shall be naturallye
spoken vnto him, and so read it againe perfitely, when and
where soeuer he may see it, though many yeares thereafter,
and though he vnderstoode no worde therof, and that by
the reason hereafter shewed. Whereas by our present dis-
45   order it often happeneth that a verye good iudgement, maye
doubt in what sound, many a word shoulde be pronounced,
vntil by reasan of the sentence it bée founde, and many
a man doth scantlye know how the writing of his owne name
should be sounded, by which disorders and confusions,
50   there can be made no perfite Dictionarie nor Grammer,
which are very commodious for any straunger that desireth
to learne our tongue by Arte, or for the rude to learne
to speake well, as euery childe that hath learned his
Latine Grammer knoweth.
55   *Thirdly, for cost and time saued.* Thirdly, we should
not néede to vse aboue the two thirdes or thrée quarters
at most, of the letters which we are nowe constreyned to
vse, and to saue the one third, or at least the one
quarter, of the paper, ynke, and time which we now spend
60   superfluously in writing and printing.
And last, for a helpe for the learned sort which desire
to pronounce other tongs aright. And last of all, English
Latinistes maye hereby vnderstand, the Italian and high
Dutch and Welshe pronounciation of their letters, which
65   by presumption is verie neare as the auncient Greekes and
Latines did, being according to thorder and reason of
their predecessors first inuention of them, whereby our
errors are the better perceyued, and in the ende of the
booke a certaine example how the Italian, high Dutch,
70   French, and Spanyard doe vse to pronounce Latine and their
owne languages. Truly the commodities aforesaid (which I
perswade my self may follow) and the hinderance and confusion wherein I see we are, doe cause me to put it into
light: to thend such as are able to be iudges, may be
75   occasioned to consider therof. Whose like (I meane the
learned sort) haue bene in times past, causers of our

present maner of writing, by turning their penne to adde
or diminish, alter or chaunge, as they thought méete into
other letters and Carrects, much differing from the olde
80 Saxon maner. And the liuing doe knowe themselues no further bounde to this our instant maner, than our predecessors were to the Saxon letters and writing, which hath
bene altered as the speach hath chaunged, much differing
from that which was vsed within these fiue hundreth, I
85 maye say within these two hundreth yeares...

7 W. BULLOKAR: BOOKE AT LARGE (1580)

The first Chapter, shewing the old A.B.C. and cause of
amendment and that both may be vsed for a time.
The old A.B.C.

There are in the olde A.B.C. (for so I call the ortography
5 vsed before this amendment) xxiiij. letters, of xxiiij.
seuerall names, which are these following.
    A.b.c.d.e.f.g.h.i.k.l.m.n.o.p.q.r.s.t.u.w.x.y.z. with
their paiers.
    Which fower and twentie letters, are not sufficient to
10 picture Inglish spéech: For in Inglish spéech, are mo
distinctions and diuisions in voice, then these fower and
twentie letters can seuerally signifie, and giue right
sound vnto: By reason whereof, we were driuen, to vse to
some letters, two soundes, to some, thrée soundes, hauing
15 in them no difference, or marke, in figure or fashion, to
shewe how the same double, or treble sounded letters,
should be sounded, when they were ioined with other letters
in wordes: which was very tedious to the learner (though
he coulde speake and vnderstand perfectly Inglish spéech
20 by nature and continuall vse) much more tedious was it,
to them of another nation not aided by such vse: when our
writing and printing, nothing agréed, in the seuerall
names of our letters, vnto the sounding of them in our
wordes: whereby our spéech was condemned of those stran-
25 gers, as without order, or sensibilitie: whereas the
fault was in the picture, (I meane the letters) and not
in the spéech: which fault, the strangers did not perceiue, much lesse could they remedie it, when we our selues, some contented with a custome thought it could be no
30 better, some perceiuing some fault, knew not the remedie,
some knowing some remedie (as touching their owne iudgement and contentation) thought it hard to be altered,
because that the great volumes alreadie in print, should
be more than halfe lost, if they could not be vsed, by
35 such, as learned first the amended writing and printing:
and som are so enuious that nothing is well, but their
owne doings: and some are so ambitious, they would haue

no knowledge but in themselues, and haue dominion ouer
vertue, not vsing vertuous waies themselues, but hinder-
40 ing the vertue of others.
    Against this last sort of ambitious and enuious, I call
to my assistance (in this point of ortography) sir *Thomas
Smith*, and Maister *Chester*, for their painfull séeking
remedy herein: yet complaining greatly of enimies that
45 hindered their good meanings: which might much discourage
me, (being of simpler calling, knowledge, and experience)
had not my great paines, (in the like point touching ortography) brought to passe (as I thinke) an indifferent
perfect worke: not onlie for true ortography for Inglish
50 spéech, but also framing the same, so néere the old ortography, that the want and abuses in the old, are not onely
hereby plainly set foorth, but also, that the same old
writing, and printing, may be in vse for a time, to saue
expences, as were the written volumes in times past,
55 after printing first began: which art of printing began
in Germany, and found out by a Knight, in the yeere of
our Lorde .1457. as Chronicles testifie: which is sixe score
and thrée yéere agon, or there about: and at this day, the
written volumes are in fewe places to be séene, but almost
60 in no place in vse, through the fairenesse of the printed
volumes, and more perfectnesse therein: yet is not the
same so perfect, (for lacke of true ortography) but that
diuerse men write, and also print, diuersely: and not one,
truely as Inglish spéech requireth, (if ye will haue a true,
65 perfect, and plaine picture thereof) as shall plainly appéere in this treatise following.
    So that for lacke of true ortography our writing in
Inglish hath altered in euery age, yea since printing began, (though printing be the best helpe to stay the same,
70 in one order) as may appéere by the antiquities: and if
now be a time of the most perfect vse of the same, which
must be confessed for the great learning dispersed in this
land at this day (in respect of any time past to the knowledge of man) thinke it the great gift of God, if a per-
75 fectnesse be now surely planted, not to be rooted out as
long as letters endure.

8 R. MULCASTER: THE FIRST PART OF THE ELEMENTARIE (1582)

OF PREROGATIUE ... This period of mine, and these risings
to mount, as the dismounting again, till decaie ensew, do
giue vs to wit, that as all things else, which belong to
man be subiect to change, so the tung also is, which chang-
5 eth with the most, and yet contineweth with the best.
Whereupon it must nedes be that there is som soulish sub-

stance in euerie spoken tung, which fedeth this change,
euen with perceptible means, that pretend alteration. For
if anie tung be absolute, and fré from motion, it is
10   shrined vp in books, and not ordinarie in vse, but made
immortall by the register of memorie...
I take this present period of our English tung to be
the verie height thereof, bycause I find it so excellent-
lie well fined, both for the bodie of the tung it self,
15   and for the customarie writing thereof, as either foren
workmanship can giue it glosse, or as homewrought hanling
can giue it grace. When the age of our peple, which now
vse the tung so well, is dead and departed there will another succede, and with the peple the tung will alter and
20   change. Which change in the full haruest thereof maie
proue comparable to this, but sure for this which we now
vse, it semeth euen now to be at the best for substance,
and the brauest for circumstance, and whatsoeuer shall
becom of the English state, the English tung cannot proue
25   fairer, then it is at this daie, if it maie please our
learned sort to esteme so of it, and to bestow their
trauell vpon such a subiect, so capable of ornament, so
proper to themselues, and the more to be honored, bycause
it is their own.
30   *THE PERORATION*   There be two speciall considerations,
which kepe the *Latin*, & other learned tungs, tho chefelie
the *Latin*, in great countenance among vs, the one thereof
is the knowledge, which is registred in them, the other is
the conference, which the learned of *Europe*, do commonlie
35   vse by them, both in speaking and writing. Which two considerations being fullie answered, that we seke them from
profit & kepe them for that conference, whatsoeuer else
maie be don in our tung, either to serue priuat vses, or
the beawtifying of our speche, I do not se, but it maie
40   well be admitted, euen tho in the end it displaced the
Latin, as the *Latin* did others, & furnished it self by the
the *Latin* learning. For is it not in dede a meruellous bondage, to becom seruants to one tung for learning sake, the
most of our time, with losse of most time, whereas we maie
45   haue the verie same treasur in our own tung, with the gain
of most time? our own bearing the ioyfull title of our
libertie and fredom, the *Latin* tung remembring vs, of our
thraldom & bondage? I loue *Rome*, but *London* better, I
fauor *Italie*, but *England* more, I honor the *Latin*, but
50   I worship the *English*...
The diligent labor of learned cuntriemen did so enrich
these tungs, and not the tungs them selues, tho theie
proued verie pliable, as our tung will proue, I dare assure it of knowledge, if our learned cuntriemen will put
55   to their labor. And why not I praie you, as well in *English*, as either in *Latin* or anie tung else?

1. It is not nedefull Will ye saie it is nedelesse?
sure that will not hold. If losse of time while ye be
pilgrims to learning by lingring about tungs, be no argu-
60 ment of nede: if lak of sound skill, while the tung dis-
tracteth sense, more then half to it self, and that most
of all in a simple student or a sillie wit, be no argument
of nede, then saie you somwhat, which pretend no nede. But
bycause we neded not, to lease anie time onelesse we list-
65 ed, if we had such a vantage, in the course of studie, as
we now lease, while we trauell in tungs: and bycause our
vnderstanding also, were most full in our naturall speche,
tho we know the foren excedinglie well, methink *necessitie*
it self doth call for *English*, whereby all that gaietie
70 maie be had at home, which makes vs gase so much at the
fine stranger.
2. *It is vncouth* But ye will saie it is vncouth. In
dede being vnused. And so was it in *Latin*, and so is it
in ech language, & *Tullie* himself the *Romane* paragon,
75 while he was aliue, & our best patern now, tho he be dead,
had verie much ado, and verie great wrastling against such
wranglers, and their nice lothing of their naturall speche,
ear he wan that opinion, which either we our selues haue
now of him, or the best of his frinds did then conceiue
80 by him. Is not euerie his preface before all his philo-
sofie still thwakt full of such conflicts, had against
those cauillers? our *English* wits be verie wel able,
thanks be to God, if their wits were as good, to make
those vncouth & vnknown learnings verie familiar to our
85 peple, euen in our own tung, & that both by president &
protection of those same writers, whom we esteme so much
of, who doing that for others, which I do wish for ours, in
the like case must nedes allow of vs, onelesse theie wil
auouch that which theie cannot auow, that the praise of
90 that labor to conceiue cunning from a foren tung into a
mans own, did dy with them, not to reuiue in vs. But whatsoeuer theie saie, or whatsoeuer theie can saie to con-
tinew their own credit, our cuntriemen maie not think,
but that it is our praise to com by that thorough pur-
95 chace, and planting in our tung, which theie were so
desirous to place in theirs, and ar now so loth to forgo
again, as the farest flour of their hole garland, which
wold wither soon, or else decaie quite, if their great
cunning, were not the cause of their continewance: and if
100 our peple also, were not more willing to wonder at their
workmanship, then to work their own tung, to be worth the
like wonder. Our English is our own, our *Sparta* must be
spunged, by the inhabitants that haue it, as well as
those tungs were by the industrie of their people, which
105 be braued with the most, and brag as the best.

184 8 *Mulcaster (1582)*

3. Our tung is of no compas for ground & autoritie.
But it maie be replyed again, that our English tung doth
nede no such proining, it is of small reatch, it stretch-
eth no further then this Iland of ours, naie not there
110 ouer all. What tho? Yet it raigneth there, and it serues
vs there, and it wold be clean brusht for the wearing
there. Tho it go not beyond sea, it will serue on this
side. And be not our English folks finish, as well as the
foren I praie you? And why not our tung for speaking, &
115 our pen for writing, as well as our bodies for apparell,
or our tastes for diet? But our state is no *Empire* to
hope to enlarge it by commanding ouer cuntries.
What tho? tho it be neither large in possession, nor in
present hope of great encrease, yet where it rules, it
120 can make good lawes, and as fit for our state, as the
biggest can for theirs, and oftimes better to, bycause
of confusion in greatest gouernments, as most vnwildi-
nesse in grossest bodies.
4. No rare cunning in English. But we haue no rare
125 cunning proper to our soil to cause forenners studie it,
as a treasur of such store. What tho? yet ar we not ignorant by the mean thereof to turn to our vse all the great
treasur, of either foren soil, or foren language. And
why maie not the English wits, if they will bend their
130 wills, either for matter or for method in their own tung
be in time as well sought to, by foren students for increase of their knowledge, as our soil is sought to at
this same time, by foren merchants, for encrease of
their welth? As the soil is fertile, bycause it is ap-
135 plyed, so the wits be not barren if theie list to brede.
5. No hope of anie greatnesse. But tho all this be
trew, yet we ar in dispare, euer to se ours so fined, as
those tungs were, where publik orations were in ordinarie
trade, and the verie tung alone made a chariot to honor.
140 Our state is a *Moanarchie*, which mastereth language, &
teacheth it to please: our religion is *Christian,* which
half repines at eloquence, and liketh rather the naked
truth, then the neated term. What tho? Tho no English man
for want of that exercise, which the *Roman* had, & the
145 *Athenian* vsed in their spacious and great courts, do proue
a *Tullie* or like to *Demosthenes*, yet for sooth he maie
proue verie comparable to them in his own common weal and
the eloquence there...
6. It will let the learned communitie. But will ye
150 thus break of the common conference with the learned foren,
by banishing the *Latin*, and setting ouer her learning to
your own tung. The conference will not cease, while the
peple haue cause to enterchange dealings, & without the
Latin, it maie well be continewed: as in som cuntries the
155 learnedder sort, & som near cosens to the latin it self

do alreadie wean their pens and tungs from the vse of
Latin, both in writen discourse, & spoken disputation,
into their own naturall, and yet no dry nurse, being so
well appointed by the milch nurses help. The question is
160 not to disgrace the *Latin,* but to grace our own. And why
more a stranger in honor with vs, then our own peple, all
circumstances serued?...
   Why not all in English? But why not all in English,
a tung of it self both depe in conceit, & frank in deliv-
165 erie? I do not think that anie language, be it whatsoeuer,
is better able to vtter all arguments, either with more
pith, or greater planesse, then our *English* tung is, if
the *English* vtterer be as skilfull in the matter, which
he is to vtter: as the foren vtterer is. Which methink I
170 durst proue in anie most strange argument, euen mine own
self, tho no great clark, but a great welwiller to my
naturall cuntrie. And tho we vse & must vse manie foren
terms, when we deal with such arguments, we do not anie
more then the brauest tungs do & euen verie those, which
175 crake of their cunning. The necessitie is one betwene
cuntrie & cuntrie, for communicating of words, for vttering of strange matter, & the rules be limited how to
square them to the vse of those which will borow them.

9 T. HARMAN: A CAVEAT (1567)

THE UPRIGHT COFE CANTETH TO THE ROGE
THE UPRIGHT MAN SPEAKETH TO THE ROGUE

V: Bene Lightmans to thy quarromes, in what lipken hast
    thou lypped in this darkemans, whether in a lybbege or
5 in the strummell? *God morrowe to thy body, in what*
    house hast thou lyne in all night, whether in a bed,
    or in the strawe?
R: I couched a hogshead in a Skypper this darkemans.
    I layd me downe to sléepe in a barne this night.
10 V: I towre the strummel trine vpon thy nabchet & Togman.
    I sée the strawe hang vpon thy cap and coate.
R: I saye by the Salomon I will lage it of with a gage
    of bene bouse; then cut to my nose watch. *I sweare*
    by the masse, I wull washe it of with a quart of good
15 *drynke; then saye to me what thou wylt.*
V: Why, hast thou any lowre in thy bonge to bouse?
    Why, hast thou any money in thy purse to drinke?
R: But a flagge, a wyn, and a make.
    But a grot, a penny, and a halfe penny.
20 V: Why, where is the kene that hath the bene bouse?
    where is the house that hath good drinke?
R: A bene mort hereby at the signe of the prauncer.
    A good wyfe here by at the signe of the hors.

V: I cutt it is quyer bouse, I bousd a flagge the last
25   darkmans. *I saye it is small and naughtye drynke.*
          I dranke a groate there the last night.

R: But bouse there a bord, & thou shalt haue beneship.
          But drinke there a shyllinge, and thou shalt haue
          very good.

30   Tower ye yander is the kene, dup the gygger, and
          maund that is beneshyp. *Se you, yonder is the house,*
          open the doore, and aske for the best.

V: This bouse is as benshyp as rome bouse.
          This drinke is as good as wyne.

35   Now I tower that bene bouse makes nase nabes.
          Now I se that good drinke makes a dronken heade.
          Maunde of this morte what bene pecke is in her ken.
          Aske of this wyfe what good meate shee hath in her house.

R: She hath a Cacling chete, a grunting chete, ruff Pecke,
40   cassan, and popplarr of yarum. *She hath a hen, a pyg,*
          baken, chese and mylke porrage.

V: That is beneshyp to our watche.
          That is very good for vs.
          Now we haue well bousd, let vs strike some chete.
45   *Now we haue well dronke, let vs steale some thinge.*
          Yonder dwelleth a quyere cuffen, it were beneship
          to myll hym. *Yonder dwelleth a hoggeshe and choyr-*
          lyshe man, it were very well donne to robbe him.

R: Nowe bynge we a waste to the hygh pad, the ruffmanes
50   is by. *Naye, let vs go hence to the hygh waye,*
          the wodes is at hand.

V: So may we happen on the Harmanes, and cly the Iarke,
          or to the quyerken and skower quyaer cramprings, and
          so to tryning on the chates. *So we maye chaunce to*
55   *set in the stockes, eyther be whypped, eyther had to*
          prison house, and there be shackled with bolttes and
          fetters, and then to hange on the gallowes.

R: Gerry gan, the ruffian clye thee.
          A torde in thy mouth, the deuyll take thee.

60 V: What, stowe your bene, cofe, and cut benat whydds,
          and byng we to rome vyle, to nyp a bong; so shall we
          haue lowre for the bousing ken, and when we byng back
          to the deuseauyel, we wyll fylche some duddes of the
          Ruffemans, or myll the ken for a lagge of dudes.
65   *What, holde your peace, good fellowe, and speake*
          better wordes, and go we to London, to cut a purse;
          then shal we haue money for the ale house, and when
          wee come backe agayne into the country, wee wyll
          steale some lynnen clothes of one hedges, or robbe
70   *some house for a bucke of clothes.*
    By this lytle ye maye holy and fully vnderstande their
vntowarde talke and pelting speache, mynglede without
measure; and as they haue begonne of late to deuyse some

new termes for certein thinges, so wyll they in tyme
alter this, and deuyse as euyll or worsse. . .

10 W. HARRISON: "OF THE LANGUAGES SPOKEN IN THIS ILAND" ([2]1587)

After the Saxon toong, came the Norman or French language
ouer into our countrie, and therein were our lawes written for a long time. Our children also were by an especiall
decrée taught first to speake the same, and therevnto
5   inforced to learne their constructions in the French,
whensoeuer they were set to the Grammar schoole. In like
sort few bishops, abbats, or other clergie men, were admitted vnto anie ecclesiasticall function here among vs,
but such as came out of religious houses from beyond the
10   seas, to the end they should not vse the English toong
in their sermons to the people. In the court also it
grew into such contempt, that most men thought it no
small dishonor to speake any English there. Which brauer-
rie tooke his hold at the last likewise in the countrie
15   with euerie plowman, that euen the verie carters began
to wax wearie of there mother toong, & laboured to
speake French, which as then was counted no small token
of gentilitie. And no maruell, for euerie French rascall,
when he came once hither, was taken for a gentleman, one-
20   lie bicause he was proud, and could vse his owne language.
and all this (I say) to exile the English and British
speaches quite out of the countrie. But in vaine, for in
the time of king Edward the first, to wit, toward the
latter end of his reigne, the French it selfe ceased to
25   be spoken generallie, but most of all and by law in the
midst of Edward the third, and then began the English to
recouer and grow in more estimation than before; notwithstanding that among our artificers, the most part of
their implements, tooles and words of art reteine still
30   their French denominations euen to these our daies, as
the language it selfe is vsed likewise in sundrie courts,
bookes of record, and matters of law; whereof here is
no place to make any particular rehearsall. Afterward
also, by diligent trauell of Geffray Chaucer, and Iohn
35   Gowre, in the time of Richard the second, and after them
of Iohn Scogan, and Iohn Lydgate monke of Berrie, our
said toong was brought to an excellent passe, notwithstanding that it euer came vnto the type of perfection,
vntill the time of Quéene Elizabeth, wherein Iohn Iewell,
40   Bishop of Sarum, Iohn Fox, and sundrie learned and excellent writers haue fullie accomplished the ornature of the
same, to their great praise and immortall commendation;
although not a few other doo greatlie séeke to staine
the same, by fond affectation of forren and strange

45 words, presuming that to be the best English, which is
most corrupted with externall termes of eloquence, and
sound of manie syllables. But as this excellencie of the
English toong is found in one, and the south part of this
Iland; so in Wales the greatest number (as I said) retaine
50 still their owne ancient language, that of the north part
of the said countrie being lesse corrupted than the other,
and therefore reputed for the better in their owne estimation and iudgement. This also is proper to vs English-
men, that sith ours is a meane language, and neither too
55 rough nor too smooth in vtterance, we may with much facilitie learne any other language, beside Hebrue, Gréeke
& Latine, and speake it naturallie, as if we were home-
borne in those countries; & yet on the other side it
falleth out, I wot not by what other meanes, that few
60 forren nations can rightlie pronounce ours, without some
and that great note of imperfection, especially the
French men, who also seldome write any thing that sauor-
eth of English trulie. It is a pastime to read how Nata-
lis Comes in like maner, speaking of our affaires, dooth
65 clip the names of our English lords. But this of all the
rest dooth bréed most admiration with me, that if any
stranger doo hit vpon some likelie pronuntiation of our
toong, yet in age he swarueth so much from the same,
that he is woorse therein than euer he was, and thereto
70 peraduenture halteth not a litle also in his owne, as I
haue séene by experience in Reginald Wolfe, and other,
whereof I haue iustlie maruelled.

The Cornish and Deuonshire men, whose countrie the
Britons call Cerniw, haue a speach in like sort of their
75 owne, and such as hath in déed more affinitie with the
Armoricane toong than I can well discusse of. Yet in
mine opinion, they are both but a corrupted kind of British, albeit so far degenerating in these daies from the
old, that if either of them doo méete with a Welshman,
80 they are not able at the first to vnderstand one an
other, except here and there in some od words, without
the helpe of interpretors. And no maruell (in mine opinion) that the British of Cornewall is thus corrupted,
sith the Welsh toong that is spoken in the north &
85 south part of Wales, doth differ so much in it selfe,
as the English vsed in Scotland dooth from that which is
spoken among vs here in this side of the Iland, as I
haue said alreadie.

The Scottish english hath beene much broader and lesse
90 pleasant in vtterance than ours, because that nation hath
not till of late indeuored to bring the same to any perfect order, and yet it was such in maner, as Englishmen
themselues did speake for the most part beyond Trent,
whither any great amendement of our language had not as

95 then extended it selfe. Howbeit in our time the Scottish
language endeuoreth to come neere, if not altogither to
match our toong in finenesse of phrase, and copie of
words, and this may in part appeare by an historie of the
Apocrypha translated into Scottish verse by Hudson,
100 dedicated to the king of that countrie, and conteining
sixe books, except my memorie doo faile me.

    Thus we sée how that vnder the dominion of the king of
England, and in the south parts of the realme, we haue
thrée seuerall toongs, that is to saie, English, British,
105 and Cornish, and euen so manie are in Scotland, if you
accompt the English speach for one: notwithstanding that
for bredth and quantitie of the region, I meane onelie
of the soile of the maine Iland, it be somewhat lesse to
see to than the other. For in the north part of the regi-
110 on, where the wild Scots, otherwise called the Redshanks,
or rough footed Scots (because they go bare footed and
clad in mantels ouer their saffron shirts after the Irish
maner) doo inhabit, they speake good Irish which they
call Gachtlet, as they saie of one Gathelus, whereby they
115 shew their original to haue in times past béene fetched
out of Ireland...

    In the Iles of the Orchades, or Orkeney, as we now
call them, & such coasts of Britaine as doo abbut vpon
the same, the Gottish or Danish speach is altogither in
120 vse, and also in Shetland, by reason (as I take it) that
the princes of Norwaie held those Ilands so long vnder
their subiection, albeit they were otherwise reputed as
rather to belong to Ireland, bicause that the verie soile
of them is enimie to poison, as some write, although for
125 my part I had neuer any sound experience of the truth
hereof.

11 G. PUTTENHAM: THE ARTE OF ENGLISH POESIE (1589)

C H A P. 1 1 1 1.
Of Language.

SPeach is not naturall to man sauing for his onely habilitie to
speake, and that he is by kinde apt to vtter all his conceits with
sounds and voyces diuersified many maner of wayes, by meanes
of the many & fit instruments he hath by nature to that purpose,
as a broad and voluble tong, thinne and mouable lippes, teeth eué 5
and not shagged, thick ranged, a round vaulted pallate, and a long
throte, besides an excellent capacitie of wit that maketh him more
disciplinable and imitatiue then any other creature: then as to the

forme and action of his fpeach, it commeth to him by arte & teaching, and by vfe or exercife. But after a fpeach is fully fafhioned   10
to the common vnderftanding, & accepted by confent of a whole
countrey & natió, it is called a language, & receaueth none allowed alteration, but by extraordinary occafions by little & little, as it
were infenfibly bringing in of many corruptiõs that creepe along
with the time: of all which matters, we haue more largely fpoken   15
in our bookes of the originals and pedigree of the Englifh tong.
Then when I fay language, I meane the fpeach wherein the Poet
or maker writeth be it Greek or Latine, or as our cafe is the vulgar
Englifh, & when it is peculiar vnto a countrey it is called the mother fpeach of that people : the Greekes terme it *Idioma:* fo is ours   20
at this day the Norman Englifh. Before the Conqueft of the Normans it was the Anglefaxon, and before that the Britifh, which as
fome will, is at this day, the Walfh, or as others affirme the Cor-
nifh : I for my part thinke neither of both, as they be now fpoken
and pononuced. This part in our maker or Poet muft be heedy-   25
ly looked vnto, that it be naturall, pure, and the moft vfuall of all
his countrey : and for the fame purpofe rather that which is fpoken in the kings Court, or in the good townes and Cities within
the land, then in the marches and frontiers, or in port townes,
where ftraungers haunt for traffike fake, or yet in Vniuerfities   30
where Schollers vfe much peeuifh affectation of words out of the
primatiue languages, or finally, in any vplandifh village or cor-
ner of a Realme, where is no refort but of poore ruflicall or vnci-
uill people : neither fhall he follow the fpeach of a craftes man or
carter, or other of the inferiour fort, though he be inhabitant or   35
bred in the beft towne and Citie in this Realme, for fuch perfons
doe abufe good fpeaches by ftrange accents or ill fhapen foundes,
and falfe ortographie. But he fhall follow generally the better
brought vp fort, fuch as the Greekes call [*charientes*] men ciuill
and gracioufly behauoured and bred. Our maker therfore at thefe   40
dayes fhall not follow *Piers plowman* nor *Gower* nor *Lydgate* nor
yet *Chaucer*, for their language is now out of vfe with vs : neither
fhall he take the termes of Northern-men, fuch as they vfe in dayly talke, whether they be noble men or gentlemen, or of their beft
clarkes all is a matter : nor in effect any fpeach vfed beyond the   45
                                                                 riuer

OF ORNAMENT. *LIB.* III.   121

riuer of Trent, though no man can deny but that theirs is the pu-
rer Englifh Saxon at this day, yet it is not fo Courtly nor fo currant as our Southerne Englifh is, no more is the far Wefterne mãs
fpeach: ye fhall therfore take the vfuall fpeach of the Court, and
that of London and the fhires lying about London within lx.   50
myles, and not much aboue. I fay not this but that in euery fhyre
of England there be gentlemen and others that fpeake but fpecial-
ly write as good Southerne as we of Middlefex or Surrey do, but
not the common people of euery fhire, to whom the gentlemen,   55
and alfo their learned clarkes do for the moft part condefcend, but
herein we are already ruled by th'Englifh Dictionaries and other
bookes written by learned men, and therefore it needeth none o-
ther direction in that behalfe. Albeit peraduenture fome fmall admonition be not impertinent, for we finde in our Englifh wri-   60
ters many wordes and fpeaches amendable, & ye fhall fee in fome
many inkhorne termes fo ill affected brought in by men of learning as preachers and fchoolemafters: and many ftraunge termes
of other languages by Secretaries and Marchaunts and trauailours, and many darke wordes and not vfuall nor well founding,   65
though they be dayly fpoken in Court. Wherefore great heed
muft be taken by our maker in this point that his choife be good.
And peraduenture the writer hereof be in that behalfe no leffe
faultie then any other, vfing many ftraunge and vnaccufto-
med wordes and borrowed from other languages: and in that   70
refpect him felfe no meete Magiftrate to reforme the fame
errours in any other perfon, but fince he is not vnwilling to
acknowledge his owne fault, and can the better tell how to
amend it, he may feeme a more excufable correctour of other
mens: he intendeth therefore for an indifferent way and vni-   75
uerfall benefite to taxe him felfe firft and before any others.

    Thefe be words vfed by th'author in this prefent treatife, *fcienti-
ficke*, but with fome reafon for it aufwereth the word *mechanicall*,
which no other word could haue done fo properly, for when hee
fpake of all artificers which reft either in fcience or in handy craft,   80
it followed neceffarilie that *fcientifique* fhould be coupled with
mechanicall: or els neither of both to haue bene allowed, but in
their places: a man of fcience liberall, and a handicrafts man, which

212   OF ORNAMENT. LIB. III.

had not bene so cleanly a speech as the other *Maior-domo*: in truth
this word is borrowed of the *Spaniard* and *Italian*, and therefore   *85*
new and not vsuall, but to them that are acquainted with the affaires of Court: and so for his iolly magnificence (as this case is)
may be accepted among Courtiers, for whom this is specially written. A man might haue said in steade of *Maior-domo*, the French
word (*maistre d'hostell*) but ilfauouredly, or the right English   *90*
word (*Lord Steward*.) But me thinks for my owne opinion this
word *Maior-domo* though he be borrowed, is more acceptable thā
any of the rest, other men may iudge otherwise. *Politien*, this word
also is receiued from the Frenchmen, but at this day vsuall in
Court and with all good Secretaries: and cannot finde an English   *95*
word to match him, for to haue said a man politique, had not bene
so wel: bicause in trueth that had bene no more than to haue said a
ciuil person. *Politien* is rather a surueyour of ciuilitie than ciuil, &
a publique minister or Counseller in the state. Ye haue also this
worde *Conduict*, a French word, but well allowed of vs, and long   *100*
since vsuall, it soundes somewhat more than this word (leading)
for it is applied onely to the leading of a Captaine, and not as a little boy should leade a blinde man, therefore more proper to the
case when he saide, *conduict* of whole armies: ye finde also this
word *Idiome*, taken from the Greekes, yet seruing aptly, when a   *105*
man wanteth to expresse so much vnles it be in two words, which
surplussage to auoide, we are allowed to draw in other words single, and asmuch significatiue: this word *significatiue* is borrowed
of the Latine and French, but to vs brought in first by some No-
ble-mans Secretarie, as I thinke, yet doth so well serue the turne, as   *110*
it could not now be spared: and many more like vsurped Latine
and French words: as, *Methode, methodicall, placation, function, as-*
subtiling, refining, compendious, prolixe, figuratiue, inueigle. A terme
borrowed of our common Lawyers. *impression*, also a new terme,
but well expressing the matter, and more than our English word.   *115*
These words, *Numerous, numerositee, metricall, harmonicall*, but
they cannot be refused, specially in this place for description of the
arte. Also ye finde these words, *penetrate, penetrable, indignitie*,
which I cannot see how we may spare them, whatsoeuer fault wee
finde with Ink-horne termes: for our speach wanteth wordes to   *120*
                                                           such

OF ORNAMENT. LIB. III.   113

such sence so well to be vsed: yet in steade of *indignitie*, yee haue
vnworthinesse: and for *penetrate*, we may say *peerce*, and that a
French terme also, or *broche*, or enter into with violence, but not
so well sounding as *penetrate*. Item, *sauage* for wilde: *obscure*, for
darke. Item these words, *declination,delineation,dimention*, are scho-   125
lasticall termes in deede, and yet very proper. But peraduenture
(& I could bring a reason for it) many other like words borrowed
out of the Latin and French, were not so well to be allowed by vs,
as these words, *audacious*, for bold: *facunditie*, for eloquence: *egregi-*
ous, for great or notable: *implete*, for replenished: *attemptat*, for at-   130
tempt: *compatible*, for agreeable in nature, and many more. But
herein the noble Poet *Horace* hath said inough to satisfie vs all in
these few verses.

> *Multa renascentur quæ iam cecidere cademq,*
> *Quæ nunc sunt in honore vocabula si volet vsus*   135
> *Quem penes arbitrium est & vis & norma loquendi.*

Which I haue thus englished, but nothing with so good grace, nor
so briefly as the Poet wrote.

> *Many a word yf aliue shall efts arise*
> *And such as now bene held in hiest prise*   140
> *Will fall as fast, when vse and custome will*
> *Onely vmpiers of speach, for force and skill.*

12 R. CAREW: "THE EXCELLENCY OF THE ENGLISH TONGUE" (?1595)

... *Locutio* is defined *Animj sensus per vocem expressio.*
On which grounde I builde these Consequences, that the
first and principall point sought in euery Languadge is
that wee maye expresse yᵉ meaning of our mindes aptlye
5 ech to other. Next, that we may doe it readilye without
great adoo. Then fullye, so as others maye thoroughlie
conceiue vs. And last of all handsomely that those to
whome we speake maye take pleasure in hearing vs, soe as
what soeuer tongue will gaine the race of perfection, must
10 runn on those fower wheeles, *Significancye, Easynes,*
Copiousnes, & Sweetnes, of which the two foremost importe
a necessitye, the two latter a delight. Now if I can
proue that our Englishe Langwadge, for all or the most is
macheable, if not preferable, before any other in vogue
15 at this daye, I hope the assent of any impartiall reeder
will passe on my side... . .

Now for the significancye of wordes, as euery *in-*
diuiduum is but one, soe in our natiue Saxon language,
wee finde many of them suitablye expressed by woordes of
one syllable, those consisting of more, are borowed from
20   other nations, the examples are infinite, and therfore I
will omitt them, as sufficiently notorious...
Growe from hence to the Compositione of wordes, and
therein our Languadge hath a peculier grace, a like significancy, and more shorte then the Greekes, for example,
25   in *Moldwarp*, wee expresse the nature of that beast, in
handkercher, the thing and his vse, in *vpright*, that vertue by a *Metaphore*, in *Wisedome* and *Doomsdaye*, soo many
sentences as wordes, and so of the rest, For I geeue only
a tast y^t may direct others to a fuller obseruation, of
30   what my soddaine memorye cannott represent vnto mee...
Yea soe significant are our wordes, that amongst them
sundry single ones serue to expresse diuers thinges, as
by *Bill*, are meant a weapen, a scroll, and a birdes beake,
by *Graue*, sober, a tombe, and to carue; and by *light*,
35   *marcke, match, file, sore, & praye*, the semblable...
And soe much for the significancye of our Language in
meaning, now for his easynes in learning. the same shoot-
eth oute into towe braunches. The one of others learning
our languadge, the second of our learning that of others.
40   For the first the most parte of our wordes (as I haue
touched) are Monasillables, and soe the fewer in tale,
and the sooner reduced to memorye neither are we loden
with those declensions, flexions, and variations, which
are incydent to many other tongues, but a few articles
45   gouern all our verbes and Nownes, and so wee neede a
very shorte grammer.
For easye learning of other Languages by ours, lett
these serue as prooffes, there are many Italyan wordes
which the Frenchmen cannot pronounce, as *accio*, for which
50   he sayes *ashio*, many of the French which the Italian cann
hardly come awaye withall, as *bayller, chagrin, postillon*,
many in ours which neither of them cann vtter, as *Hedge,*
Water, soe that a straunger though neuer soe long conuer-
sant amongest vs, carryeth euermore a watch woorde vppon
55   his tongue to descrye him by, but turne ann Inglishmann
at any tyme of his age into what countrey soeuer, allowe-
ing him dew respite, and you shall see him perfitt soe
well that the Imitation of his vtteraunce, will in nothing differ from the patterne of that natiue Languadge.
60   The wante of which towardnes cost the Ephramites their
skynnes, neither doth this crosse my former assertione .
of others easye learninge our Language, for I meane of
the sence & wordes & not touching the pronounciation.
But I must nowe enter into ye lardge feild of our
65   tongues copiousnes and perhapps longe wander vp and

downe without finding easye way off issew, and yeat
leaue many partes thereof vnsurvayed.
    My first prooff of our plentye I borowe from the
choice, which is geuen vs by the vse of diuers Languages.
70 The grounde of our owne apperteyneth to the old Saxon,
little differing from yᵉ present low Dutch, because
they more then any of their neighbours, haue hitherto
preserued that speach from any greate forrayne mixture.
Heer amongst, the Brittons haue left diuers of their
75 wordes entersowed, as it weere therby making a continuall clayme to their Auncient possession, wee maye also
trace the footestepps of the Danish bytter (though not
longe duringe) soueraignty in these partes and the Romaine allso imparted vnto vs of his Latyne riches with noe
80 sparing hand. Our neighbours the French, haue been likewise contented, wee should take vp by retayle aswell
their tearmes, as their fashions, or rather wee retaine
yeat but some remnant of yᵗ which once heere bare all
the swaye, and daylye renewe the store. Soe haue our
85 Italyan trauilers brought vs acquainted with their
sweet relished phrases, which (soe their condicions
crept not in withall) weere the better tollerable. Yea
euen wee seeke to make our good of our late Spanish
enymye, and feare as little the hurte of his tongue as
90 the dinte of his sworde. Seeing then wee borowe (and
that not shamfully) from the Dutch, the Breton, yᵉ Romaine, the Dane, the French, Italyan, & Spanyard, how
cann our stocke be other then exceeding plentifull.
    It may be obiected, that such patching maketh Little-
95 tons hotchpot of our tongue, and in effect bringes the
same rather to a Babellish confusione then any one en-
tyre Language. It may againe be aunswered yᵗ this thefte
of woordes is not lesse warranted by the priuilidge of
a prescription, auncient and Vniuersall, then was that
100 of goodes amongst the *Lacedemonians* by an enacted Lawe,
for soe the Greekes robbed the Hebrues, the Latynes the
Greekes (which filching *Cicero* with a large discourse
in his booke *de Oratore* defendeth) and (in a manner)
all other Christiane Nations the Latyne...
105   For our owne partes, we imploye the borrowed ware
soe far to our aduantadg that we raise a profitt of new
woordes, from the same stock, which yeat in their owne
countrey are not merchantable, for example, wee deduce
diuers wordes from the Latine which in the Latyne self
110 cannot be yealded, as the verbes To *Aire, beard, cross,*
(feare), flame, (hoast, *lust, minde, red, Rust*) and
their deriuations *ayring, ayred, bearder, bearding,*
bearded, &c., as alsoe *closer, closely, closnes, glosing-*
ely, hourely, maiesticall, maiestically. (*maiesticalnes*)
115 In like sort wee graffe vppon Frentch wordes those bud-

des, to which that soyle affordeth noe growth, as
cheiffly, faulty, slauish, precisenes. Diuers wordes
alsoe wee deriue out of the Latyne at second hand by the
French, and make good English, though both Latyne and
120 French, haue their handes closed in that behalfe, as
verbes *Praye, Pointe, Paze, Prest, Rent*, &c., and alsoe
in the aduerbs *carpingly, currantly, actiuely, colourably,*
&c.
Againe, in other languages there fall out defectes
125 while they want meanes to deliuer that which another
tongue expresseth, as (by *Ciceroes* obseruation) you cannot interpret *ineptus* (vnapt, vnfitt, vntoward) in
Greek, neither *Porcus, Capo, Vervex*, a barrow hogg, a
Capon, a wether...; noe more cann you *to stand* in *French*,
130 *to Tye* in *Cornish*, nor *Knaue* in *Latyne*, for *Nebulo* is a
clowdye fellow, or in *Irishe*; whereas you see our abil-
litye extendeth thereunto. Moreouer ye Copiousnes of our
languadge appeareth in the diuersitye of our dialectes,
for wee haue court, and wee haue countrye Englishe, wee
135 haue Northern, & Southerne, grosse and ordinary, which
differ ech from other, not only in the terminacions, but
alsoe in many wordes termes and phrases, and expresse the
same thinges in diuers sortes, yeat all right Englishe
alike, neither cann any tongue (as I am perswaded) de-
140 liuer a matter with more varietye then ours, both plainely
and by prouerbes and Metaphors; for example, when wee
would be rid of one, wee vse to saye *Bee going, trudge,
pack, be faring, hence, awaye, shifte*, and by circumlocu-
tion, rather *your roome then your companye, Letts see your*
145 *backe, com againe when I bid you, when you are called,
sent for, intreated, willed, desiered, invited, spare vs
your place, another in your steede, a shipp of salte for
you, saue your credite, you are next the doore, the doore
it open for you, theres noe bodye holdes you, no bodie*
150 *teares your sleeue*, &c. Likewise this worde *fortis* wee
maye *Synnonomize* after all these fashions, stoute, har-
dye, valiaunt, (stalworth), doughtye, Couragious, (sto-
mecked), aduenturous, &c.
And in a worde, to close vp these prooffes of our
155 copiousnes, looke into our Imitacione of all sortes of
verses affoorded, by any other Language, and you shall
finde that Sr *Phillip Sydney*, Mr *Stanihurst*, and diuers
moe, haue made vse how farre wee are within compasse
of a fore imagined impossibility in that behalff
160 I com nowe to the last and sweetest point of the sweetnes of our tongue, which shall appeare the more plainelye,
yf like towe Turkeyses, or the *London Drapers* wee match
it with our neighboures. The Italyan is pleasante but
without synewes, as to stillye fleeting water, the French
165 delicate but ouer nice as a woman scarce daring to open

her lipps for feare of marring her countenance, the
Spanishe maiesticall, but fullsome, runninge to much on
the .O. and terrible like the deuill in a playe, the Dutch
manlike, but withall very harshe, as one ready at euery
170 worde to picke a quarrell. Now wee in borrowing from
them geue the strength of Consonantes to the Italyan,
the full sounde of wordes to the French, the varietye
of terminacions to the Spanish, and yᵉ mollifieinge
of more vowells to the Dutch, and soe (like bees) gather
175 the honye of their good properties and leaue the dreggs
to themselues. And thus, when substantiallnes combyneth
with delightfullnes, fullnes, with fynes, seemelynes wᵗ
portlynes, and courrantnes with staydnes, howe canne
the languadge which consisteth of all these, sounde
180 other then most full of sweetnes? Againe, the longe
wordes that wee borrowe, being intermingled with the
shorte of our owne store, make vp a perfitt harmonye,
by culling from out which mixture (with Iudgment) yow
maye frame your speech according to the matter you must
185 worke on, maiesticall, pleasaunte, delicate, or manly,
more or lesse, in what sorte you please. Adde hereunto,
that what soeuer grace any other Languadge carryeth, in
Verse or Prose, in Tropes or Metaphors, in Ecchoes or
Agnominations, they maye all be liuely and exactly re-
190 presented in ours. Will you haue *Platos* vayne? reede
Sir *Thomas Smith*: The *Ionick*? Sir *Tho.Moor*: *Ciceros*?
Aschame: *Varro*? *Chaucer*: *Demosthenes*? Sir *John Cheeke*
(who in his treatise to the Rebells hath comprised
all the figures of Rhetorick). Will you reade Virgill?
195 take the *Earll of Surrey*: *Catullus*? *Shakespheare*, and
Marlowes fragment: *Ouid*? *Daniell*: *Lucane*? *Spencer*: *Mar-
tiall*? *Sir Iohn Dauis* and others. Will yow haue all in
all for prose and verse? take the miracle of our age
Sir *Philip Sydney.*
200 And thus, if myne owne Eyes be not blinded by affection, I haue made yours to see that the most renowned of
other nations haue laid vp, as in Treasure, and entrusted
the *Diuisos orbe Britannos* with the rarest Iewelles of
their lipps perfections, whether yow respect the vnder-
205 standing for significancye, or the memorye for Easyenes,
or the conceipt for plentifullnes, or the Eare for
pleasauntnes: wherin if inough be deliuered, to add
more then Inough weare superfluous; if to little, I
leaue it to bee supplied by better stored capacityes;
210 if ought amisse, I submitte the same to the disciplyne
of euery able and Impartiall censurer.

13 SIR F. BACON: THE ADVANCEMENT OF LEARNING (1605)

There be therfore chiefely three vanities in Studies,
whereby learning hath been most traduced: For those
things we do esteeme vaine, which are either false or
friuolous, those which either haue no truth, or no vse:
5 & those persons we esteem vain, which are either
credulous or curious, & curiosititie is either in mater
or words; so that in reason, as wel as in experience,
there fal out to be these 3. distempers (as I may tearm
them) of learning; The first fantastical learning: The
10 second contentious learning, & the last delicate learning, vaine imaginations, vaine Altercations, & vain
affectations...
    ... the ancient Authors, both in Diuinitie and in
Humanitie, which had long time slept in Libraries, began
15 generally to be read and reuolued. This by consequence,
did draw on a necessitie of a more exquisite trauaile in
the languages originall, wherin those Authors did write:
For the better vnderstanding of those Authors, and the
better aduantage of pressing and applying their words:
20 And thereof grew againe, a delight in their manner of
Stile and Phrase, and an admiration of that kinde of
writing; which was much furthered & precipitated by the
enmity & opposition, that the propounders of those
(primitiue, but seeming new opinions) had against the
25 Schoole-men: who were generally of the contrarie part:
and whose Writings were altogether in a differing Stile
and fourme, taking libertie to coyne, and frame new
tearms of Art, to expresse their own sence, and to auoide
circuite of speech, without regard to the purenesse,
30 pleasantnesse, and (as I may call it) lawfulnesse of
the Phrase or word: And againe, because the great labour
that then was with the people (of whome the Pharisees
were wont to say: *Execrabilis ista turba quæ non nouit
legem*) for the winning and perswading of them, there
35 grewe of necessitie in cheefe price, and request, eloquence and varietie of discourse, as the fittest and
forciblest accesse into the capacitie of the vulgar sort:
so that these foure causes concurring, the admiration of
ancient Authors the hate of the Schoole-men, the exact
40 studie of Languages: and the efficacie of Preaching did
bring in an affectionate studie of eloquence, and copie
of speech, which then began to flourish. This grew spee-
dily to an excesse: for men began to hunt more after
wordes, than matter, and more after the choisenesse of
45 the Phrase, and the round and cleane composition of the
sentence, and the sweet falling of the clauses, and the
varying and illustration of their workes with tropes and

figures: then after the weight of matter, worth of subiect, soundnesse of argument, life of inuention, or depth
50 of iudgement. Then grew the flowing, and watrie vaine of
Osorius the Portugall Bishop, to be in price: then did
Sturmius spend such infinite, and curious paines vpon
Cicero the Orator, and *Hermogenes* the Rhetorican, besides
his owne Bookes of Periods, and imitation, and the like:
55 Then did *Car* of *Cambridge*, and *Ascham* with their Lectures
and Writings, almost deifie *Cicero* and *Demosthenes*, and
allure, all young men that were studious vnto that delicate and pollished kinde of learning. Then did *Erasmus*
take occasion to make the scoffing Eccho; *Decem annos con-*
60 *consumpsi in legendo Cicerone*: and the Eccho answered
in Greeke, *One*; *Asine*. Then grew the learning of the
School-men to be vtterly despised as barbarous. In summe,
the whole inclination and bent of those times, was rather
towards copie, than weight.
65   Here therefore, the first distemper of learning, when
men studie words, and not matter: whereof though I haue
represented an example of late times: yet it hath beene,
and will be *Secundum maius, & minus* in all time. And how
is it possible, but this should haue an operation to dis-
70 credit learning, euen with vulgar capacities, when they
see learned mens workes like the first Letter of a Patent,
or limmed Booke: which though it hath large flourishes,
yet it is but a Letter.

14 BEN JONSON: TIMBER OR DISCOVERIES (1640)

Custome is the most certaine Mistresse of Language, as
the publicke stampe makes the current money. But wee must
not be too frequent with the mint, every day coyning. Nor
fetch words from the extreme and utmost ages; since the
5 chiefe vertue of a style is perspicuitie, and nothing
so vitious in it, as to need an Interpreter. Words borrow'd of Antiquity, doe lend a kind of Majesty to style,
and are not without their delight sometimes. For they
have the Authority of yeares, and out of their intermis-
10 sion doe win to themselves a kind of grace-like newnesse. But the eldest of the present, and newest of the
past Language is the best. For what was the ancient Language, which some men so doate upon, but the ancient
Custome? Yet when I name Custome, I understand not the
15 vulgar Custome: For that were a precept no lesse dangerous to Language, then life, if wee should speake or
live after the manners of the vulgar: But that I call
Custome of speech, which is the consent of the Learned;
as Custome of life, which is the consent of the good.
20 *Virgill* was most loving of Antiquity; yet how rarely

doth he insert *aquai*, and *pictai! Lucretius* is scabrous
and rough in these; hee seekes 'hem: As some doe *Chau-
cerismes* with us, which were better expung'd and banish'd.
Some words are to be cull'd out for ornament and colour
25 as wee gather flowers to straw houses, or make Garlands;
but they are better when they grow to our style; as
in a Meadow, where though the meere grasse and green-
nesse delights; yet the variety of flowers doth heighten
and beautifie. Marry we must not play, or riot too much
30 with them, as in *Paronomasies*: Nor use too swelling,
or ill-sounding words; *Quae per salebras, altaque saxa
cadunt.* It is true, there is no sound but shall find
some Lovers, as the bitter'st confections are gratefull
to some palats. Our composition must bee more accurate
35 in the beginning and end, then in the midst; and in the
end more, then in the beginning; for through the midst
the streame beares us. And this is attain'd by Custome
more then care, or diligence. Wee must expresse readily,
and fully, not profusely. There is a difference betweene
40 a liberall, and a prodigall hand. As it is a great point
of Art, when our matter requires it, to enlarge, and
veere out all sayle; so to take it in, and contract it,
is of no lesse praise when the Argument doth aske it.
Either of them hath their fitnesse in the place. A good
45 man alwayes profits by his endeavour, by his helpe;
yea, when he is absent; nay when he is dead by his example and memory. So good Authors in their style: A
succinct style is that, where you can take away nothing
without losse, and that losse to be manifest. The briefe
50 style is that which expresseth much in little. The con-
cise style, which expresseth not enough, but leaves
somewhat to bee understood. The abrupt style, which hath
many breaches, and doth not seeme to end, but fall. The
congruent, and harmonious fitting of parts in a sentence,
55 hath almost the fastning, and force of knitting, and
connexion: As stones well squar'd, which will rise strong
a great way without mortar. Periods are beautifull; when
they are not too long; for so they have their strength
too, as in a Pike or Javelin. As wee must take the care
60 that our words and sense bee cleare; so if the obscurity
happen through the Hearers, or Readers want of understanding, I am not to answer for them; no more then for
their not listning or marking; I must neither find them
eares, nor mind. But a man cannot put a word so in sense,
65 but some thing about it will illustrate it, if the Writer
understand himselfe. For Order helpes much to Perspicuity,
as Confusion hurts. *Rectitudo lucem adfert; obliquitas
et circumductio offuscat.* We should therefore speake what
wee can, the neerest way, so as wee keepe our gate, not
70 leape; for too short may as well be not let into the

memory, as too long not kept in. Whatsoever looseth the
grace, and clearenesse, converts into a Riddle; the obscurity is mark'd, but not the valew. That perisheth
and is past by, like the Pearle in the Fable. Our style
75 should be like a skeine of silke to be carried, and
found by the right thred, not ravel'd, and perplex'd
then all is a knot, a heape. There are words, that doe
as much raise a style, as others can depresse it. Super-
lation, and overmuchnesse amplifies.

15 J. DRYDEN: "DEFENCE OF THE EPILOGUE" (1672)

To begin with *Language*. That an Alteration is lately
made in ours or since the Writers of the last Age (in
which I comprehend *Shakespear, Fletcher* and *Jonson*) is
manifest. Any man who reads those excellent Poets, and
5 compares their language with what is now written, will
see it almost in every line. But, that this is an *Improvement* of the Language, or an alteration for the better,
will not so easily be granted. For many are of a contrary
opinion, that the English tongue was then in the height
10 of its perfection; that, from *Jonsons* time to ours, it
has been in a continual declination; like that of the
Romans from the Age of *Virgil* to *Statius*, and so downward
to *Claudian*: of which, not onely *Petronius*, but *Quintilian*
himself so much complains, under the person of *Secundus*,
15 in his famous Dialogue *de causis corruptæ eloquentiæ*.
    But, to shew that our Language is improv'd; and that
those people have not just value for the Age in which they
live, let us consider in what the refinement of a language
principally consists: that is, *either in rejecting such*
20 *old words or phrases which are ill sounding, or improper,*
or in admitting new, which are more proper, more sounding
and more significant.
    The Reader will easily take notice, that when I speak
of rejecting improper words and phrases I mention not such
25 as are Antiquated by custome onely: and, as I may say,
without any fault of theirs: for in this case the refinement but accidental: that is when the words and
phrases which are rejected happen to be improper. Neither
would I be understood (when I speak of impropriety in
30 Language) either wholly to accuse the last Age, or to
excuse the present; and least of all my self. For all
writers have their imperfections and failings, but I may
safely conclude in the general, that our improprieties
are less frequent, and less gross than theirs. One Testi-
35 mony of this is undeniable, that we are the first who
have observ'd them, and, certainly, to observe errours
is a great step to the correcting of them. But, malice and

partiality set apart, let any man who understands English,
read diligently the works of *Shakespear* and *Fletcher*; and
40 I dare undertake that he will find, in every page either
some *Solecism* of Speech, or some notorious flaw in Sence:
and yet these men are reverenc'd when we are not forgiven.
That their wit is great and many times their expressions
noble, envy it self cannot deny...
45   But it is not their Plots which I meant, principally
to tax: I was speaking of their Sence and Language, and
I dare almost challenge any man to show me a page together,
which is correct in both. As for *Ben Jonson*, I am loath
to name him, because he is a most Judicious Writer; yet
50 he very often falls into these errors. And I once more
beg the Readers pardon, for accusing him or them. Onely
let him consider that I live in an age where my least
faults are severely censur'd: and that I have no way left
to extenuate my failings but my showing as great in those
55 whom we admire... I cast my eyes but by chance on *Catiline*;
and in three or four first pages, found enough to
conclude that *Johnson* writ not correctly.

>   --- *Let the long hid seeds/ Of treason, in thee, now*
>   *shoot forth in deeds/ Ranker than horrour.*

60 In reading some bombast speeches of *Macbeth*, which are
not to be understood, he us'd to say that it was horrour,
and I am much afraid that this is so.

>   *Thy parricide, late on thy onely Son/ After his mother,*
>   *to make empty way/ For thy last wicked Nuptials, worse*
65   *than they/ That blaze an act of thy incestuous life,/*
>   *Which gain'd thee at once a daughter and a wife.*

The Sence is here extreamly perplex'd: and I doubt the
word *They* is false Grammar.

>   --- *And be free/ Not Heaven itself from thy impiety.*

70 A *Synchaesis*, or ill placing of words, of which *Tully*
so much complains in Oratory.

>   *The Waves, and Dens of beasts cou'd not receive*
>   *The bodies that those Souls were frighted from.*

The Preposition in the end of the sentence; a common
75 fault with him and which I have but lately observ'd in
my own writings.

>   *What all the several ills that visit earth,*
>   *Plague, famine, fire, could not reach unto,*
>   *The Sword nor surfeits, let thy fury do.*

80 Here are both the former faults: for, besides that the
Preposition *unto*, is plac'd last in the verse, and at the
half period, and is redundant, there is the former *Synchæ-*

sis, in the words (*The Sword nor Surfeit*) which in construction ought to have been plac'd before the other.
85 *Catiline* sayes of *Cethegus*, that for his sake he would

> Go on upon the Gods; kiss Lightning, wrest
> The Engine from the Cyclops, and give fire
> At face of a full clowd, and stand his ire.

To *go on upon* is onely to go on twice, to give fire at
90 face of a full cloud, was not understood in his own time:
(and stand his *ire*) besides the antiquated word *ire*
is the Article His, which makes false construction: and
giving fire at the face of a cloud, is a perfect image
of shooting, however it came to be known in those daies
95 to *Catiline*

> --- others there are
> Whom Envy to the State draws and pulls on,
> For Contumelies receiv'd; and such are sure ones.

Ones in the plural Number: but that is frequent with him:
100 for he sayes, not long after.

> Cæsar and Crassus; if they be ill men,/ Are Mighty ones.
> Such Men they do not succour more the cause, &c.

They redundant.

> Though Heav'n should speak with all his wrath at once;
105 We should stand upright and unfear'd.

His is ill Syntax with Heaven: and by Unfear'd he means
Unaffraid, words of a quite contrary signification.
   The Ports are open, He perpetually uses Ports for
Gates: which is an affected error in him, to introduce
110 *Latine* by the loss of *English* Idiom: as in the Translation
of *Tully's* Speeches he usually does.
   Well placing of words for the sweetness of pronunciation was not known till Mr. *Waller* introduc'd it: and
therefore 'tis not to be wonder'd if *Ben. Johnson* has
115 many such lines as these

> But being bred up in his father's needy fortunes,
> Brought up in's sister's Prostitution, &c.

But meanness of expression one would think not to be
his error in a Tragedy, which ought to be more high and
120 sounding than any other kind of Poetry, and yet amongst
many others in *Catiline I* find these four lines together:

> So Asia, thou art cruelly even
> With us, for all the blows thee given:
> When we, whose Vertues conquer'd thee,
125 Thus, by thy Vices, ruin'd be.

Be there is false *English*, for *are*: though the Rhyme
hides it.

But I am willing to close the Book, partly out of veneration to the Author, partly out of weariness to pursue
130 an argument which is so fruitful in so small a compass.
And what correctness, after this, can be expected from
Shakespear or from *Fletcher*, who wanted that Learning
and Care which *Johnson* had? I will therefore spare my
own trouble of inquiring into their faults: who had they
135 liv'd now, had doubtless written more correctly. I suppose it will be enough for me to affirm (as I think I
safely may) that these and the like errors which I tax'd
in the most correct of the last Age, are such, into which
we doe not ordinarily fall. I think few of our present
140 Writers would have left behind them such a line as this,
Contain your Spirit in more stricter bounds. But that
gross way of two Comparatives was then, ordinary: and
therefore more pardonable in *Johnson*.
As for the other part of refining, which consists in
145 receiving new Words and Phrases, I shall not insist
much on it. 'Tis obvious that we have admitted many: some
of which we wanted, and, therefore our Language is the
richer for them: as it would be by importation of Bullion:
others are rather Ornamental than Necessary; yet by their
150 admission, the Language is become more courtly: and our
thoughts are better drest. These are to be found scatter'd
in the Writers of our Age: and it is not my business to
collect them. They who have lately written with most care,
have, I believe, taken the Rule of *Horace* for their guide;
155 that is, not to be too hasty in receiving of Words: but
rather to stay till Custome has made them familiar to us,
Quem penes, arbitrium est, & jus & norma loquendi.
For I cannot approve of their way of refining, who
corrupt our *English* Idiom by mixing it too much with
160 *French*: that is a Sophistication of Language, not an
improvement of it: a turning *English* into *French,* rather
than refining of *English* by *French*. We meet daily with
those Fopps, who value themselves on their Travelling,
and pretend they cannot express their meaning in *English*,
165 because they would put off to us some *French* Phrase of
the last Edition: without considering that, for ought
they know, we have a better of our own; but these are
not the men who are to refine us; their Tallent is to
prescribe Fashions, not Words: at best they are onely
170 serviceable to a Writer, so as *Ennius* was to *Virgil*.
He may *Aurum ex stercore colligere* for 'tis hard if,
amongst many insignificant Phrases, there happen not
something worth preserving: though they themselves, like
Indians, know not the value of their own Commodity.
175 There is yet another way of improving Language,
which Poets especially have practic'd in all Ages: that
is by applying receiv'd words to a new Signification...

By this graffing, as I may call it, on old words, has
our Tongue been Beautified by the three fore mention'd
180 Poets, *Shakespear, Fletcher* and *Johnson*: whose Excel-
lencies I can never enough admire. and in this, they
have been follow'd especially by Sir *John Suckling* and
Mr. *Waller,* who refin'd upon them.

16 J. EVELYN: LETTER TO WYCHE (1665)

S^r, This crude paper (which beggs y^r pardon) I should not
have presum'd to transmit in this manner, but to obey y^r
commands, and to save the imputation of being thought unwilling to labour, though it be but in gathering straw.
5 My great infelicity is that the meeting being on Tuesdays
in ye afternoone, I am in a kind of despaire of ever grati-
fying myne inclinations in a conversation w^h I so infinitely honor, & that would be so much to mine advantage; because the very houre interferes wth an employment, w^h be-
10 ing of publiq concernement, I can in no way dispense with:
I mention this to deplore myne owne misfortune onely, not
as it can signifie to any losse of yours; w^h cannot be
sensible of so inconsiderable a member. I send you notwithstanding these indigested thoughts, and that attempt
15 upon Cicero wch you enjoin'd me.
I conceive the reason both of additions to, and the
corruption of, the English language, as of most other
tongues, has proceeded from the same causes; namely, from
victories, plantations, frontieres, staples of commerce,
20 pedantry of schooles, affectation of travellers, translations, fancy and the style of Court, vernility and minc-
ing of citizens, pulpits, political remonstrances, thea-
tres, shopps, &c.
The parts affected wth it we find to be the accent
25 analogy, direct interpretation, tropes, phrases, and the
like.
1. I would therefore humbly propose that there might
first be compiled a Grammar for the præcepts, which (as
did the Roman, when Crates transferr'd the art to that
30 city, follow'd by Diomedes, Priscianus, and others who
undertooke it) might only insist on the rules, the sole
meanes to render it a learned & learnable tongue.
2. That with this a more certaine Orthography were
introduc'd, as by leaving out superfluous letters, &c,
35 such as *o* in woomen, people, *u* in honour, *a* in reproach,
ugh in though, &c.
3. That there might be invented some new periods and
accents, besides such as our grammarians & critics use,
to assist, inspirit, and modifie the pronunciation of
40 sentences, & to stand as markes before hand how the voice

and tone is to be govern'd, as in reciting of playes
reading of verses, &c, for the varying the tone of the
voyce and affections, &c.
    4. To this might follow a Lexicon or collection of
45 all the pure English words by themselves; then those
w^h are derivative from others, with their prime, certaine, and natural signification; then, the symbolical:
so as no innovation might be us'd or favour'd, at least
till there should arise some necessity of providing a new
50 edition, & of amplifying the old upon mature advice.
    5. That in order to this, some were appointed to col-
lect all the technical words, especially those of the
more generous employments, as the author of the 'Essaies
des Merveilles de la Nature et des plus noble Artifices'
55 has don for the French, Francis Junius and others have
endeavor'd for the Latine; but this must be gleaned from
shops, not bookes, & has ben of late attempted by Mr.
Moxon.
    6. That things difficult to be translated or express'd
60 and such as are, as it were, incommensurable one to another (as determinations of weights and measures, coines,
honors, national habits, armes, dishes, drinkes, municipal
constitutions of courts, old and abrogated costomes, &c.)
were better interpreted than as yet we find them in dic-
65 tionaries, glossaries, and noted in the lexicon.
    7. That a full catalogue of exotic words, such as are
daily minted by our *Logodædali*, were exhibited, and that
it were resolved on what should be sufficient to render
them current, *ut Civitate donentur*, since, without re-
70 straining that same *indomitam novandi verba licentiam*,
it will in time quite disguise the language: there are
some elegant words introduc'd by phisitians chiefely and
philosophers, worthy to be retained; others, it may be,
fitter to be abrogated; since there ought to be a law
75 as well as a liberty in this particular. And in this
choyce there would be some reguard had to the well sounding and more harmonious words, and such as are numerous
and apt to fall gracefully into their cadences and periods, and so recommend themselves at the very first sight,
80 as it were; others, which (like false stones) will never
shine, in whatever light they be placed, but embase the
rest. And here I note that such as have lived long in
Universities doe greatly affect words and expressions
no where in use besides, as may be observed in Cleave-
85 land's Poems for Cambridg; and there are also some
Oxford words us'd by others, as I might instance in
severall.
    8. Previous to this it would be enquir'd what partic-
ular dialects, idiomes, and proverbs were in every sev-
90 eral county of England; for the words of ye present age

being properly the *vernacula,* or classic rather, special
reguard is to be had of them, and this consideration
admits of infinite improvements.
    9. And happly it were not amisse that we had a collec-
95 tion of ye most quaint and courtly expressions, by way
of *florilegium,* or phrases distinct from the proverbs;
for we are infinitely defective as to civil addresses,
excuses, & formes upon suddaine and unpremeditated though
ordinary encounters: in which the French, Italians, &
100 Spanyards have a kind of natural grace & talent, which
furnishes the conversation, and renders it very agreeable: here may come in synonimes, homoinymes, &c.
    10. And since there is likewise a manifest rotation
and circling of words, which goe in & out like the mode
105 & fashion, bookes would be consulted for the reduction
of some of the old layd-aside words and expressions had
formerly in *delicijs;* for our language is in some places
sterile and barren by reason of this depopulation, as I
may call it; and therefore such places should be new cul-
110 tivated, and enrich'd either wth the former (if significant) or some other; for example, we have hardly any
words that do so fully expresse the French *clinquant,*
naiveté, ennuy, bizarre, concert, faconiere, chicane-
ries, consummè, emotion, defer, effort, chocq, entours,
115 *debouche,* or the Italian *vaghezze, garbato, svelto,* &c.
Let us therefore (as ye Romans did the Greeke) make as
many of these do homage as are like to prove good citizens.
    11. Something might likewise be well translated out of
the best orators & poets, Greek and Latin, and even out
120 of ye moderne languages, that so some judgement might
be made concerning the elegancy of ye style, and so a
laudable & unaffected imitation of the best recommended
to writers.
    12. Finaly, there must be a stock of reputation gain'd
125 by some public writings and compositions of ye Members
of this Assembly, and so others may not thinke it dishonor to come under the test, or accept them for judges
and approbators; and if ye designe were ariv'd thus far,
I conceive a very small matter would dispatch the art
130 of rhetoric, which the French propos'd as one of the
first things they recommended to their late academitians.
        I am, S^r, Y^r most, &c.
Says-Court, 20 June, 1665

17 T. SPRAT: HISTORY OF THE ROYAL SOCIETY (1667)

II, xx "THEIR MANNER OF DISCOURSE"

Thus they have directed, judg'd, conjectur'd upon, and
improved *Experiments.* But lastly, in these, and all other

businesses that have come under their care; there is one
thing more, about which the *Society* has been most sollici-
5 tous; and that is, the manner of their *Discourse* which,
unless they had been very watchful to keep in due temper,
the whole spirit and vigour of their *Design*, had been soon
eaten out, by the luxury and redundance of speech. The ill
effects of this superfluity of talking have already over-
10 whelm'd most other *Arts* and *Professions*, insomuch, that
when I consider the means of *happy living*, and the causes
of their corruption, I can hardly forbear recanting what
I said before; and concluding, that *eloquence* ought to be
banish'd out of all *civil Societies*, as a thing fatal to
15 Peace and good Manners. To this opinion I should wholly
incline; if I did not find, that it is a Weapon, which may
be as easily procur'd by *bad men, as good* and that, if
these should onely cast it away, and those retain it; the
naked Innocence of vertue would be upon all occasions
20 expos'd to the *armed Malice* of the wicked. This is the
chief reason, that should now keep up the Ornaments of
speaking in any request since they are so much degene-
rated from their original usefulness. They were at first,
no doubt, an admirable Instrument in the hands of *Wise*
25 *Men*: when they were onely employ'd to describe *Goodness*,
Honesty, *Obedience*; in larger, fairer, and more moving
Images: to represent *Truth*, cloth'd with Bodies; and to
bring *Knowledg* back again to our very senses, from whence
it was at first deriv'd to our understandings. But now
30 they are generally chang'd to worse uses: They make the
Fancy disgust the best things, if they come sound, and
unadorn'd; they are in open defiance against Reason
professing, not to hold much correspondence with that;
but with its Slaves, the *Passions*; they give the mind a
35 motion too changeable and bewitching, to consist with
right practice. Who can behold, without indignation, how
many mists and uncertainties, these specious *Tropes* and
Figures have brought on our Knowledg? How many rewards,
which are due to more profitable, and difficult *Arts*,
40 have been still snatch'd away by the easie vanity of
fine speaking? For now I am warm'd with this just Anger,
I cannot with-hold my self, from betraying the shallow-
ness of all these seeming Mysteries; upon which, *we*
Writers, and *Speakers*, look so bigg. And, in few words,
45 I dare say; that of all the Studies of men, nothing may
be sooner obtain'd, than this vicious abundance of
Phrase, this trick of *Metaphors*, this volubility of
Tongue, which makes so great a noise in the World. But I
spend words in vain; for the evil is now so inveterate
50 that it is hard to know whom to *blame*, or where to begin
to *reform*. We all value one another so much, upon this
beautiful deceit; and labour so long after it, in the

years of our education: that we cannot but ever after
think kinder of it, than it deserves. And indeed, in most
55 other parts of Learning, I look on it to be a thing almost vtterly desperate in its cure, and I think, it may
be plac'd amongst those *general mischiefs*; such, as the
dissention of Christian Princes, the *want of practice*
in Religion, and the like; which have been so long spoken
60 against, that men are become insensible about them; every
one shifting off the fault from himself to others, and
so they are only made bare common places of complaint.
It will suffice my present purpose, to point out, what
has been done by the *Royal Society*, towards the correct-
65 ing of its excesses in *Natural Philosophy*; to which it
is, of all others, a most profest enemy.

They have therefore been most rigorous in putting in
execution, the only Remedy, that can be found for this
extravagance: and that has been, a constant Resolution,
70 to reject all the amplifications, digressions, and
swellings of style; to return back to the primitive
purity, and shortness, when men deliver'd so many *things*,
almost in an equal number of *words*. They have exacted
from all their members, a close, naked, natural way of
75 speaking; positive expressions; clear senses; a native
easiness: bringing all things as near the Mathematical
plainness, as they can: and preferring the language of
Artizans, Countrymen, and Merchants, before that, of
Wits, or Scholars.
80 And here, there is one thing, not to be pass'd by,
which will render this establish'd custom of the *Society*,
well nigh everlasting: and that is, the general constitu-
tion of the minds of the *English*. I have already often
insisted on some of the prerogatives of *England*; whereby
85 it may justly lay claim, to be the Head of a *Philosophical league*, above all other Countries in *Europe*;
I have urg'd its scituation, its present Genius, and the
disposition of its Merchants; and many more such *arguments* to incourage us, still remain to be us'd: But of
90 all others, this, which I am now alledging, is of the
most weighty, and important consideration. If there can
be a true character given of the *Universal Temper* of any
Nation under Heaven: then certainly this must be ascrib'd
to our Countrymen: that they have commonly an unaffected
95 sincerity; that they love to deliver their minds with a
sound simplicity; that they have the middle qualities,
between the reserv'd subtle southern, and the rough
unhewn Northern people: that they are not extreamly prone
to speak: that they are more concern'd, what others will
100 think of the strength, than of the fineness of what they
say: and that an universal modesty possesses them. These
qualities are so conspicuous, and proper to our Soil;

that we often hear them objected to us, by some of our
neighbour Satyrists, in more disgraceful expressions.
105 For they are wont to revile the *English*, with a want of
familiarity; with a melancholy dumpishness; with slow-
ness, silence, and with the unrefin'd sullenness of their
behaviour. But these are only the reproaches of partiality, or ignorance: for they ought rather to be commended
110 for an honourable integrity; for a neglect of circumstances, and flourishes; for regarding things of *greater*
moment, more than *less*; for a scorn to deceive as well
as to be deceiv'd: which are all the best indowments,
that can enter into a *Philosophical Mind*. So that even
115 the position of our climate, the air, the influence of
the heaven, the composition of the English blood; as well
as the embraces of the Ocean, seem to joyn with the labours of the *Royal Society,* to render our Country, a Land
of *Experimental knowledge.* And it is a good sign, that
120 Nature will reveal more of its secrets to the English
than to others; because it has already furnish'd them
with a Genius so well proportion'd, for the receiving,
and retaining its mysteries.

ZU LITERATUR UND LITERATURTHEORIE

18 ZU ÜBERSETZUNGSTHEORIE UND PRAXIS

18A G. DOUGLAS: *VIRGIL'S ÆNEID* (1515)

Fyrst I protest, beaw schirris, be ȝour leif,   *(I.105-24)*
Beis weill avisit my wark or ȝhe repreif,
Consider it warly, reid oftar than anys:
Weill at a blenk sle poetry nocht tayn is,
5 And ȝit forsuyth I set my bissy pane
As that I couth to mak it braid and plane,
Kepand na sudron bot our awyn langage,
And spekis as I lernyt quhen I was page.
Nor ȝit sa cleyn all sudron I refuß,
10 Bot sum word I pronunce as nyghtbouris doys:
Lyke as in Latyn beyn Grew termys sum,
So me behufyt quhilum or than be dum
Sum bastard Latyn, French or Inglys oyß
Quhar scant was Scottis - I had nane other choys.
15 Nocht for our tong is in the selwyn skant
Bot for that I the fowth of langage want
Quhar as the cullour of his properte
To kepe the sentens tharto constrenyt me,
Or than to mak my sayng schort sum tyme,
20 Mair compendyus, or to lykly my ryme.

Thoght venerabill Chauser, principal poet but peir,   *(I.339-46)*
Hevynly trumpat, orlege and reguler,
In eloquens balmy, cundyt and dyall,
Mylky fontane, cleir strand and royß ryall,
25 Of fresch endyte, throu Albion iland braid,
In his legend of notabill ladeis said
That he couth follow word for word Virgill,
Wisar than I may faill in lakar stile.

Besyde Latyn our langage is imperfite   *(I.359-67)*
30 Quhilk in sum part is the cauß and the wyte
Quhy that of Virgillis verß the ornate bewte
Intill our tung may nocht obseruyt be,
For thar be Latyn wordis mony ane
That in our leyd ganand translatioun haß nane
35 Less than we mynyß thar sentens and grauyte
And ȝit scant weill exponyt. Quha trewys nocht me,
Lat thame interprit "animal" and "homo" +)

+) As for animal and homo in our langage is nocht a propir
term, and thai be bot bestis that exponys animal for a
40 beste. Ane beste is callit in Latyn bestia and pecus, and
animal betakynnys all corporall substans that haß ane
saull quhilk felis payn, ioy or ennoy. And vndyr animal
beyn contenyt all mankynd, beist, byrd, fowll, fisch,
serpent and all other sik thingis at lyfis and steris,
45 that haß a body, for al sik and euery ane of thame may be
properly callit animal. And thus animal is ane general
name for al sik maner thingis quhatsumeuer. Homo betakynnys baith a man and a woman, and we haue na term correspondent tharto, nor ʒit that signifyis baith twa in
a term alanerly.

18B W. TYNDALE: THE OBEDIENCE OF A
CHRISTEN MAN (1526)

WILLIAM TYNDALE OTHERWISE CALLED HYCHINS VNTO
THE READER

The sermons which thou readist in the Actes of ye apostles
& all y^t the apostles preached were no doute preached in the
mother tonge. Why then might they not be written in the
mother tonge? As yf one of vs preach a good sermon why maye
5 it not be written? Saynt hierom also translated the bible
in to his mother tonge. Why may not we also? They will saye
it can not be translated in to oure tonge it is so rude.
It is not so rude as they are false lyers. For the greke
tonge agreeth moare with the english then with the latyne.
10 The maner of speakynge is both one so y^t in a thousande
places thou neadest not but to translate it in to ye english
worde for worde when thou must seke a compasse in the latyne/
and yet shalt have moch worke to translate it welfaveredly/
so that it have the same grace and swetnesse/ sence and pure
15 vnderstandinge with it in the latyne/ as it hath in the
hebrue. A thousande partes better maye it be translated in
to the english then in to the latyne...
       Fynally that this thretenynge and forbiddynge the laye
people to reade the scripture is not for love of youre soules
20 (which they care for as ye foxe doeth for ye gysse) is evi-
dente & clerer then the sonne/ in as moch as they permitte
& sofre you to reade Robyn hode & bevise of hampton/ hercules/
hector and troylus with a thousande histories & fables of
love & wantones & of rybaudry as fylthy as herte can thinke/
25 to corrupte ye myndes of youth with all/ clene contrary to
the doctrine of christ & of his apostles.

18C AUS DEM VORWORT DER *RHEIMS BIBLE* (1582)

THE PREFACE TO THE READER TREATING OF THESE THREE POINTS:
OF THE TRANSLATION OF THE HOLY SCRIPTURES INTO THE VULGAR
TONGUES, AND NAMELY INTO ENGLISH: OF THE CAUSES WHY THIS
NEW TESTAMENT IS TRANSLATED ACCORDING TO THE AUNCIENT
5 *LATIN TEXT: & OF THE MANER OF TRANSLATING THE SAME.*

... Which translation we doe not for all that publish, vpon
erroneous opinion of necessitie, that the holy Scriptures
should alwaies be in our mother tonge, or that they ought,
or were ordained by God, to be read indifferently of all,
10 or could be easily vnderstood of euery one that readeth
or heareth them in a knowen language: or that they were
not often through mans malice or infirmitie, pernicious
and much hurtful to many: or that we generally and absolute-
ly deemed it more conuenient in it self, & more agreable to
15 Gods word and honour or edification of the faithful, to
haue them turned into vulgar tonges, then to be kept &
studied only in the Ecclesiastical learned languages:
Not for these nor any such like causes doe we translate
this sacred booke, but vpon special consideration of the
20 present time, state, and condition of our countrie, vnto
which, diuers thinges are either necessarie, or profitable and medicinable now, that otherwise in the peace of
the Church were neither much requisite, nor perchance
wholy tolerable...
25 Wherein, though for due preseruation of this diuine
worke from abuse and prophanation, and for the better
bridling of the intolerable insolencie of proude, curious,
& contentious wittes, the gouernours of the Church guided
by Gods Spirit, as euer before, so also vpon more experi-
30 ence of the maladie of this time then before, haue taken
more exacte order both for the readers and translatours
in these later ages, then of old: yet we must not imagin
that in the primitiue Church, either euery one that vnderstoode the learned tonges wherein the Scriptures were
35 written, or other languages into which they were translated, might without reprehension, reade, reason, dispute,
turne and tosse the Scriptures: or that our forefathers
suffered euery schole-maister, scholer, or Grammarian that
had a litle Greeke or Latin, straight to take in hand the
40 holy Testament: or that the translated Bibles into the
vulgar tonges, were in the handes of euery husbandman,
artificer, prentice, boies, girles, mistresse, maide, man:
that they were sung, plaied, alleaged, of euery tinker,
tauerner, rimer, minstrel: that they were for table talke,
45 for alebenches, for boates and barges, and for euery prophane person and companie. No, in those better times men
were neither so ill, nor so curious of them selues, so to

abuse the blessed booke of Christ: neither was there any
such easy meanes before printing was inuented, to disperse
50   the copies into the handes of euery man, as now there is.
   They were then in Libraries, Monasteries, Colleges,
Churches, in Bishops, Priests, and some other deuout principal Lay mens houses and hands: who vsed them with feare
and reuerence, and specially such partes as perteined to
55   good life and maners, not medling, but in pulpit and
schooles (and that moderately to) with the hard and high
mysteries and places of greater difficultie. The poore
ploughman, could then in labouring the ground, sing the
hymnes and psalmes either in knowen or vnknowen languages,
60   as they heard them in the holy Church, though they could
neither reade nor know the sense, meaning, and mysteries
of the same...
   But the case now is more lamentable: for the Protestants
and such as S.Paul calleth *ambulantes in astutia, walking*
65   *in deceitfulnes*, haue so abused the people and many other
in the world, not vnwise, that by their false translations
they haue in steede of Gods Law and Testament, & for
Christes written will and word, giuen them their owne
wicked writing and phantasies, most shamefully in all their
70   versions Latin, English, and other tonges, corrupting both
the letter and sense by false translation, adding, detract-
ing, altering, transposing, pointing, and all other guile-
ful meanes: specially where it serueth for the aduantage
of their priuate opinions. for which, they are bold also,
75   partly to disauthorise quite, partly to make doubtful,
diuers whole bookes allowed for Canonical Scripture by
the vniuersal Church of God this thousand yeres and vpward:
to alter al the authentical and Ecclesiastical wordes vsed
sithence our Christianitie, into new prophane nouelties
80   of speaches agreable to their doctrine: to change the
title of workes, to put out the names of the authors, to
charge the very Euangelist with following vntrue translation, to adde whole sentences proper to their sect,
into their psalmes in metre, euen into the very Crede in
85   rime. al which the poore deceiued people say and sing as
though they were Gods owne word, being in deede through
such sacrilegious treacherie, made the Diuels word.
   To say nothing of their intolerable liberty and licence
to change the accustomed callings of God, Angel, men, pla-
90   ces, & things vsed by the Apostles and all antiquitie, in
Greeke, Latin, and all other languages of Christian nations, into new names, sometimes falsely, and alwaies
ridiculously and for ostentation taken of the Hebrues: to
frame and fine the phrases of holy Scriptures after the
95   forme of prophane writers, sticking not, for the same to
supply, adde, alter or diminish as freely as if they
translated Liuie, Virgil, or Terence. Hauing no religious

respect to keepe either the maiestie or sincere simplicity
of that venerable style of Christes spirit, as S.Augustine
100 speaketh, which kind the holy Ghost did choose of infinite
wisedom to haue the diuine mysteries rather vttered in,
then any other more delicate, much lesse in that meretri-
cious maner of writing that sundrie of these new translators doe vse...
105 In this our Translation, because we wish to be most
sincere, as becometh a Catholike translation, and haue
endeuoured so to make it: we are very precise & religious
in folowing our copie, the old vulgar approued Latin:
not onely in sense, which we hope we alwaies doe, but some-
110 time in the very wordes also and phrases, which may seeme
to the vulgar Reader & to common English eares not yet
acquainted therewith, rudenesse or ignorance: but to the
discrete Reader that deepely weigheth and considereth the
importance of sacred wordes and speaches, and how easily
115 the voluntarie Translatour may misse the true sense of the
Holy Ghost, we doubt not but our consideration and doing
therein, shal seeme reasonable and necessarie: yea and
that al sortes of Catholike Readers wil in short time
thinke that familiar, which at the first may seeme strange,
120 & wil esteeme it more, when they shal otherwise be taught
to vnderstand it, then if it were the common knowen English.
... *Parasceue* is as solemne a word for the Sabboth eue,
as *Sabboth* is for the Iewes seuenth day, and now among
Christians much more solemner, taken for Good-friday onely.
125 These wordes then we thought it far better to keepe in
the text, and to tel their signification in the margent
or in a table for that purpose, then to disgrace bothe the
text & them with translating them. Such are also these
wordes, *The Pasche. The feast of Azymes. The bread of Pro-*
130 *position.* Which they translate *The Passeouer, The feast of*
swete bread, The shew bread...
Moreouer, we presume not in hard places to mollifie the
speaches or phrases, but religiously keepe them word for
word, and point for point, for feare of missing, or re-
135 straining the sense of the holy Ghost to our phantasie.

18D AUS DEM VORWORT DER
AUTHORIZED VERSION (1611)

... Truly (good Christian Reader) wee neuer thought from
the beginning, that we should neede to make a new Translation, nor yet to make of a bad one a good one,... but
to make a good one better, or out of many good ones, one
5 principall good one, not iustly to be excepted against;
that hath bene our indeauour, that our marke...

An other thing we thinke good to admonish thee of
(gentle Reader) that wee haue not tyed our selues to an
vniformitie of phrasing, or to an identitie of words, as
10   some peraduenture would wish that we had done, because
they obserue, that some learned men some where, haue
beene as exact as they could that way. Truly, that we
might not varie from the sense of that which we had translated before, if the word signified the same sense euery
15   where we were especially carefull, and made a conscience,
according to our duetie. But, that we should expresse
the same notion in the same particular word; as for example, if we translate the Hebrew or *Greeke* word once by
Purpose, neuer to call it *Intent*; if one where *Iourneying*,
20   neuer *Traueiling*, if one where *Thinke*, neuer *Suppose*;
if one where *Paine*, neuer *Ache*; if one where *Ioy*, neuer
Gladnesse, &c. Thus to minse the matter, wee thought to
sauour more of curiositie then wisedome, and that rather
it would breed scorne in the Atheist, then bring profite
25   to the godly Reader. For is the kingdome of God become
words or syllables? why should wee be in bondage to them
if we may be free, vse one precisely when wee may vse
another no lesse fit, as commodiously?
Adde hereunto, that nicenesse in wordes was alwayes
30   counted the next step to trifling, and so was to bee
curious about names too: also that we cannot follow a
better patterne for elocution then God himselfe; therefore
hee vsing diuers words, in his holy writ, and indifferently for one thing in nature: we, if wee will not be super-
35   stitious, may vse the same libertie in our English versions out of *Hebrew & Greeke*, for that copie or store
that he hath giuen vs. Lastly, wee haue on the one side
auoided the scrupulositie of the Puritanes, who leaue the
olde Ecclesiasticall words, and betake them to other, as
40   when they put *washing* for *Baptisme*, and *Congregation*
in stead of *Church*: as also on the other side we haue
shunned the obscuritie of the Papists, in their *Azimes,*
Tunike, Rational, Holocausts, Præpuce, Pasche, and a number of such like, whereof their late Translation is full,
45   and that of purpose to darken the sence, that since
they must needs translate the Bible, yet by the language
thereof, it may bee kept from being vnderstood. But we
desire that the Scripture may speake like it selfe, as
in the language of *Canaan*, that it may bee vnderstood
50   euen of the very vulgar.

18E G. PETTIE: THE CIUILE CONUERSATION OF
M. STEPHEN GUAZZO (1586)

TO THE READER

... There are some others yet who will set light by my
labours, because I write in English: and those are some
nice Trauailours, who retourne home with such queasie
stomacks, that nothing will downe them but French, Ital-
5   ian, or Spanish, and though a worke bee but meanelie written in one of those tongues, and finelie translated into
our Language, yet they will not sticke farre to preferre
the Originall before the Translation: the cause is partlie,
for that they cannot so soone espie faultes in a forraine
10 Tongue as in their owne, which maketh them thinke that
to bee currant, which is but course, and partlie for that
straunge thinges doe more delight them, than that which
they are dailie vsed to: but they consider not the profit
which commeth by reading things in theyr owne Tongue,
15 whereby they shall be able to conceiue the matter much
sooner, and beare it awaie farre better, than if they
reade it in a straunge Tongue, whereby also they shall be
inabled to speake, to discourse, to write, to indite,
properlie, fitlie, finelie, and wiselie, but the worst is,
20 they thinke that impossible to be done in our Tongue:
for they count it barren, they count it barbarous, they
count it vnworthie to be accounted of: and, which is worse,
as I my selfe haue heard some of them, they report abroad,
that our Countrie is barbarous, our manners rude, and our
25 people vnciuile: and when I haue stood with them in the
comparison betweene other Countries & ours, & pointed
with my finger to many grose abuses, vsed in the places
where we haue bene, when by reason they haue bene able to
defend them, they haue shronke in their necke, and tolde
30 me that it was the fashion of the Countrie...
For the barbarousnesse of our tongue, I must likewise
saie that it is much the worse for them, and some such
curious fellowes as they are: who if one chance to deriue
anie word from the Latine, which is insolent to their
35 eares (as perchance they will take that phrase to be)
they forthwith make a iest at it, and tearme it an Ink-
horne tearme. And though for my part I vse those wordes
as little as anie, yet I know no reason why I should not
vse them, and finde it a fault my selfe that I do not vse
40 them: for it is in deed the readie waie to inrich our
tongue, and make it copious, and it is the waie which all
tongues haue taken to inrich themselues: For take the
Latine wordes from the Spanish tongue, and it shall bee
as barren as most part of their Countrie: and take them
45   from the Italian, & you take away in a manner the whole

tongue: take them from the French, & you marre the grace
of it: yea take from the Latine it selfe the wordes de-
riued from the Greeke, & it shall not be so flowing &
flourishing as it is. Wherfore I meruaile how our English
50   tongue hath crackt it credit, that it may not borrow of
the Latin as wel as other tongues: and if it haue broken,
it is but of late, for it is not vnknowen to all men, how
many wordes we haue fetcht from thence within these few
yeeres, which if they should be all counted inkpot tearmes,
55   I know not how we should speak anie thing without blacking
our mouths with inke: for what word can be more plain than
this word (plain) & yet what can come more neere to the
Latine? What more manifest than (manifest)? & yet in a manner Latine: What more commune than (rare), or lesse rare
60   than (commune) & yet both of them comming of the Latine?
But you will saie, long vse hath made these wordes currant:
and why may not vse doe as much for the posteritie, as we
haue receiued of the antiquitie? and yet if a thing be of
it selfe good, I see not how the newnesse of it can make
65   it naught: wherevpon I infer, that those wordes which
your selues confesse by vse to be made good, are good the
first time they are vttered, and therefore not to be iested
at, nor to be misliked. But how hardlie so euer you deale
with our tongue, how barbarous so euer you count it, how
70   little so euer you esteeme it, I durst my selfe vndertake
(if I were furnished with learning otherwise) to write in
it as copiouslie for varietye, as compendiously for breuitie, as choicely for words, as pithilie for sentences,
as pleasantlie for figures, & euerie waie as eloquentlie,
75   as anie writer should do in anie vulgar tongue whatsoeuer.

18F J. FLORIO: MONTAIGNE'S ESSAYS (1603)

TO THE CURTEOUS READER

Shall I apologize translation? Why but some holde (as for
their free-hold) that such conuersion is the subuersion
of Vniuersities. God holde with them, and withholde them
5   from impeach or empaire. It were an ill turne, the turning of Bookes should be the ouerturning of Libraries.
Yea but my olde fellow *Nolano* tolde me, and taught pub-
likely, that from translation all Science had it's of-
spring. Likely, since euen Philosophie, Grammar, Rheto-
10   rike, Logike, Arithmetike, Geometrie, Astronomy, Musike,
and all the Mathematikes yet holde their name of the
Greekes: and the Greekes drew their baptizing water from
the conduit-pipes of the Egiptians, and they from the
well-springs of the Hebrews or Chaldees. And can the wel-
15   springs be so sweete and deepe; and will the well-drawne
water be so sower and smell? And were their Countries so

ennobled, aduantaged, and embellished by such deriuing;
and doth it driue our noblest Colonies vpon the rockes
of ruine? And did they well? and prooued they well? and
20   must We prooue ill that doe so? Why but Learning would
not be made common. Yea but Learning cannot be too
common, and the commoner the better. Why but who is not
iealous, his Mistresse should be so prostitute? Yea but
this Mistresse is like ayre, fire, water, the more
25   breathed the clearer; the more extended the warmer; the
more drawne the sweeter. It were inhumanitie to coope her
vp, and worthy forfeiture close to conceale her. Why but
Schollers should haue some priuilege of preheminence.
So haue they: they onely are worthy Translators. Why but
30   the vulgar should not knowe all. No, they can not for
all this; nor euen Schollers for much more: I would,
both could and knew much more than either doth or can.
Why but all would not be knowne of all. No nor can: much
more we know not than we know: all know something, none
35   know all: would all know all? they must breake ere they
be so bigge. God only; men farre from God...

And let confession make halfe amends, that euery language hath it's *Genius* and inseparable forme; without
Pythagoras his *Metempsychosis* it can not rightly be trans-
40   lated. The Tuscan altiloquence, the *Venus* of the French,
the sharpe state of the Spanish, the strong significancy
of the Dutch cannot from heere be drawne to life. The
sense may keepe forme; the sentence is disfigured; the
fineness; fitnesse, featenesse diminished: as much as
45   artes nature is short of natures arte, a picture of a
body, a shadow of a substance. Why then belike I haue
done by *Montaigne*, as *Terence* by *Menander*, made of good
French no good English. If I haue done no worse, and it
be no worse taken, it is well. As he, if no Poet, yet am
50   I no theefe, since I say of whom I had it, rather to
imitate his and his authors negligence, then any backe-
biters obscure diligence...

But some errors are mine, and mine by more then translation. Are they in Grammer, or Ortographie? as easie for
55   you to right, as me to be wrong; or in construction, as
mis-attributing him, her, or it, to things aliue, or dead,
or newter; you may soone know my meaning, and eftsoones
vse your mending: or are they in some vncouth termes: as
entraine, conscientious, endeare, tarnish, comporte,
60   efface, facilitate, ammusing, debauching, regret, effort,
emotion, and such like; if you like them not, take others
most commonly set by them to expound them, since they
were set to make such likely French words familiar with
our English, which well may beare them.

18G R. STAPYLTON: DIDO AND AENEAS (1634)

THE TRANSLATOR

In Englishing *Vergil,* I have given him a Language, not
so low as to bring downe his *Aeneis* to his *Eclogues,*
and levell the expressions of his Princes with his Shepheards: nor *so high,* that he should not be intelligent
5 to the Vnlearned, as if he still spake *Latin.* It is
true that wit distilled in one language, cannot be
transferred into another without losse of spirits: yet
I presume such graces are retained, as those of the
Noblest quality will favour this *Translation,* from an
10 *Original,* that was somtimes the unenvied Favorite of
the greatest Roman Emperour.

18H J. DRYDEN: FABLES ANCIENT AND
MODERN (1700)

...there are other Judges who think I ought not to have
translated *Chaucer* into *English,* out of a quite contrary
Notion: They suppose there is a certain Veneration due
to his old Language; and that is little less than Pro-
5 fanation and Sacrilege to alter it. They are farther
of opinion, that somewhat of his good Sense will suffer
in this Transfusion, and much of the Beauty of his
Thoughts will infallibly be lost, which appear with more
Grace in their old Habit. Of this Opinion was that ex-
10 cellent Person, whom I mention'd, the late Earl of
Leicester, who valu'd *Chaucer* as much as Mr.*Cowley*
despis'd him. My Lord dissuaded me from this Attempt,
(for I was thinking of it some Years before his Death)
and his Authority prevail'd so far with me, as to defer
15 my Undertaking while he liv'd, in deference to him:
Yet my Reason was not convinc'd with what he urg'd
against it. If the first End of a Writer is to be understood, then as his Language grows obsolete, his Thoughts
must grow obscure, *multa renascuntur quæ nunc cecidere*;
20 *cadentque quæ nunc sunt in honore vocabula, si volet
usus, quem penes arbitrium est & jus & norma loquendi.*
When an ancient Word for its Sound and Significancy
deserves to be reviv'd, I have that reasonable Veneration for Antiquity, to restore it. All beyond this is
25 Superstition. Words are not like Land-marks, so sacred
as never to be remov'd: Customs are chang'd, and even
Statutes are silently repeal'd, when the Reason ceases
for which they were enacted. As for the other Part of
the Argument, that his Thoughts will lose of their
30 original Beauty, by the innovation of Words; in the

first place, not only their Beauty, but their Being is
lost, where they are no longer understood, which is the
present Case. I grant, that something must be lost in
all Transfusion, that is, in all Translations; but the
35 Sense will remain, which would otherwise be lost, or at
least be maim'd, when it is scarce intelligible; and that
but to a few. How few are there who can read *Chaucer*,
so as to understand him perfectly? And if imperfectly,
then with less Profit, and no Pleasure. 'Tis not for the
40 Use of some old *Saxon* Friends, that I have taken these
Pains with him: Let them neglect my Version, because
they have no need of it. I made it for their sakes who
understand Sense and Poetry, as well as they; when that
Poetry and Sense is put into Words which they under-
45 stand. I will go farther, and dare to add, that what
Beauties I lose in some Places, I give to others which
had them not originally: But in this I may be partial
to my self: let the Reader judge, and I submit to his
Decision.

19 BIBELÜBERSETZUNGEN

19A APOSTELGESCHICHTE 5.25-33

WYCLIF-PURVEY ca.1390   but a man cam & teelde to hem/ for
lo þo men whiche ȝe han put in to prisoun: ben in þe temple.
& stonden & techen þe puple/ [26] þanne þe magistrat wente
wiþ þe mynystris: & brouȝte hem wiþ out violence/ for þei
5 dredden þe puple: lest þei schulden bee stoonyd/ [27] &
whanne þei hadden brouȝt hem: þei settiden hem in þe coun-
sel/ and þe princes of prestis: axiden hem [28] & seiden/ in
comaundement we comaundiden ȝou: þat ȝe schulden not teche
in þis name/ & lo ȝe han fillid ierusalem wiþ ȝoure teching:
10 & ȝe wolen bringe on vs þe blood of þis man/ [29] & petre
answeride & þe apostlis & seiden/ it behoueþ to obeie to
god: more þan to men/ [30] god of oure fadris reiside ihu
whom ȝe slowen: hangynge in a tre/ [31] god enhaunside wiþ
his riȝthond þis prince and sauyour: þat penaunce were ȝyue
15 to israel & remissioun of synnes/ [32] & we ben witnessis
of þese wordis. & þe hooli goost whom god ȝaf to alle
obeischinge to him/ [33] whanne þei herden þese þinges:
þei weren turmentid. & þouȝten to sle hem.

TYNDALE 1534   Then came one and shewed them: beholde
20 the men that ye put in preson/ stonde in the temple/ and
teache the people. [26] Then went the ruler of the temple
with ministers/ and brought them with out violence. For
they feared the people/ lest they shuld haue bene stoned.

[27] And when they had brought them/ they set them before the
25   counsell. And the chefe preste axed them [28] sayinge: dyd
not we straytely commaunde you that ye shuld not teache
in this name? And beholde ye haue filled Ierusalem with
youre doctrine/ and ye intende to brynge this mans bloud
vpon vs. [29] Peter and the other Apostles answered and
30   sayde: We ought moare to obey God then men. [3o] The God of
oure fathers raysed vp Iesus/ whom ye slewe and hanged on
tre. [31] Him hath god lifte vp with his right hand/ to be
a ruler and a sauioure/ for to geue repentaunce to Israell and forgeuenes of synnes. [32] And we are his recordes
35   concernynge these thinges and also the holy goost whom
God hath geuen to them that obey him. [33] When they hearde
that/ they claue asunder: and sought meanes to slee them.

RHEIMS 1582   And there came a certaine man and told
them, That the men, loe, which you did put in prison, are
40   in the temple standing, and teaching the people. [26] Then
went the Magistrate with the ministers, and brought them
without force, for they feared the people lest they should
be stoned. [27] And when they had brought them, they set
them in the Councel. And the high priest asked them,
45   [28] saying, Commaunding we commaunded you that you should
not teach in this name: and behold you haue filled Hierusalem with your doctrine, and you wil bring vpon vs the
bloud of this man. [29] But Peter answering and the Apostles, said, God must be obeied, rather then men. [30] The God
50   of our Fathers hath raised vp Iesus, whom you did kil,
hanging him vpon a tree. [31] This Prince and Sauiour God
hath exalted with his right hand, to giue repentance to
Israel, and remission of sinnes. [32] and we are witnesses
of these wordes, and the holy Ghost, whom God hath giuen
55   to al that obey him. [33] When they had heard these things,
it cut them to the hart, and they consulted to kil them.

AV 1611   Then came one, and tolde them, saying Behold,
the men whom yee put in prison, are standing in the Temple,
and teaching the people. [26] Then went the captaine with
60   the officers, and brought them without violence: (For they
feared the people, lest they should haue bene stoned).
[27] And when they had brought them, they set them before
the Councill, and the high Priest asked them, [26] Saying,
Did not wee straitly commaund you, that you should not
65   teach in this Name? And behold, yee haue filled Hierusalem
with your doctrine, and intend to bring this mans blood
vpon us. [29] Then Peter, and the other Apostles answered,
and sayd, Wee ought to obey God rather then men.[30] The
God of our fathers raised vp Iesus, whom yee slew and

70 hanged on a tree. ³¹ Him hath God exalted with his right
hand to bee a Prince and a Sauiour, for to giue repentance
to Israel, and forgiuenesse of sinnes. ³² And we are his
witnesses of these things, and so is also the holy Ghoost,
whom God hath giuen to them that obey him. ³³ When they
75 heard that, they were cut to the heart, and tooke counsel
to slay them.

NEB 1970   and then a man arrived with the report, 'Look!
the men you put in prison are there in the temple teaching
the people.' ²⁶ At that the Controller went off with the
80 police and fetched them, but without using force for fear
of being stoned by the people. ²⁷ So they brought them
and stood them before the Council; and the High Priest
began his examination. ²⁸ 'We expressly ordered you', he
said, 'to desist from teaching in that name; and what has
85 happened? You have filled Jerusalem with your teaching,
and you are trying to make us responsible for that man's
death.' ²⁹ Peter replied for himself and the apostles:
'We must obey God rather than men.³⁰ The God of our fathers raised up Jesus whom you had done to death by hang-
90 ing him on a gibbet. ³¹ He it is whom God has exalted with
his own right hand as leader and saviour, to grant Israel
repentance and forgiveness of sins. ³² And we are witnesses
to all this, and so is the Holy Spirit given by God to
those who are obedient to him.' ³³ This touched them on
the raw, and they wanted to put them to death.

19B APOSTELGESCHICHTE 7.17-29

WYCLIF-PURVEY ca.1390   & whanne þe tyme of biheeste cam
niȝ. which god hadde knoulechid to abraham: þe puple waxede
and multipliede in egipt/ ¹⁸ til anoþer kyng roos in egipt:
which knewe not ioseph/ ¹⁹ is bigilide oure kyn and tur-
5 mentide oure fadris: þat þei schulden putte awey her ȝonge
children. for þei schulden not lyue/ ²⁰ in þe same tyme
moyses was borun: and he was louyd of god/ & he was nor-
isschid þre moneþis: in þe hous of his fadir/ ²¹ & whanne
he was put out in þe flood: þe douȝter of farao took hym
10 vp and nurischide hym in to hir sone/ ²² & moyses was lerned
in al þe wisdom of egipcians: & he was myȝti in his wordis
& werkis/ ²³ but whanne þe tyme of fourti ȝeer was fillid
to hym: it roos vp in to his herte. Þat he schulde visite
hise briþeren þe sones of israel/ ²⁴ and whanne he say a
15 man suffringe wronge: he vengide hym. and dide veniaunce
for hym þat suffride þe wronge. & he killide þe egipcian/
²⁵ for he gesside þat his briþeren schulden vndurstonde.
þat god schulde ȝyue to hem helpe bi þe hoond of hym. but

þei vndurstoden not/ [26] for in þe day suynge: he apperide
20 to hem chidinge: and he acordide hem in pees and seide
men ȝe ben briþeren/ why noyen ȝe ech oþere? [27] but he þat
dide þe wronge to his neiȝbore: puttide hym awey and seide/
who ordeynede þee prince and domesman on vs? [28] wheþir þou
wolt sle me: as ȝistirdai þou killidist þe egipcian?
25 [29] and in þis word moises flei: and was maad a comeling in
þe loond of madian where he bigat twei sones/

RHEIMS 1582   And when the time drew neere of the promisse
which God had promised to Abraham, the people increased and
was multiplied in Ægypt, [18] vntil another arose in
30 Ægypt, that knew not Ioseph. [19] This same circumuenting
our stocke, afflicted our fathers: that they should expose
their children, to the end they might not be kept aliue.
[20] The same time was Moyses borne, and he was acceptable
to God, who was nourished three moneths in his fathers
35 house. [21] And when he was exposed, Pharaos daughter tooke
him vp, and nourished him for her owne sonne. [22] And
Moyses was instructed in al the wisedom of the Ægyptians:
and he was mightie in his wordes and workes. [23] And when
he was fully of the age of fourtie yeres, it came to his
40 minde to visite his brethren the children of Israel.
[24] And when he had seen one suffer wrong, he defended him:
and striking the Ægyptian, he reuenged his quarel that
susteined the wrong. [25] And he thought that his brethren
did vnderstand that God by his hand would saue them: but
45 they vnderstoode it not. [26] And the day folowing he appeared to them being at strife: and he reconciled them
vnto peace, saying, Men, ye are brethren, wherfore hurt
you one an other? [27] But he that did the iniurie to his
neighbour, repelled him, saying, *Who hath appointed thee*
50 *prince and iudge ouer vs?* [28] *What, wilt thou kil me, as*
thou didst yesterday kil the Ægyptian? [29] And Moyses fled
vpon this word: and he became a seiourner in the land of
Mádian, where he begat two sonnes.

AV 1611   But when the time of the promise drew nigh,
55 which God had sworne to Abraham, the people grew and multiplied in Egypt, [18] Till another king arose, which knew
not Ioseph. [19] The same dealt subtilly with our kinred,
and euill intreated our fathers, so that they cast out
their yong children, to the end they might not liue.
60 [20] In which time Moses was borne, and was exceeding faire,
and nourished vp in his fathers house three moneths:
[21] And when he was cast out, Pharaohs daughter tooke him
vp, and nourished him for her owne sonne. [22] And Moses
was learned in all the wisedome of the Egyptians, and was

65 mighty in words and in deeds.[23] And when he was ful forty
yeres old, it came into his heart to visite his brethren
the children of Israel.[24] And seeing one of them suffer
wrong, he defended him, and auenged him that was oppressed,
and smote the Egyptian: [25] For hee supposed his brethren
70 would haue vnderstood, how that God by his hand would deliuer them, but they vnderstood not. [26] And the next day
he shewed himselfe vnto them as they stroue, and would
haue set them at one againe, saying, Sirs, ye are brethren, Why doe yee wrong one to another? [27] But hee that did
75 his neighbour wrong, thrust him away, saying, Who made
thee a ruler and a Iudge ouer vs? [28] Wilt thou kill me
as thou diddest the Egyptian yesterday? [29] Then fled Moses
at his saying, and was a stranger in the land of Madian,
where he begate two sonnes.

80 NEB 1970   Now as the time approached for God to fulfil
the promise he had made to Abraham, our nation in Egypt
grew and increased in numbers. [18] At length another king,
who knew nothing of Joseph, ascended the throne of Egypt
[19] He made a crafty attack on our race, and cruelly forced
85 our ancestors to expose their children so that they should
not survive. [20] At this time Moses was born. He was a fine
child, and pleasing to God. For three months he was nursed
in his father's house, [21] and when he was exposed, Phara-
oh's daughter herself adopted him and brought him up as
90 her own son. [22] So Moses was trained in all the wisdom of
the Egyptians, a powerful speaker and a man of action.
[23] He was approaching the age of forty, when it occurred
to him to look into the conditions of his fellow-countrymen
the Israelites. [24] He saw one of them being ill-treated
95 so he went to his aid, and avenged the victim by striking
down the Egyptian. [25] He thought his fellow-countrymen
would understand that God was offering them deliverance
through him, but they did not understand. [26] The next day
he came upon two of them fighting, and tried to bring them
100 to make up their quarrel. "My men," he said, "you are
brothers; why are you ill-treating one another?" [27] But the
man who was at fault pushed him away. "Who set you up as
a ruler and judge over us?" he said. "Are you going to kill
me as you killed the Egyptian yesterday?" [29] At this Moses
105 fled the country and settled in Midianite territory. There
two sons were born to him.

20 ÜBERSETZUNGEN VON BOETHIUS, DE CONSOLATIONE PHILOSOPHIAE I, Kap.1

The fyrste booke

Metrum primum.   **Boecius speaketh.**   47

Carmina qui quondā stu
dio florente
peregi:
Flebilis heu
mestos coʒ
gor inire modos.
Ecce mihi lacere dictant scri-
benda camene:
Et ueris elegi fletibus ora
rigant.
Has saltem nullus potuit pro-
5 uincere terror:
Ne nostrum comites profec
querentur iter.
Gloria felicis olim uiridisq;
inuente:
Solantur mesti nunc mea fa
ta Senis.
Venit enim properata malis
inopina senectus,
10 Et dolor etatem iussit inesse
suam.
Intempestini funduntur uer-
tice cani,
Et tremit effeto corpore
laxa cutis.
Mors hominum felix que se
nec dulcibus annis:
Inserit & mestis sepe uo-
cata uenit.
Heu heu quam surda miseros
15 auertit aure:
Et flentes oculos claudere
seua negat.
Dum leuibus madesida bonis

That in tyme of pros-
perite, & floryshing stu
dye, made pleasaunte   50
and delectable ditties,
or verses: alas now be
yng heauy and sad ouerthrowen in
aduersitie, am compelled to fele and   54
tast heuines and greif. Beholde the
muses Poeticall, that is to saye: the
pleasure that is in poetes verses, do
appoynt me, and compel me to writ
these verses in meter, and ye sorow
full verses do wet my wretched face
with very waterye teares, pssuinge
out of my eyes for sorowe. Whiche
muses no feare without dout coulde
ouercome, but that they wold folow
me in my iourney of exile or banish-
ment. Sometyme the ioye of happy
and lusty delectable youth dyd comfort me, and nowe the course of so-
rowfull olde age causeth me to re-
ioyse. For hasty old age vnloked for
is come vpon me with al her incom-
modities and euyls, and sorow hath
commaunded and broughte me into
the same old age, that is to say: that
sorowe causeth me to be olde, before   75
my time come of olde age. The hoer
heares do growe vntimely vpon my
heade, and my reuiled skynne trem-
bleth my flesh, cleane consumed and
wasted with sorowe. Mannes death   80
is happy, that cometh not in youth,
when a man is lusty, & in pleasure
or welth: but in time of aduersitie,
B.i.   when

Marginal note: The poetes do saine that ther be .ix. Muses, that do geue ꝑ Poetes science to make versis in meter, and ꝑ same muses be called camene, that is to saye, synging swet=lye, for that ye they do ꝑuche delyte men by reason of suche meter, & they cause men to be lyte in ꝑ dayne hyccions of poetes, and in the vayn plesures of the worlde.

Dum levibus male fida bonis fortuna, faveret,
   paene caput tristis merserat hora meum;
   nunc quia fallacem mutavit nubila vultum,
20   protrahit ingratas impia vita moras.
   Quid me felicem totiens iactastis, amici?
   Qui cecidit, stabili non erat ille gradu.

CHAUCER ca.1390   Allas I wepyng am constreined to bygynne
vers of sorouful matere. ¶ þat whilom in florysching studie
25 made delitable ditees. ffor lo rendyng muses of poetes
enditen to me þinges to be writen. and drery vers of
wrecchednes weten my face wiþ verray teers. ¶ At þe leest
no drede ne myȝt ouer come þo muses. þat þei ne weren fel-
awes & folweden my wey. þat is to seyne when I was exiled.
30 þei þat weren glorie of my [youȝth] whilom weleful & grene
comforten now þe sorouful werdes of an olde man. for elde
is comen vnwarly vpon me hasted by þe harmes þat I haue.
& sorou haþe comaunded his age to be in me. ¶ Heeres hore
ben schad ouertymelyche vpon myne heued. and þe slak skyn
35 trembleþ vpon myn emty body. þilk deeþ of men is welful
þat ne comeþ not in ȝeres þat ben swete sc. mirie. but
comeþ to wrecches often yclepid. ¶ Allas allas wiþ how
deef an eere deeþ cruel tourneþ awey fro wrecches & naieþ
to closen wepyng eyen. ¶ While fortune vnfeithful fauored
40 me wiþ lyȝte goodes sc. temp[or]els. þe sorouful houre
þat is to seyne þe deeþ had almost dreynt myne heued.
¶ But now for fortune clowdy haþe chaunged hir disceyuable
chere to me warde. myn vnpitouse lijf draweþ long vnagre-
able dwellynges in me. ¶ o ȝe my frendes what or wherto
45 auaunted ȝe me to be weleful. for he þat haþe fallen stood
not in stedfast degree.

COLEVILE 1556 (S. 226)   ... when it is often desyred. Alas
85 Alas howe dull and deffe be the eares of cruel death vnto
men in misery that would fayne dye: and yet refusythe
to come and shutte vp theyr carefull wepyng eyes. Whiles
that false fortune fauoryd me with her transitorye goodes,
then the howre of death had almost ouercom me. That is to
90 say deathe was redy to oppresse me when I was in prosperitie. Nowe for by cause that fortune beynge turned, from
prosperitie into aduersitie (as the clere day is darkyd
with cloudes) and hath chaungyd her deceyuable counten-
aunce: my wretched life is yet prolonged and doth continue
95 in dolour. O my frendes why haue you so often bosted me,
sayinge that I was happy when I had honor possessions
riches, & authoritie whych be transitory thynges. He
that hath fallen was in no stedefast degre.

Righmes that my groing studie ons perfourmed   ELIZABETH I 1593
100   In teares, alas! cumpeld, woful staues begin.

My muses torne, behold what write I shuld indites,
  Wher tru woful uerse my face with dole bedews.
Thes at lest no terror might constrain,
  that felowes to our mone our way they shuld refrain.
105 The glory ons of happy griny Youthe,
  Now, fates of grounting Age, my comfort all.
Vnlookt for Age hied by mishaps is come,
  And Sorow bidz his time to add withal.
Vnseasond hore heares vpon my hed ar powrd,
110 And loosed skin in feable body shakes.
Blessed dethe, that in switest yeres refraines,
  but, oft calld, comes to the woful wights.
O with how defe eare she from wretched wries,
  And wailing yees, cruel! to shut denies.
115 While gileful fortune with vading goodz did shine,
  My life wel ny the doleful houre bereued;
Whan her fals looke a cloude hath changed,
  My wretched life thankles abode protractz.
Why me so oft, my frendz haue you happy cald?
120   Who fauleth downe in stedy step yet neuer stode.

THE I. VERSE WHEREIN BOETHIUS BEWAILETH HIS ESTATE   I.T. 1609

I that with youthfull heate did verses write,
Must now my woes in dolefull tunes endite,
My worke is fram'd by Muses torne and rude,
125 And my sad cheeks are with true teares bedew'd.
For these alone no terrour could affray,
From being partners of my weary way,
My happy and delightful ages glory,
Is my sole comfort, being old and sory.
130 Old age through griefe makes vnexpected hast,
And sorrow in my yeares her signes hath plac'd,
Vntimely hoary haires couer my head,
And my loose skin quakes on my flesh halfe dead,
O happy death, that spareth sweetest yeares,
135 And comes in sorrow often call'd with teares.
Alas how deafe is he to wretches cries;
And loth he is to close vp weeping eyes;
While trustles chance me with vain fauour crowned,
That saddest houre my life had almost drowned:
140 Now hath she clouded her deceitfull face,
My spiteful dayes prolong their weary race,
My friends, why did you count me fortunate?
He that is fall'n, ne're stood in setled state.

I that was wont to sing full merrily,   CONINGSBY 1664
145 Am forc'd sad tones to howl in misery:
The tatter'd Muses bid me for to write
A mournful Song, while they with tears indite:

No terrour could affright these Sisters free,
But of my griefs Companions they would be.
150 The glory of my happy youth does give
Some comfort to the cares in which I live.
Unwelcome age (that never-failing thief)
Intrudes himself, and mixes with my grief.
My hairs untimely from my head do fall,
155 My skin is loose, and joints do tremble all.
That death is happy that the blithe Youth does spare,
But comes when call'd by one opprest with Care.
Alas! he will not close the weeping eye,
And deaf he is to souls in misery.
160 Whiles fickle Fortune faun'd me with her wing,
Each hower fear of death with it did bring.
But now that she has chang'd her cozening face,
Death takes delight to come a Tortoise pace.
O friends, why did you oft me happy call?
165 He ne're was firmly seated that could fall.

THE FIRST VERSE WHEREIN BOETIUS BEWAILETH HIS ESTATE   ELYS 1674

I, who was wont to make such chearful Verse,
Must now (Alas!) Sad Notes rehearse.
The wronged Muses teach Me what to write:
170 My Tears true *Elegies* endite.
No Terror could them keep from following Me;
They fear not my Calamitie:
They of my Sprightly Youth the Glory were,
Of my Sad Age the Comfort are.
175 Old Age comes on Me hasten'd by my Cares,
An *Hoary Head* suits with my Tears.
Grief makes *White Hairs* spread o're mine Head, and Chin;
On my Dry Flesh hangs Shriv'led Skin.
A Happy Death, which takes not men away
180 In Joyfull Times! nor, Call'd, doth stay
When they are sunk in woe! Alas, she Flies,
And will not Close our Weeping Eyes!
Whilst Fortune did her flattring Goods bestow,
I hardly 'scap'd a *Fatall Blow:*
185 Now that her great Inconstancy she showes,
Life unregarded sticks more close.
Friends, why did yee so oft Me Happy call?
He stood not Firm, who could not 'scape this Fall.

I who before did lofty Verse indite,   PRESTON 1695
190 In mournful Numbers now my Griefs recite:
Behold! the weeping Muse hath bound her brow
With Cyprus-Wreathes, and only dictates now
Sad Elegy to me, whose teeming Eyes
Keep time with her's. The Muse who does despise

195 Danger, since I am gone, disdains to stay,
     And goes the kind Companion of my way.
     She whose gay Favours my brisk Youth did court,
     Now courts mine Age, and is its chief Support;
     Which does advance before I thought it nigh,
200 And yet my Cares do make it onwards fly.
     Too soon these Temples hoary Hairs do show,
     Too soon my Summer's crown'd with Alpine Snow:
     My Joints do tremble, and my Skin does sit
     Like a loose Garment, never made to fit.
205 Happy are they, whom when their Years do bloom,
     Death doth not seize, but when they call doth come!
     That to the Wretched doth no Pity show;
     It shuts no Eyes which Tears do overflow.
     When my pleas'd Fates did smile, I once to Death
210 Had almost yielded my unwilling Breath:
     But now when Fortune's gilded Favours cease,
     It doth arrest my kindly Hour of Ease.
     Why, O my Friends! did you me Happy call?
     He stands not firm, who thus like me can fall.

21 ÜBERSETZUNGEN VON VERGIL, AENEIS IV

VERSE 129-35

     Oceanum interea surgens Aurora reliquit.
     it portis iubare exorto delecta iuventus.
     retia rara, plagae, lato venabula ferro,
     Massylique ruunt equites et odora canum vis.
5   reginam thalamo cunctantem ad limina primi
     Poenorum expectant, ostroque insignis et auro
     stat sonipes ac frena ferox spumantia mandit.

DOUGLAS
1515

     Furth of the sey, with this, the dawyng spryngis.
     As Phebus rayß, fast to the ʒettis thringis
10   The choß gallandis, and huntmen thame besyde,
     With ralys and with nettys strang and wyde,
     And huntyng sperys styf with hedis braid;
     From Massilyne horsmen thik thiddir raid.
     With rynnyng hundis, a full huge sort.
15   Nobillys of Cartage, hovand at the port
     The queyn awatys that lang in chawmyr dwellys;
     Hyr ferß steyd stude stampyng, reddy ellys,
     Rungeand the fomy goldyn byt gynglyng;
     Of gold and pal wrocht hys rych harnasyng.

SURREY
ca.1540

20   Then from the seas, *the dawning* gan arise,
     The Sun once vp, *the chosen youth gan throng*
     Out at the gates: the hayes so rarely knit,

The hunting staues with their *brod heads* of steele
And of Masile the horsemen fourth they brake
25 Of senting houndes a kenel hugh likewise.
And at the threshold of her chaumber dore,
The Carthage Lords did on the Quene attend.
The trampling steede with gold and purple trapt,
Chawing the fomie bit, there fercely stood.

PHAER

30 The morning rose, and from the sea the sonne was comen about,   1558
Whan to the gates assemblyth fast of noble youth a rout
With nettes and engins great, & hunter speares ful large of length.
The horsmen rush w^t noise, & dogges are brought a mighty strength.
The great estates of Moores before the doores await the quene.
35 In chamber long she staies, and redy brydlyd best besene
The palfrey standes in gold, attyryd riche, and ferre he stampes
For pryde, and on the fomy bitt with teeth he champes.

STANYHURST

Thee whilst thee dawning Aurora fro the Ocean hastned,   1582
And the May fresh yoonckers to the gates doo make there asemblye
40 With nets and catch toyls, and huntspears plentiful yrond:
With the hounds quicksenting, with pricking galloper horsman.
Long for thee Princesse thee Moors gentilitye wayted,
As yet in her pincking not pranckt with trinckerye trinckets:
As they stood attending thee whilst her trapt genet hautye
45 Deckt with ritche scarlet, with gould stood furniture hanging,
Praunseth on al startling, and on byt gingled he chaumpeth.

VICARS

And now from seas arose *Aurora* bright,   1632
And *Lucifer*, dayes harbinger, in sight:
Young gallants nimbly flock about the gates,
50 And in their hands boare speares with iron plates,
Their nets, gins, grins, troops of *Massylian* sparks,
Kennels of senting hounds with loud-mouth'd barks
Prime *Punick* peeres at the queens chamber wait,
Who there herself was dressing in great state:
55 Her steed in stately trappings proudly stamps,
And in his mouth his foamie bridle champs.

STAPYLTON

This while, *Aurora* rising leaves the maine.   ?1634
Choice youth beare through the Ports wide nets (now day)
Cordes & broad iron toyles; then rush away
60 *Massylian* horse; flesht hounds. At the Court gate,
For the queene lingring in her Chamber, waite
The *Carthage* Lords, her foaming Courser (gay
In gold and purple) on the Bit doth play.

The morning come, early at light's first ray
65 The gallant youth rise with the chearfull day
Sharp Javelins in their hands, their Coursers by
They walke amidst the hound's impatient Cry:
Neerer the gates the Tyrian Peers attend,
And waite the Queen now ready to descend.
70 Her prouder Steed as fill'd with high disdain
Stamps the dull Earth, & Chawes the frothy Reine.

The rosy Morn was risen from the Main,
And Horns and Hounds awake the Princely Train:
They issue early through the City Gate,
75 Where the more wakeful Huntsmen ready wait,
With Nets, and Foils, and Darts, beside the force
Of *Spartan* Dogs, and swift *Massylian* Horse.
The *Tyrian* Peers and Officers of State,
For the slow Queen, in Anti-Chambers wait:
80 Her lofty Courser, in the Court below,
(Who his Majestick Rider seems to know,)
Proud of his Purple Trappings, paws the Ground.

So now, as Aurora was rising out of her ocean bed
And the day-beam lofted, there sallied forth the *élite* of Carthage:
85 With fine-meshed nets and snares and the broad hunting lances
Massylian riders galloped behind a keen-nosed pack.
The queen dallies: the foremost Carthaginians await her
By the palace door, where stands her horse, caparisoned
In purple and gold, high-spirited, champing the foam-flecked bit.

VERSE 206-18

90 'Iuppiter omnipotens, cui nunc Maurusia pictis
gens epulata toris Lenaeum libat honorem,
aspicis haec? an te, genitor, cum fulmina torques
nequiquam horremus, caecique in nubibus ignes
terrificant animos et inania murmura miscent?
95 femina, quae nostris errans in finibus urbem
exiguam pretio posuit, cui litus arandum
cuique loci leges dedimus, conubia nostra
reppulit ac dominum Aenean in regna recepit.
et nunc ille Paris cum semiviro comitatu,
100 Maeonia mentum mitra crinemque madentem
subnexus, rapto potitur: nos munera templis
quippe tuis ferimus famamque fovemus inanem.'

'Almychty Ioue', quod he, 'quhamto, feill syß,
On brusyt beddis hie fest and sacryfyß
105 Of Mawrusya the pepill hantis thus,
Offeryng to the the honour of Bachus,
Consideris thou this? or quhidder, fader, gif we
For nocht the dredis, quhen thou lattis thundir fle?
Or gif thi fyreslauch, the blynd clowdis within,
110 To fley our myndis, in vane makis noys and dyn?
ӡone woman, lait exile and vagabund
Com to our boundis, that by pryce bocht the grund
A litil village to byg, and quhamto we
For to manuyr gave the strand of the see,
115 Quhamto our lawis and statutis we gart mak,
Our mariage gan lychtly and forsaik,
And in hir ryng heß tane Ene for lord.
And now that secund Parys, of ane accord
With his onworthy sort, skant half men beyn,
120 Abufe his hed and halffetis, weil beseyn,
Set lyke a mytir the Troiane foly hat,
Hys hair enoynt well prunӡeit vndir that,
By reif mantemys hir suld owris be -
Becauß onto thi templis dayly we
Bryngis offerand and in vane hallowis thi name.'

Almighty God whom the Moores nacion
Fed at rich tables presenteth with wine,
Seest thou these things? or feare we thee in vaine
When *thou lettest flye thy thonder* from the cloudes?
130 Or do those flames *with vaine noyse* vs affray?
A woman that wandring in our coastes *hath bought*
A plot for price: where she a citie set:
To whom we gaue the strond for to manure.
And lawes to rule her town: our wedlock lothed,
135 Hath chose Aeneas to commaund her realme.
That Paris now with his vnmanly sorte,
With *mitred hats*, with *oynted bush* and beard:
His rape enioyth: whiles to thy temples we
Our *offrings bring, and* folow rumors *vaine,*

140 Almighty Ioue, whome duely Moores esteme for God and king,
And feastes on broydred beddes to the & wynes of ioye do bryng,
Beholdst thou this? and mighty father thee with thonder dintes
Despise we thus? and yet from vs thy strokes of lightnings stintes?
Nor quake we not whan through yᵉ cloudes thy sounding brekes aboue?
145 In vayn thy voyces ronne? will nothing vs to vertue moue?
A woman, lately come to land, that bought of vs the ground,
To whome the soyle we gaue to tille, and citie new to found,
And lawes also we lent, my wedlock (lo) she hath forsake:

And now *Eneas* lord of her and all her lond doth make.
150 And now this pranking *Paris* fyne with mates of beardles kynde,
To dropping hear and sauours nyce and vices all enclynde,
With grekishe wymple pynkyd, womanlyke: yet must the same
Enioy the spoyles of this, and we thy seruauntes take the shame,
For all our offring giftes to the we fynde no frute but fame.

STANYHURST
1582

155 Iuppiter almighty, who men Maurusian, eating
On the tabils vernisht, with cuprit's magnify dulye:
Eyest thow this filthood? shal wee, father heunlye, be carelesse
Of thy claps thundring? or when fiers glimrye be lifted
In clowds grim gloomming with bounce doo terrifye worldlings?
160 A coy tyb, as vagabund in this my segnorye wandring,
That the plat of Carthage from mee by coosinage hooked
T'whom gaue I fayre tilladge, and eeke lawes needful enacted,
Hath scornd my wedlock: Æneas lord she reteyneth.
Now this smocktoy Paris with berdlesse coompany wayted,
165 With Greekish coronet, with falling woommanish hearelocks
Lyke fiest hound mylcksop trimd vp, thee victorye catcheth.
And wee beat the bushes, thee still with woorship adoring.
Onlye for our seruice soom praysed vanitye gleaming.

ANON.
1622

170 Almighty *Iuppiter*, whom *Moores* that loue
To feast on painted beds doe honour, now
With vaine feare father to thy thunder strokes,
Or doe clouds empty sounds and shining smokes
Fright vs! a woman wandring vp and downe
175 Our Coast bought leaue to build a little towne
She to whom lawes with land to till we gaue,
That vs to husband would not daigne to haue,
Master Æneas takes to Lord and marries,
And now with halfe men the spruce-chind *Paris*,
180 Whose gofferd haire newfangled cap keeps down,
Inioyes his rape, while with rich gifts we crowne
Thy Temples, fond of such sires vaine renowne.

VICARS
1632

All powerfull *Jove*, whom we black *Moores* adore
To whom we our *Lenæan* liquors poure
185 On right embroidered beds; seest thou these things?
Or, when (great *Jove)* thou on us earthly kings
Dost flash forth lightnings, feare we this in jest?
Do those cloud-hid flames vainly fright mans breast?
Make but a skarre-crow sound? A woman (late)
190 Who stragling to these parts, did at a rate
Purchase and plant a poore, a petty town;
Whom, subject to the statutes of our crown,
We license gave to plant and plow our land,
Our princely wedlock (now) doth stiffe withstand,
195 And in her kingdome kindly entertains

One sir *Æneas*, who her solely gains.
This petty *Paris* and his stragling trains
Of beardlesse boyes, effeminately gay
With coifs and perfum'd haire, these steal the prey:
200 But we who fill the temples with oblations,
Seem onely fame to feed with vain frustrations.

STAPYLTON
?1634

All powerful *Joue,* to whom the *Moores* now tast
Grape-honors, on beds painted banqueting,
Seest thou this? Do we feare thee thundring
205 In vaine O father? are those lightnings blind,
And murmurs idle, that affright our mind?
The woman that (straid hither) built a poore
Town, and bought leaue, compeld to plow the shore
To which place we gaue Lawes (our match abhord)
210 Æneas ore her land receives as Lord:
And now that *Paris*, with's halfe-men, bold in
His *Phrygian* Miter, his oyld haire and chin,
Wins her by rape: while tis our part to bring
Gifts to thy Temple, vaine fame cherishing.

OGILBY
1649

215 Great *Jupiter,* to whom the *Moors* being plac'd
On wrought beds feasting now rich *Bacchus* taste.
Seest this oh father? or in vain our hearts
Quake at thy thunder, and when the lightning darts
From broken clouds with noise, is fond our fear?
220 Wandring our coasts a woman purchas'd here
A little seat, to whom we gave rich lands;
To whom our lawes; and This our match withstands,
And in her kingdome Lord *Æneas* states.
That *Paris* now, with his effeminate mates,
225 In his *Mæonian* hat, and perfum'd haire,
Injoyes the prise: we to thy Temple bear
Offerings, and have in vain thy name extold.

OGILBY
1654

Great King of Kings, whom *Mauritanian* Lords
Honour with Wine, feasting at stately Boards:
230 Behold'st thou this? or Father, are our Souls,
When thou dischargest Thunder from the Poles,
Frighted in vain? when dreadfull Lightning tears
Black Clouds with horrid Noyse, are fond our Fears?
A wandring Woman to our Confines toss'd
235 Built a small City at a little cost;
I gave her Lands, for Love she gives me Hate,
Investing Lord *Æneas* in her State.
This *Paris* and his Coward Crew hath got
Her with his powder'd Hair, and tottering Hat:
240 Whil'st on thy Altars our Oblations flame,
And fondly we adore an idle Name.

DRYDEN
1697

Great *Jove,* propitious to the *Moorish* Race,
Who feast on painted Beds, with Off'rings grace
Thy Temples, and adore thy Pow'r Divine
245 With offer'd Victims, and with sparkling Wine:
Seest thou not this? or do we fear in vain
Thy boasted Thunder, and thy thoughtless Reign?
Do thy broad Hands the forky Lightnings lance,
Thine are the Bolts, or the blind work of Chance?
250 A wandring Woman builds, within our State,
A little Town, bought at an easie Rate;
She pays me Homage, and my Grants allow,
A narrow Space of *Lybian* Lands to plough.
Yet scorning me, by Passion blindly led,
255 Admits a banish'd *Trojan* to her Bed:
And now this other *Paris,* with his Train
Of conquer'd Cowards, must in *Affrick* reign!
Whom, what they are, their Looks and Garb confess;
Their Locks with Oil perfum'd, their *Lydian* dress:)
260 He takes the Spoil, enjoys the Princely Dame;
And I, rejected I, adore an empty Name.

LEWIS
1952

Almighty Jove, whom now for the first time the Moorish people
Pledge with wine as they banquet on ornamental couches,
Do you observe these things? Or are we foolish to shudder
265 When you shoot fire, O Father, foolish to be dismayed
By Lightning which is quite aimless and thunder which growls without
meaning?
That woman who, wandering within our frontiers, paid to establish
Her insignificant township, permitted by us to plough up
270 A piece of the coast and be queen of it - that woman rejecting my offer
Of marriage, has taken Æneas as lord and master there.
And now that philanderer, with his effeminate following -
His chin and oil-sleeked hair set off by a Phrygian bonnet -
That fellow is in possession; while we bring gifts to your shrine,
275 If indeed you are there and we do not worship a vain myth.

22A T. BERTHELETTE, ED.: GOWER'S CONFESSIO AMANTIS (1532)

DEDICATION TO HENRY VIII

There is to my dome/ no man/ but that he may bi reding of
this warke get right great knowledge/ as wel for the vnder-
standyng of many and diuers autors/ whose resons/ sayenges/
and histories are translated in to this warke/ as for the
5 plenty of englysshe wordes and vulgars/ besyde the furtheraunce of the lyfe to vertue, whiche olde englysshe
wordes and vulgars no wyse man/ bycause of theyr antiquite/

wyll throwe asyde. For the wryters of later dayes/ the
whiche beganne to loth and hate these olde vulgars/ when
10 they them selfe wolde wryte in our englysshe tonge/ were
constrayned to brynge in/ their writynges/ newe termes (as some calle them) whiche they borowed out of lat-
yne/ frenche/ and other langages/ whiche caused/ that
they that vnderstode not those langages/ from whens these
15 newe vulgars are fette/ coude not perceyue theyr wryt-
ynges. And though our most allowed olde autors dydde
otherwhyle vse to borowe of other langages/ eyther bycause of theyr metre/ or elles for lacke of a feete
englysshe worde/ yet that ought not to be a president
20 to vs/ to heape them in/ where as nedeth no/ and where
as we haue all redy wordes approued and receyued/ of the
same effecte and strength. The whiche if any man wante/
let hym resorte to this worthy olde wryter Iohn Gower/
that shall as a lanterne gyue hym lyghte to wryte coun-
25 yngly/ and to garnysshe his sentences in our vulgar
tonge.

22B T. SPEGHT, ED.: CHAUCER'S WORKS (1598)

F.B. TO HIS VERY LOUING FRIEND, T.S.

It is well knowne to wise and learned men, that all languages be either such as are contained in learning, or
such as be vsed amongst men in daily practise: and for
the learned tongues, they hauing *Iure testamentario*,
5 their legacies set downe by them that be dead, wordes
must be kept and continued in them in sort as they were
left without alteration of the Testators wils in any
thing. But for vsuall languages of common practise,
which in choise of wordes are, and euer will be subiect
10 vnto chaunge, neuer standing at one stay, but sometimes
casting away old wordes, sometimes renewing of them,
and alwaies framing of new, no man can so write in them,
as that all his wordes may remain currant many yeares.
... But yet so pure were *Chaucers* wordes in his owne
15 daies, as *Lidgate* that learned man calleth him *The
Loadstarre of the English language*: and so good they
are in our daies, as Maister *Spenser*, following the
counsaile of *Tullie in de Oratore*, for reuiuing of antient wordes, hath adorned his owne stile with that
20 beautie and grauitie, which *Tully* speakes of: and his
much frequenting of *Chaucers* antient speeches causeth
many to allow farre better of him, then otherwise they
would.

23A E.K.: EPISTLE DEDICATORY TO THE SHEPHEARDES CALENDER (1579)

❡ *To the most excellent and learned both*

Orator and Poete, Mayster Gabriell Haruey, his
verie special and singular good frend E. K. commen-
deth the good lyking of this his labor,
and the patronage of the
new Poete.
(∵)

NCOVTHE VNKISTE, Sayde the olde famous Poete
Chaucer: vvhom for his excellencie and vvonderfull skil in making,
his scholler Lidgate, a vvorthy scholler of so excellent a maister, calleth the Loadestarre of our Language: and vvhom our Colin clout in
his Æglogue calleth Tityrus the God of shepheards, comparing hym   5
to the worthines of the Roman Tityrus Virgile. VVhich prouerbe,
myne owne good friend Ma. Haruey, as in that good old Poete it ser-
ued vvell Pandares purpose, for the bolstering of his baudy brocage, so very vvell taketh
place in this our nevv Poete, vvho for that he is vncouthe (as said Chaucer) is vnkist, and
vnknown to most mē, is regarded but of fevv. But I dout not, so soone as his name shall   10
come into the knovvledg of men, and his vvorthines be founded in the tromp of fame,
but that he shall be not onely kiste, but also beloued of all, embraced of the most, and
vvondred at of the best. No lesse I thinke, deserueth his vvittinesse in deuising, his pithi-
nesse in vttering, his complaints of loue so louely, his discourses of pleasure so pleasantly,
his pastorall rudenesse, his morall vvisenesse, his devve obseruing of Decorum euerye   15
vvhere, in personages, in seasons, in matter, in speach, and generally in al seemely simply-
citie of handeling his matter, and framing his vvords: the vvhich of many thinges vvhich
in him be straunge, I knovv vvill seeme the straungest, the vvords them selues being so
auncient, the knitting of them so short and intricate, and the vvhole Periode & compasse
of speache so delightsome for the roundnesse, and so graue for the straungenesse. And   20
firste of the vvordes to speake, I graunt they be something hard, and of most men vnused,
yet both Englifh, and also vsed of most excellent Authors and most famous Poetes. In
vvhom vvhenas this our Poet hath bene much trauelled and throughly redd, hovv could
it be, (as that vvorthy Oratour sayde) but that vvalking in the sonne although for other
cause he vvalked, yet needes he mought be sunburnt; and hauing the sound of those aun-   25
cient Poetes still ringing in his eares, he mought needes in singing hit out some of theyr
tunes. But whether he vseth them by such casualtye and custome, or of set purpose and
choyse, as thinking them fittest for such rusticall rudenesse of shepheards, eyther for that
theyr rough sounde vvould make his rymes more ragged and rustical, or els becaufe such
olde and obsolete wordes are most vsed of country folke, sure I think, and think I think   30
not amisse, that they bring great grace and, as one vvould say, auctoritie to the verse. For
albe amongst many other faultes it specially be obiected of Valla against Liuie, and of o-
ther against Saluste, that vvith ouer much studie they affect antiquitie, as coueting thereby credence and honor of elder yeeres, yet I am of opinion, and eke the best learned are
of the lyke, that those auncient solemne wordes are a great ornament both in the one &   35
in the other; the one labouring to set forth in hys worke an eternall image of antiquitie,
and the other carefully discoursing matters of grauitie and importaunce. For if my memo
ry fayle not, Tullie in that booke, vvherein he endeuoureth to set forth the paterne of a

❡·ij.   perfect

Epiſtle.

perfeᵭ Oratour, ſayth that ofttimes an auncient worde maketh the ſtyle ſeeme graue, 40
and as it were reuerend : no otherwiſe then vve honour and reuerence gray heares for a
certein religious regard,which we haue of old age.yet nether euery where muſt old words
be ſtuffed in,nor the common Dialeᵭe and maner of ſpeaking ſo corrupted therby, that
as in old buildings it ſeeme diſorderly & ruinous. But all as in moſt exquiſite piᵭures they
vſe to blaze and portraict not onely the daintie lineaments of beautye, but alſo rounde 45
about it to ſhadow the rude thickets and craggy cliffs,that by the baſeneſſe of ſuch parts,
more excellency may accrew to the principall;for oftimes we fynde our ſelues , I knowe
not hovv , ſingularly delighted with the ſhewe of ſuch naturall rudeneſſe,and take great
pleaſure in that diſorderly order.Euen ſo doe thoſe rough and harſh termes enlumine and
make more clearly to appeare the brightneſſe of braue & glorious vvords. So oftentimes 50
a diſchorde in Muſick maketh a comely concordaunce:ſo great delight tooke the worthy
Poete Alceus to behold a blemiſh in the ioynt of a wel ſhaped body.But if any vvill raſh-
ly blame ſuch his purpoſe in choyſe of old and vnvvonted vvords, him may I more iuſtly
blame and condemne,or of vvitleſſe headineſſe in iudging, or of heedeleſſe hardineſſe in
condemning.for not marking the compaſſe of hys bent, he vvil iudge of the length of his 55
caſt.for in my opinion it is one ſpecial prayſe,of many vvhych are dew to this Poete,that
he hath laboured to reſtore,as to theyr rightfull heritage ſuch good and naturall Engliſh
words,as haue ben long time out of vſe & almoſt cleare diſherited. VVhich is the onely
cauſe,that our Mother tonge,which truely of it ſelf is both ful enough for proſe & ſtately
enough for verſe,hath long time ben couted moſt bare & barrein of both. which default 60
when as ſome endeuoured to ſalue & recure,they patched vp the holes with peces & rags
of other languages,borrowing here of the french,there of the Italian, euery where of the
Latine,not vveighing hovv il,thoſe tongues accorde vvith themſelues,but much vvorſe
vvith ours:So now they haue made our Engliſh tongue,a gallimaufray or hodgepodge of
al other ſpeches.Other ſome no ſo wel ſeene in the Engliſh tonge as perhaps in other lan 65
guages,if the happen to here an olde vvord albeit very naturall and ſignificant,crye out
ſtreight way,that we ſpeak no Engliſh,but gibbriſh,or rather ſuch,as in old time Euanders
mother ſpake.vvhoſe firſt ſhame is,that they are not aſhamed,in their own mother tonge
ſtraungers to be counted and alienes.The ſecond ſhame no leſſe then the firſt,that what
ſo they vnderſtand not,they ſtreight vvay deeme to be ſenceleſſe, and not at al to be vn- 70
derſtode.Much like to the Mole in Æſopes fable,that being blynd her ſelfe,vvould inno
wiſe be perſwaded,that any beaſt could ſee . The laſt more ſhameful then both,that of
their ovvne country and natural ſpeach, vvhich together vvith their Nources milk they
ſucked,they haue ſo baſe regard and baſtard iudgement,that they vvill not onely themſelues not labor to garniſh & beautifie it,but alſo repine,that of other it ſhold be embel 75
liſhed.Like to the dogge in the maunger,that him ſelfe can eate no hay, and yet barketh
at the hungry bullock,that ſo faine vvould feede : vvhoſe curriſh kind though cannot be
kept from barking,yet I conne them thanke that they refrain from byting.

Novv for the knitting of ſentences,vvhych they call the ioynts and members therof,
and for al the compaſſe of the ſpeach, it is round vvithout roughneſſe,and learned wyth- 80
out hardnes,ſuch indeede as may be perceiued of the leaſte , vnderſtoode of the moſt,
but iudged onely of the learned.For vvhat in moſt Engliſh wryters vſeth to be looſe,and
as it vvere vngyrt,in this Authour is vvell grounded,finely framed,and ſtrongly truſſed vp
together. In regard wherof, I ſcorne and ſpue out the rakehellye route of our ragged
rymers (for ſo theſelues vſe to hunt the letter) vvhich vvithout learning boſte, vvithout 85
                iudgement

Epiſtle.

iudgement iangle, without reaſon rage and ſome, as if ſome inſtinct of Poeticall ſpirite
had newly rauiſhed them aboue the meaneneſſe of common capacitie. And being in the
middeſt of all theyr brauery, ſodenly eyther for want of matter, or of ryme, or hauing for
gotten theyr former conceipt, they ſeeme to be ſo pained and traueiled in theyr remembrance, as it were a woman in childebirth or as that ſame Pythia, when the traunce came   90
vpon her.

    Now as touching the generall dryft and purpoſe of his Æglogues, I mind not to ſay
much, him ſelfe labouring to conceale it. Onely this appeareth, that his vnſtayed yougth
had long wandred in the common Labyrinth of Loue, in which time to mitigate and
allay the heate of his paſſion, or els to warne (as he ſayth) the young ſhepheards .ſ. his e-   95
qualls and companions of his vnfortunate folly, he compiled theſe xij. Æglogues, which
for that they be proportioned to the ſtate of the xij. monethes, he termeth the S H E P-
H E A R D S C A L E N D A R, applying an olde name to a new worke. Hereunto
haue I added a certain Gloſſe or ſcholion for the expoſition of old wordes & harder phra-
ſes : which maner of gloſing and commenting, well I wote, wil ſeeme ſtraunge & rare   100
in our tongue: yet for ſomuch as I knew many excellent & proper deuiſes both in wordes
and matter would paſſe in the ſpeedy courſe of reading, either as vnknowne, or as not
marked, and that in this kind, as in other we might be equal to the learned of other nations, I thought good to take the paines vpon me, the rather for that by meanes of ſome fa
miliar acquaintaunce I was made priuie to his counſell and ſecret meaning in them, as   105
alſo in ſundry other workes of his, which albeit I know he nothing ſo much hateth, as to
promulgate, yet thus much haue I aduentured vpon his frendſhip, him ſelfe being for
long time ſuite eſtraunged, hoping that this will the rather occaſion him, to put forth
diuers other excellent works of his, which ſlepe in ſilence, as his Dreames, his Legendes,   110
his Court of Cupide, and ſondry others;

23B E. SPENSER: THE SHEPHEARDES CALENDER, "JULY" (1579)

   Thomalin. Is not thilke same a goteheard prowde,
             that sittes on yonder bancke,
             Whose straying heard them selfe doth shrowde
             emong the bushes rancke?
5 *Morrell.* What ho, thou iollye shepheards swayne,
             come vp the hyll to me:
             Better is, then the lowly playne,
             als for thy flocke, and thee.
   Thomalin. Ah God shield, man, that I should clime,
10   and learne to looke alofte,
             This reede is ryfe, that oftentime
             great clymbers fall vnsoft.
             In humble dales is footing fast,
             the trode is not so trickle:
15   And though one fall through heedlesse hast,
             yet is his misse not mickle.

And now the Sonne hath reared vp
  his fyriefooted teme,
Making his way betweene the Cuppe,
20   and golden Diademe:
The rampant Lyon hunts he fast,
  with Dogge of noysome breath,
Whose balefull barking bringes in hast
  pyne, plagues, and dreery death.
25 Agaynst his cruell scortching heate
  where hast thou couerture?
The wastefull hylls vnto his threate
  is a playne ouerture.
But if thee lust, to holden chat
30 with seely shepherds swayne
Come downe, and learne the little what,
  that Thomalin can sayne.
Morell. Syker, thous but a laesie loord,
  and rekes much of thy swinck,
35 That with fond termes, and weetlesse words
  to blere myne eyes doest thinke.
In euill houre thou hentest in hond
  thus holy hylles to blame,
For sacred vnto saints they stond,
40 and of them han theyr name.
S. Michels mount who does not know,
  that wardes the Westerne coste?
And of S. Brigets bowre I trow,
  all Kent can rightly boaste:
45 And they that con of Muses skill,
  sayne most what, that they dwell
(As goteheards wont) vpon a hill,
  beside a learned well.
And wonned not the great God *Pan*,
50 vpon mount *Oliuet*:
Feeding the blessed flocke of *Dan*,
  which dyd himselfe beget?
Thomalin. O blessed sheepe, O shepheard great,
  that bought his flocke so deare,
55 And them did saue with bloudy sweat
  from Wolues, that would them teare.

GLOSSE

A Goteheard] By Gotes in scrypture be represented the wicked and reprobate, whose pastour also must needs be such.
Banck] is the seate of honor. Straying heard] which wander
60 out of the waye of truth.
Als] for also. Clymbe] spoken of Ambition. Great
  clymbers] according to Seneca his verse, Decidunt
  celsa grauiore lapsus. Mickle] much.

The sonne] A reason, why he refuseth to dwell on Moun-
65   taines, because there is no shelter against the
        scortching sunne, according to the time of the yeare,
        whiche is the whotest moneth of all.
The Cupp and Diademe] Be two signes in the Firmament,
        through which the sonne maketh his course in the
70   moneth of Iuly.
Lion] Thys is Poetically spoken, as if the Sunne did hunt
        a Lion with one Dogge. The meaning whereof is, that
        in Iuly the sonne is in Leo. At which tyme the Dogge
        starre, which is called Syrius or Canicula reigneth,
75   with immoderate heate causing Pestilence, drougth,
        and many diseases.
Ouerture] an open place. The word is borrowed of the
        French, & vsed in good writers.
To holden chatt] to talke and prate.
80 A loorde] was wont among the Britons to signifie a
        Lorde. And therefore the Danes, that long time vsurp-
        ed theyr Tyrannie here in Brytanie, were called for
        more dread and dignitie, Lurdanes...
Recks much of thy swinck] counts much of thy paynes.
85   Weetelesse] not vnderstoode.
S. Michels mount] is a promontorie in the West part of
        England.
A hill] Parnassus afforesayd. Pan] Christ. Dan] One
        trybe is put for the whole nation per Synecdochen.

24 E. SPENSER: THE FAERIE QUEENE (1596)

(The letter to Raleigh, 1590)   Sir knowing how doubtfully
all Allegories may be construed, and this booke of mine,
which I haue entituled the Faery Queene, being a continued
Allegory, or darke conceit, I haue thought good aswell for
5   auoyding of gealous opinions and misconstructions, as also
for your better light in reading therof, (being so by you
commanded,) to discouer vnto you the general intention &
meaning, which in the whole course thereof I haue fashioned,
without expressing of any particular purpose or by acci-
10 dents therein occasioned. The generall end therefore of all
the booke is to fashion a gentleman or noble person in vertuous and gentle discipline: Which for that I conceiued
shoulde be most plausible and pleasing, being coloured with
an historicall fiction, the which the most part of men de-
15 light to read, rather for variety of matter, then for pro-
te of the ensample: I chose the historye of king Arthure,
as most fitte for the excellency of his person, being made
famous by many mens former workes, and also furthest from
the daunger of enuy, the suspition of present time...

20 Lo I the man, whose Muse whilome did maske
As time her taught in lowly Shepheards weeds,
Am now enforst a far vnfitter taske,
For trumpets sterne to chaunge mine Oaten reeds,
And sing of Knights and Ladies gentle deeds;
25 Whose prayses hauing slept in silence long,
Me, all too meane, the sacred Muse areeds
To blazon broad emongst her learned throng:
Fierce warres and faithfull loues shall moralize my song.

Helpe then, ô holy Virgin chiefe of nine,
30 Thy weaker Nouice to performe thy will,
Lay forth out of thine euerlasting scryne
The antique rolles, which there lye hidden still,
Of Faerie knights and fairest *Tanaquill,*
Whom that most noble Briton Prince so long
35 Sought through the world, and suffered so much ill.
That I must rue his vndeserued wrong:
O helpe thou my weake wit, and sharpen my dull tong ...

With that a deadly shrieke she forth did throw,
That through the wood reechoed againe,
40 And after gaue a grone so deepe and low,
That seemd her tender heart was rent in twaine,
Or thrild with point of thorough piercing paine;
As gentle Hynd, whose sides with cruell steele
Through launched, forth her bleeding life does raine,
45 Whiles the sad pang approching she does feele,
Brayes out her latest breath, and vp her eyes doth seele.

Which when that warriour heard, dismounting straict
From his tall steed, he rusht into the thicke,
And soone arriued, where that sad pourtraict
50 Of death and labour lay, halfe dead, halfe quicke,
In whose white alabaster brest did sticke
A cruell knife, that made a griesly wound,
From which forth gusht a streme of gorebloud thick,
That all her goodly garments staind around,
55 And into a deepe sanguine dide the grassie ground.

Pittifull spectacle of deadly smart,
Beside a bubbling fountaine low she lay,
Which she increased with her bleeding hart,
And the cleane waues with purple gold did ray;
60 Als in her lap a louely babe did play
His cruell sport, in stead of sorrow dew;
For in her streaming blood he did embay
His litle hands, and tender ioynts embrew;
Pitifull spectacle, as euer eye did view.

65   Besides them both, vpon the soiled gras
      The dead corse of an armed knight was spred,
      Whose armour all with bloud besprinckled was;
      His ruddie lips did smile, and rosy red
      Did paint his chearefull cheekes, yet being ded,
70   Seemd to haue beene a goodly personage,
      Now in his freshest flowre of lustie hed,
      Fit to inflame faire Lady with loues rage,
      But that fiers fate did crop the blossome of his age.

      Whom when the good Sir *Guyon* did behold,
75   His hart gan wexe as starke, as marble stone,
      And his fresh bloud did frieze with fearefull cold,
      That all his senses seemd bereft attone,
      At last his mightie ghost gan deepe to grone,
      As Lyon grudging in his great disdaine
80   Mournes inwardly, and makes to himselfe mone;
      Till ruth and fraile affection did constraine,
      His stout courage to stoupe, and shew his inward paine.

      Out of her gored wound the cruell steele
      He lightly snatcht, and did the floudgate stop
85   With his faire garment: then gan softly feele
      Her feeble pulse, to proue if any drop
      Of liuing bloud yet in her veynes did hop;
      Which when he felt to moue, he hoped faire
      To call backe life to her forsaken shop;
90   So well he did her deadly wounds repaire,
      That at the last she gan to breath out liuing aire.

      Which he perceiuing greatly gan reioice
      And goodly counsell, that for wounded hart
      Is meetest med'cine, tempred with sweet voice;
95   Ay me, deare Lady, which the image art
      Of ruefull pitie, and impatient smart,
      What direfull chance, armd with reuenging fate,
      Or cursed hand hath plaid this cruell part,
      Thus fowle to hasten your vntimely date;
100   Speake, O deare Lady speake: help neuer comes too late.

      Therewith her dim eie-lids she vp gan reare,
      On which the drery death did sit, as sad
      As lump of lead, and made darke clouds appeare;
      But when as him all in bright armour clad
105   Before her standing she espied had
      As one out of a deadly dreame affright,
      She weakely started, yet she nothing drad:
      Streight downe againe her self in great despight
      She groueling threw to ground, as hating life and light.

25 J. LYLY: EUPHUES (?1578)

EPISTLE DEDICATORIE

Though the stile nothing delight the dayntie eare of the
curious sifter, yet will the matter recreate the minde of
the curteous Reader. The varietie of the one will abate
the harshnesse of the other. Things of greatest profite
5 are set foorth with least price. Where the wine is neat
there needeth no Iuie-bush. The right Coral needeth no
coulouring. Where the matter it selfe bringeth credit
the man with his glose winneth small commendation. It is
therefore me thinketh a greater shew of a pregnant wit
10 then perfect wisedome, in a thing of sufficient excellencie to vse superfluous eloquence. We commonly see that
a black ground doth best beseme a white counterfeit.
And Venus according to the iudgement of Mars, was then
most amiable, when shee sate close by Vulcan. If these
15 things be true which experience tryeth, that a naked tale
doth most truely set foorth the naked truth, that where
the countenance is faire, ther need no colours, that
painting is meeter for ragged wals, then fine Marble,
that veritie then shineth most bright, when she is in
20 least brauery. I shall satisfie mine owne minde though
I cannot feed their humors, which greatly seeke after
those that sift the finest meale, and beare the whitest
mouthes. It is a world to see how English-men desire to
heare finer speach then the language will allowe, to eate
25 finer bread then is made of wheat, to weare finer cloth
then is wrought of woll. But I let passe their finenesse,
which can no way excuse my folly ...

TO THE GENTLEMEN READERS

I was driuen into a quandarie Gentlemen, whether I might
sende this my Pamphlet to the Printer or to the Pedler,
30 I thought it too bad for the presse, & too good for the
pack. But seing my folly in writing to bee as great as
others, I was willing my fortune should be as ill as
anyes. We commonly see the booke that at Easter lyeth
bounde on the Stacioners stall, at Christmas to be broken
35 in the Haberdashers shop, which sith it is the order
of proceding, I am content this Summer to haue my
dooinges read for a toye, that in Winter they may be
readye for trash. It is not straunge when as the greatest
wonder lasteth but nine dayes: That a new work should not
40 endure but three moneths. Gentlemen vse bookes as Gentlewomen handle their flowers, who in the morning sticke
them in their heades, and at night strawe them at theyr
heeles. Cherries be fulsome when they bee through ripe
bicause they be plentie, & bookes be stale when they

45 be printed, in that they be common. In my minde Printers
& Tailers are bound chiefly to pray for Gentlemen, the
one hath so many fantasies to print, the other such diuers fashions to make, that the pressing yron of the one
is neuer out of the fire, nor the printing presse of the
50 other at any time lyeth still. But a fashion is but a
daies wearing & a booke but an houres reading: which seeing it is so, I am of the shomakers minde, who careth not
so the sho holde the plucking on, nor I, so my labours
last the running ouer. He that commeth in print bicause
55 he would be knowen, is like the foole that commeth into
the market bicause he would be seene ...

EUBULUS' ERMAHNUNG

Thou art héere in *Naples* a young soiourner, I an olde
senior: thou a straunger, I a Citizen: thou secure doubting no mishappe, I sorrowfull dreading thy misfortune.
60 Héere mayst thou sée, that which I sigh to sée: dronken
sottes wallowing in euery house in euerye Chamber, yea
in euerye channell. Héere mayst thou beholde that which
I cannot without blushing beholde, nor without blubber-
ing vtter: those whose bellies be their Gods, who offer
65 their goods as Sacrifice to theyr guttes: Who sléepe
with meate in their mouths, with sinne in their hearts,
and with shame in their houses. Héere, yea, héere, *Euphues*, mayst thou sée, not the carued visard of a lewde
woman, but the incarnate visage of a laciuious wantonne:
70 not the shaddow of loue, but the substaunce of lust.
My hearte melteth in droppes of bloud, to see an harlot
wyth the one hande robbe so many cofers, and with the
other to rippe so many corses. Thou art héere amiddest
the pikes betweene *Scylla* and *Caribdis,* ready if thou
75 shunne *Syrtes*, to sinke into *Semphlagades.* Let the
Lacedemonian, the *Persian,* yea, the *Neapolitan*, cause
thée rather to detest such villany at the sight and
view of their vanitie. Is it not farre better to abhorre
sinnes by the remembraunce of others faults, then by
80 repentance of thine own follyes? Is not he accounted
most wise, whom other mens harmes do make most warie?
But thou wilt happely saye, that although there be many
thinges in *Naples* to bée iustly condempned, yet there
are some thinges of necessitie to be commended: and as
85 thy will doth leane vnto the one, so thy witte woulde
also imbrace the other. Alas *Euphues*, by how much the
more I loue the high climbing of thy capacitie, by so
much the more I feare thy fall. The fine Christall is
sooner crased then the harde Marble: the greenest Beech
90 burneth faster then the dryest Oke: the fayrest silke
is soonest soyled: & the sweetest Wine tourneth to
the sharpest Vineger. The Pestilence doth most ryfest

infect the cleerest complection, and the Caterpiller
cleaueth vnto the rypest fruite: the most delicate witte
95 is allured with small enticement vnto vice, and most
subiect to yéelde vnto vanytie. If therefore thou doe
but harken to the *Syrenes*, thou wilt be enamoured: if
thou haunte theyr houses and places, thou shalt bée
enchaunted. One droppe of poyson infecteth the whole
100 tunne of Wine: One leafe of *Coloquintida*, marreth and
spoyleth the whole pot of porredge: one yron Mole, de-
faceth the whole péece of Lawne. Descende into thine
owne conscience, and consider with thy selfe, the great
difference betweene staring and starke blinde, witte and
105 wisedome, loue and lust: bée merry, but with modestie:
bée sober, but not too sullen: bée valiant but not too
venterous. Let thy attire by comely, but not costly:
thy dyet wholsome, but not excessiue: vse pastime as the
woorde importeth, to passe the time in honest recreation.

26 SIR PH. SIDNEY: ARCADIA (1590)

And is it possible, that this is *Pyrocles*, the onely
yong Prince in the world, formed by nature, and framed
by education, to the true exercise of vertue? or is it
indeed some *Amazon* that hath counterfeited the face of
5 my friend, in this sort to vexe me? For likelier sure I
I would haue thought it, that any outwarde face might
haue bene disguised, then that the face of so excellent
a mind could haue been thus blemished.
    O sweete *Pyrocles* separate your selfe a little (if it
10 be possible) from your selfe, and let your owne minde
looke vpon your owne proceedings: so shall my wordes
be needlesse, and you best instructed.
    See with your selfe, how fitt it will be for you in
this your tender youth, borne so great a Prince, and
15 of so rare, not onely expectation, but proofe, desired
of your olde Father, and wanted of your natiue countrie,
now so neere your home, to diuert your thoughts from
the way of goodnesse; to loose, nay to abuse your time.
Lastly to ouerthrow all the excellent things you haue
20 done, which haue filled the world with your fame; as if
you should haue drowne your ship in the long desired
hauen, or like an ill player, should marre the last act
of his Tragedie. Remember (for I know you know it) that
if we wil be men, the reasonable parte of our soule, is
25 to haue absolute commaundement; against which if any
sensuall weaknes arise, we are to yeelde all our sounde
forces to the ouerthrowing of so vnnaturall a rebellion,
wherein how can we wante courage, since we are to deale
against so weake an aduersary, that in it selfe is no-

30 thinge but weaknesse? Nay we are to resolue, that if
    reason direct it, we must doo it, and if we must doo it,
    we will doo it; for to say I cannot is childish, and I
    will not, womanish. And see how extremely euery waye
    you endaunger your minde; for to take this womanish
35 habit (without you frame your behauiour accordingly) is
    wholly vaine: your behauiour can neuer come kindely from
    you, but as the minde is proportioned vnto it. So that
    you must resolue, if you will playe your parte to any
    purpose, whatsoeuer peeuish affections are in that sexe,
40 soften your heart to receiue them, the very first downe-
    steppe to all wickednes: for doo not deceiue your selfe,
    my deere cosin, there is no man sodainely excellentlie
    good, or extremely euill, but growes either as hee holdes
    himselfe vp in vertue, or lets him self slide to vitious-
45 nes. And let vs see, what power is the aucthor of all
    these troubles; forsooth loue, loue, a passion and the
    basest and fruitlessest of all passions: feare breedeth
    wit, Anger is the cradle of courage: ioy openeth and
    enhableth the hart: sorrow, as it closeth, so it draweth
50 it inwarde to looke to the correcting of it selfe; and
    so all generally haue power towards some good by the
    direction of right Reason. But this bastarde Loue (for
    in deede the name of Loue is most vnworthylie applied to
    so hatefull a humour) as it is engendered betwixt lust
55 and idlenes; as the matter it workes vpon is nothing, but
    a certaine base weakenes, which some gentle fooles call
    a gentle hart; as his adioyned companions be vnquietnes,
    longings, fond comforts, faint discomforts, hopes, iel-
    ousies, vngrounded rages, causlesse yeeldings; so is the
60 hiest end it aspires vnto, a little pleasure with much
    paine before, and great repentaunce after. But that end
    how endlesse it runs to infinite euils, were fit inough
    for the matter we speake of, but not for your eares, in
    whome indeed there is so much true disposition to vertue:
65 yet thus much of his worthie effects in your selfe is
    to be seen, that (besides your breaking lawes of hospi-
    tality with *Kalander* and of friendship with me) it vtter-
    ly subuerts the course of nature, in making reasons giue
    place to sense, & man to woman. And truely I thinke heere-
70 vpon it first gatte the name of Loue; for indeede the
    true loue hath that excellent nature in it, that it dooth
    transform the very essence of the louer into the thing
    loued, vniting, and as it were incorporating it with a
    secret and inward working.
75   And herein do these kindes of loue imitate the ex-
    cellent; for as the loue of heauen makes one heauenly,
    the loue of vertue, vertuous; so doth the loue of the
    world make one become worldly, and this effeminate loue
    of a woman, doth so womanish a man, that (if he yeeld to

80 it) it will not onely make him an *Amazon*; but a launder,
a distaff-spinner; or what so euer vile occupation their
idle heads can imagin, & their weake hands perform.
   Therefore (to trouble you no longer with my tedious
but louing words) if either you remember what you are,
85 what you haue bene, or what you must be: if you consider
what it is, that moued you, or by what kinde of creature
you are moued, you shall finde the cause so small, the
effect so daungerous, your selfe so vnworthie to runne
into the one, or to be driuen by the other, that I doubt
90 not I shall quickly haue occasion rather to praise
you for hauing conquered it, then to giue you further
counsell, how to doo it.

27 SIR P. SIDNEY: AN APOLOGIE FOR POETRIE (1595)

   Now, for the out-side of it, which is words, or (as I may
tearme it) *Diction*, it is euen well worse. So is that
honny-flowing Matron Eloquence, apparelled, or rather
disguised, in a Curtizan-like painted affectation: one
5 time with so farre fette words, that may seeme Monsters:
but must seeme straungers to any poore English man.
Another tyme, with coursing of a Letter, as if they were
bound to followe the method of a Dictionary: an other tyme,
with figures and flowers, extreamely winter-starued. But
10 I would this fault were only peculier to Versifiers,
and had not as large possession among Prose-printers;
and, (which is to be meruailed) among many Schollers;
and, (which is to be pittied) among some Preachers. Truly
I could wish, if at least I might be so bold, to wish in
15 a thing beyond the reach of my capacity, the diligent
imitators of *Tullie*, & *Demosthines*, (most worthy to be
imitated,) did not so much keep, *Nizolian* Paper-bookes
of their figures and phrases, as by attentiue translation
(as it were) deuoure them whole, and make them wholy
20 theirs: For nowe they cast Sugar and Spice, vpon euery
dish that is serued to the table; Like those Indians, not
content to weare eare-rings at the fit & naturall place
of the eares, but they will thrust Iewels through their
nose, and lippes because they will be sure to be fine.
25   *Tullie*, when he was to driue out *Cateline*, as it were
with a Thunder-bolt of eloquence, often vsed that figure
of rep[et]ition, *Viuit, viuit? imo in Senatum venit, &c.*
Indeed, inflamed with a well-grounded rage, hee would haue
his words (as it were) double out of his mouth: and so
30 doe that artificially, which we see men doe in choller
naturally. And wee, hauing noted the grace of those words,
hale them in sometime to a familier Epistle, when it were
to too much choller to be chollerick. Now for similitudes,

in certaine printed discourses, I thinke all Herbarists,
35   all stories of Beasts, Foules, and Fishes, are rifled vp,
that they come in multitudes, to waite vpon any of our
conceits; which certainly is as absurd a surfet to the
eares, as is possible: for the force of a similitude, not
being to prooue any thing to a contrary Disputer, but
40   onely to explane to a willing hearer, when that is done,
the rest is a most tedious pratling: rather ouer-swaying
the memory from the purpose wherto they were applyed, then
any whit informing the iudgement, already eyther satisfied,
or by similitudes not to be satis-fied. For my part, I
45   doe not doubt, when *Antonius* and *Crassus*, the great forefathers of *Cicero* in eloquence, the one (as *Cicero* testi-
fieth of them,) pretended not to know Arte, the other,
not to set by it: because with a playne sensiblenes, they
might win credit of popular eares: which credit, is the
50   neerest step to perswasion: which perswasion, is the
chiefe marke of Oratory: I doe not doubt (I say) but
that they vsed these tracks very sparingly, which who
doth generally vse, any man may see doth daunce to his
owne musick: and so be noted by the audience, more care-
55   ful to speake curiously, then to speake truly.
     Vndoubtedly, (at least to my opinion vndoubtedly,) I
haue found in diuers smally learned Courtiers, a more
sounde stile, then in some professors of learning: of
which I can gesse no other cause, but that the Courtier
60   following that which by practise hee findeth fittest to
nature, therein, (though he know it not,) doth according
to Art, though not by Art: where the other, vsing Art to
shew Art, and not to hide Art, (as in these cases he
should doe) flyeth from nature, and indeede abuseth Art.
65   But what? me thinks I deserue to be pounded, for
straying from Poetry to Oratorie: but both haue such an
affinity in this wordish consideration, that I thinke
this digression, will make my meaning receiue the fuller
vnderstanding: which is not to take vpon me to teach Poets
70   how they should doe, but onely finding my selfe sick
among the rest, to shewe some one or two spots of the
common infection, growne among the most part of Writers:
that acknowledging our selues somwhat awry, we may bend
to the right vse both of matter and manner; whereto our
75   language gyueth vs great occasion, beeing indeed capable
of any excellent exercising of it. I know, some will say
it is a mingled language. And why not so much the better,
taking the best of both the other? Another will say it
wanteth Grammer. Nay truly, it hath that prayse, that it
80   wanteth not Grammer: for Grammer it might haue, but it
needes it not; beeing so easie of it selfe, & so voyd of
those cumbersome differences of Cases, Genders, Moodes,
and Tenses, which I thinke was a peece of the Tower of

Babilons curse, that a man should be put to schoole to
85 learne his mother-tongue. But for the vttering sweetly,
and properly the conceits of the minde, which is the end
of speech, that hath it equally with any other tongue in
the world: and is particulerly happy, in compositions of
two or three words together, neere the Greek, far beyond
90 the Latine: which is one of the greatest beauties can be
in a language.

28 JAMES VI: THE ESSAYES OF A PRENTISE (1584)

THE PREFACE TO THE READER

The cause why (docile Reader) I haue not dedicat this
short treatise to any particular personis, (as commouuly
workis vsis to be) is, that I esteme all thais quha hes
already some beginning of knawledge, with ane earnest de-
5 syre to atteyne to farther, alyke meit for the reading
of this worke, or any vther, quhilk may help thame to the
atteining to thair foirsaid desyre. Bot as to this work,
quhilk is intitulit, *The Reulis and cautelis to be obseruit
& eschewit in Scottis Poesie*, ze may maruell paraventure
10 quhairfore I should haue writtin in that mater, sen sa
mony learnit men, baith of auld and of late hes already
written thairof in dyuers and sindry languages: I answer,
That nochtwithstanding, I haue lykewayis writtin of it,
for twa caussis. The ane is, As for them that wrait of
15 auld, lyke as the tyme is changeit sensyne, sa is the
ordour of Poesie changeit. For then they obseruit not
Flowing, nor eschewit not *Ryming in termes*, besydes sindrie vther thingis, quhilk now we obserue, & eschew, and
dois weil in sa doing: because that now, quhen the warld
20 is waxit auld, we haue all their opinionis in writ,
quhilk were learned before our tyme, besydes our awin
ingynis, quhair as they then did it onelie be thair awin
ingynis, but help of any vther. Thairfore, quhat I speik
of Poesie now, I speik of it, as being come to mannis age
25 and perfectioun, quhair as then, it was bot in the infancie and chyldheid. The vther cause is, That as for
thame that hes written in it of late, there hes neuer
ane of thame written in our language. For albeit sindrie
hes written of it in English, quhilk is lykest to our
30 language, zit we differ from thame in sindrie reulis of
Poesie, as ze will find be experience. I haue lykewayis
omittit dyuers figures, quhilkis are necessare to be vsit
in verse, for twa causis. The ane is, because they are
vsit in all languages, and thairfore are spokin of be
35 *Du Bellay*, and sindrie vtheris, quha hes written in this
airt. Quhairfore gif I wrait of thame also, it sould seme
that I did bot repete that, quhilk thay haue written, and

zit not sa weil, as thay haue done already. The vther cause
is, that they are figures of Rhetorique and Dialectique,
40 quhilkis airtis I professe nocht, and thairfore will
apply to my selfe the counsale, quhilk *Apelles* gaue to
the shoomaker, quhen he said to him, seing him find falt
with the shankis of the Image of *Venus*, efter that he had
found falt with the pantoun, *Ne sutor vltra crepidam.*
45   I will also wish zow (docile Reidar) that or ze cum-
mer zow with reiding thir reulis, ze may find in zour
self sic a beginning of Nature, as ze may put in practise
in zour verse many of thir foirsaidis preceptis, or euer
ze sie them as they are heir set doun. For gif Nature be
50 nocht the cheif worker in this airt, Reulis wil be bot
a band to Nature, and will mak zow within short space
weary of the haill airt: quhair as, gif Nature be cheif,
and bent to it, reulis will be ane help and staff to Nature. I will end heir, lest my preface be langer nor my
55 purpose and haill mater following: wishing zow, docile
Reidar, als gude succes and great proffeit by reiding
this short treatise, as I tuke earnist and willing panis
to blok it, as ze sie, for zour cause. Fare weill.
    I haue insert in the hinder end of this Treatise, maist
60 kyndis of versis quhilks are not cuttit or brokin, bot
alyke many feit in euerie lyne of the verse, and how they
are commounly namit, with my opinioun for what subiectis
ilk kynde of thir verse is meitest to be vsit.

29 JAMES VI: BASILIKON DORON (1595/1603)

(VERHALTEN IM KRIEG)   MS ... choose aulde experimentid
captaines & young abill soldatis, be extreamlie straite &
seuere in discipline alsuell for keiping of ordoure
(quhilke is als requisite as hardiment in the uarres)
5 for punishing of sleuth (quhilke at a tyme maye putte the
haill airmie in hazairde) as lykeuayes for repressing of
mutinies (quhilke in uarres is uonderfullie dangerouse,
& looke to the Spangnoll, quhaise great successe in all
his uarres hes onlie cumd throuch straitnes of discipline
10 & ordoure, for sicc errouris maye be comitted in the
uarres as can not be gottin mendit againe: be in youre
awin person ualkeryfe, diligent, & painfull, using the
aduyce of thaime that are skilledest in the craft as ye
man do in all craftis, be hamlie uith youre soldatis as
15 youre compaignons for uinning thaire hairtis, extreamlie
liberall, for then is na tyme of spairing...

1603   ... Choose olde experimented Captaines, and young
able souldiers. Be extreamlie straite and seuere in mar-
tiall Discipline, as well for keeping of ordour, whiche
20 is as requisite as hardinesse in the warres, & punishing

of slouth, which at a time may put the whole army in
hazard; as likewise for repressing of mutinies whiche in
warres are wonderfull dangerous. And looke to the Spaniard,
whose great successe in all his warres hath onely come
25 through straitnesse of Discipline and ordour: for suche
errors may be committed in the warres, as cannot be gotten mended againe. Be in your owne person walkrife, diligent, & painfull; vsing the aduice of suche as are skil-
fullest in the craft, as ye must also doe in all other.
30 Be homelie with your souldiers as your companions, for
winning their harts; & extreamlie liberall, for then is
no time of sparing...

(SPRACHE)   *MS* In baith youre speiking & youre gesture
then use a naturall & plaine forme not fairdit uith arti-
35 fice, for as the frenshe men sayes, rien conterfaict fin,
bot escheu all affectate formis in baith, in your langage
be plaine, honest naturall, cumlie, clene, shorte & sen-
tentiouse escheuing baith the extremities alsueill in not
using a rusticall corrupt leid, nor yett booke langage
40 & penn & inkorne termes, & least of all mignarde &
æffeminate termis...

(SCHREIBEN)   *MS* Gif ye uolde uritte uorthelie choose subiects uorthie of you that be not full of uanitie but of
uertu, escheuing obscuritie & delyting euer to be plaine
45 & sensibill, & gif ye uritte in uerse, remember that it
is not the principall pairt of a poeme to ryme richt, &
flou ueill uith monie prettie uordis, but the cheif co-
mendation of a poeme is, that quhen the uerse sall be
shaikin sindrie in prose it sall be founde sa riche of
50 quike inuentions & poetike flouris, as it sall retaine
the lustre of a poeme althoch in prose, & I ualde also
aduyse you to uritte in youre awin langage for thaire is
nathing left to be said in græke & latin allreaddie,
& aneu of poore skollairs ualde matche you in these
55 langages, & besydes that it best becumis a king to puri-
fie & make famouse his awin langage quhairin he maye ga
before all his subiectis as it settis him ueill to doe
in all laufull things.

(DIE UNION)   *MS* For outuairde & indifferent things are
60 euer the shaddouis & allurairis to uertu or uyce, bot
beuaire of thrauing or constraining thaime thairto, letting it be brocht on uith tyme & at laiser, speciallie
be mixing throuch allyae & daylie conuersation the men
of euerie kingdome uith another, as maye uith tyme make
65 thaime to grou & uall all in ane, quhilke maye easilie
be done in this yle of brittaine being all bot ane yle,
& allreaddie ioined in unitie of religion, & langage.

1603   For these outward and indifferent things, will
serue greatlie for allurements to the people, to embrace
70   and followe vertue. But be ware of thrawing or constrayn-
ing them thereto; letting it be brought on with time,
and at leasure: speciallie by so mixing through alliance
& daylie conuersation, the inhabitants of euery kingdome
with other, as may with time make them to growe and weld
75   all in one. Whiche may easilie be done betwixt these
two nations, beeing both but one Ile of *Britaine*, and
alreadie joyned in vnitie of Religion, & language. So that
euen as in the times of our ancestors, the long warres
and many bloodie battels betwixt these two countries,
80   bred a naturall & hæreditarie hatred in euery of them,
against the other: the vniting & welding of them heer-
after in one, by all sort of friendship, commerce, & alliance: will by the contrary, produce and maintaine a naturall & inseparable vnitie of loue amongst them. As we haue
85   alreadie (praise be to God) a great experience of the
good beginning heereof, & of the quenching of the olde
hate in the harts of both the people; procured by the
meanes of this long & happie amitie, betweene the Queene
my dearest sister & me; whiche during the whole time of
90   both our raignes hath euer beene inviolablie obserued.

30 SIR F. BACON: ESSAIES, "OF STUDIES" (1597/1625)

1597   Studies serue for pastimes, for ornaments & for
abilities. Their chiefe vse for pastime is in priuatenes
and retiring; for ornamente is in discourse, and for abilitie is in iudgement. For expert men can execute, but
5   learned men are fittest to iudge or censure. ¶ To spend
too much time in them is slouth, to vse them too much for
ornament is affectation: to make iudgement wholly by their
rules, is the humour of a Scholler. ¶ They perfect *Nature*,
and are perfected by experience. ¶ Craftie men continue
10   them, simple men admire them, wise men vse them: For they
teach not their owne vse, but that is a wisedome without
them: and aboue them wonne by obseruation. ¶ Reade not
to contradict, nor to belieue, but to waigh and consider.
¶ Some bookes are to be tasted, others to bee swallowed,
15   and some few to bee chewed and disgested: That is, some
bookes are to be read only in partes; others to be read,
but cursorily, and some few to be read wholly and with
diligence and attention. ¶ Reading maketh a full man,
conference a readye man, and writing an exacte man. And
20   therefore if a man haue a great memorie, if he conferre
little, he had neede haue a present wit, and if he reade
little, he had neede haue much cunning, to seeme to know
that he doth not. ¶ Histories make men wise, Poets wit-

tie: the Mathematickes subtle, naturall Phylosophie
25 deepe: Morall graue, Logicke and Rhetoricke able to
contend.

1625 Studies serue for Delight, for Ornament, and for
Ability. Their Chiefe Vse for Delight, is in Priuatenesse
and Retiring; For Ornament, is in Discourse; And for Abil-
30 ity, is in the Iudgement and Disposition of Businesse.
For Expert Men can Execute, and perhaps Iudge of particu-
lars, one by one; But the generall Counsels, and the Plots,
and Marshalling of Affaires, come best from those that are
Learned. To spend too much Time in *Studies,* is Sloth; To
35 vse them too much for Ornament, is Affectation; To make
Iudgement wholly by their Rules is the Humour of a Scholler. They perfect Nature, and are perfected by Experience:
For Naturall Abilities, are like Naturall Plants, that
need Proyning by *Study:* And *Studies* themselues, doe giue
40 forth Directions too much at Large, except they be bounded
in by experience. Crafty Men Contemne *Studies*; Simple
Men Admire them; and Wise Men Vse them: For they teach
not their owne Vse; But that is a Wisdome without them,
and aboue them, won by Obseruation. Reade not to Contra-
45 dict, and Confute; Nor to Beleeue and Take for granted;
Nor to Finde Talke and Discourse; but to weigh and Consider. Some *Bookes* are to be Tasted, Others to be Swallowed, and Some Few to be Chewed and Digested: That is,
some *Bookes* are to be read onely in Parts; Others to be
50 read but not Curiously; And some Few to be read wholly,
and with Diligence and Attention. Some *Bookes* also may be
read by Deputy, and Extracts made of them by Others: But
that would be, onely in the lesse important Arguments,
and the Meaner Sort of *Bookes* else distilled *Bookes,* are
55 like Common distilled Waters, Flashy things. Reading
maketh a Full Man; Conference a Ready Man; And Writing
an Exact Man. And therefore, If a Man Write little, he
had need haue a Great memory; if he Conferre little, he
had need haue a Present Wit; And if he Reade litle, he
60 had need haue much Cunning, to seeme to know that, he
doth not. *Histories* make men Wise; *Poets* Witty: the
Mathematicks Subtill; *Naturall Philosophy* deepe; *Morall*
Graue; *Logick* and *Rhetorick* Able to Contend. *Abeunt studia*
in Mores. Nay there is no Stond or Impediment in the Wit,
65 but may be wrought out by Fit *Studies*: Like as Diseases
of the Body, may haue Appropriate Exercises. Bowling is
good for the Stone and Reines; Shooting for the Lungs and
Breast; Gentle Walking for the Stomacke; Riding for the
Head; And the like. So if a Mans Wit be Wandring, let
70 him *Study* the *Mathematicks*; For in Demonstrations, if
his Wit be called away neuer so little, he must begin
again: If his Wit be not Apt to distinguish or find dif-

ferences, let him *Study* the *Schoolemen*; for they are
Cymini sectores. If he be not Apt to beat ouer Matters,
75 and to call vp one Thing, to Proue and Illustrate another,
let him *Study* the *Lawyers Cases*: So euery Defect of the
Minde, may haue a Speciall Receit.

31 W. SHAKESPEARE: WORKS (FIRST FOLIO 1623)

31A *"TO THE GREAT VARIETY OF READERS"*

From the most able, to him that can but spell: There you
are number'd. We had rather you were weighd. Especially,
when the fate of all Bookes depends vpon your capacities:
and not of your heads alone, but of your purses. Well! It
5 is now publique, & you wil stand for your priuiledges wee
know: to read, and censure. Do so, but buy it first. That
doth best commend a Booke, the Stationer saies. Then, how
odde soeuer your braines be, or your wisedomes, make your
licence the same, and spare not. Iudge your sixe-pen'orth,
10 your shillings worth, your fiue shillings worth at a time,
or higher, so you rise to the iust rates, and welcome.
But, what euer you do, Buy. Censure will not driue a Trade,
or make the Iacke go. And though you be a Magistrate of
wit, and sit on the Stage at *Black-Friers*, or the *Cock-pit*,
15 to arraigne Playes dailie, know, these Playes haue had
their triall alreadie, and stood out all Appeales; and
do now come forth quitted rather by a Decree of Court,
then any purchas'd Letters of commendation.
    It had bene a thing, we confesse, worthie to haue bene
20 wished, that the Author himselfe had liu'd to haue set
forth, and ouerseen his owne writings; But since it hath
bin ordain'd otherwise, and he by death departed from that
right, we pray you do not envie his Friends, the office
of their care, and paine, to haue collected & publish'd
25 them; and so to haue publish'd them, as where (before)
you were abus'd with diuerse stolne, and surrepticious
copies, maimed, and deformed by the frauds and stealthes
of iniurious impostors, that expos'd them: euen those,
are now offer'd to your view cur'd, and perfect of their
30 limbes; and all the rest, absolute in their numbers, as
he conceiued them. Who, as he was a happie imitator of
Nature, was a most gentle expresser of it. His mind and
hand went together: And what he thought, he vttered with
that easinesse, that wee haue scarse receiued from him
35 a blot in his papers. But it is not our prouince, who
onely gather his works, and giue them you, to praise him.
It is yours that reade him. And there we hope, to your
diuers capacities, you will finde enough, both to draw,
and hold you: for his wit can no more lie hid, then it

40 could be lost. Reade him, therefore; and againe, and
     againe: And if then you doe not like him, surely you
     are in some manifest danger, not to vnderstand him.
     And so we leaue you to other of his Friends, whom if
     you need, can bee your guides: if you neede them not,
45 you can leade your selues, and others. And such Readers
     we wish him.   *Iohn Heminge   Henrie Condell.*

31B THE TRAGEDIE OF HAMLET (I.4.1-194)

        Enter Hamlet, Horatio, Marcellus.
     Ham. The Ayre bites shrewdly: is it very cold?
     Hor. It is a nipping and an eager ayre.
     Ham. What hower now?
5   *Hor.* I thinke it lacks of twelue.
     Mar. No, it is strooke.
     Hor. Indeed I heard it not: then it drawes neere the season,
             Wherein the Spirit held his wont to walke.
             What does this meane my Lord?
10   *Ham.* The King doth wake to night, and takes his rouse,
             Keepes wassels and the swaggering vpspring reeles,
             And as he dreines his draughts of Renish downe,
             The kettle Drum and Trumpet thus bray out
             The triumph of his Pledge.
15   *Hor.* Is it a custome?
     Ham. I marry ist;
             And to my mind, though I am natiue heere,
             And to the manner borne: It is a Custome
             More honour'd in the breach, then the obseruance.
20   *Enter Ghost.*
     Hor. Looke my Lord, it comes.
     Ham. Angels and Ministers of Grace defend vs:
             Be thou a Spirit of health, or Goblin damn'd,
             Bring with thee ayres from Heauen, or blasts from Hell,
25   Be thy euents wicked or charitable,
             Thou com'st in such a questionable shape
             That I will speake to thee. Ile call thee *Hamlet,*
             King, Father, Royall Dane: Oh, oh, answer me,
             Let me not burst in Ignorance; but tell
30   Why thy Canoniz'd bones Hearsed in death
             Haue burst their cerments, why the Sepulcher
             Wherein we saw thee quietly enurn'd
             Hath op'd his ponderous and Marble iawes
             To cast thee vp againe? What may this meane?
35   That thou dead Coarse againe in compleat steele,
             Reuisits thus the glimpses of the Moone,
             Making Night hidious? And we fooles of Nature,
             So horridly to shake our disposition,

With thoughts beyond thee; reaches of our Soules,
40   Say, why is this? wherefore? what should we doe?
                    Ghost beckons Hamlet.
Hor.   It beckons you to goe away with it,
           As if it some impartment did desire
           To you alone.
45   Mar.   Looke with what courteous action
           It wafts you to a more remoued ground:
           But doe not goe with it.
     Hor.   No, by no meanes.
     Ham.   It will not speake: then will I follow it.
50   Hor.   Doe not my Lord.
     Ham.   Why, what should be the feare?
           I doe not set my life at a pins fee;
           And for my Soule, what can it doe to that?
           Being a thing immortall as it selfe:
55   It waues me forth againe; Ile follow it.
     Hor.   What if it tempt you toward the Floud my Lord?
           Or to the dreadfull Sonnet of the Cliffe,
           That beetles o're his base into the Sea
           And there assumes some other horrible forme,[*]
60   Which might depriue your Soueraignty of Reason,
           And draw you into madnesse thinke of it?
     Ham.   It wafts me still: goe on, Ile follow thee.
     Mar.   You shall not goe my Lord.
     Ham.   Hold off your hand.
65   Hor.   Be rul'd, you shall not goe.
     Ham.   My fate cries out,
           And makes each petty Artire in this body,
           As hardy as the Nemian Lions nerue:
           Still am I cal'd? Vnhand me Gentlemen:
70   By Heau'n, Ile make a Ghost of him that lets me:
           I say away, goe on, Ile follow thee.
                    Exeunt Ghost & Hamlet
     Hor.   He waxes desperate with imagination.
     Mar.   Let's follow; 'tis not fit thus to obey him.
75   Hor.   Haue after, to what issue will this come?
     Mar.   Something is rotten in the State of Denmarke.

---

[*]   Vgl. zu 31B/56-9:
    'Bad Quarto', 1603, 1981:587
        Hor.   What if it tempt you toward the flood my Lord.
               That beckles ore his bace, into the sea,
               And there assume some other horrible shape ...

    'Good Quarto', 1604, 1981:622
        Hora.   What if it tempt you toward the flood my
                Or to the dreadfull somnet of the cleefe
                That bettles ore his base into the sea,
                And there assume some other horrable forme ...

Hor. Heauen will direct it.
Mar. Nay, let's follow him.   *Exeunt.*
   Enter Ghost and Hamlet.
80 *Ham.* Where wilt thou lead me? speak; Ile go no further.
Gho. Marke me
Ham. I will.
Gho. My hower is almost come,
   When I to sulphurous and tormenting Flames
85   Must render vp my selfe.
Ham. Alas poore Ghost.
Gho. Pitty me not, but lend thy serious hearing
   To what I shall vnfold.
Ham. Speake, I am bound to heare.
90 *Gho.* So art thou to reuenge, when thou shalt heare.
Ham. What?
Gho. I am thy Fathers Spirit,
   Doom'd for a certaine terme to walke the night;
   And for the day confin'd to fast in Fiers,
95   Till the foule crimes done in my dayes of Nature
   Are burnt and purg'd away? But that I am forbid
   To tell the secrets of my Prison-House;
   I could a Tale vnfold, whose lightest word
   Would harrow vp thy soule, freeze thy young blood,
100   Make thy two eyes like Starres, start from their Spheres,
   Thy knotty and combined locks to part,
   And each particular haire to stand an end,
   Like Quilles vpon the fretfull Porpentine:
   But this eternall blason must not be
105   To eares of flesh and bloud; list *Hamlet*, oh list
   If thou didst euer thy deare Father loue.
Ham. Oh Heauen!
Gho. Reuenge his foule and most vnnaturall Murther.
Ham. Murther?
110 *Gho.* Murther most foule, as in the best it is;
   But this most foule, strange, and vnnaturall.
Ham. Hast, hast me to know it,
   That with wings as swift
   As meditation, or the thoughts of Loue,
115   May sweepe to my Reuenge.
Gho. I finde thee apt,
   And duller should'st thou be then the fat weede
   That rots it selfe in ease, on Lethe Wharfe,
   Would'st thou not stirre in this. Now *Hamlet* heare:
120   It's giuen out, that sleeping in mine Orchard,
   A Serpent stung me: so the whole eare of Denmarke,
   Is by a forged processe of my death
   Rankly abus'd: But know thou Noble youth
   The Serpent that did sting thy Fathers life,
125   Now weares his Crowne.
Ham. O my Propheticke soule: mine Vncle?

Gho. I that incestuous, that adulterate Beast
      With witchcraft of his wits, hath Traitorous guifts.
      Oh wicked Wit, and Gifts, that haue the power
130   So to seduce? Won to to this shamefull Lust
      The will of my most seeming vertuous Queene:
      Oh Hamlet, what a falling off was there,
      From me, whose loue was of that dignity,
      That it went hand in hand, euen with the Vow
135   I made to her in Marriage; and to decline
      Vpon a wretch, whose Naturall gifts were poore
      To those of mine. But Vertue, as it neuer wil be moued,
      Though Lewdnesse court it in a shape of Heauen:
      So Lust, though to a radiant Angell link'd,
140   Will sate it selfe in a Celestiall bed, & prey on Garbage.
      But soft, me thinkes I sent the Mornings Ayre;
      Briefe let me be: Sleeping within mine Orchard,
      My custome alwayes in the afternoone;
      Vpon my secure hower thy Vncle stole
145   With iuyce of cursed Hebenon in a Violl,
      And in the Porches of mine eares did poure
      The leaperous Distilment; whose effect
      Holds such an enmity with bloud of Man
      That swift as Quick-siluer, it courses through
150   The naturall Gates and Allies of the Body;
      And with a sodaine vigour it doth posset
      And curd, like Aygre droppings into Milke,
      The thin and wholsome blood: so did it mine;
      And a most instant Tetter bak'd about
155   Most Lazar-like, with vile and loathsome crust,
      All my smooth Body.
      Thus was I, sleeping, by a Brothers hand,
      Of Life, of Crowne, and Queene at once dispatcht;
      Cut off euen in the Blossomes of my Sinne,
160   Vnhouzzled, disappointed, vnnaneld
      No reckoning made, but sent to my account
      With all my imperfections on my head;[*]
      Oh horrible, Oh horrible, most horrible:

---

[*] Vgl. zu T31B/158-62:
'Bad Quarto', 1603, 1981:588
Of Crowne, of Queene, of life, of dignitie
At once depriued, no reckoning made of,
But sent vnto my graue,
With all my accompts and sinnes vpon my head,

'Good Quarto', 1604, 1981:623
Cut off euen in the blossomes of my sinne,
Vnhuzled, disappointed, vnanueld,
No reckning made, but sent to my account
Withall my imperfections on my head,

If thou hast nature in thee beare it not;
165 Let not the Royall Bed of Denmarke be
A Couch for Luxury and damned Incest.
But howsoeuer thou pursuest this Act,
Taint not thy mind; nor let thy Soule contriue
Against thy Mother ought; leaue her to heauen,
170 And to those Thornes that in her bosome lodge,
To pricke and sting her. Fare thee well at once;
The Glow-worme showes the Matine to be neere,
And gins to pale his vneffectuall Fire:
Adue, adue, *Hamlet*: remember me. *Exit.*
175 *Ham.* Oh all you host of Heauen! Oh Earth; what els?
And shall I couple Hell? Oh fie: hold my heart;
And you my sinnewes, grow not instant Old;
But beare me stiffely vp: Remember thee?
I, thou poore Ghost, while memory holds a seate
180 In this distracted Globe: Remember thee?
Yea, from the Table of my Memory,
Ile wipe away all triuiall fond Records,
All sawes of Bookes, all formes, all presures past,
That youth and obseruation coppied there;
185 And thy Commandment all alone shall liue
Within the Booke and Volume of my Braine,
Vnmixt with baser matter; yes, yes, by Heauen:
Oh most pernicious woman!
Oh Villaine, Villaine, smiling damned Villaine!
190 My Tables, my Tables; meet it is I set it downe,
That one may smile, and smile and be a Villaine;
At least I'm sure it may be so in Denmarke;
So Vnckle there you are: now to my word:
It is; Adue, Adue, Remember me: I haue sworn't.

31C THE TRAGEDIE OF KING LEAR (IV.6.232-52)

Stew. Wherefore, bold Pezant,
Dar'st thou support a publish'd Traitor? Hence,
Least that th'infection of his fortune take
Like hold on thee. Let go his arme.
5 *Edg.* Chill not let go Zir,
Without vurther 'casion.
Stew. Let go Slaue, or thou dy'st.
Edg. Good Gentleman goe your gate, and let poore volke
passe: and 'chud ha'bin zwaggerd out of my life,
10 'twould not ha'bin zo long as 'tis, by a vortnight.
Nay, come not neere th'old man: keepe out che vor'ye
or ice try whither your Costard, or my Ballow be
the harder; chill be plaine with you.
Stew. Out Dunghill.

15 *Edg.* Chill picke your teeth Zir: come, no matter vor
          your foynes.
   Stew. Slaue thou hast slaine me: Villain, take my purse;
          If euer thou wilt thriue, bury my bodie,
          And giue the Letters which thou find'st about me
20   To *Edmund* Earle of Glouster: seeke him out
          Vpon the English party. Oh vntimely death, death.

31D THE TRAGEDIE OF JULIUS CAESAR (III.2.171-232)

   Ant. If you haue teares, prepare to shed them now.
          You all do know this Mantle, I remember
          The first time euer *Cæsar* put it on,
          'Twas on a Summers Euening in his Tent,
5   That day he ouercame the *Neruij.*
          Looke, in this place ran *Cassius* Dagger through:
          See what a rent the enuious *Caska* made:
          Through this, the wel-beloued *Brutus* stabb'd,
          And as he pluck's his cursed Steele away:
10   Marke how the blood of *Cæsar* followed it,
          As rushing out of doores, to be resolu'd
          If *Brutus* to vnkindely knock'd, or no:
          For *Brutus,* as you know, was *Cæsars* Angel.
          Iudge, O you Gods, how deerely *Cæsar* lou'd him:
15   This was the most vnkindest cut of all.
          For when the Noble *Cæsar* saw him stab,
          Ingratitude, more strong then Traitors armes,
          Quite vanquish'd him: then burst his Mighty heart,
          And in his Mantle, muffling vp his face,
20   Euen at the Base of *Pompeyes* Statue
          (Which all the while ran blood) great *Cæsar* fell.
          O what a fall was there, my Countrymen?
          Then I, and you, and all of vs fell downe,
          Whil'st bloody Treason flourish'd ouer vs.
25   O now you weepe, and I perceiue you feele
          The dint of pitty: These are gracious droppes.
          Kinde Soules, what weepe you, when you but behold
          Our *Cæsars* Vesture wounded? Looke you heere,
          Heere is Himselfe, marr'd as you see with Traitors.
30 *1.* O pitteous spectacle!
   2. O Noble *Cæsar*!
   3. O wofull day!
   4. O Traitors, Villaines!
   1. O most bloody sight!
35 *2.* We will be reueng'd: Reuenge
          About, seeke, burne, fire, kill, slay.
          Let not a Traitor liue.
   Ant. Stay Country-men.
   1. Peace there, heare the Noble *Antony.*

40 2.   Wee'l heare him, wee'l follow him, wee'l dy with him.
   Ant. Good Friends, sweet Friends, let me not stirre you vp
        To such a sodaine Flood of Mutiny:
        They that haue done this Deede, are honourable,
        What priuate greefes they haue, alas I know not,
45   That made them do it: They are Wise, and Honourable,
        And will no doubt with Reasons answer you.
        I come not (Friends) to steale away your hearts,
        I am no Orator, as *Brutus* is;
        But (as you know me all) a plaine blunt man
50   That loue my Friend, and that they know full well,
        That gaue me publike leaue to speake of him:
        For I haue neyther writ nor words, nor worth,
        Action, nor Vtterance, nor the power of Speech,
        To stirre mens Blood. I onely speake right on:
55   I tell you that, which you your selues do know,
        Shew you sweet *Cæsars* wounds, poor poor dum mouths
        And bid them speake for me: But were I *Brutus*,
        And *Brutus Antony*, there were an *Antony*
        Would ruffle vp your Spirits, and put a Tongue
60   In euery Wound of *Cæsar*, that should moue
        The stones of Rome, to rise and Mutiny.

31E TROYLUS AND CRESSIDA (I.3.75-138)

   Vlys. Troy yet vpon his basis had bene downe,
        And the great *Hectors* sword had lack'd a Master
        But for these instances.
        The specialty of Rule hath beene neglected;
5   And looke how many Grecian Tents do stand
        Hollow vpon this Plaine, so many hollow Factions.
        When that the Generall is not like the Hiue,
        To whom the Forragers shall all repaire,
        What Hony is expected? Degree being vizarded,
10   Th'vnworthiest shewes as fairely in the Maske,
        The Heauens themselues, the Planets, and this Center,
        Obserue degree, priority, and place,
        Insisture, course, proportion, season, forme,
        Office, and custome, in all line of Order:
15   And therefore is the glorious Planet Sol
        In noble eminence, enthron'd and sphear'd
        Amid'st the other, whose med'cinable eye
        Corrects the ill Aspects of Planets euill,
        And postes like the Command'ment of a King
20   Sans checke, to good and bad. But when the Planets
        In euill mixture to disorder wander,
        What Plagues, and what portents, what mutiny?
        What raging of the Sea? shaking of Earth?
        Commotion in the Windes. Frights, changes, horrors,

25   Diuert, and cracke, rend and deracinate
      The vnity, and married calme of States
      Quite from their fixure? O, when Degree is shak'd,
      (Which is the Ladder to all high designes)
      The enterprize is sicke. How could Communities,
30   Degrees in Schooles, and Brother-hoods in Cities,
      Peacefull Commerce from diuidable shores,
      The primogenitiue, and due of Byrth,
      Prerogatiue of Age, Crownes, Scepters, Lawrels,
      (But by Degree) stand in Authentique place?
35   Take but Degree away, vn-tune that string,
      And hearke what Discord followes: each thing meetes
      In meere oppugnancie. The bounded Waters,
      Should lift their bosomes higher then the Shores,
      And make a soppe of all this solid Globe:
40   Strength should be Lord of imbecility,
      And the rude Sonne should strike his Father dead:
      Force should be right, or rather, right and wrong,
      (Betweene whose endlesse iarre, Iustice recides)
      Should loose her names, and so should Iustice too.
45   Then euery thing includes it selfe in Power,
      Power into Will, Will into Appetite,
      And Appetite (an vniuersall Wolfe,
      So doubly seconded with Will, and Power)
      Must make perforce an vniuersall prey,
50   And last, eate vp himselfe.
      Great *Agamemnon*:
      This Chaos, when Degree is suffocate,
      Followes the choaking:
      And this neglection of Degree, is it
55   That by a pace goes backward in a purpose
      It hath to climbe. The Generall's disdain'd
      By him one step below; he, by the next,
      That next, by him beneath: so euery step
      Exampled by the first pace that is sicke
60   Of his Superiour, growes to an enuious Feauer
      Of pale, and bloodlesse Emulation.
      And 'tis this Feauer that keepes Troy on foote,
      Not her owne sinewes. To end a tale of length,
      Troy in our weaknesse liues, not in her strength.

31F LOVE'S LABOUR'S LOST (V.1.1-30)

              Enter the Pedant, Curate and Dull.
Pedant. Satis quid sufficit.
Curat.   I praise God for you sir, your reasons at dinner
          haue beene sharpe & sententious: pleasant without
5   scurrillity, witty without affection, audacious
          without impudency, learned without opinion, and

strange without heresie: I did conuerse this *quondam*
day with a companion of the Kings, who is intituled,
nominated, or called, *Don Adriano de Armatho.*
10 Ped. *Noui hominum tanquam te,* His humour is lofty, his
discourse peremptorie: his tongue filed, his eye
ambitious, his gate maiesticall, and his generall
behauiour vaine, ridiculous, and thrasonicall. He is
too picked, too spruce, too affected, too odde, as
15 it were, too peregrinat, as I may call it.
Curat. A most singular and choise Epithat.
Draw out his Table-booke.
Peda. He draweth out the thred of his verbositie, finer
then the staple of his argument. I abhor such phana-
20 ticall phantasims, such insociable and poynt deuise
companions, such rackers of ortagriphie, as to speake
dout fine, when he should say doubt; det, when he
shold pronounce debt; d e b t, not det: he clepeth
a Calf, Caufe: halfe, haufe: neighbour *vocatur* nebour;
25 neigh abreuiated ne: this is abhominable, which he
would call abbominable: It insinuateth me of infamie:
ne intelligis domine, to make franticke, lunaticke?
Cura. *Laus deo, bene intelligo.*
Peda. *Bome boon for boon prescian,* a little scratcht,
30 'twil serue.

31G SHAKESPEARES SONETTE (1609)

46

M Ine eye and heart are at a mortall warre,
  How to deuide the conqueſt of thy fight,
Mine eye,my heart their pictures fight would barre,
My heart,mine eye the freedome of that right,
My heart doth plead that thou in him dooſt lye,   5
(A cloſet neuer pearſt with chriſtall eyes)
But the defendant doth that plea deny,
And ſayes in him their faire appearance lyes.
To ſide this title is impannelled
A queſt of thoughts,all tennants to the heart,   10
And by their verdict is determined
The cleere eyes moyitie,and ·he deare hearts part.
  As thus,mine eyes due is their outward part,
  And my hearts right,their inward loue of heart.

118

Lke as to make our appetites more keene   15
With eager compounds we our pallat vrge,
As to preuent our malladies vnfeene,
We ficken to fhun fickneffe when we purge.
Euen fo being full of your nere cloying fweetneffe,
To bitter fawces did I frame my feeding;   20
And ficke of wel-fare found a kind of meetneffe,
To be difeaf'd ere that there was true needing.
Thus pollicie in loue t'anticipate
The ills that were,not grew to faults affured,
And brought to medicine a healthfull ftate   25
Which rancke of goodneffe would by ill be cured.
    But thence I learne and find the leffon true,
    Drugs poyfon him that fo fell ficke of you.

139

O Call not me to iuftifie the wrong,
    That thy vnkindneffe layes vpon my heart,   30
Wound me not with thine eye but with thy roung,
Vfe power with power,and flay me not by Art,
Tell me thou lou'ft eife-where;but in my fight,
Deare heart forbeare to glance thine eye afide,
What needft thou wound with cunning when thy might   35
Is more then my ore-preft defence can bide?
Let me excufe thee ah my loue well knowes,
Her prettie lookes haue beene mine enemies,
And therefore from my face fhe turnes my foes,
That they elfe-where might dart their iniuries :   40
    Yet do not fo,but fince I am neere flaine,
    Kill me out-right with lookes,and rid my paine.

32 ANON.: THE PINDER OF WAKEFIELD (1632)

HOW GEORGE *SERUED ONE THAT GOT HIS PURSE.*

In the time of Lent your Players doe range all the Countries
place to place: and comming to *Wakefield,* they had
great audience euery day. *George* amongst the rest would
needes bee one; but it chanced when he came from the Play,   5
and going to *Bankes* house to drinke with some associates,
looking for his Purse, it was gone, which put him in a pelting chafe. Well, hee brooked it so well as he could vntill
next day, hammering in his head, now to take the theefe, at
last an odde conceit came in his head, he got a many fish-   10
hooks and sowed them full in his pockets, the beards downe-
ward, that it was no hurt to trust downe ones hand, but to
get out impossible, without great tearing of the hand to
peeces: then hee gets many Counters and puts them in his

15 pocket also, and to the Play he goes amongst the greatest
crowd, still iustling & gingling his pocket to draw the
fish to the bait: *George* seemed to affect the Play very well,
and carelesse of his pockets still gingling of the Counters,
which being noted by a notable nimmer, hee was quickly in
20 *George* his pocket: which he perceiuing, wrings his body
on one side then on the other. Oh, quoth the Cutpurse,
thinking to draw out his hand, but alacke hee was fast
enough. *George* being in the crowd would not take any notice
that he had caught, but still wrested his body from place
25 to place vntill all the hookes had got hold; which made
the Cutpurse cry out vehemently, that all about him wondred
what he ayled, at last *George* seemed to take notice; saying,
what the Diuell aylest thou, art thou mad. Oh my hand, my
hand, good Master, quoth the Cutpurse; what the Diuell doth
30 thy hand in my pocket? quoth *George*, pull it out or I will
so baste you, and so he was as good as his word, for he
pummelled him soundly: the theefe cryed, *George* stroue to
goe out of doores, the Players stood still, all the Audience
bent their eyes that way, people about them wondred to see
35 the mans hand in *George* his pocket, and could not pull it
out, euery one said *George* was a coniuerer, some said he had
a Diuell in his pocket, some one thing, some another thing:
but *George* he got out of the house, the man of force must
needs follow, crying out still with his hand in his pocket.
40 People thronged after to see this new Comedy, and so for-
sooke the other Play, the Players being left alone, they
followed also. But *George* perceiuing such a multitude stood
still, and desired them to make a stand for a while, and
they should all see him release him presently: With that
45 the people all stood still, and *George* walkt along with
his prize, certifying him hee had lost a purse the day before, and some forty shillings and odde in it, and he knew
hee had it, or that he knew that some of his fellowes had
it: and therefore willed him without any more trouble to
50 deliuer it, or else hee would haue him hang'd, and should
also walke before the Iustice with your hand in my pocket:
you fared so well yesterday that made you bee so ready in
the same place to day. Come, come, quoth *George,* you must
re-deliuer, or goe. The Cutpurse seeing that there was no
55 remedy, and sich a multitude of people about him, also
perceiuing *George* to be much beloued, prayed him for Gods
sake to forgiue him, and not to let the people to wrong him,
and hee would giue him all that he had, and that was a purse
with fiue pounds odde mony in it: which *George* taking and
60 making him to sweare also to forsake his trade; tooke a
knife and cut out his pocket, for there was no other way
to release him: and then tooke his girdle and did so bebaste
him; crying, runne, runne, you Rogue, the fellow being at
liberty, ranne so fast, that none could ouertake him, and

65 so escaped. The people all did wonder what the matter should
bee, but knew not any thing. All flocked about *George,* but
hee hasted to *Bankes* his house, where hee told all the pas-
sages to his friends: some were mad that he let the Cutpurse
goe, because they had lost their purses. Nay, it is no mat-
70 ter, quoth *George,* you laught at mee because I had lost
mine. Come, giues a little drinke, quoth *George,* where he
spent an Angell of his money for ioy amongst his friends
which reioyced them much, euery one praised *George* for his
wit, especially for this of the fishookes, to catch those
75 that sought to catch, euery one commended him for it, both
old and yong: and to this day it is remembred there to his
praise.

33 J. MILTON: REASON OF CHURCH
GOVERNMENT (1641)

... in the priuate academies of Italy... I began... to assent
...to an inward prompting which now grew daily upon me,
that by labour and intent study (which I take to be my
portion in this life) joyn'd with the strong propensity of
5 nature, I might perhaps leave something so written to
aftertimes, as they should not willingly let it die. These
thoughts at once possest me, and these other. That if I
were certain to write as men buy Leases, for three lives
and downward, there ought no regard be sooner had than to
10 Gods glory by the honour and instruction of my country.
For which cause, and not only for that I knew it would be
hard to arrive at the second rank among the Latines, I
apply'd my selfe to that resolution which *Ariosto* follow'd
against the perswasions of *Bembo,* to fix all the industry
15 and art I could unite to the adorning of my native tongue;
not to make verbal curiosities the end, that were a toyl-
som vanity, but to be an interpreter & relater of the best
and sagest things among mine own Citizens throughout this
Iland in the mother dialect. That what the greatest and
20 choycest wits of *Athens, Rome,* or modern *Italy,* and those
Hebrews of old did for their country, I in my proportion
with this over and above being a Christian, might doe for
mine: not caring to be once nam'd abroad, though perhaps
I could attaine to that, but content with these British
25 Ilands as my world, whose fortune hath hitherto bin, that
if the Athenians, as some say, made their small deeds
great and renowned by their eloquent writers, *England* hath
had her noble atchievments made small by the unskilfull
handling of monks and mechanicks.

34 J. MILTON: PARADISE LOST (1667)

Of Mans First Disobedience, and the Fruit   *(I.1)*
Of that Forbidden Tree, whose mortal tast
Brought Death into the World, and all our woe,
With loss of *Eden*, till one greater Man,
5   Restore us, and regain the blissful Seat,
Sing Heav'nly Muse, that on the secret top
Of *Oreb*, or of *Sinai*, didst inspire
That Shepherd, who first taught the chosen Seed,
In the Beginning how the Heav'ns and Earth
10   Rose out of *Chaos*: Or if *Sion* Hill
Delight thee more, and *Siloa's* Brook that flow'd
Fast by the Oracle of God; I thence
Invoke thy aid to my adventrous Song,
That with no middle flight intends to soar
15   Above th'*Aonian* Mount, while it pursues
Things unattempted yet in Prose or Rhime.
And chiefly Thou O Spirit, that dost prefer
Before all Temples th'upright heart and pure
Instruct me, for Thou know'st; Thou from the first
20   Wast present, and with mighty wings outspread
Dove-like satst brooding on the vast Abyss
And mad'st it pregnant: What in me is dark
Illumine, what is low raise and support:
That to the highth of this great Argument
25   I may assert th'Eternal Providence
And justifie the wayes of God to men ...

Thus Satan talking to his neerest Mate   *(I.192)*
With Head up-lift above the wave, and Eyes
That sparkling blaz'd, his other Parts besides
30   Prone on the Flood, extended long and large
Lay floating many a rood, in bulk as huge
As whom the Fables name of monstrous size,
Titanian, or *Earth-born*, that warr'd on *Jove*
Briarios or *Typhon*, whom the Den
35   By ancient *Tarsus* held, or that Sea-beast
Leviathan, which God of all his works
Created hugest that swim th'Ocean stream:
Him haply slumbring on the *Norway* foam
The Pilot of some small night-founder'd Skiff,
40   Deeming some Island, oft, as Sea-men tell,
With fixed Anchor in his skaly rind
Moors by his side under the Lee, while Night
Invests the Sea, and wished Morn delayes:
So stretcht out huge in length the Arch-fiend lay
45   Chain'd on the burning Lake, nor ever thence
Had ris'n or heav'd his head, but that the will
And high permission of all-ruling Heaven

Left him at large to his own dark designs,
That with reiterated crimes he might
50 Heap on himself damnation, while he sought
Evil to others, and enrag'd might see
How all his malice serv'd but to bring forth
Infinite goodness, grace and mercy shewn
On Man by him seduc't, but on himself
55 Treble confusion, wrath and vengeance pour'd.
Forthwith upright he rears from off the Pool
His mighty stature; on each hand the flames
Drivn backward slope their pointing spires, and rowld
In billows, leave i'th'midst a horrid Vale.
60 Then with expanded wings he stears his flight
Aloft, incumbent on the dusky Air
That felt unusual weight, till on dry Land
He lights, if it were Land that ever burn'd
With solid, as the Lake with liquid fire;
65 And such appear'd in hue, as when the force
Of subterranean wind transports a Hill
Torn from *Pelorus,* or the shatter'd side
Of thundring *Ætna,* whose combustible
And fewel'd entrals thence conceiving Fire,
70 Sublim'd with Mineral fury, aid the Winds,
And leave a singed bottom all involv'd
With stench and smoak: Such resting found the sole
Of unblest feet...

Which when *Beelzebub* perceiv'd, then whom,   *(II.299)*
75 *Satan* except, none higher sat, with grave
Aspect he rose, and in his rising seem'd
A Pillar of State; deep on his Front engraven
Deliberation sat and publick care;
And Princely counsel in his face yet shon,
80 Majestick though in ruin: sage he stood
With *Atlantean* shoulders fit to bear
The weight of mightiest Monarchies; his look
Drew audience and attention still as Night
Or Summers Noon-tide air, while thus he spake...

ZUR ZEIT- UND KULTURGESCHICHTE

35 J. FROISSART AND J. BOURCHIER:
THE CHRONYCLES (1523)

THE PREFACE OF JOHAN BOURCHIER KNYGHT LORDE
BERNERS/ TRANSLATOUR OF THIS PRESENT CRONYCLE

What condygne graces and thankes ought men to gyue to the
writers of historyes? Who with their great labours/ haue
5 done so moche profyte to the humayne lyfe. They shewe/
open/ manifest and declare to the reder/ by example of
olde antyquite: what we shulde enquere/ desyre/ and folowe:
And also/ what we shulde eschewe/ auoyde/ and vtterly flye.
For whan we (beynge vnexpert of chaunces) se/ beholde/ and
10 rede the auncyent actes/ gestes/ and dedes: Howe/ and
with what labours/ daungers/ and paryls they were gested
and done: They right greatly admonest/ ensigne/ and teche
vs howe we maye lede forthe our lyues. And farther/ he
that hath the perfyte knowledge of others ioye/ welthe/
15 and highe prosperite: and also trouble/ sorowe and great
aduersyte: hath thexpert doctryne of all parylles. And
albeit/ that mortall folke are marueylously separated/
bothe by lande & water/ and right wonderously sytuate:
yet are they and their actes (done paraduenture by the
20 space of a thousande yere) compact togyder/ by thisto-
graphier: as it were the dedes of one selfe cyte/ and in
one mannes lyfe. Wherfore I say that historie may well be
called a diuyne prouydence: For as the celestyall bodyes
aboue/ complecte all and at euery tyme the vniuersall
25 worlde/ the creatures therin conteyned/ and all their
dedes: semblably so dothe history. Is it nat a right
noble thynge for vs/ by the fautes and errours of other/
to amende and erect our lyfe in to better? we shuld nat
seke and acquyre that other dyd/ but what thyng was most
30 best/ most laudable/ and worthely done: we shulde putte
before our eyes to folowe. Be nat the sage counsayles of
two or thre olde fathers in a cyte/ towne/ or countre:
whom long age hath made wyse/ dyscrete/ and prudent:
farre more praysed/ lauded/ and derely loued: than of
35 the yonge menne? Howe moche more than ought hystories
to be commended/ praysed/ and loued? In whom is encluded
so many sage counsayls/ great reasons/ & hygh wisedoms:
of so innumerable persons/ of sondry nacyons and of euery
age: and that in so long space/ as four or fyue hundred
40 yere. The most profytable thyng in this worlde/ for the

instytucion of the humayne lyfe/ is hystorie. Ones the
contynuall redyng therof/ maketh yonge men equall in
prudence to olde men: and to olde fathers stryken in age/
it mynystreth experyence of thynges. More it yeldeth
45 priuate persons worthy of dignyte/ rule/ and gouernaunce.
It compelleth themperours/ hygh rulers and gouernours/
to do noble dedes: to thende they may optayne immortall
glory. It exciteth/ moueth/ and stereth the strong hardy
warriours/ for the great laude that they haue after they
50 ben deed/ promptly to go in hande with great and harde
parels/ in defence of their countre. And it prohibyteth
reprouable persons to do mischeuous dedes/ for feare of
infamy and shame...

36 J. BELLENDEN: BOECE'S CRONIKLIS OF SCOTLAND (1531)

Schort tyme eftir Makbeth returnit to his innative cruelte,
and become furious, as þe nature of all tyrannis is quhilkis conquessis realmez þe wrangwis menis, traisting all
pepill to doo siclike cruelteis to him as he did afoir to
5 vtheris. Forthir, remembring þe weirdis gevin to him, as
is rehersit, þat Banquhois posterite suld reioise þe crovne
be lang progressioun, he callit Banquho and his son Fleance
to ane supper, quhilkis suspeckitt na thing leß þan his
treson. Makbeth, quhen þe bankett wes done, thocht he
10 wald nocht slay þame oppinlie, for rumour of pepill, bot
laid ane band of armyt men to slay thame at þair return-

36A W. HARRISON: "THE HISTORIE OF SCOTLAND" (1587)

(~36/1-11) *Shortlie after*, he began to shew what he was, in
stead of equitie practising *crueltie*. For the pricke of conscience (*as it chanceth euer in tyrants, and such as atteine
to anie estate by vnrighteous means*) caused him euer to
5 feare, least he should be serued of the same cup, as he
had ministred to his predecessor. *The woords also of the
three weird sisters, would not out of his mind*, which as
they promised him the kingdome, so likewise did they promise
it at the same time vnto the *posteritie of Banquho. He
10 willed therefore the same Banquho with his sonne named
Fleance, to come to a supper* that he had prepared for
them, which was in déed, as he had deuised, present death
at the hands of certeine murderers, whom he hired to execute that déed, appointing them to meete with the same
15 Banquho and his sonne without the palace, *as they returned
to their lodgings, and there to slea them*, so that he

36 yng hayme. Thir men quhilkis war laid in waitt to þis
effect slew Banquho, nochtþeles Fleance eschapitt be cov-
irt of þe nycht, and sauffitt, as apperit, be singular
15 favoure of God to ane bettir fortoun.

Fleance, eschaping in þis wise, and seyng new waching
laid for his slauchter ilk daye, fled in Walis, quhair he
wes plesandlie ressauit be þe Prince þairof, and maid sa
familiar that he lay with þe Princes dochter, and maid
20 hir with childe. The Prince of Walis, fynding his dochter foulȝeitt, slew Fleance, and held his dochter, be-
caus scho consentit to his pleseir, in maist schamfull
seruitude. At last scho wes deliuer of ane son, namyt
Walter, quhilk grew finalie, quhill he was of xx ȝeris,
25 richt lusty, of gretar curage and spreitt þan ony man
þat wes nurist in landwert, as he wes. And þocht he was
haldin with þe Prince of Walis, his gudeserr, in law
estaitt, ȝite he had ane hye mynde, and abill to na thing

36A would not haue his house slandered, but that in time to
come he might cleare himselfe, if anie thing were laid to
his charge vpon anie suspicion that might arise.
20   It chanced yet *by the benefit of the darke night*, that
though the father were slaine, the sonne yet *by the helpe
of almightie God reseruing him to better fortune, escaped*
that danger: and afterwards hauing some inkeling (by the
admonition of some friends which he had in the court) how
25 his life was sought no lesse than his fathers, who was
slain not by chance medlie (as by the handling of the
matter Makbeth would haue had it to appeare) but euen vpon
a prepensed deuise: wherevpon to auoid further perill he
fled into Wales...

30   (~36/16-34)   Fleance therefore (as before said) fled into
Wales, where shortlie after by his courteous and amiable
behauiour, he grew into such fauor and estimation with the
prince of that countrie, that he might vnneath haue wished
anie greater; at length also *he came into such familiar*
35 *acquaintance with the said princes daughter*, that she
of courtesie in the end *suffered him to get hir with child*;
which being once vnderstood, hir father the prince conceiued such hatefull displeasure towards Fleance, that he
finallie *slue him, & held his daughter in most vile estate*
40 *of seruitude, for that she had consented* to be on this
wise *defloured* by a stranger. *At the last yet, she was
deliuered of a sonne named Walter*, who within few yeares
prooued a man *of greater courage and valiancie, than anie
other had commonlie béene found, although* he had no better
bringing vp than (by his *grandfathers* appointment) *among*

T36 mair þan to attempt grete chargis. It happynnit at last
  30   þat he fell at contencioun with his compan3eoun, quhilk
       obieckit to him that he was nocht gottin of lauchfull bed
       and for þat cauß he wes sa impacient þat he slew his com-
       pan3eon, and syne fled in Scotlannd to seyk support of
       his freyndis ...

  35   Na thing succedit happelie to Makbeth eftir þe slauch-
       ter of Banquho, for ilk man eftir his slaughter began to
       haif fere of þair lyfe, and durst nocht compere quhair
       he wes, throw quhilk followit ilk daye mor displeseir.
       For quhen þis tiran persauit all men havand him in dreid,
  40   he began to dreid all men in þe samyn maner, and be that
       way grew maist odius to his subdittis, slaying his no-
       billis be vane causis for breking of his new lawis, or
       ellis eschaieting þair gudis. And quhen he had gottin
       grete proffitte be slauchter & proscripcioun of his no-
  45   billis, he began to put his handis mair pertlie in þair
       blude, becaus þe proffitt þairof apperitt ilk day moir
       sweit. For euery man quhom he mystraistit war slayn be
       this waye, and þair gudis spendit on ane strang gard to

---

T36A *the baser sort of people. Howbeit he shewed* euer euen from
       his infancie, *that there reigned in him a certaine stout-*
       nesse of stomach, readie to attempt high enterprises.
            It chanced that falling out with one of his companions,
  50   after manie tawnting words which passed betwixt them,
       the other to his reproch obiected that he was a bastard,
       and begotten in vnlawfull bed; wherewith being sore kind-
       led, in his raging furie he ran vpon him and *slue him* out
       of hand. *Then* was he glad to *flée* out of Wales, and comming
  55   *into Scotland to séeke some friendship* there, he happen-
       ed into the companie of such Englishmen,...

            (~36/35-52)   *after* the contriued *slaughter of Banquho,*
       nothing prospered with the foresaid Makbeth: for in maner
       euerie man began to doubt his owne life, and durst vnneth
  60   *appeare in the kings presence;* and euen as there were
       manie that *stood in feare of him, so likewise stood he in*
       feare of manie, in such sort that he began *to make those*
       awaie by one surmized cauillation or other, whome he thought
       most able to worke him anie displeasure.

  65   At length *he found such swéetnesse* by putting his no-
       bles thus to death, that his earnest thirst after bloud
       in this behalfe might in no wise be satisfied: for ye must
       consider he wan double profit (as hée thought) hereby: for
       first they were rid out of the way whome he feared, and
       then againe his *coffers were inriched by their goods which*

`36 keip him fra iniuris of þame quhilkis had him in hattrent.
50 Forthar, þat he mycht invaid þe pepill with mair tyranny,
   he biggitt ane strang castell in þe hicht of Donsynnane,
   ane hill in Gowry, x mylis fra Perth...

   On þe samyn maner Makbeth, evir in fere of inymys
   for his tresonabill murdir, come haistlie with ane grete
55 power about Makduffis houß, and þai quhilkis war within
   þe houß, traisting na evill, randrit þe samyn sone eftir
   his cuming. Howbeit, he left na thing of his cruelte, bot
   slew baith Makduffis wyfe and his barnis with all vtheris
   personis quhom he fand in þat castell, incontinent con-
60 fiscatt Makduffis gudis, and put him to þe horne.

   Makduff, banyst in þis maner, fled in Ingland to
   Macolme Canmoir, to se gif he mycht fynd ony waye at his
   hand to revenge þe slauchter maid sa cruelly on his wyiff
   and bayrnis, and declarit finalie to Malcolme þe grete
65 oppressioun done to him be Makbeth, and schew als how
   þe said tiran wes richt odius to all his pepill for þe
   slauchter of his nobillis & commonis and vþeris sindry
   cruelteis nocht wourthy to be rehersitt. And quhen he saw

`36A *were forfeited* to his vse, whereby he might better main-
   teine *a gard of armed men about him to defend his person
   from iniurie of them whom he had in anie suspicion. Further,
   to the end he might the more cruellie oppresse his subiects*
75 *with all tyrantlike wrongs, he* builded a strong castell
   *on the top of an hie hill called Dunsinane, situate in
   Gowrie, ten miles from Perth...*

   (~36/53-69)   Immediatelie then, being aduertised whereabout
   Makduffe went, he *came hastily with a great power* into Fife,
80 and foorthwith besieged the castell where Makduffe dwelled,
   trusting to haue found him therein. *They that kept the
   house, without anie resistance opened the gates, and suffered him to enter, mistrusting none euill. But neuerthelesse* Makbeth most cruellie *caused the wife and children*
85 *of* Makduffe, *with all other whom he found in that castell,
   to be slaine. Also he* confiscated *the goods of* Makduffe,
   proclamed him traitor, and confined him out of all the
   parts of his realme; but Makduffe was alreadie escaped out
   of danger, and *gone into England vnto Malcome Cammore,*
90 *to trie what purchase hée* might make by means of his support, *to reuenge the slaughter so cruellie executed on his
   wife, his children,* and other friends. At his comming vnto
   Malcolme, *he declared* into what *great miserie* the estate
   of Scotland was brought, by the detestable cruelties exercised by the tyrant Makbeth, hauing committed *manie*

T36 Malcolme siche for compassioun of his sorrowis, he sayid:
70   'How lang sall þou suffer þe murdir of þi fader and vther
     freyndis to be vnpuneist? Quhen sall þou be saciatt with
     þe affliccioun of þi realme, quhilk, beand opprest, mycht
     nocht defend þe? ...

     Sone aftir Makduff send lettrez to þe nobillis of Scot-
75   land, schawin þe conspiracioun maid aganis þe tiran
     Makbeth, praying þame, sen Macolme was iust heritour to
     þe croun, to assist to him, þat he may recovir þe samyn.
     In þe mene tyme Macolme purchest þe Erle of Northumberland
     to cum with x^m men to help him to recovir his realme.
80   Thir tythingis cumin in Scotland drew þe nobillis in
     twa sindry faccionis, of þe quhilk þe tane assistit to
     Makbeth and this wther to Macolme, throu quhilk rayß
     oftymes frequent skarmising betuix þir partis, for þe
     nobillis quhilkis war of Malcolmez opinioun wald nocht
85   ieoparde þame to chance of batale quhill his cumin out
     of Yngland to þair support. Makbeth, seyng at last his

T36A *horrible slaughters and murders, both as well of the nobles*
      as commons, for the which *he was hated right mortallie of*
      all his liege people desiring nothing more than to be de-
      liuered of that intollerable and most heauie yoke of thral-
100   dome, which they susteined at such a caitifs hands.
         Malcolme hearing Makduffes woords, which he vttered
      in verie lamentable sort, *for méere compassion* and verie
      ruth that pearsed his sorowfull hart, bewailing the miser-
      able state of his countrie, *he fetched a deepe sigh...*

105   (~36/74-98)   *Soone after,* Makduffe repairing to the borders
      of Scotland, *addressed his letters* with secret dispatch
      vnto the nobles of the realme, declaring how Malcolme was
      confederat with him, to come hastilie into Scotland to
      claime the crowne, and therefore *he required them, sith*
110   *he was right inheritor thereto, to assist him* with their
      powers *to recouer the same* out of the hands of the wrong-
      ful usurper. In the meane time, Malcolme purchased such
      fauor at king Edwards hands, that old Siward earle of
      Northumberland was appointed with ten thousand men to
115   go with him into Scotland, to support him in this enter-
      prise, for recouerie of his right. *After these newes were*
      spread abroad in Scotland, the nobles drew into seuerall
      factions, the one taking part with Makbeth, and the other
      with Malcolme. Héerevpon insued oftentimes sundrie bicker-
120   *ings, & diuerse light skirmishes: for those that were*
      of Malcolmes side, would not ieopard to ioine with their
      enimies in a pight field, *till his comming out of England*
      to their support. But after that Makbeth perceiued his

36 inemyß incres ilk daye with mayr pyssance and his freyndis
grow leß, fled in Fife, and abaid with þe freyndis quhilkis war of his opinioun at Donsynnane, with purpoß to
90 fecht with his inemyß erar þan to fle out of þe realme
schamefullie but ony straik. His freyndis gaiff counsale
othir to tak peace with Macolme, or ellis to fle haistelie
with his tresour and gold in þe Ilis, quhair he mycht fee
sindry gret capitanis and cum agane with new army aganis
95 Macolme. Nochtþeles, he had sik confidence in his fretis
þat he belewit fermlie neuer to be wincust quhill þe
Wode of Binan war brocht to Donsynnan, nor ʒit to be
slane with ony man borne of ane woman.

Macolme, folloving haistlie on Makbeth, come þe nycht
100 afoir his wictorie to þe Wod of Birnane; and quhen his
army had refreschit þame ane schort tyme, he commandit
ilk man to tak ane branche of þe wod, and cum þe nixt
morow arrayt in þat samyn maner in þair inemys sicht.
Makbeth, seyng him cum in þis gyse, wnderstude þe prophecy was completit þat þe wiche schew to him, nochtþe-

---

36A *enimies power to increase,* by such aid as came to them
125 foorth of England with his aduersarie Malcolme, he *recoiled*
backe into Fife, there purposing to *abide* in campe forti-
fied, *at the castell of Dunsinane, and to fight with his*
enimies, if they ment to pursue him; howbeit *some of his*
friends aduised him, that it should be best for him,
130 *either to make some agréement with Malcolme, or else to*
flée with all spéed into the Iles, and to take his trea-
sure with him, to the end *he might wage sundrie great*
princes of the realme to take his part, & reteine strangers,
in whome he might better trust than in his owne subiects,
135 which stale dailie from him: *But he had such confidence*
in his prophesies, that he beléeued he should neuer be
vanquished, till Birnane wood were brought to Dunsinane;
nor yet to be slaine with anie man, that should be or
was borne of anie woman.

140 (~36/99-121) *Malcolme following hastilie after Makbeth,*
came the night before the battle vnto Birnane wood, and
when his armie had rested a while there to refresh them,
he commanded euerie man to get a bough of some trée or
other of that wood in his hand, as big as he might beare,
145 and to march foorth therewith in such wise, that *on the*
next morrow they might come closelie and without sight
in this manner within view of his enimies. On the morrow
when *Makbeth beheld them comming in this sort,* he first
maruelled what the matter ment, but in the end *remembred*
himselfe that the prophesie which he had heard long before

T36   les arrayt his men. Skarslie had his inymyß cassin fra
       þame þe branschis and cumand forthwert in batal, quhen
       Makbeth tuke þe flycht, on quhome follovit Makduff
       with gret haitrent, sayng: 'Tratour, now þi insaciabill
110 crewelte sall haue ane end!' Þan sayd Makbeth: Þou fol-
       lowis me in wayne, for nane þat is borne of ane wife may
       slay me.' Þan said Makduff 'I am þe samyn man, for I was
       schorne out of my moderis wayme'; incontinent schure of
       his heid, and brocht þe samyn on ane staik to Macolme.
115 This was þe end of Makbeth in þe xvij ȝeir of his regne,
       quhilk in þe begynnyng of his empire did mony proffi-
       tabill thingis for þe commoune wele, and sone aftir be
       illusioun off dewillis wes degeneratt fra his honest
       begynnyng in maist terribill crewelte, and slane fra þe
120 Incarnacioun jᵐ lxj, quhilk was in þe xvj ȝeir of þe
       proscripcioun of Malcolme.

———————

T36A   that time, of the comming of Birnane wood to Dunsinane
       castell, was likelie to be now *fulfilled. Neuerthelesse,*
       he brought his men in order of battell, and exhorted them
       to doo valiantlie, howbeit *his enimies had scarselie cast*
155 *from them their boughs, when Makbeth* perceiuing their
       numbers, *betooke him* streict *to flight, whom Makduffe*
       pursued with great hatred euen till he came vnto Lunfan-
       naine, where Makbeth perceiuing that Makduffe was hard at
       his back, leapt beside his horsse, *saieng: "Thou traitor,*
160 ... *now shall thine insatiable crueltie haue an end, for*
       I am euen he that thy wizzards haue told thée of, who was
       neuer borne of my mother, but *ripped out of her wombe*;"
       therewithall he stept vnto him, and slue him in the place.
       Then *cutting his head from his shoulders, he set it vpon*
165 *a pole, and brought it vnto Malcolme. This was the end*
       of Makbeth, after he had reigned 17 yeeres ouer the Scot-
       ishmen. *In the beginning of his reigne he accomplished*
       manie woorthie acts, verie profitable to the common-wealth
       (as ye haue heard) *but afterward by illusion of the diuell,*
170 *he defamed the same with most terrible crueltie. He was*
       slaine in the yéere of the incarnation, 1057, and in the
       16 yeere of king Edwards reigne ouer the Englishmen.

37A HENRY VIII: PROCLAMATION (1530)

Mense Junii, Anno regni metuendissimi domini nostri regis
Henrici octaui. xxii.

   A proclamation made and diuysed by the kyngis highnes,
with the aduise of his honorable counsaile, for dampning
5 of erronious bokes and heresies, and prohibitinge the
hauinge of holy scripture, translated into the vulgar
tonges of englisshe, frenche, or duche, in suche maner,
as within this proclamation is expressed.
   The kinge our most dradde soueraigne lorde, studienge
10 and prouidynge dayly for the weale, benefite, and honour
of this most noble realme, well and euidently perceiueth,
that partly through the malicious suggestion of our gostly enemy, partly by the yuell and peruerse inclination
and sedicious disposition of sundry persons, diuers her-
15 esies and erronious opinions haue ben late sowen and
spredde amonge his subiectes of this said realme, by
blasphemous and pestiferous englisshe bokes, printed in
other regions, and sent in to this realme, to the entent
as well to peruerte and withdrawe the people from the
20 catholike and true fayth of Christe, as also to stirre
and incense them to sedition, and disobedience agaynst
their princes, soueraignes, and heedes, as also to cause
them to contempne and neglect all good lawes, customes,
and vertuous maners, to the final subuersion and desola-
25 tion of this noble realme, if they myght haue preuayled
(whiche god forbyd) in theyr most cursed persuasions and
malicious purposes. Where vpon the kynges hignes, by his
incomparable wysedome, forseinge and most prudently
considerynge, hath inuited and called to hym the primates
30 of this his gracis realme, and also a sufficient nombre
of discrete vertuous and well lerned personages in diui-
nite, as well of either of the vniuersites, Oxforde and
Cambrige, as also hath chosen and taken out of other
parties of his realme: gyuinge vnto them libertie, to
35 speke and declare playnly their aduises, iudgementes,
and determinations, concernynge as well the approbation
or reiectynge of suche bokes as be in any parte suspected,
as also the admission and diuulgation of the olde and
newe testament translated in to englisshe. Wher vpon
40 his highnes, in his owne royall person, callynge to hym
the said primates and diuines, hath seriously and depely,
with great leisure and longe deliberation, consulted, de-
bated, inserched, and discussed the premisses: and finally, by all their free assentes, consentes, and agrementes,
45 concluded, resolued, and determined, that these bokes
ensuynge, That is to say, the boke entitled the wicked
Mammona, the boke named the Obedience of a Christen man,

the Supplication of beggars, and the boke called the
Reuelation of Antichrist, the Summary of scripture, and
50   diuers other bokes made in the englysshe tonge, and imprinted beyonde the see, do conteyne in them pestiferous
errours and blasphemies: and for that cause, shall from
hensforth be reputed and taken of all men, for bokes of
heresie, and worthy to be dampned, and put in perpetuall
55   obliuion. The kynges said highnes therfore straitly chargeth and commaundeth, all and euery his subiectes, of what
astate or condition so euer he or they be, as they wyll
auoyde his high indignacion and most greuous displeasure,
that they from hensforth, do not bye, receyue, or haue,
60   any of the bokes before named..., that he or they, within fyftene dayes next after the publisshynge of this
present proclamation, do actually delyuer or sende the
same bokes and euery of them, to the bisshop of the dio-
cese, wherin he or they dwelleth, or to his commissary,
65   or els before good testimonie, to theyr curate or par-
isshe preest, to be presented by the same curate or par-
isshe preest, to the sayd bisshop or his commissary.
And so doynge, his highnes frely pardoneth and acquiteth
them, and euery of them, of all penalties, forfaitures,
70   and paynes, wherin they haue incurred or fallen, by
reason of any statute, acte, ordinaunce, or proclamation
before this tyme made, concernynge any offence or trans-
gression by them commytted or done, by or for the kepynge
or holdynge of the sayde bokes.

37B EDWARD VI: PROCLAMATION (1547)

The xxiiij daie of Maie. A Proclamation, concernyng tale
tellers.

For so muche as the kynges highnes, the lord protector,
and the residue of the Kynges Maiesties counsaill is en-
5   formed, that there hath been nowe of late, diuerse leude
and light tales told, whispered, and secretly spred
abrode, by vncertain aucthors, in Markettes, Faires, and
Alehouses, in diuerse and sondry places of this realme,
of innouacions and chaunges in religion and ceremonies
10   of the Churche feined to be doen and appoyncted by the
Kynges highnes, the Lorde Protector, and other of his
highnes priuey Counsaill, whiche, by his grace or theim,
was neuer begon nor attempted, and also of other thynges
and factes, soundyng to the dishonor and slaunder of the
15   kynges moste royall maiestie, the Lorde Protectors grace,
and other the kynges moste honorable Counsaill, and no
lesse to the disquietnesse and disturbaunce of the kynges
highnes louing subiectes, contrary to diuerse wholsome

lawes and ordinaunces, vpon graue and weightie consider-
20 ations, heretofore made and ordeined by the kynges highnes moste noble progenitours, to reforme, punishe and
chastice, al maner of leude and vagaraunt persones,
tellyng and reportyng false newes and tales to the dis-
quietyng and disturbyng of the Kynges highnes, his
25 nobles and subiectes, of this Realme. The Kynges moste
royall Maiestie, by the moste circumspect and laudable
aduise, of his moste derely beloued vncle, Edward Duke
of Somerset, Lorde Protector of the Kynges maiesties
realmes, dominions and subiectes, & gouernour of his
30 moste royall persone, and other of his highnes priuey
counsaill, consideryng and graciously ponderyng, the
great hurt, damage, losse and disquietnes, emonges his
graces subiectes, which might ensue of suche false and
slaunderous tales and newes, and that nothyng is more
35 necessary, then to prouide and se, that good and wholsome
lawes be put in vre and full execucion, to the intent no
maner of person, maie, or shall haue iustly any occasion
to surmise, inuent, or disperse, any kynde of false tales
or newes, to the discorde or disturbaunce of the sub-
40 iectes of this realme: streightly chargeth and commaundeth, al maner of officers, ministers and iustices, that
the saied former lawes and statutes, be earnestly put
in execucion, that is to saie, that no maner or persone
from hencefurthe, be so hardie to finde, saie, or tell
45 any false newes, messages, or other suche false thynges
whereof discord, or any slander, might arise within this
realme, betwene the kyng, his people, or the nobles,
and that he that so doeth, shalbe kept in prisone, vntill he haue brought in him, which was the aucthor of
50 the tale...

38   ELIZABETH I: PROCLAMATION (1559)

❧By the Queene.

Oꝛaſmuche as the tyme wherein common Interludes in the Engliſhe tongue are wont vſually to be played, is now paſt vntyll Allhallontyde, and that alſo ſome that haue ben of late vſed, are

5   not conuenient in any good oꝛdꝛed Chꝛiſtian Common weale to be ſuffred. The Quenes Maieſtie doth ſtraightly foꝛbyd al maner Interludes to be playde eyther openly oꝛ pꝛiuately, except the ſame be notifiied befoꝛe hande, and licenced within any Citie oꝛ towne coꝛpoꝛate, by the Maioꝛ oꝛ other chiefe officers of the ſame, and within any ſhꝛe, by ſuche as ſhalbe Lieuetenaunts

10   foꝛ the Queenes Maieſtie in the ſame ſhyꝛe, oꝛ by two of the Juſtices of peax inhabyting within that part of the ſhire where any ſhalbe played.

    AND foꝛ inſtruction to euery of the ſayde officers, her maieſtie doth likewiſe charge euery of them as they will aunſwere: that they permyt none to be played wherin either matters of religion oꝛ of the gouernaunce of the eſtate of the commō weale ſhalbe hand

15   led oꝛ treated, beyng no meete matters to be wꝛytten oꝛ treated vpon, but by menne of aucthoꝛitie, learning and wiſedome, noꝛ to be handled befoꝛe any audience, but of graue and diſcreete perſons : All which partes of this pꝛoclamation, her maieſtie chargeth to be inuiolably kepte. And if any ſhal attempte to the contrary: her Maieſtie giueth all maner of officers that haue authoꝛitie to ſee common peax kepte in commandement, to ar

20   reſt and enpꝛiſon the parties ſo offending foꝛ the ſpace of fourteene dayes oꝛ moꝛe, as cauſe ſhall nede : And furder alſo vntill good aſſuraunce may be founde and gyuen, that they ſhalbe of good behauiour, and no moꝛe to offende in the like.

    AND further her Maieſtie gyueth ſpeciall charge to her nobilitie and gentilmen, as they pꝛofeſſe to obey and regarde her maieſtie, to take good oꝛder in thys behalfe wyth

25   their ſeriiauntes being players, that this her Maieſtics commaundement may be dulye kepte and obeyed.

    Yeuen at our Palayce of Weſtminſter the xvi. daye of Maye, the firſt yeare of oure Raygne.

Imprinted at London in Powles Churchyarde, by

30   *Richard Jugge* and *John Cawood* Printers to the
Quenes Maieſtie.

Cum priuilegio Regiæ Maieſtatis.

39 H. LATIMER: THE SERMON ON THE
PLOUGHERS (1549)

Amende therfore and ye that be prelates loke well to your
office, for right prelatynge is busye labourynge and not
lordyng. Therfore preache and teach and let your ploughe
be doynge, ye lordes I saye that liue lyke loyterers, loke
5   well to your office, the ploughe is your office and charge.
If you lyue idle and loyter, you do not your duetie, you
folowe not youre vocation, let your plough therfore be
going and not cease, that the ground maye brynge foorth
fruite. But nowe me thynketh I heare one saye vnto me,
10   wotte you what you say? Is it a worcke? Is it a labour?
how then hath it happened yat we haue had so manye hundred yeares so many vnpreachinge prelates, lording loyterers and idle ministers? Ye would haue me here to make
answere and to showe the cause thereof. Nay thys land is
15   not for me to ploughe, it is to stonye, to thorni, to
harde for me to plough. They haue so many thynges yat
make for them, so many things to laye for them selues
that it is not for my weake teame to plough them. They
haue to lay for them selues customes Cerimonyes, and
20   authoritie, plaeyng in parliamente and many thynges more.
And I feare me thys lande is not yet rype to be ploughed.
For as the saying is, it lacketh wethering this greare
lacketh wetheringe at leaste way it is not for me to
ploughe. For what shall I loke for amonge thornes but
25   prickyng and scrachinge? what among stones but stumblyng?
What (I had almost sayed) among serpenttes but stingyng?
But this muche I dare say, that sence lording and loytry-
ing hath come vp, preaching hath come downe contrarie to
the Apostells times. For they preached and lorded not.
30   And nowe they lorde and preache not.
   For they that be lordes wyll yll go to plough. It is
no mete office for them. It is not semyng for their state.
Thus came vp lordyng loyterers. Thus crept in vnprech-
inge prelates, and so haue they longe continued.
35   For howe many vnlearned prelates haue we now at this
day? And no meruel. For if ye plough men yat now be, were
made lordes they wolde leaue of theyr labour and fall to
lordyng outright, and let the plough stand. And then bothe
ploughes not walkyng nothyng shoulde be in the common
40   weale but honger. For euer sence the Prelates were made
Loordes and nobles, the ploughe standeth, there is no
worke done, the people sterue.
   Thei hauke, thei hunt, thei card, they dyce, they pas-
tyme in theyr prelacies with galaunte gentlemen, with
45   theyr daunsinge minyons, and with theyr freshe companions, so that ploughinge is set a syde. And by the lord-
inge and loytryng, preachynge and ploughinge is cleane

gone. And thus if the ploughemen of the countrey, were as
negligente in theyr office, as prelates be, we shoulde
50 not longe lyue for lacke of sustinaunce. And as it is
necessarie for to haue thys ploughinge for the sustenta-
cion of the bodye: so muste we haue also the other for
the satifaction of the soule, or elles we canne not lyue
longe gostly. For as the bodie wasteth & consumeth
55 awaye for lacke of bodily meate: so doeth the soule
pyne away for default of gostly meate.

40 H. MACHYN: DIARY (1557)

The vij day of Junj was a proclamassyon in london by yᵉ
quen grace, of yᵉ latt duke of Northumberland was sup-
portyd & furdered by Henry yᵉ Frenche kyng and ys
menysters, & by yᵉ heddes of dudley, asheton, and by
5 yᵉ consperacy of Wyatt & ys trayturs band & yᶻ sayd
kynges mynysters dyd secretly practysse and gyff &
they favorabull wᵗ trumpeters blohyng, & a x harroldes
of armes, & wᵗ my lord mayre & yᵉ althermen; & by yᵉ
lat stafford & wᵗ odur rebelles whom he had interteynyd
10 in ys rayme, & dyver odur mo yᵉ wyche be ther yett
on taken...
The viij of Junj cam a goodly prossessyon vnto
powlles & dyd oblassyon at yᵉ he auter sant clementes
parryche wᵗ out tempyll bare, with iiijˣˣ baners &
15 stremars & yᵉ whettes of yᵉ cete playing and a iijˣˣ
copes and prest & clarkes, and dyuer of the ennes
of yᵉ cowrt whent next yᵉ prestes: & then cam yᵉ
parryche wᵗ whytt rodes in ther handes and so bake
agayne wᵗ the whettes playng, & prestes & clarkes
20 syngyng home warde.
The x day of June yᵉ kyng & yᵉ quen toke ther jor-
ney toward hamtun cowrte for to hunt & to kyll a grett
hartt wᵗ serten of yᵉ consell & so yᵉ howsswold tared
at yᵉ whytt hall tyll yᵉ saterday ffolowhyng they came
25 a gayne to whytthall.
The xvj day of Junij my yong duke of Norffoke rod
abrod & at stamfford hyll my lord havyng a dage hangyng
on ys sadyll bow & by mysse ffortune dyd shutt yt & yt
on of ys men yᵗ ryd a for & so by mysse fforten ys
30 horsse dyd fflyng, & so he hangyd by on of ys sterope
& so thatt yᵉ horsse knokyd ys brayns owtt wᵗ fflyngyng
owtt wᵗ ys leges...
The xviij day of Junj was ij cared to be bornyd beyonde sant gorgeus almust at Nuwhyngtun ffor herese &
35 odur matters.
The xix day of June was bered in yᵉ parryche of sant
benett sheyroge old masters Hall, the mother of master

Edward Hall, of Gray in, ye wyche he sett fforthe the
cronnacle the wyche hes callyd master Hall cronnacull
40 & she dyd giue sserten good gownes boyth for men and
vomen a xx & ij ffeyre whytt branchys and x stayffes
torches & master Garrett & my lade behyng secturs &
my lade War... & master mosscar and ys wyff and dyuer
odur had blake gownes.

41 R. LANEHAM: A LETTER (1575)

Me thought it my part sumwhat to empart vnto yoo, hoow
it iz héer with me, & hoow I lead my life, which in
deed iz this.
      A mornings I rize ordinarily at seauen a clok: Then
5 reddy, I go intoo the Chappell: soon after eyght, I get
me commonly intoo my Lords Chamber, or intoo my Lords
prezidents. Thear at the cupboord after I haue eaten y^e
manchet, serued ouer night for liuery (for I dare be az
bolld, I promis yoo, az any of my freends the seruaunts
10 thear: and indéed coold I haue fresh if I woold tary,
but I am of woont iolly & dry a mornings) I drink me vp
a good bol of Ale: when in a swéet pot it iz defecated
by al nights standing, the drink iz ye better, take that
of me: & a morsell in a morning with a sound draught iz
15 very holsome and good for the eysight. Then I am az
fresh all ye forenoon after, az had I eaten a hole pées
of béef. Noow syr, if the Councell sit, I am at hand,
wait at an inch I warrant yoo If any make babling, peas
(say I) wot ye whear ye ar? if I take a lystenar, or a
20 priar in at the chinks or at ye lokhole, I am by & by
in the bones of him, but now they keep good order, they
kno me well inough: If a be a fréend or such one az I
lyke: I make him sit dooun by me on a foorm, or a rheast,
let the rest walk a Gods name.
25 And héer doth my langagez now and than stond me in
good sted, my French, my Spanish, my Dutch, & my Latten:
sumtime amoong Ambassadours men, if their Master be within with the Councel, sumtime with the Ambassadour himself,
if hee bid call hiz lacky, or ask whats a clok, and I
30 warrant ye I aunswer him roundly that they maruell to see
such a fello thear: then laugh I & say nothing. Dinner &
supper I haue twenty placez to go to, & hartly prayd to:
And sumtime get I too Master Pinner by my faith a worshipfull Gentlman, and az carefull for his charge az any hir
35 highnez hath: thear find I alway good store of very good
viaunds we eat and bee merry thank God & the Quéene. Himself in féeding very temperat & moderat az ye shall sée
ony: and yet by your leaue of a dish, az a colld pigeon
or so, that hath cum to him at meat more than he lookt

40 for, I haue seen him éen so by and by surfit, az he hath
pluct of hiz napkin, wyept his knife, & eat not a morsell
more: lyke ynoough to stik in hiz stomake a too dayz after...
    But alwayez among the Gentlwemen by my good will
(O, yee kno that cum alweyez of a gentle spirite) & when I
45 sée cumpany according than can I be az lyuely to, sum-
tyme I foote it with daunsing: noow with my Gittern, and
els with my Cittern, then at the Virginalz: ye kno nothing
cums amisse with mee: then carroll I vp a song withall:
that by and by they com flocking about me lyke béez too
50 hunny: and euer they cry, anoother good Langham anoother.
Shall I tell yoo? when I sée Misterz - (A, sée a madde
knaue, I had almost tollde all) that gyue shee onz but an
ey or an ear: why then, man, am I best, my grace, my courage, my cunning iz doobled:. .
55   Héerwith ment I fully to bid ye farewell, had not
this doubt cum to my minde, that heer remainz a doout in
yoo, which I ought (me thought) in any wyze to cléer.
Which, iz, ye maruel perchauns to see me so bookish. Let
me tell yoo in, few woords: I went to scool forsooth both
60 at Pollez, & allso at saint Antoniez: in the fifth
foorm, past Esop fabls iwys, red Terens. *Vos istæc intro
auferte*, & began with my Virgill *Tytire tu patulæ*. I coold
conster & pars with the best of them syns, that (az partly
ye kno) haue I traded the feat of marchaundize in sundry
65 Cuntreyz, & so gat me Langagez: which do so littl hinder
my Latten, az (I thank God) haue mooch encreast it. I haue
leizure sumtime, when I tend not vpon the coounsell: whear-
by, now Look I on one booke, noow on an other. Stories I
delight in, the more auncient & rare, the more likesum
70 vntoo me: If I tolld ye, I lyked William of Malmesbery
so well, bicauz of hiz diligenz & antiquitée...

42 ELIZABETH I UND JAMES VI:
BRIEFWECHSEL (1586-8)

(Elizabeth to James, ca. 1 Feb., 1586-7)
Be not caried away, my deare brother, with the lewd per-
swations of suche, as insteade of infowrming you of my
to nideful and helpeles cause of defending the brethe
that God hath given me, to be better spent than spilt by
5 the bloudy invention of traitors handz, may perhaps make
you belive, that ether the offense was not so great, or
if that cannot serue them, for the over-manifest triall
wiche in publik and by the greatest and most in this land
hathe bine manifestly proved, yet the wyl make that her
10 life may be saved and myne safe, wiche wold God wer true,
for whan you make vewe of my long danger indured thes
fowre - wel ny fiue - monethes time to make a tast of, the

greatest witz amongs my owne, and than of French, and
last of you, wyl graunt with me, that if nide wer not mor
15 than my malice she shuld not have her merite.
And now for a good conclusion of my long-taried-for
answer. Your commissionars telz me, that I may trust her
in the hande of some indifferent prince, and have all her
cousins and allies promis she wil no more seake my ruine.
20 Deare brother and cousin, way in true and equal balance
wither the lak not muche good ground wither suche stuf
serves for ther bilding. Suppose you I am so mad to
truste my life in anothers hand and send hit out of my
owne? If the young master of Gray, for curring faueur
25 with you, might fortune say hit, yet old master Mylvin
hath yeres ynough to teache him more wisdome than tel a
prince of any jugement suche a contrarious frivolous
maimed reason. Let your councelors, for your honour, dis-
charge ther duty so muche to you as to declaire the absur-
30 ditie of such an offer; and, for my part, I do assure
myselfe to muche of your wisdome, as, thogh like a most
naturall good son you charged them to seake all meanes
the could deuis with wit or jugement to save her life,
yet I can not, nor do not, allege my fault to you of thes
35 persuations, for I take hit that you wil remember,
that advis or desiars aught ever agree with the surtye
of the party sent to and honor of the sendar, wiche whan
bothe you way, I doute not but your wisdome wil excuse my
nide, and waite my necessitie, and not accuse me ether of
40 malice or hate.
And now to conclude. Make account, I pray you, of my
firme frindeship loue and care, of which you may make sure
accownt, as one that never mindz to faile from my worde,
nor swarve from our league, but wyl increase, by all good
45 meanes, any action that may make true shewe of my stable
amitie; from wiche, my deare brother, let no sinistar
whisperars, nor busy troblars of princis states, persuade
to leave your surest, and stike to vnstable staies. Suppose them to be but the ecchos to suche whos stipendaries
50 the be, and wyl do more for ther gaine than your good.
And so, God hold you ever in his blessed kiping, and make
you see your tru frinds. Excuse my not writing sonar, for
paine in one of my yees was only the cause.
Your most assured lovinge sistar and cousin ELIZABETH R.

(James to Elizabeth, March 1586-7)
55 Madame and dearest sister, Quhairas by your lettir and
bearare, Robert Carey youre seruand and ambassadoure, ye
purge youre self of yone unhappy fact. As, on the one
pairt, consideddring your rank and sex, consanguinitie and
longe professed good will to the defunct, together with
60 youre many and solemne attestationis of youre innocentie,

I darr not wronge you so farre as not to iudge honorablie
of youre unspotted pairt thairin, so, on the other syde,
I uishe that youre honorable behauioure in all tymes heir-
after may fully persuaide the quhole uorlde of the same.
65 And, as for my pairt, I looke that ye will geue me at
this tyme suche a full satisfaction, in all respectis,
as sall be a meane to strenthin and unite this yle, establish and maintaine the treu religion, and obleig me to
be, as of befoire I war, youre most louing...
70   This bearare hath sumquhat to informe you of in my name,
quhom I neid not desyre you to credit, for ye knou I loue
him.

(*Elizabeth to James, August 1588*)
Now may appeare, my deare brother, how malice conioined
with might strives to make a shameful end to a vilanous
75 beginning, for, by Godz singular fauor, having ther flete
wel-beaten in our narow seas, and pressing, with all violence, to atcheue some watering place, to continue ther
pretended invation, the windz have carried them to your
costes, wher I dout not the shal receaue smal succor and
80 les welcome; vnles thos lordz that, so traitors like,
wold belie ther owne prince, and promis another king re-
liefe in your name, be suffred to live at libertye, to
dishonor you, peril you, and aduance some other (wiche
God forbid you suffer them live to do). Therfor I send
85 you this gentilman, a rare younge man and a wise, to
declare vnto yov my ful opinion in this greate cause,
as one that neuer wyl abuse you to serve my owne turne;
nor wyl you do aught that myselfe wold not perfourme if
I wer in your place. You may assure yourselfe that, for
90 my part, I dout no whit but that all this tirannical
prowd and brainsick attempt wil be the beginning, thogh
not the end, of the ruine of that king, that, most unking-
ly, euen in midz of treating peace, begins this wrongful
war. He hathe procured my greatest glory that ment my
95 sorest wrack, and hathe so dimmed the light of his svn-
shine, that who hathe a wyl to obtaine shame let them kipe
his forses companye. But for al this, for yourselfe sake,
let not the frendz of Spain be suffred to yeld them forse;
for thogh I feare not in the end the sequele, yet if, by
100 leaving them unhelped, you may increase the Englisch
hartz unto you, you shal not do the worst dede for your
behalfe; for if aught shuld be done, your excuse wyl play
the *boiteux*; if you make not sure worke with the likely
men to do hit. Looke wel unto hit, I besiche you.
105   The necessity of this matter makes my skribling the
more spidye, hoping that you wyl mesure my good affection
with the right balance of my actions, wiche to you shalbe
euer suche as I haue professed, not douting of the reci-

proque of your behalfe, according as my last messengier
110 unto you hathe at large signefied, for the wiche I ren-
dar you a million of grateful thankes togither, for the
last general prohibition to your subiectz not to fostar
nor ayde our general foe, of wiche I dout not the obseruation if the ringeleaders be safe in your handz; as
115 knoweth God, who euer haue you in his blessed kiping,
with many happy yeres of raigne.
    Your most assured louing sistar and cousin ELIZABETH R.
To my verey good brother the king of Scottz.

(James to Elizabeth, Sept. 1588)
Madame and dearest sister, The suddaine pairting of this
120 honorable gentleman, youre ambassadoure, upon thaise
unfortunatt and displeasant neuis of his onkle, hes mouit
me with the more haist to trace theis feu lynes unto you;
first, to thanke you, as uell for the sending so rare a
gentleman unto me, to quhose brother I was so farre be-
125 holden; as also, for the tayce sendin me such summes
of money, quhiche, according to the league, I sall thank-
fullie repaye with forces of men, quhensoeuer youre
estait sall so requyre, according as my last letter hath
maid you certified; not doubting but, as ye haue honor-
130 able begunn, so ye uill follou foorth youre course to-
uardis me, quhiche thairby I shall so procure the con-
currence of all my goode subjectis with me in this course
as sall make my friendshippe the more steadable unto you.
The next is to pray you most hairtly, that in any thing
135 concerning this gentleman fallin out by the death of
his onkle, ye will haue a fauorable consideration of him
for my sayke, that he may not haue occasion to repent him
of his absence at suche a tyme. All other things I remitt
to his credite, praying you to thinke of me as of
140 one quho constantlie shall contineu his professed
course, and remaine,
    Youre most louing and affectionat brother and cousin,
        JAMES R.

Postcrip. I thocht goode, in kaice of sinistre reportis,
145 madame, hereby to assure you that the Spanishe flete
neuer entered uithin any roade or heauen within my dominion, nor neuer came uithin a kenning neere to any of my
costis.

43 A. DAY: THE ENGLISH SECRETORIE (1586)

*CAP. II: WHAT IS CHIEFLY TO BE RESPECTED IN FRAMING
OF AN EPISTLE*

For somuch as by the necessarye vse of letters before layd
downe, a commendable maner of writing & orderly framing

of the same, hath in some sort been already remembred:
it shal not be amisse in continuing the intended order
5 hereof, that in this chapter we do now more fully indeuour
to aunswere the purpose, therein supposed. For the better
manifestation of which, & to the intent the ignorant and
studious herein, may by degrees be led to the attaining
of that which vnto the matter therof may be approued most
10 conuenient: I haue first thought good to draw vnto your
consideration, certaine speciall points in this action
of all other principally to be regarded. It shall then
beseme that for such performance the better to enable him
whose forwardnes requireth the same, these three notes
15 in writing of all maner of Epistles be chiefly admitted.
First aptnes of wordes & sentences respecting that they
be neat and choisly piked, orderly laid downe & cunningly
handled, next breuity of speach according in matter
& dilation to be framed vpon whatsoeuer occurrent: lastly
20 comelines in deliuerance, concerning the person and cause,
whervpon is intended the direction to be framed. These
three, as they are seldome in our common vse of writinge,
amonge the ignorant at any time pursued, so vnto him that
desireth by skilfull obseruation and practize, to become
25 therin more wary and circumspect, are greatlye auaileable
to be vsed. And that we may the more conueniently distin-
guishe each part of these properties in sort as they are
to bee followed, we will first in the course of this
Chapiter examine and laye out the seuerall distinctions,
30 wherein this kinde of aptnes is principally to be considered.
      As nothing therefore in the common vse and conuersation
of men deserueth more praise, then that which is well ordered, and according to the time place and presence vsual-
35 ly appointed and discreetly furnished: so in this matter
of writing Epistles, nothing is more disordered, fonde,
or vaine, then for anye one, of a thinge well done, to
take forth a president, and thinke to make vnto him selfe
thereof, a common platforme for euery other accident, who
40 without consideration of the grauity or lightnes of
the cause he taketh in hand (much like vnto a foolish
Shoemaker, that making his shoes after one fashion, quan-
titye and proportion: supposeth the same forthwith of
abilitie fitte to serue euery mans foot) includeth in
45 like sort a common methode vnto euery matter. Such imitators who rather by rote then reason make hauocke of wit
with purchase of small discretion, by such vnnecessary
capitulations, beeing often times farre different from
their owne intended purposes, are better prepared to de-
50 liuer vnto viewe, the ridiculous Pike of *Horace* with an
Asses heade monstrouslye shaped, whereat the Readers may
laugh, and euery one may sport, then certainely to manifest

their argument with such correspondent speaches as
thervnto may be deemed incident.
55   To auoyd this so great and hard an imperfection, it
shall speciallye behoue him that endeuoureth well to write,
aduisedly with him selfe first to consider, the foremost
motion inducing argument to the cause whereof he is intended to debate, and beeing well studied and read in the
60 purest and best kind of writers, (wherof great plenty do
now remaine in our English tongue) seeke to frame his
inuention accordaunt to the example herein for that purpose (or to the like effect) before him deliuered, not in
the selfe same speaches, but in the selfe same order (the
65 intendment whereof was not otherwise layd downe, but
onelye to such an ende, and for the like obseruation)
which order beeing distinguished in the seuerall partes
of euery Epistle, shall conduct the follower, to what
ende, and vpon what occasion, each matter therein was in
70 that sort particularly framed.
    Next let him deliberate with him selfe, how much or
how greatlye importeth the matter he taketh in hande, to
whom he writeth the same, and what in the handling therof
it shall principally concerne, that according to the vali-
75 ditie or forceles conceit of the same, the matter of his
Epistle by aptnes of wordes may be measured and composed:
Hereon lyeth the chiefest waight & burthen of each mans
discretion, wherevnto oportunitye also seemeth a thing
so necessary to be adioyned, as laboring the one perfectly,
80 and attending the other circumspectly, I see no reason,
but he that can frame him selfe to the varietie of these,
may with greater facilitie reache vnto the reste, the better to enhable him selfe hereafter if aduauncement draw
him to it to become a Secretorie.
85 And in asmuch as Letters are onely messengers of each
mans intendments, it shalbe as apt vnto euery one, as anye
aptnes of wordes in anye of them to bee deliuered, to take
notice of time and place, needfull to giue opportunity to
whatsoeuer in suche occasions by him continuallye to bee
90 handled, the necessarye consideration whereof, because
the same also somewhat hereunto importeth, I will in place
conuenient, where more at large the same may be required,
endeuour to enlarge it, pursuing in the meane tyme as in
this Chapter intended, the purposes therein to bee con-
95 sidered.
    Now the matter and importance of your letter thus
deliberately aduised, the best forme and manner of deliu-
ery shal then next to the same be considered. Wherin it
appeareth that kinde of writing to haue bene deemed al-
100 wayes most excellent that in sentences is most exquisite,
in words of the best choyce, and the same most effectual,
which to the argument, place, time, and person, is

most meet and appertinent, which entreating of hye matters is weighty, in meaner causes neate and pliable, in
105   the lowest plesaunt and more familiar, in iesting that
procureth cause of delight, in praising commendable, in
stirring vehement and bold, in aduising gentle and frend-
ly, in perswasion sententious, and vsing grauitie, in nar-
ration playne and resolute, in requiring shamefast, in
110   commending officious, in prosperous causes glad, in
troubles serious and more sad. And finally, that attem-
parating vnto euery circumstance their sundry motions,
in such fashion and order as vnto the matter therof is
most consonant, can most fitly and redely deliuer the
115   same vpon whatsoeuer occasion to be ordered.

And herein is especially to be considered, that of what
validitie or inualiditie soeuer, the matter to be dis-
coursed or written of may appeare, and to whomesoeuer of
hye meane or low accompt the same shall passe or be di-
120   rected, that the aptnes of speach be therein so deemed,
as ye choysest and best maner of speaking may to euery
of these occasions be admitted. For a weightie cause,
and common direction, may not all in one kinde of termes
be deliuered, neyther is it fit that in a letter framed
125   to one of good calling, a man should therein deale with
him in speeches: as when he directeth his seruaunt to
seeche a peece of saltfish, or dresse a messe of potage,
but such shalbe the stile as is the account of the partie
to whome it must goe, and the weight of the cause that is
to be handled, that is loftie when it is required, neate,
130   pliable, or more meane, if so it ought to be respected,
onely prouiding that whatsoeuer or to whome soeuer we
write, we alwayes giue our selues as neere as may be, to
the moste likely and best kinde of deliueraunce, auoyding
all nicenesse and farre fet fines to be vsed therein,
135   the matter hereof being but such, as if a man would by
orderly speache, eyther weightily, grauely, pleasantly,
or familiarly, discourse or commune of his affaires re-
spectiuely, touching the person & cause, and in no poynt
otherwise. This onely difference in letters as in all
140   other speaches, that eche man studie for his indeuour
to write commendably, as in speeche he gaineth moste
praise that speaketh most excellently.

AN EPISTLE MONITORIE TO A FATHER,
TOUCHING THE LEWD AND ILL DEMEANOR OF HIS SONNE.

145   *Exordium.* Though it seeme an approued follye to caste
pearles before swine, or to offer a golden saddle to an
Asses backe; yet (not that I thinke either the Sowe worthy
of the pearles, or the Asse fit for the saddle), I haue
written vnto you, the one reason to manifest vnto you,

150   the vile and bad parts of your sonne whereof you
will take no notice, and of which this letter heerein
closed shall beare sufficient testimony, the other for
charities sake, to admonish you which are his father,
to his benefit & timely looking to, to winde him from
155   that, which by small sufferance may breed your woes
and his irrecuperable destruction.

Propositio. I haue vnderstoode that hauing beene found
heretofore in the like pilfering with two M. that he
serued, and the secreat information thereof being brought
160   to your eares, you misliked his courtesie that tolde you,
iustefied the matter to be false that was deliuered you,
and not so much as examining the action at all (which a
good father would haue done by all maner of industry) you
allowed your sonne for honest, and affirmed that it was
165   vnpossible he shoulde enter into any such theiuerie.

Distributio. If I see the childe of such a father come
to an euill ende I will not maruaile at all, seeing that
besides the ordinary inclinations alreadye graffed in
his yong yeares, his parentes are content by winking at
170   it, to giue him furtheraunce, and in maner to affirme
that it shall so be, insomuch as thereby seemeth, the
sonne hath sworne he will neuer liue honestlye, and the
father hath promised that he will set him forward to
Tiburne for his vilany. Is it reason that men (of zeal
175   and conscience) should go about to pitty their misfor-
tunes, who haue protested neuer by compassion to preuent
in them selues, the iust and appropriate reward of their
own euils?

Dicæologia. What shal I say to the vnhappy father of
180   such a sonne, or rather vnhappy childe of such a father,
whether shal I forwarne him or thee, the one purposing,
the other animating, to what vnto ech of you in the end
must become a particular desolation? Truly these things
wil not continue, they cannot long hold.

185   *Finitio.* Wel (not in respect that either of you haue
deserued so much at my hands) but for pitties sake, I am
content to beare with your infirmities, and (so you wil
not vrge me to your owne harmes) by your courteous,
though not so much as honest vsage (for honesty willeth
190   I should haue mine owne againe, or reasonable recompence)
wil part with my losses: but yet therwithall warne you
(to which ende I haue written this letter) that you
preuent your mischeiues betimes, you do consider the
successe of your owne harmes,

195   *Adagium. so long the pot goeth to the riuer, that at
last it commeth broken home,* euerye man will not deale
with you as I doe.

Confirmatio. It can not chuse but you must needes know,
nay rather be a partaker of your sons euils, how euer
200 you dissemble with the world, & face out the matter before people. *God when be striketh, smiteth home*, you
will els repent it, for it will none otherwise be.

Mitigatio. Because I haue yet some hope, that by
driuing into your conceipt the enormity hereof, and dis-
205 couering the packe which you said was lockt vp from your
seeing, I haue hoped that at the least wise for the feare
of God & to saue him from the gallowes you wil endeuor
to chastise him. I haue lent this bearer, who can inform
you of the truth, time & place of that which you go about
210 to shrowd vp so couertly, and if afterwards you will
not bridle him, I protest his shameles forhead must be
corrected by iustice, and the lawes must further passe
vpon him. Surely, not for enuy of the person, but for
the shameles brow he beareth, as one that had don none
215 offence. to prouoke me by euil vsage to blaze his faults,
that otherwise by good councel would haue couered them.
I think it a deed meritorious to haue him punished.

Epilogus. If you haue a desire as a father to cherish
him, haue regard as a friend betimes to correct him,
220 otherwise you shal soner see him come to shame then any
waies climb vnto credit. But for ought I can heare both
father and mother are so addicted to the bolstring of his
doings as that it semeth they haue already vowed their
infamy to the worlde, and his lyfe to the gallowes. Good
225 councel may do much, & thogh in tast I seeme a bitter
enemy, the proof in trial shal be better then a fawning
friend.

44 A. BOORDE: THE BREUIARY OF HELTHE (1547)

THE BREUIARY OF HELTHE, FOR ALL MANER OF SYCKENESSES AND
DISEASES THE WHICHE MAY BE IN MAN, OR WOMAN DOTH FOLOWE.
EXPRESSYNGE THE OBSCURE TERMES OF GREKE, ARABY, LATYN,
AND BARBARY, INTO ENGLYSH CONCERNING PHISICKE AND CHIER-
5 *URGYE COMPYLED BY ANDREW BOORD OF PHYSICKE DOCTOUR AN*
ENGLYSH MAN

A PROLOGE TO PHISICIONS

Egregiouse doctours and maysters of the Eximiouse and
Archane Science of Phisicke of your Vrbanyte Exasperate
10 nat yourselfe againste me for makynge of this lytle volume of phisicke. Consideryng that my pretence is for an
vtilite and a comon welth. And this nat onely but also
I do it (for no detriment) but for a preferment of your
laudable science that euery man shuld esteme, repute,

15 and regarde, the excellent faculty. And also you to be
extolled and hyghly to be preferred that hath and dothe
study practyse, and labour, this sayde archane science,
to ye whiche none marciouse persons can nor shal attynge
to the knowlege: yet this natwithstanding fooles and
20 incipient persons, ye and many ye whiche doth thynke
them selfe wyse (the whiche in this faculte be fooles
in dede) wyll enterpryce to smatter & to medle to ministre medecynes, and can nat tell how when, and what
tyme the medecine shuld be ministred, but who is bolder
25 then blynd Bayerd, for a Lady, a gentylwoman, a blind
prest, a fye on such a one now a daies wyl practyse other
by a blynde boke, eyther els that they haue ben in
the company of some doctoure of phisicke, or els hauynge
an Auctour of phisicke, or Auctours and wyll ministre
30 after them, and can nat tel what the auctour ment in
his ministration. The philosopher sayth, when the philosopher dothe make an ende, the phisicion dothe begyn,
where shall he or she begyn that can but wryte and rede
and dothe vnderstande lytle lerninge or none.
35   O lord what a great detriment is this to ye noble science of phisicke that ignoraunt persons wyll enterpryce
to medle with the ministration of phisicke y^t Galen
prince of phisicions in his Terapentyk doth reprehend
and disproue sayeng. Yf phisicions had nothing to do with
40 Astronomy, Geomatry, Logycke, and other sciences, Coblers,
Curryars, of ledder, Carpenters and Smythes and such maner
of people wolde leue theyr craftes, and be phisicions,
as it appereth nowe a dayes that theyr by many Coblers,
be fye on such ons ...
45   Auenzoar sayth euery phisicion ought to knowe fyrst
lernynge and then practyce, that is to saye fyrste to haue
gramer to vnderstand what he doth rede in latyn. Than to
haue Logycke to discusse or dyffine by argumentation the
trouth from the falshod, and so econuerse. And then to
50 haue a Rethorycke or an eloquent tonge the whiche shulde
be placable to the herers of his worde. And also to haue
Geomatry, to ponder & way the dregges or porcions the
whiche ought to be ministred. Arythmetrycke is necessary
to be had concerninge numeration but aboue al thynges
55 next to gramer a phisicion muste haue surely his Astronomy to knowe howe whan & what tyme euery medecine ought
to be ministred. And than fynally to knowe naturall philosophy, the which consysteth in the knowlege of natural
thynges. And al these thinges had, than is a man apt to
60 study phisicke by speculacion. And speculacion obtayned
than boldly a man maye practyse phisicke. And who so euer
he or she be that wyl practyse phisicke in ministryng
medecines and nat hauyng these aforesayde sciences, shal
kyll many more than he shall saue, for and any suche

65 blynd phisicion helpe or heale one person, the person
so heled, is heled more by chaunce than by any cunnynge,
euen lyke as the blynde man doth cast his staffe, per-
auenture he hyt ye thynge that he doth cast at, perauen-
ture nat hit it ...

70 *A PROHEME TO CHIERURGIONS*

Chierurgy is a laudable science, and worthy to be estemed
& regarded for ye great vtilitie of it, for it is a science vrgent, nedefull, and necessary, for the preseruation
of mans lyfe, wherefore maysters of Chierurgy ought to be
75 expert in theyr facultie, hauynge good wyttes & memory,
euermore to be diligent & tendable about theyr cures, and
to be of a good iudgement in the knowynge of the disease,
and to minister such salues and medecines as is accordynge to the infyrmyte, syckenes, or sore. Also they must
80 haue a good eye and a stedfast hande... Also Chierurgions
ought to be wyse, gentyll, sober, and nat dronken, circumspect, and lerned, and to promyse no more than they
be able to performe with goddes helpe, and nat to be
boystiouse aboute his pacientes but louyngly to comfort
85 them. Also euery Chierurgion ought to know the complexion
of his pacient, and to consyder the age, the weaknes, and
strength, and diligently to consyder yf the sickenes, sore,
or impedyment, be perticuler by him selfe: or els that it
haue any other infyrmyte concurraunt with it: or els that
90 the sicnes in the exteriall partes haue any fedyng from
the interyall partes, and that they be circumspect in
insycyons and Scaryfycations and Flebothomy, and sure in
Anothomy, and in no wyse to let blode in any particuler
place theyr where ye signe hath any dominion. Forthermore
95 Chierurgions must be circumspect in serchynge grene
woundes that be festered and fystylyd, and that they clen-
se and skoure the woundes from all corruption, and that
they heale nat ye woundes to quycly makyng the wound hole
aboue and false vnderneth. And in any wyse let them be
100 sure in serchyng of the depnes of woundes and fystles,
and accordynge to the deepnes to make the tentes. Moreouer Chierurgions must knowe the oposicion and the con-
iunction of the mone, and in what signe ye mone is in
euery day, and to knowe what sygnes be attractyue, what
105 signes by recentyue, what signes be expulcyue, and what
signes be dygestiue. Also they muste knowe the operation
of all maner of breades, of drynkes, and of meates. And
to haue euer in a redynes theyr instrumentes and theyr
salues and theyr oyntmentes, and in periculus causes one
110 Chierurgion ought to consult with an other, and to haue
the counsell of a doctour of phisicke, for there is no
man can be to sure to helpe a man as god knoweth who kepe
vs all Amen.

A PREAMBLE TO SYCKE MEN AND TO THOSE THAT BE WOUNDED

115 I do aduertyse euery sycke man, and al other men the
    whiche hathe any infyrmite sicknes or impediment, aboue
    all thynges to pacify him selfe, or to arme him selfe
    with pacience, and to fixe his harte and mynd in christes
    death & passion and to call to his remembraunce, what
120 paines, what aduersyte, and what penury, and pouertye
    Christ dyd suffer for vs. And he that can thus pacyfy
    him selfe, and feele his owne payne in christes passion,
    shal mitigate his paynes and anguyshe be it neuer so
    great. And therfore let euery sycke person stycke as fast
125 to Christ in his paynes and sickenes as Christ dyd stycke
    fast to the crosse for our synnes and redempcion. And
    than yf the pacient wyll haue any councell in phisicke.
    Fyrste let him call to him his spyrytuall phisicion
    which is his goostly father, and let him make his con-
130 science clene and that he be in perfyte loue and charite
    and yf he haue done any wronge let him make restitucion
    yf he can, and yf he be in det let him loke to it and
    make a formal wyl or testament settinge euery thynge in
    a dew order for the welth of his soule, wyse men be sure
135 of theyr testamentes makynge many yeres before they dye
    & dothe renewe it ons a yere as they increase or decrease
    in goodes or substance. All these aforesayd thynges
    goostly and godly prouided for the soule. Than let the
    pacient prouyde for his body, and take counsell of some
140 expert phisicion, howe and in what wyse the body may be
    recouered of his infyrmite, and than to commyt his body
    to the industry of his phisicion and at all tymes redy
    to folowe the wyll mynd and counsell of his phisicion ...

¶ *THE 53. CAPYTLE DOTH SHEWE OF A CANKER*

145 *Cancer* is the latyn word. In englyshe it is named a canker
    the whiche is a sore the whiche doth corode & eat the
    flesshe corruptynge ye Arters the vaynes & the sinewes
    corodyng or eatynge the bone and doth putryfy & corrupt
    it. And then it is seldome made whole.
150 ¶ *The cause of this infyrmyte.* ¶ This infyrmyte doth come
    of a melancholy humour, or of a coleryke humour adusted,
    or it may spryng of an hurt or a harme taken and nat loked
    vnto betyme doth fystle and festure.
    ¶ *A remedy.* ¶ Yf the bone be blacke there is no remedye
155 but to cut the bone flesshe and al, specially if it be
    in the armes or legges, yf the bone be nat putrified
    fyrste skoure the cankerous place .iii. or.iiii. daies
    with white wine. After that take burnt leed and myxe it
    with the oyle of Roses and anoynt ye place dyuers tymes,
160 and vse pilles named pillule iude. And after that take
    of white popy an vnce, of opium and henbane of either

of them a drame, of gumme arabicke halfe an vnce, of the
oyle of Roses .iiii. vnces incorporate this togyther and
anoynte the canker oft, or els vse the oyle of iuneper.
165 Or els take of terre sigillate, or boyle armoniake of
eche an vnce, of Ceruce, of muscilage of either halfe an
vnce, compounde al this togyther with the iuce of letuce
and the water or iuce of houseleke, and vse yeralogodion
and the confection of hamech.

170 ¶ *THE 79. CAPTYLE DOTH SHEWE OF AN HUMOUR NAMED COLER*

Colera is ye latyn worde. In greke it is named *Cholæ.*
In englysh it is named Coler, the whiche is one of the
.iiii. humours. And it is hote and drye, lyenge or beyng
in the stomake and is mouable. There be .v. kyndes of coler.
175 The fyrst is natural coler which is reedyshe clere and
pure. The seconde is glasey, the which is ingendred of
wateryshe fleume, and of reed clere coler. The thyrde is
whityshe viscus and clammy lyke the white of a rawe egge,
the which is ingendred of congellacion of fleume and and
180 of clere reed coler. The .iiii. is grene the originall
of the which cometh of malyce of the stomake. The .v. is
a darke grene coler, and doth burne in the stomake, and
is ingendred of to much adusted humours.
¶ *A remedy to purge coler.* ¶ Coler adusted doth purge, the
185 pilles of Lapidis lazule, and so doth yeralogodion ruffi
and the confection of Hamech. And to purge citrine coler
is good the confection of Manna, and the pilles the which
be good against coleryke feuers, & pillule psilii. And to
purge grosse and viscus coler vse sirupus acetosus.
190 And it is good for reed coler and for al superfluous
coler, vse the pilles named pillule scomatice, pilles of
turbyth, or pilles of coloquintida & so doth sirupus
acetosus laxatiuus and so doth the confection made of
fumiterre, this must be done of a potycary the which hath
195 ye practyce of al suche matters, for I nor no man els
can nat in theyr maternall tonge expresse the whole
termes of phisicke.

¶ *THE 122. CAPYTLE DOTH SHEWE OF THE PESTYLENCE*

Epidemia is the greke worde. In latin it is named *Pesti-*
200 *lencia* or *Febris pestilencialis.* In englyshe it is
named the pestilence.
¶ *The cause of this infyrmyte.* ¶ This infyrmyte dothe come,
either by the punyshment of god, either els of a corrupt
and contagious ayre, and one man infected with this sick-
205 nes may infect many men, this sicknes may come also with
the stenche of euyl dyrty stretes, of channelles nat kept
clene, of standynge puddels, and stynkynge waters, of
seges & stynkinge draughtes of shedynge of mannes blode,

and of deed bodies nat depely buried, of a great company
210 beynge in a lytle or smal rome, of comon pyssynge places,
and of many such lyke contagious ayers as be rehersed
in the dyetarye of helthe.
¶ *A remedy.* ¶ The chiefe remedy that I do know is for
euery man to submyt him selfe to god and than to amende
215 our lyuinge, and to fle farre from infectious places
and nat to go into the company of them which be infected,
or do resort to infectious persons and to beware of the
clothes, or any other thynge that doth pertayne to such
infectiue persons. Than vse a good dyet in eatynge and
220 drynkyng and vse perfumes in your chambers and houses,
go nat abrode in the open ayre, late in the nyght, nor
rise nat early in the mornynge, let the sonne haue dominion ouer the ground to waste and consume al contagious
mystes and ayers or you aryse, and than arise and serue
225 god which doth giue helth to all men, and folowe my
counsell in this matter as I haue shewed in the dyetary
of helth.

45 J. SKEYNE: ANE BREVE DESCRIPTIOVN OF THE PEST (1586)

QVHAIRIN THE CAVSIS, SIGNIS AND SUM SPECIALL PRESERUATION AND CURE THAIROF AR CONTENIT.

SET FURTH BE MAISTER GILBERT SKEYNE, DOCTOURE IN MEDICINE TO THE READAR

5 Sen it hes plesit the inscrutabill Consall, and Iustice of
God (Beneuolent readar) that this present plaig and maist
detestabil diseise of Pest, be laitlie enterit in this
Realme, it becummis euerie one in his awin vocatione to be
not only most studious by perfectioun of lyfe to mitigat
10 apperandlie the iuste wrathe of God touart vs, in this
miserable tyme: Bot also to be maist curagius in suffering
of trauail, for the aduancement of the commoun weilth.
I beand mouit in y part seand the pure of Christ inlaik,
without assistance of support in bodie, al men detestand
15 aspectioun, speche, or communicatioun with thame, thoucht
expedient to put schortlie in wryte (as it hes plesit God
to supporte my sober knawlege) quhat becummis euerie ane
baith for preseruatioun and cure of sic diseise quhairin
(gude readar) thou sall nather abyde greit eruditioun nor
20 eloquence, bot onlie tho sentence and iugement of the
maist ancient writaris in medicine expressit in vulgar
langage without poleit or affectionat termis. And howbeit
it become me rather (quha hes bestouit all my Zouthe in
the Sculis) to had vrytin the samin in Latine, Zit vnder-
25 standing sic interpryses had bene nothing profitable to

the commoun and wulgar people, thocht expedient and neidfull to express the sam in sic langage as the vnlernit
may be als weil satisfyit as Masteris of Clargie. Quhilk
beand acceptable and allowit be the Magistratis of this
30   Noble Burgh conforme to my gude mynde, sall God willing
as occasioun and tyme sufferis treit this samin argument
at more lenthe, quhilk presentlie for vtilitie of ye pure,
& schortnes of tyme, is mouit to set furthe almaist rude
and imperfite, nor doutand gentill Readar, bot thou will
35   appryse the samyn with siclyk mynd as the pure Womanis
oblatioun was apprysit be the Gude Lord, quha mot pre-
serue the in the helthe of Saule and bodie for euer &
euer.   So be it.

¶ *ANE COMPENDIOUS DESCRIPTIOUN OF THE PEST   CAP. 1*

40   Ane pest is the corruptioun or infectioun of ye Air, or
ane venemous qualytie & maist hurtfull Wapor thairof,
quhilk hes strenthe and wikitnes abone al natural putri-
factioun & beand contractit first maist quietlie infectis
the Spiritall partis of mannis bodie, thairefter the humo-
45   ris, puttand sairest at the naturall Humiditie of the hart,
quhilkis tholand corruptioun ane feuir mast wikit quietlie
and theiflie strikis the patient: quhais bodie exteriour-
lie apperis weil at eis, bot interiourlie is maist heuelie
vexit. Quhilk schortly may be descryuit. Ane feuerable
50   infectioun, maist cruelle and sindre wayis strikand doun
mony in haist. Heirfor it is maist vehement & hait diseis
that may put at mannis bodie, & maist dangerous, because
it is difficil to knaw all thingis, quhilkis makis ane
man propense to becum Pestilential. Alwais quhilk hes the
55   cause frome the Heiuins or corruptioun of Air, is properlie
be maist learnit, callit ane pest: and quilk is generit
within vs or of vther causis is callit ane Malignant feuer.

¶ *THE CAUSIS OF PEST   CAP. 2*

It war difficill & tediouse to descryue all the causis of
60   ane Pestilence. Heirfoir at this present I sall comemorat
the principalis onlie be the quhilkis the rest may be
vnderstand. Certane it is, the first and principal cause
may be callit, and is ane scurge and punischment of the
maist iust God, without quhais dispositioun in all thingis,
65   vtheris secund causis wirkis no thing. So the Heauine
quhilk is the admirable instrument of God blawis that
contagioun vpone the face of the Earth, as quhan the
maist nocent Sterres to man kynd conuenis, quhilkis be
Astrologis ar callit infortunat. Or quhan Cometis with
70   other wikit impressionis ar generit and preseruit in the
Air, quhilk, of it self, beand maist simple substance,
and so incorruptible & necessar for mannis lyfe: nottheles

resauis and admittis, baith frome the Heauinis, and inferiour Elementis mony infectionis and corruptioun quhilkis
75 ar the seid & cheif causis of sindre diseisis quhilkis
ar callit Epidimiall, & thir causis in maist part ar vniuersall. Inferiour causis ar quhilkis occupeis ane Realme,
ane people ane Citie, or ane house thairof. Cause thairof
is standand vatter, sic as Stank, Pule, or Loche moste
80 corrupte, and filthie: Erd, dung, stinkand Closettis,
deid Cariounis vnbureit in speciale of man kynd quhilkis
be similitude of nature in maist nocent to man, as euerie
brutall is maist infectand and Pestilentiall to thair awin
kynd. Forther continuall schouris of Veit with greit sow-
85 thin wynde or the samin blawand from pestiferous placis.
The cause of pest in ane priuat Citie is stinkand corruptioun & filth, quhilkis occupeis the commune streittis
and gaittis, greit reik of colis without vinde to dispache
the sam, corruptioun of Herbis, sic as Caill & growand
90 Treis. Moist heuie sauer of Lynt, Hemp, & Ledder steipit
in Vater. Ane priuat house infectis ather of stinkand
closettis, or corrupte Carioun thairin, or neir by, or
gif the inhabitantis hes inuiseit vther infectis Rowmis,
or drinking corrupte Vatter, eating of Fruttis, or vder
95 meittis quhilkis ar corrupte, as we see dalie the pure
mair subiecte to sic calamitie, nor the potent, quha ar
constrynit be pouertie to eit ewill and corrupte meittis,
and diseisis contractit heirof ar callit Pandemiall.
In euerie ane the cause is abundance of corruptible hu-
100 moris collectit and generit of metis and drinke, quhilkis
of ony lycht cause becummis corrupt, in mannis bodie als
wikit as deidlie poysone. Finallie & principallie infectit
Air quhilk all men drauis of be inspiratioun of necessitie
for continuatioun of lyfe. By the quhilk first the
105 Spirituall partis, secundlie the humoris & naturall
partis ar sair put at, in sum hastelie, in otheris
laitlie or neuer, as ane be ane other is accustumit to
diuersitie of meitis as the bodie is preparit & propense
to corruptioun and finalie as dwelling and passioun of
110 the forsaidis causis seruis.

46 P. STUBBS: THE ANATOMIE OF ABUSES (1583)

Spudaeus. Is ye playing at football, reding of mery
bookes & such like delectations, a violation or prophanation of the Sabaoth day?
Philoponus. Any exercise which w^tdraweth vs from godlines,
5 either vpon ye sabaoth, or any other day els, is wicked
& to be forbiden. Now who is so grosly blinde, y^t seeth not
y^t these aforesaid exercises not only w^tdraw vs from godlines & vertue, but also haile & allure vs to wickednes and

sin: for as concerning football playing: I protest vn-
10 to you, it may rather be called a freendly kinde of
fight, then a play or recreation. A bloody and murthering
practise, then a felowly sporte or pastime.
For dooth not euery one lye in waight for his Aduersarie, seeking to ouerthrowe him & to picke him on his nose
15 though it be vppon hard stones, in ditch or dale, in
valley or hil, or what place soeuer it be, hee careth not
so he haue him down. And he that can serue ye most of this
fashion, he is counted the only felow, and who but he?
so that by this meanes, somtimes their necks are broken,
20 sometimes their backs, sometime their legs, sometime
their armes, sometime one part thurst out of ioynt, sometime another, sometime the noses gush out with blood, sometime their eyes start out: and sometimes hurt in one place,
sometimes in another. But whosoeuer scapeth away the best
25 goeth not scotfrée, but is either sore wounded, craised
and bruseed, so as he dyeth of it, or els scapeth very
hardly: and no meruaile, for they haue the sleights to
meet one betwixt two, to dashe him against the hart with
their elbowes, to hit him vnder the short ribbes with
30 their griped fists, and with their knees to catch him
vpon the hip, and to pick him on his neck, with a hundered
such murdering deuices: and hereof, groweth enuie, malice,
rancour, cholor, hatred, displeasure, enmitie and what not
els? and sometimes fighting, brawling, contention, quarrel
35 picking, murther, homicide and great effusion of blood,
as experience dayly teacheth.
Is this murthering play now an exercise for the Sabaoth
day? is this a christian dealing for one brother to mayme
and hurt another, and that vpon prepensed malice, or set
40 purpose? this to do to another, as we would wish another
to doo to vs, *God make vs more careful ouer the bodyes of*
of our Bretheren.
As for the reading of wicked Bookes, they are vtterly
vnlawfull, not onely to bee read, but once to be named
45 & that not (onely) vpon the Sabaoth day, but also vppon
any other day: as which tende to the dishonour of God,
deprauation of good manners and corruption of christian
soules. For as corrupt meates doo annoy the stomack, and
infect the body, so the reading of wicked and vngodly
50 Bookes (which are to the minde, as meat is to the body)
infect the soule, & corrupt ye minde, hailing it to dis-
truction: if the great mercy of God be not present.
And yet notwithstanding, whosoeuer wil set pen to paper
now a dayes, how vnhonest soeuer, or vnseemly of christian
55 eares his argument be, is permitted to goe forward, and
his woork plausibly admitted and fréendly licensed, and
gladly imprinted without any prohibition or contradiction
at all: wherby it is growen to this issue, that bookes &

60 pamphlets of scurrilitie and baudrie, are better esteemed
and more vendible then the godlyest and sagest bookes
that be: for if it be a godly treatise, reproouing vice,
and teaching vertue, away with it ...

47 J. ASTLEY: THE ART OF RIDING (1584)

*THE ART OF RIDING DEFINED, WITH NOTES OF COURAGE IN A
HORSSE, THE VSING AND ABUSING OF AN HORSSE, AND WHAT
IS IUSTLIE CALLED THE HARDNESSE OF A HORSSES MOUTH, &C.*

Nothing is reckoned more proper to mans nature, than the
5 desire to know a truth, nor any thing counted more foule,
or grosse, than to erre & be deceiued. Seeing then that
the thing purposed is for the knowledge of the true vse
of the hand in this Art of Riding and Horsemanship, which
belongeth to the warre and feates of armes; and that in
10 reason, the substance of a part of any thing cannot well
be vnderstood without the knowledge of the verie nature
of the thing it selfe whereof it is part (as the vse of
the hand is but part of the Art of Riding) I haue thought
good therfore First, to seeke out what the verie substance
15 of the Art it selfe is, that thereby wee may the better
vnderstand this part whereof we purpose to treate. And
thus not meaning to hold you long, I will saie foorthwith
mine opinion thereof, the rather to saue the band, whereby I stand indebted vnto you all, than that I thinke my
20 selfe able to satisfie your skilfull expectations, and
so vnder the correction of diuerse Noble and many other
Gentlemen besides your selfe, with a great number of
others that at this daie are growne to some excellencie
in this kind of Horssemanship, I saie (for my part) that
25 the said kinde of Riding is an Art to make an horsse,
for the seruice aforesaid, obedient to his Rider. In
this short kind of speech (as I take it) the verie whole
substance of the said Art is fullie conteined, and therefore the words thereof are diligentlie to be weighed,
30 but especiallie these here following: as ART, an HORSE,
a RIDER, and OBEDIENCE: which I meane for the better
explaning of my conceipt, to passe ouer with a short discourse.
 The art is the cause efficient. ART therefore is an
35 obseruation of certaine experiences tried & gathered
togither, to be put in order, and taught to some good end.
Three things are chieflie to be required in Art, that is:
easines, readines, and perfectnes. Art also is said to
imitate nature.
40 *The materiall cause.* An HORSE is the matter and subiect wherevpon this Art worketh, and is a creature sensible, and therefore so farre as he is mooued to doo anie
thing, he is thervnto mooued by sense and feeling. Further,

this is common to all sensible creatures, to shunne all
45 such things as annoy them, and to like all such things
as doo delight them.
The cause formall is the manner of teaching. The
instrument wherby this Art is wrought, is the RIDER, a
creature reasonable, and therefore ought to be able to
50 render a reason of euerie thing that he teacheth, in making the horsse obedient to his will, the which if he cannot doo, hee is to be suspected as one vnskilfull of the
Art, and knoweth not what hee dooth.
The cause finall is obedience. OBEDIENCE, is a
55 readie willingness to doo the will of him that dooth
command. But now by the waie, though euerie Rider be a
creature reasonable, yet euerie reasonable creature is
not a Rider, but he which only is skilfull in that Art.
Finally, the patterne that Art should imitate, that
60 excellent Philosopher and valiant captaine XENOPHON in
his booke *De re equestri* doth verie gallantlie set forth
in these words: Note when you see a Horsse (saith he)
make haste to meet with other horsses, that be in his
view, or mares rather, and then shall you see how nature
65 mooueth him to shew himselfe in his best forme and lus-
tines of courage, yea, both terrible and beautiful to
behold: for then he will set vp his crest, bow in his
head, pricke vp his eares, gather vp his legs high and
nimble, swell in his nostrils, and start out his taile,
70 &c. This is now the patterne that the curious painter
with all his skill dooth diligentlie indeuor to imitate,
but how much more should the skilfull Rider doo the same?
Of these horsses thus to be made, as XENOPHON also
writeth, there be twoo kinds: the one, for the seruice
75 aforesaid, the other for pompe and triumph the which
we call stirring horsses, the vse of which are verie
profitable for this seruice, bicause they teach a man to
sit surelie, comelie, and stronglie in his seate, which
is no small helpe to him that must fight and serue on
80 horssebacke: but of this last I meane not now to speake.

48 J. HORTROP: THE TRAUAILES OF AN ENGLISH MAN (1591)

*CONTAINING HIS SUNDRIE CALAMITIES INDURED BY THE SPACE
OF TWENTIE AND ODD YERES IN HIS ABSENCE FROM HIS NATIUE
COUNTRIE: WHEREIN IS TRULY DECYPHERED THE SUNDRIE
SHAPES OF WILDE BEASTS, BIRDS, FISHES, FOULES, ROOTES,*
5 *PLANTS, &c*
   *With the description of a man that appeared in the Sea:
   and also of a huge Giant brought from China to the
   King of Spaine*

NO LESSE PLEASANT THAN APPROUED

10 *TO THE MOST HIGH AND MIGHTIE PRINCESSE ELIZABETH BY*
THE GRACE OF GOD QUEENE OF ENGLAND, FRANCE, AND IRELAND,
DEFENDRES OF THE FAITH, &C.

Your Highnes most humble subiect I.H. heartely praieth
for the continuance of your Maiesties most prosperous
15 raigne.

About xxiii. yeeres past (most gracious and renowmed Soueraigne) being prest forth for one of the Gunners in your
Maiesties ships for the West Indian voiage, (of which Sir
John Haukins was general) such was our successe before
20 his returne into England, we were distrest through want
of victuals, nor could we obtaine anie for money: by
meanes whereof many of vs (though vnto our Generals
greate griefe) were constrained to be set on shoare in
the West Indies, amongst the wilde Indians. Since which
25 time (most dread Soueraigne) I haue passed sundrie per-
illes there in the wildernesses, and escaped many dangers,
wherein my life stood often in hazard, yet by the proui-
dence of the Almightie I was preserued. And being now
returned into my natiue Countrie of England, I doe in all
30 humblenesse prostrate myselfe (together with the discourse
of my trauels) at your Highnes feete, humbly beseeching
your Maiestie to accept the same at your subiects hands,
as our Sauiour Iesus Christ accepted the poore widowes
mite. And thus I humbly take my leaue, praying for the
35 prosperous raigne of your most excellent Maiestie.

THE LATE AND WONDERFULL TRAUAILE OF AN ENGLISHMAN,
WITH HIS SLAUERIE AND MISERIE SUSTAINED FOR 23.
YEERES SPACE TOGETHER.

Not vntruly nor without cause, said *Iob* the faithful ser-
40 uant of God (whome the sacred Scriptures tell vs, to haue
dwelt in the lande of Hus) that man beeing borne of a
woman, liuing a short time, is replenished with many miseries, which some knowe by reading of histories, many by
the viewe of others calamities, and I by experience in my
45 selfe, as this present Treatise insuing shall shew.
It is not vnknowne vnto many that I *I.H.* pouder-maker
was borne at *Bourne*, a Towne in Lincolnshire, from my age
of twelue yeeres brought vp in Redriffe neere London, with
M.Frauncis Lee, who was the Queenes Maiesties powder-maker,
50 whome I serued, vntill I was prest to goe on the voiage
to the West Indies, with the Right worshipfull Sir Iohn
Haukins, who appointed mee to be one of the Gunners in
her Maiesties shippe called the Iesus of Libbicke, who
set saile from Plimmouth in the moneth of October 1567,
55 hauing with him an other shippe of her Maiesties, called

the Minion, and foure shippes of his owne namely, the
Angell, the Swallow, the Iudith, and the William and Iohn.
He directed his Vizeadmirall, that if foule weather did
separate them, to meete at the Iland of Tennerif. After
60 which by the space of seuen daies and seuen nights, we
had such storms at Sea, that we lost our long boates and
a pinnisse, with some men comming to the Tennerif: there
our Generall heard that his vizeadmirall with the Swallow,
and the William and Iohn, were at the Iland called the
65 Gomero, where finding his vizeadmirall hee ancored, tooke
in fresh water and set saile for Cape Blanke, where in
the way we tooke a Portugall Caruill, laden with fish
called Mullets: from thence to Cape de Verde. In our course
thither we met a Frenchman of Rochell called Captaine
70 Bland, who had taken a Portugall Caruill, whome our vizeadmirall chased and tooke. Sir Frauncis Drake was made
Master and Captaine of the Caruill, and so wee kept our
way till wee came to Cape de Verde, and there we ancored,
tooke our boates, and set soldiers on shore. Our Generall
75 was the first that leapt on land, & with him Captain
Dudley there we tooke certain Negros, but not without
damage to our selues for our General, Captaine Dudley,
and eight other of our company were hurt with poysoned
arrowes, about nine daies after the eight that were wound-
80 ed died. Our Generall was taught by a Negro, to draw
the poyson out of his wound with a cloue of garlicke,
whereby he was cured. From thence we went to Surroleon,
where be monstrous fishes called Sharkes, which wil deuoure men, I amongst others was sent in the Angell with
85 two pinnaces into the riuer called the Calouses, that were
there trading with the Negros, we tooke one of them with
the Negroes, & brought them away. In this riuer in the
nighttime we had one of our pinnaces bulged by a sea-horse,
so that our men swimming about the riuer, were all taken
90 into the other pinnaces, except two that tooke holde one
of another, and were carried awaie by the sea horse, who
hath the iust proportion of a horse, sauing that his legs
be short, his teeth verie great and a span in length, he
vseth on the night to go on land into the woodes, seek-
95 ing at vnawares to deuouer the Negros in their cabbins,
whom they by their vigilancie preuent, and kill them in
this manner. The Negros keepe watch, and diligently attend
their comming, and when they are gone into the woods, they
forthwith laie a great tree ouerthwart the waie, so that
100 at their returne, for that their legs be so short, they
cannot goe ouer it: then the Negroes set vppon them with
their bowes, arrowes and darts, and so destroy them.
    From thence we entered the riuer called the Causterus,
where there were other Caruelles trading with the Negros,
105 and them we tooke. In this Iland betwixt the riuer and

the maine, Trees grow with their rootes vpwards, and
Oisters vpon them. There grow Palmita trees, which be as
high as a ships maine mast, & on their tops grow nuts,
wine and oyle, which they call Palmita oyle. The Plantine
110 trees also grow in that countrie, the tree is as big as
a mans thigh, and as high as a firre pole, the leaues
thereof be long & broade, and on the top grow the fruit
which is called Plantaines, they are crooked and a cubite
long, and as big as a mans wrist, they grow on clusters:
115 when they be ripe they be verie good and daintie to eate,
Sugar is not more delicate in tast than they be. In this
land bee Elyphants, which the Negros kill in this manner:
they seke out their hants where they rest in the night,
which is against a tree, that they saw three partes in
120 sunder, so that when the Elephant leaneth and stretch
himselfe against it, the tree falleth, & he with it,
then he roareth, wherby the Negros know he is fallen,
then they come vpon him and kill him.
   From thence with the Angell, the Iudith and the pin-
125 naces, wee sailed to Surreleon, where our Generall at
that time was, who with the Captaines and souldiers went
vp into the riuer called the Faggarine, to take a towne
of the Negroes, where he found three kings of that Countrie with fiftie thousand Negroes beseeging the same
130 towne, which they could not take in many yeeres before
that they had warred with it. Our Generall made a breach,
entered, and valiantlie tooke the towne, wherein were
founde fiue Portugals, which yeelded themselues to
his mercie, and hee saued their liues, we tooke and car-
135 ried thence for trafficke of the West Indies fiue hundred
Negroes. The three kings droue seuen thousand Negros into
the sea at low water, at the point of the land, where
they were all drowned in the oze, for that they could not
take their canowes to saue themselues. Wee retourned
140 backe againe in our pinnaces to the shippes, and there
tooke in fresh water, and made readie sayle towarde Reo-
grande. At our comming thether we entred with the Angel,
the Iudith, and the two pinnasses, we found there seuen
Portugall Caruils, which made great fight with vs. In the
145 end by Gods helpe wee won the victory, and droue them
to the shore, from whence with the Negroes they fled, we
fetcht the caruils from the shore into the riuer. The next
morning sir Frances Drake with his Caruell, the Swallow,
the William and Iohn came into the riuer, with Captaine
150 Dudley and his soldiers, who landed being but a hundred
souldiers, and fought with seauen thousande Negroes,
burned the towne, and returned to our Generall with the
losse of one man.

49 J. MURRELL: A NEW BOOKE OF COOKERIE (1615)

TO BAKE A NEATES TONGUE TO BE EATEN HOT

Boyle it tender, and pill off the skinne, take the flesh
out at the but-end: mince it small with Oxe suit, and
marrow. Season it with Pepper, Salt, Nutmeg, parboyld
5 Currens, and a minced Date cut in pieces. Take the yolkes
of two new layd Egges, and a spoonefull of sweet Creame,
worke all together with a siluer spoone, in a Dish, with
a little powder of a dryed Orange pill: sprinckle a little
Vergis ouer it, and cast on some Sugar. Then thrust it in
10 againe as hard as you can cram it. Bake it on a Dish in
the ouen: baste it with sweet Butter, that it may not
bake drye on the outside: when it is to be eaten sawce it
with Vinegar and Butter, Nutmeg, Sugar, and the iuyce of
an Orenge.

15 *TO BAKE A SWAN*

Scald it, and take out the bones: then parboyle it, and
season it well with Pepper, Salt, and Ginger. Then Lard it,
and put it in a deepe Coffin of Rye paste with store of
Butter. Let it soake well, when you take it out of the
20 Ouen put in more Butter moulten at the venthole.

A RYCE PUDDING

Steep it in faire water all night: then boyle it in new
Milke, and draine out the Milke through a Cullinder:
mince beefe Suit handsomely, but not too small, and put
25 it into the Rice, and parboyld Currins, yolkes of new layd
Egges, Nutmeg, Sinamon, Sugar, and Barberryes: mingle all
together: wash your scoured guttes, and stuffe them with
the aforesaid pulp: parboyle them, and let them coole.

50 G. FOX: THE JOURNAL (ca.1674)

(1651) And afterwards I passed away through ye Country & att
night came to an Inn: & there was a rude Company of people &
I askt ye woman if shee had any Meate to bringe mee some: &
shee was somethinge strange because I saide thee & thou to
5 her: soe I askt her if shee had any milke but shee denyed it ...

(1652) ... & before I was brought in before him ye garde
saide It was well if ye Justice was not drunke before wee
came to him for hee used to bee drunke very early: & when I
was brought before him because I did not putt off my hatt &
10 saide thou to him he askt ye man whether I was not Mased or
fonde: & hee saide noe: Itt was my principle: & soe I warned

him to repent & come to ye light y^t Christ had enlightned
him withall...

    And when I was at Oram before in ye steeplehouse there
15 came a professor & gave mee a push in ye brest in ye steeplehouse & bid mee gett out of ye Church: alack poore man saide
I dost thou call ye steeplehouse ye Church: ye Church is y^e
people whome God has purchased with his bloode: & not ye house.

    (1653) But att ye first convincement when freinds coulde
20 not putt off there hatts to people nor say you to a particular but thee & thou: & coulde not bowe nor use ye worldes
salutations nor fashions nor customes: & many freindes beinge
tradesmen of severall sortes: they lost there custome at y^e
first: for ye people woulde not trade with y^m nor trust y^m &
25 for a time people y^t were tradesmen coulde hardely gett money
enough to by breade butt afterwards when people came to see
freinds honesty & truthfulnesse & yea & nea att a worde in
there dealinge & there lifes & conversations did preach &
reach to ye wittnesse of God in all people & they knew & saw
30 y^t they would not cuzen & cheate y^m for conscience sake towards God. And y^t at last they might sende any childe & bee
as well used as y^mselves att any of there shopps.

    (1656) And in y^t time many freindly people out of severall
parts of ye county came to visitt us & was convinct: & a
35 great rage there was amongst professors & preists: for saide
they they thee & thou all people without respect: & will not
doffe there hatts to one nor bowe ye knee to any man: and
this troubled y^m fearefully: butt at ye assisses they expected wee shoulde have beene all hanged: & then saide they letts
40 us see whether they dare thou & thee & keepe on there hatts
before ye Judge: but all this was litle to us: for wee saw
howe God woulde staine ye worlds honor & glory: ffor wee was
commanded not to seeke y^t honor nor give it butt know y^e
honor y^t came from God onely & seekt for y^t.

45   (1657) ... & when they were gonne there came uppe another
rude company of professors & some of ye heads of ye tounde
& they caled for ffaggotts & drinke though wee forbad y^m:
whoe were as rude a carriaged people as ever I mett withall but ye Lords power chained y^m y^t they had not power to
50 doe us any mischeife: but when they went there ways they left
all there faggotts & beere y^t they had caled for Into y^e
roome for us to pay in ye morninge & wee shewed ye Inkeeper
what an unworthy thinge it was: yett hee tolde us wee must
pay it: & pay it wee did.

ZUSÄTZLICHE TEXTE

51 D. LYNDSAY: THE FIRST BUKE OF THE MONARCHIE (1574)

ANE EXCLAMATION TO THE REDAR, TWICHING THE WRYTTING OF VULGAR, AND MATERNALL LANGUAGE.

Gentill Redar, haue at me none dispyte,
Thinkand that I presumpteously pretend,
5 In vulgar toung so hie mater to wryte:
Bot quhair I mys, I pray the till amend,
Till vnlernit, I wald the cause wer kend,
Of our most miserabill trauell and torment,
And how in eirth, no place bene permanent,...

10 Howbeit that diuers deuot cunning Clerkis,
In Latyne toung hes written sindrie buikis.
Our vnleirnit knawis lytle of thir werkis:
More than thay do, the rauing of the ruikis:
Quhairfoir to Colȝearis, Carteris, & to cuikis
15 To Iok and Thome, my Ryme sal be directit,
With cunning men, howbeit it wil be lactit.

Thocht euerie commoun may not be ane clerk
Nor hes no Leid, except thair toung maternall:
Quhy suld of God, yᵉ maruellous heuinlie werk,
20 Be hid from thame, I think it nocht fraternall:
The Father of heuin, quhilk wes, & is eternall
To Moises gaue the Law, on Mont Sinay,
Nocht into Greik nor Latyne, I heir say.

He wrait the Law, in Tablis hard of stone,
25 In thair awin vulgare language of Hebrew,
That all the Barnis of Israell euery one
Micht knaw the Law, & so the same ensew.
Had he done wryt, in Latyne or in Grew,
It had to thame bene bot ane sauirles Iest.
30 ȝe may weill wit, God wrocht all for yᵉ best...

Of languagis, the first Diuersitie,
Wes maid be Goddis maledictioun,
Quhen Babilon wes beildit in Caldie:
Those beildaris gat none vther afflictioun,
35 Afore the tyme of that punitioun:
Was bot ane toung, quhilk Adam spak him self
Quhare now of toungis, thare bene thre score and twelf.

Nochtwithstanding, I think it greit plesour,
Quhair cunning men hes languagis anew,
40 That in thair ʒouth, be diligent laubour,
Hes leirnit Latyne, Greik, and auld Hebrew,
That I am nocht of that sort, sore I rew:
Quhairfoir I wald all buikis necessare,
For our Faith, wer in till our toung vulgare...

45 Sanct Ierome in his proper toung Romane,
The Law of God he trewly did translait,
Out of Hebrew, and Greik in Latyne plane:
Quhilk hes bene hid from vs lang tyme, God wait
Vnto this tyme, bot efter myne consait:
50 Had sanct Ierome bene borne in till Argyle,
Into Irische toung his bukis had done compyle. . .

Lat Doctouris wryte thair curious questionis
And argumentis, sawin full of Sophistrie:
Thair Logick, and thair hich Opinionis,
55 Thair dirk Iugementis of Astronomie,
Thair Medecine, and thair Philosophie:
Lat Poetis schaw thair glorious Ingyne,
As euer thay pleis, in Greik, or in Latyne,

Bot lat vs haue the buikis necessare,
60 To commoun weill and our Saluatioun,
Iustlie translatit in our toung vulgare:
And als I make the Supplicatioun:
O gentill Redar, haue none Indignatioun:
Thinkand I mell me with so hie matair,
Now to my purpose fordwart will I fair.

52 R. STANYHURST: THE HISTORIE OF IRELANDE (1577)

But of all other places, Weiseforde with the territorye
bayed, and perclosed within the riuer called the Pill, was
so quite estranged from Irishry, as if a trauailer of the
Irish (which was rare in those dayes) had picht his foote
5 within the pile and spoken Irishe, the Weisefordians would
commaunde hym forthwith to turne the other ende of his
tongue, and speake Englishe, or else bring his trouchman
with him. But in our dayes they haue so aquainted themselues with the Irishe, as they haue made a mingle mangle,
10 or gallamaulfrey of both the languages, and haue in such
medley or checkerwyse so crabbedly iumbled them both togyther, as commonly the inhabitants of the meaner sort
speake neyther good English nor good Irishe.

There was of late dayes one of the Péeres of England
15 sent to Weiseford as Commissioner, to decide the controuersies of that countrey, and hearing in affable wise the
rude complaintes of the countrey clownes, he conceyued
here and there, sometyme a worde other whyles a sentence.
The noble man beyng very glad that vpon his first commyng
20 to Ireland, he vnderstood so many wordes, told one of hys
familiar friends, that he stoode in very great hope, to
become shortly a well spoken man in the Irishe, supposing
that the blunte people had pratled Irishe, all the while
they iangled Englishe. Howbeit to this day, the dregs of
25 the olde auncient Chaucer English, are kept as well there
as in Fingall. As they terme a spider, an attercop, a
wispe, a wad, a lumpe of bread, a pocket or a pucket, a
Sillibuck a copprouse, a faggot, a blease, or a blaze,
for the short burning of it, as I iudge, a Phisition, a
30 leache, a gappe, a sharde, a base court or quadrangle,
a bawen, or rather, as I suppose, a barton, ye household
or folkes, meany, Sharppe, kéene, estraunge, vncouth,
easie, éeth or éefe, a dunghill, a mizen, as for the
worde bater, that in English purporteth a lane, bearing
35 to an high way, I take it for a méere Irishe worde, that
crepte vnawares into the English, thorough the daily
entercourse of the English and Irish inhabitants.
    And where as commonly in all countreys, the women speake
most neately and pertely, whiche *Tully* in hys thirde booke
40 *de Oratoꞅe*, speakyng in the person of *Crassus*, séemed to
haue obserued, yet notwithstandyng in Ireland it falleth
out contrary. For the women haue in their English tongue
an harrish and broade kynd of pronunciation, with vtteryng
their wordes so péeuishly & faintly, as though they were
45 halfe sicke, and ready to call for a possette. And most
commonly in words, of two sillables, they giue the last the
accent. As they say, Markeate, Baskeate, Gossoupe, Pussoate,
Robart, Niclase, etc. which doubtlesse doth disbeautifie
their Englishe aboue measure. And if they could be weaned
50 from that corrupt custom, there is none that could dislyke
of their English.

53 ANON.: THE STATUTES OF IONA (1616)

Forsamekle as, the Kingis Majestie haveing a speciall care
and regaird that the trew religioun be advanceit and establisheit in all the pairtis of this kingdome, and that all
his Majesties subjectis, especiallie the youth, be exercised
5 and trayned up in civilitie, godlines, knawledge, and
learning, that the vulgar Inglishe toung be universallie
plantit, and the Irishe language, whilk is one of the cheif
and principall causis of the continewance of barbaritie and

incivilitie amongis the inhabitantis of the Ilis and Hey-
10 landis, may be abolisheit and removit; and quhairas thair
is no meane more powerfull to further this his Majesties
princelie regaird and purpois than the establishing of
scooles in the particular parrocheis of this kingdome whair
the youthe may be taught at the least to write and reid,
15 and be catechiesed and instructed in the groundis of religioun; thairfore the Kingis Majestie, with advise of the
Lordis of his Secreit Counsall, hes thocht it necessar and
expedient that in everie parroche of this kingdome, whair
convenient meanes may be had for interteyning a scoole
20 that a scoole salbe establisheit, and a fitt persone ap-
pointit to teache the same, upoun the expensis of the parrochinnaris according to the quantitie and qualitie of the
parroche, at the sight and be the advise of the bischop
of the diocie in his visitatioun; commanding heirby all
25 the bishoppis within this kingdome that thay and everie
ane of thame within thair severall dioceis deale and tra-
vell with the parrochinnaris of the particular parrocheis
within thair saidis dioceis to condescend and aggree upoun
some certane, solide, and sure course how and by quhat
30 meanes the said scoole may be intertenyned. And, gif ony
difficultie sall arryse amongis thame concerning this
mater, that the said bishop reporte the same to the saidis
Lordis, to the effect thay may tak suche ordour heiranent
as thay sall think expedient. And that letteris be direct
35 to mak publicatioun heirof, quhairthrow nane pretend
ignorance of the same.

Forsamekle as the Kingis Majestie, with advise of the
Lordis of his Secreit Counsall, hes found it verie neces-
sair and expedient for the better establisheing of the
40 trew religioun that childrene be catechesed and educate in
the knowledge of the groundis thairof frome thair tender
yeiris; and seeing mony parentis ar so careles and negligent in that point as thair childrene, being ather alto-
gidder ignorant or cairleslie instructed, ar quhen thay
45 come to aige easilie pervertit and drawne to Poperie, -
thairfore his Majestie, with advise foirsaid, hes commandit
and ordanit, and by thir presentis straitlie commandis,
chairges, and ordanes, all and sindrie parentis to use the
ordinar meanes of instructing thair young childreen, to
50 present thame to thair ordinar pastour at all usuall tymes
of catechiesing and examinatioun, and to bring thame to the
bishop of the diocie at everie visitatioun within the parroche to be tryed and confirmed be him, under the panes
particularlie undervrittin, to be incurrit *toties quoties*
55 be everie persone that sall failyee to present thair childrene to the bischop at his visitatioun as said is: that
is to say, be everie nobilman fourty pundis, be every barone
fourty merkis, and be everie inferiour persone twenty mer-

kis or lesse according to the meanes of the said persone:
60 and that letteris be direct to mak publicatioun heirof,
    quhairthrow nane pretend ignorance of the same.

54 W. BRADFORD: HISTORY OF PLIMOUTH
PLANTATION (1630)

OF THEIR VOYAGE, AND HOW THEY PASSED THE SEA,
AND OF THEIR SAFE ARRIVAL AT CAPE COD

But to omite other things, (that I may be breefe,) after
longe beating at sea they fell with that land which is call-
5   ed Cape Cod; the which being made and certainly knowne to
be it, they were not a litle joyfull. After some deliberation
had amongst them selves and with the m^r of the ship, they
tacked aboute and resolved to stande for the southward (the
wind and weather being faire) to finde some place aboute
10 Hudsons river for their habitation. But after they had sailed that course aboute halfe the day, they fell amongst deangerous shoulds and roring breakers, and they were so farr
intangled ther with as they conceived them selves in great
danger; and the wind shrinking upon them withall, they re-
15 solved to bear up againe for the Cape, and thought them
selves hapy to gett out of those dangers before night over-
tooke them, as by Gods providence they did. And the next day
they gott into the Cape-harbor wher they ridd in saftie ...
Being thus arived in a good harbor and brought safe to
20 land, they fell upon their knees and blessed the God of
heaven, who had brought them over the vast and furious ocean,
and delivered them from all the periles and miseries therof,
againe to set their feete on the firme and stable earth,
their proper elemente. And no marvell if they were thus
25 joyefull, seeing wise Seneca was so affected with sailing
a few miles on the coast of his owne Italy; as he affirmed,
that he had rather remaine twentie years on his way by land,
then pass by sea to any place in a short time; so tedious
and dreadfull was the same unto him.
30   But hear I cannot but stay and make a pause, and stand
half amased at this poore peoples presente condition; and so
I thinke will the reader too, when he well considers the same.
Being thus passed the vast ocean, and a sea of troubles before
in their preparation (as may be remembred by that which wente
35 before), they had now no freinds to wellcome them, nor inns
to entertaine or refresh their weatherbeaten bodys, no houses
or much less townes to repaire too, to seeke for succoure. It
is recorded in scripture as a mercie to the apostle and his
shipwraked company, that the barbarians shewed them no smale
40 kindnes in refreshing them, but these savage barbarians,
when they mette with them (as after will appeare) were readier

to fill their sids full of arrows then otherwise. And for the
season it was winter, and they that know the winters of that
cuntrie know them to be sharp and violent, and subjecte to
45 cruell and feirce stormes, deangerous to travill to known
places, much more to serch an unknown coast. Besids, what
could they see but a hidious and desolate wildernes, full of
wild beasts and willd men? and what multituds ther might be
of them they knew not. Nether could they, as it were, goe up
50 to the tope of Pisgah, to vew from this willdernes a more
goodly cuntrie to feed their hops; for which way soever they
turnd their eys (save upward to the heavens) they could have
litle solace or content in respecte of any outward objects.
For summer being done, all things stand upon them with a
55 weatherbeaten face; and the whole countrie, full of woods
and thickets, represented a wild and savage heiw. If they
looked behind them, ther was the mighty ocean which they had
passed, and was now as a maine barr and goulfe to seperate
them from all the civill parts of the world. If it be said they
60 had a ship to sucour them, it is trew; but what heard they
daly from the m^r and company? but that with speede they should
looke out a place with their shallop, wher they would be at
some near distance; for the season was shuch as he would not
stirr from thence till a safe harbor was discovered by them
65 wher they would be, and he might goe without danger; and
that victells consumed apace, but he must and would keepe
sufficient for them selves and their returne. Yea, it was mut-
tered by some, that if they gott not a place in time, they
would turne them and their goods ashore and leave them...
70 What could now sustaine them but the spirite of God and
his grace? May not and ought not the children of these fathers
rightly say: Our faithers were Englishmen which came over this
great ocean, and were ready to perish in this willdernes, but
they cried unto the Lord, and he heard their voyce, and looked
75 on their adversitie, etc. Let them therfore praise the Lord,
because he is good, and his mercies endure for ever. Yea, let
them which have been redeemed of the Lord, shew how he hath
delivered them from the hand of the oppressour. When they wan-
dered in the deserte willdernes out of the way, and found no
80 citie to dwell in, both hungrie, and thirstie, their sowle
was overwhelmed in them. Let them confess before the Lord his
loving kindnes, and his wonderfull works before the sons of
men.

55 ANON.: DUNDONALD SCHOOL REGULATIONS
(ca.1640)

Orders to be subscribed be him who shall have charge of
instructing the youth heirefter at the Kirk of Dundonald
quhairunto he shall ty himself under paine of deposition

from his office incaice of failzie after dew tryall and
5   admonitions.
    1. The maister shall attend at all tymes quhen the
children ar in schoole and not suffer himself to be with-
drawen by drinking, playing or any other avocatioun.
    2. If ony (other) inevitable necessitie draw him away a
10 whole day or the great part of it he shall not faill to
have some other in his absence to teach the shollers and
keip them in ordour.
    3. If it shall happen that the maister have necessarie
bussiness to withhold him longer nor the space of one day
15 he shall acquaint the Sessioun therwith, or at leist the
minister if the haist of the matter cannot admit delay till
the Sessioun meit, that he may obtean libertie therto.
    4. Let the childrein in the moneths of October, November,
December, Januar, Februar, meit in the morning at the sunne
20 ryssing and be dismissed at the sunne setting at nicht,
except some younger ones or those quho ar farder distant
from the shoole, of quhom some consideratioun must be had.
All the rest of the yeir let the hour of gathering in the
morning be seaven of clock and the hour of skailing six,
25 and such as learns Latein wold always prevent the rest a
prettie space.
    5. Let the shollers goe to breckfast at 9 hours and con-
vein againe at 10; to dinner lykwayes at 12 hours and returne
at one efternoone, so neir as may be; for quhilk purpose
30 thair must be a sand glasse to measour the hours.
    6. Let the maister pray gravelie and religiouslie everie
morning before the shoole at thair first meiting and so at
evin before he dismisse them.
    7. Let a task be prescribed everie evining to ilk sholler
35 in the Lords Prayer, Belief, Commands, Graces or Catechisme,
according thair age and progresse, quhilk let them say
everie morning before they enter to thair ordinar lessoun ...
    12. For the childreins better profiting let these quho
ar farder advanced in reiding Scottish, quhither print or
40 writ, each of them have the charge of a yong sholler, quho
shall sit besyde them, quhom they shall mak perfyte
of his lessoun against the tyme come he shall be called to
say, on the negligent parteis quhilk of the two soever it
shall be fund to have bein; and let the elder shollers them
45 selfs speir at the maister quhat words they ar ignorant of
in thair own lessoun, it being alwayes provyded that the
elder sholler his furdering of the yonger hinder not himself
in his learning.
    13. Let a speciall care be had of the childreins writing
50 quho ar meit for it. Let the hour named betwixt xj and 12
be alloted to that exercise every day and forder to those
whoise speciall ayme that is. Let the maister mak or mend
thair pens, rule thair paper, cast thair coppes, tak in-

spection particularlie of everie ons writing, point out the
55 faults and learn them by ocular demonstratioun in his own
practeise before them how to mend ...
   16. And finallie as without disciplein no companie can
be keipit in ordour so leist of all unbrydled youth, therfor
it shall be necessarie that thair shall be in the shoole a
60 commoun censor quho shall remark all faults and delate them
to the maister. . . and according to the qualitie of the
   faults the maister shall inflict punishment, streking some on
the leg with a birk wand, belt or paire of taws, others on the
hips as thair fault deservs, bot none at ony tyme or in ony
65 caice on the heid or cheiks. And heirin especiallie is the
maister to kyth his prudence in talking up the severall inclinations of his shollers and applying himself thairunto by
lenitie, allurements, commendations, fair words, some littill
rewards, drawing from vice and provocking to vertue such as
70 may be wone thairby, and others by moderat severitie if
that be fund most convenient for thair stubbornes; and let
the wyse maister rather by a grave, austere and authoritative
countenance and cariage represse insolenceis and gaine everie
one to thair dewtie than by stroks, yit not neglecting the
75 rod quhair it is neidfull.

56 H. MANWAYRING: THE SEA-MANS DICTIONARY
(1644)

THE STATE OF A CHRISTIAN, LIVELY SET FORTH BY AN
ALLEGORIE OF A SHIPPE UNDER SAYLE:
TAKEN OUT OF THE VICTORY OF PATIENCE

My Body is the Hull; *the* Keele *my Backe; my Neck the* Stem;
5 *the* Sides *are my Ribbes; the* Beames *my Bones; my flesh the*
plankes; *Gristles and ligaments are the* Pintells *and* knee-
timbers; *Arteries, veines and sinewes the severall* seames
of the Ship; my blood is the ballast; *my heart the* principall hold; *my stomach the* Cooke-roome; *my Liver the*
10 Cesterne; *my Bowels the* sinke; *my Lungs the* Bellowes; *my*
teeth the Chopping-knives; *except you divide them, and then*
they are the 32. *points of the Sea-card both agreeing in*
number; Concoction is the Caldron; *and hunger the* Salt *or*
sawce; *my belly is the* lower Decke; *my kidnies* Close Cabbins
15 *or receptacles; my thighes are* long Galleries *for the grace*
of the Ship; my armes and hands the Can-hookes, *my Midriffe*
is a large Partition or bulk-head; *within the circumference*
of my head is placed the Steeridge-roome *and* chiefe Cabbins,
with the Round house *where the* Master *lyeth, and these for*
20 *the more safety and decency are inclosed with a double*
fence, the one Dura mater *something hard and thicke, the*
other Pia mater *very thin and soft, which serveth in stead*

     of hangings; The eares are two doores or Scuttles *fitly*
     placed for entertainment; the two Eyes are Casements to *let*
25 *in light; under them is my Mouth the* Stowidge *or* Stewards
     roome; *my Lipps are* Hatches *for receit of goods, my two*
     Nostrils serve as Gratings *to let in ayre; at the one end*
     stands my chin which is the Beakehead ...
     A Bend. Is the outwardmost tymber on the ships-side,
30 and is also called a Wale: these are the chiefe strength of
     the Ships-side, to which the Futtocks and knees of the
     Beames are Boleed ...
     A Berth. Is a convenient distance and roome to Moore a
     ship in: Also when they would goe cleere of a Point, or a
35 Rock, they say, take a good *berth*, that is, goe a pretty
     distance off to sea-Boord of it.
     Berthing. They call the raising or bringing-up of Ship-
     sides, the *Berthing* of her: as they say, A Clincher, hath
     her sides *Berthed*-up, before any beame be put into her.
40   *A Bight.* By a *Bight*, is meant any part of a Roape, as it
     is taken compassing, as when we cannot, or meane not to take
     the end in hand, because of a Cabell, or other small Roape
     being Quoiled up; we say, give me the *Bight*; that is,
     one of the fakes, which lyes rowled up one over the other.
45   *Bildge*, or *Buldge.* The *Bildge* of the Ship, is the bredth
     of the flooce, whereon the ship doth rest, when she is a-
     ground. A ship is *Bilged*, that is, when she strikes on a
     Rock, or an Anchor, or the like, and breakes off her Tim-
     bers or planckes there, and so springs a Leake.

57 T. HOBBES: LEVIATHAN, "OF SPEECH" (1651)

     The Invention of *Printing*, though ingenious, compared with
     the invention of *Letters*, is no great matter. But who was
     the first that found the use of Letters, is not known. He
     that first brought them into *Greece*, men say was *Cadmus*, the
5   sonne of *Agenor*, King of Phænicia. A profitable Invention
     for continuing the memory of time past, and the conjunction
     of mankind, dispersed into so many, and distant regions of
     the Earth; and with all difficult, as proceeding from a
     watchfull observation of the divers motions of the Tongue,
10 Palat, Lips, and other organs of Speech; whereby to make
     as many differences of characters, to remember them. But
     the most noble and profitable invention of all other, was
     that of SPEECH, consisting of *Names or Appellations*, and
     their Connexion; whereby men register their Thoughts; recall
15 them when they are past; and also declare them one to an-
     other for mutuall utility and conversation; without which,
     there had been amongst men, neither Common-wealth, nor
     Society, nor Contract, nor Peace, no more than amongst Lyons,
     Bears, and Wolves. The first author of Speech was God him-

20   self, that instructed *Adam* how to name such creatures as
he presented to his sight; For the Scripture goeth no further in this matter. But this was sufficient to direct him
to adde more names, as the experience and use of the creatures should give him occasion; and to joyn them in such
25   manner by degrees, as to make himself understood; and so
by succession of time, so much language might be gotten,
as he had found use for; though not so copious, as an Orator
or Philosopher has need of. For I do not find any thing in
the Scripture, out of which, directly or by consequence can
30   be gathered, that *Adam* was taught the names of all Figures,
Numbers, Measures, Colours, Sounds, Fancies, Relations;
much less the names of Words and Speech, as *Generall, Speci-*
all, Affirmative, Negative, Interrogative, Optative, Infinitive,
all which are usefull; and least of all, of *Entity, Intentionality,*
35   *Quiddity,* and other insignificant words of the School.
    But all this language gotten, and augmented by *Adam* and
bis posterity, was again lost at the tower of *Babel,* when by
the hand of God, every man was stricken for his rebellion,
with an oblivion of his former language. And being hereby
40   forced to disperse themselves into severall parts of the
world, it must needs be, that the diversity of Tongues that
now is, proceeded by degrees from them, in such manner, as
need (the mother of all inventions) taught them; and in
tract of time grew every where more copious.
45   The generall use of Speech, is to transferre our Mentall
Discourse, into Verbal; or the Trayne of our Thoughts, into
a Trayne of Words; and that for two commodities; whereof one
is, the Registring of the Consequences of our Thoughts;
which being apt to slip out of our memory, and put us to a
50   new labour, may again be recalled, by such words as they
were marked by. So that the first use of names, is to serve
for *Markes,* or *Notes* of remembrance. Another is, when many
use the same words, to signifie (by their connexion and
order), one to another, what they conceive, or think of
55   each matter; and also what they desire, feare, or have any
other passion for. And for this use they are called *Signes.*
Speciall uses of Speech are these; First, to Register, what
by cogitation, wee find to be the cause of any thing, present or past; and what we find things present or past may
60   produce, or effect: which in summe, is acquiring of Arts.
Secondly, to shew to others that knowledge which we have
attained; which is, to Counsell, and Teach one another.
Thirdly, to make known to others our wills, and purposes,
that we may have the mutuall help of one another. Fourthly,
65   to please and delight our selves, and others, by playing
with our words, for pleasure or ornament, innocently.
    To these Uses, there are also foure correspondent Abuses.
First, when men register their thoughts wrong, by the inconstancy of the signification of their words; by which

70 they register for their conceptions, that which they never
    conceived; and so deceive themselves. Secondly, when they
    use words metaphorically; that is, in other sense than that
    they are ordained for; and thereby deceive others. Thirdly,
    when by words they declare that to be their will, which is
75 not. Fourthly, when they use them to grieve one another:
    for seeing nature hath armed living creatures, some with
    teeth, some with horns, and some with hands, to grieve an
    enemy, it is but an abuse of Speech, to grieve him with
    the tongue, unlesse it be one whom wee are obliged to
80 govern; and then it is not to grieve, but to correct and
    amend.
       The manner how Speech serveth to the remembrance of the
    consequence of causes and effects, consisteth in the im-
    posing of *Names*, and the *Connexion* of them.

58 R. BLOME: BRITANNIA (1673)

ISLES OF GREAT BRITAIN

    England is blest with a sweet and temperate Air; the *Summer*
    (by reason of the continual and gentle winds) so abating the
    heats, and the thickness of the *air*, with frequent showers
5   in the Winter so aswaging the *cold*; that neither the one,
    nor the other, are found obnoxious to its *Inhabitants*: the
    Summer not scorching, nor the *Winter* benumning them.
       The whole *Country* is extreamly fertile, and grateful to
    the *Husbandman*, abounding in all things necessary for the
10 use of man, both for *food*, and *rayment*. For what *Commodi-
    ties* it hath not of its own natural product, those defects
    (if properly so tearmed) are supplyed from other Countries,
    in exchange of ours. The Particulars whereof doth, and may
    at large appear in a Volume lately published by me ...
15   The *Earth*, for the most part, produceth great plenty of
    grains, as *Wheat; Rye, Barly, Oats, Pease, Beans*, and
    Tares. And its rich *Meadows* and *Pastures* feed innumerable
    quantities of *Cattle*, as *Oxen* and *Sheep*, insomuch that
    the *English* are observed to eat more *flesh* then any *Nation*
20 in the *World*. Here are bred excellent *Horses*, both for
    comliness of *shape*, and *service*, either for *Sadle, Coach,
    Cart*, or *Plow*. In the *bowels* of the *earth* are store of
    excellent *Mines* of *Lead, Tynn, Iron, Copper*, and some of
    Silver; and from these *Mines*, especially from the *Lead*
25 and *Tynn*, great profit is drawn by the vast quantities
    both wrought and unwrought, not only used at home, but
    sent into other Countries. Here are also aboundance of *Mines*
    of *Coals*, which with the *Wood* which groweth, plentifully
    serveth the *Inhabitants* for *Fewel*. So that if one part is
30 destitute of *Wood*, that defect is supplyed by *Coals* ...

It is every where replenished with fresh and delightful
streams, many of which are *Navigable*; in which said *Rivers*,
as also in the *Seas* that environ the whole *Countrey*, are
found sufficient plenty of excellent *Fish*, as *Salmons*,
35 *Carps, Trouts, Pikes, Tench, Eels, Flounders, Smelts,
Perches, Lampres, Mullets,* &c. these are *fresh-water Fish.*
Then in the *Seas, Soles, Lobstars, Oysters, fresh Codd,
Mackarells, Crabs, Prawns, Whitings, Plaice*; and lastly
Herrings and *Pilchards*, which bring a considerable profit
40 to this Kingdom, they finding great vent in *Spain, Italy,*
and elsewhere ...

AMERICAN PLANTATIONS

NEW-ENGLAND, seated North of *Mary-land*, conteineth according to the report of Captain *Smith*, 70 *miles* of *Sea-coast*,
45 in which track are found divers good *Havens*, some of which
are capable to harbour about 500 sail of Ships from the
fury of the Sea or Winds, by reason of the interposition
of the great number of *Isles* that lye about the Coast. And
although the Country is seated in the midst of the *Temper-*
50 *ate Zone*, yet is the *Clime*, as to *heat* and *cold*, more un-
certain then those *European Kingdoms* which lye *parallel*
with it; and as to *Virginia* this may be compared as *Scotland*
is to *England.*
The *air* is here found very agreeable to the *English*,
55 which induces them to possess divers potent Colonies ...
The Country is well watered with *Rivers*, the chief amongst
which are *Agamentico, Conectecut, Kinebequy, Merrimeck, Mishuin,
Mistick, Neraganset, Pascataway, Pemnaquid, Tachobacco,* &c.
And in these, as also in the Sea, are taken excellent *fish*,
60 as *Codd, Thornback, Sturgeon, Porpuses, Hadock, Salmons,
Herrings, Mackrill, Oysters, Lobsters, Crab-fish, Tortoise,
Cockles, Muscles, Clams, Smelts, Eels, Lamprons, Basses,
Alewives, Hollibuts, Sharks, Seals, Grampus, Whales,* with
sundry other sorts.
65 Here are great variety of Fowls, as *Phesants, Partridges,
Heath-Hocks, Turks, Pullain, Geese, Ducks, Herns, Cranes,
Cormorants, Swans, Widgins, Sheldrakes, Snipes, Doppers,
Black-birds, the Hum-bird, Loon,* with abundance of others too
tedious to name ... Their *Wild-beasts* of chief note, are
70 *Lyons, Bears, Foxes, Rackoons, Mooses, Musquashs, Otters,
Bevers, Deer, Hares, Coneys,* &c., and for Tame, *Cows,
Sheep, Goats, Swine,* and Horses ... Here are sundry sorts of
Trees, as the *Oak, Cyprus, Pine, Cedar, Firr, Ash, Asp,
Elm, Alder, Maple, Birch, Sasafras, Sumach,* &c. and for
75 *Fruit-trees*, the *Apple, Pear, Plumb, Walnut, Chesnut,* ...
The *English* now here inhabiting, are very numerous and
powerful; They are governed by *Laws* of their own making;
have their several *Courts* of *Judicature*, and assemble to-

322 *59 Coles (1676)*

gether at their set times and places, as well for the making
80 of new *Laws*, abolishment of old, hearing and determining of
Causes, as for the electing of a *Governour, Deputy-Gover-
nour, Assistants, Burgesses*, and other *Magistrates*; every
Town having two *Burgesses*, and each County annually electing
such like *Officers*, for the looking after the affairs in the
85 said *Colony*. And in matters that concern *Religion* and *Church
Government*, they are very strict, and make a great shew,
being much of the stamp of the rigid *Presbyterians*.

Here are several *Towns* of good account, the chief amongst
which are *Boston* the Metropolis, seated very commodious for
90 *traffick* on the *Sea-shoar* at present a very large and spacious *Town*, or rather *City*, composed of several well-ordered
Streets, and graced with fair and beautiful *Houses*, which are
well inhabited by *Merchants* and *Trades-men*, who drive a considerable *trade* for such *commodities* as the Country afford-
95 eth, to *Jamaica, Barbados*, and other the *Caribbe Isles*, as
also to *England* and *Ireland*. It is a place of good strength,
having two or three hills adjoyning, on which are raised
Fortifications, with great *Guns* mounted thereon ...

NEW YORK, adjoyning to *New-England* Southwards, so called
100 from his *Royal Highness James D.* of *York*, the Proprietor
thereof, by grant from his Majesty, and is that part of
New-England which the *Dutch* called the *New-Netherlands* ...
It is also possessed by divers sorts of *people*, not much
unlike the *Indians* in *Virginia, Mary-land*, and the other
105 parts, & are well proportionate, stout, swarthy, black hair'd,
which they wear exceeding long, they are expert at their
bow and *arrows*, which is their chief weapon of *war*, they
are of a ready wit, and apt to receive instructions; ...

59 E. COLES: ENGLISH DICTIONARY (1676)

TO THE READER

The several Climates of the World, have influenced the Inhabitants with Natures very different from one another. And their
several speeches bear some proportion of Analogy with their
5 Natures. The *Spanish* and the *Spaniard* both are Grave, the
Italian and th' *Italians* Amourous, the *Dutch* as boisterous
as the *Germans*, and the *French* as light as they themselves
are. But the moderate Clime of *England* has indifferently
temper'd us as to both: and what excess there is in either,
10 must be attributed to the accession of something Foreign.
Our changes are all professedly owing to the Conquests,
especially of *Sax* and *Normandy*.

The first was far the greater, and by virtue of That the
body of our Language is still Teutonick: But the Last is
15 that which more nearly concerneth us; because, though its

first irruption was not a violent Inundation, yet it forced
us to such a Communication with *France*, that our Genius is
wrought into some resemblance of theirs: and (to imitate
them) we bring home fashions, terms and phrases from every
20 Nation and Language under Heaven. Thus we should fill one
another with Confusion and Barbarity, were it not for some
such faithful Interpreter as is here presented to the
Prince of Isles ...
    In that which I have done, I do not warrant absolute per-
25 fection. The pains that are taken in it, will appear at first
sight. The addition that is made to the number of words in
former Authors of this kind, is almost incredible (considering the bulk) being raised from seven in th' Expositor to
almost thirty thousand here; which is some thousands more
30 than are in Mr. *Blunts Glossographia* or Mr. *Philips World
of Words*. The order I observe is altogether Alphabetical;
for that best answers the design of Informing others. If
any would have the proper Names, Terms of Law, Navigation
(or any other Art) by themselves, they may go through the
35 whole and (with delight and profit) reduce them all to
their particular Heads ...
    Poetical expressions may be allowed to Poetical Relations
and Fictions; yet here and there I give a hint, to let you
know, that I take them not for real verities. The history
40 of the Bible I suppose to be so well known, as that I only
give the plain English of the *Hebrew, Chaldee, Syriack* and
Greek Names.
    Here is a large addition of many words and phrases that
belong to our English Dialects in the several Counties,
45 and where the particular Shire is not exprest, the distinction (according to the use) is more general into North and
South-Country words.
    'Tis no disparagement to understand the Canting Terms.
It may chance to save your throat from being cut, or (at
50 least) your Pocket from being pickt. I have not only retain'd, but very much augmented the number of Old Words.
For though Mr. *Blount* (as he saies expressly) shunn'd them,
because they grew obsolete; yet doubtless their use is very
great: not only for the unfolding those Authors that did
55 use them, but also for giving a great deal of light to other
words that are still in use. Those that I call Old Words are
generally such as occurr in *Chaucer, Gower, Pierce Ploughman*
and *Julian Barns*.
    And whosoever has a mind, instead of them (or other vulgar
60 terms) to use expressions that are more polite; he sees what
words are markt for Latin, Greek or French, and may himself
make such Collections as will be far more advantageous, than
if they had been gathered to his hand.
    Finally, that I might be the more comprehensive (for here
65 is very much in very little room) I have signified the deri-

vation of the words from their several Originals, and the
Names of the Counties in which they are used, by one or two
of their initial letters; the meaning of which is exprest
in the following Table.

60 J. BUNYAN: THE PILGRIM'S PROGRESS (1678)

Then said *Evangelist*, If this be thy condition, why standest
thou still? He answered, Because I know not whither to go.
Then he gave him a *Parchment-Roll*, and there was written
within, *Fly from the wrath to come.*

5   The Man therefore Read it, and looking upon *Evangelist*
very carefully; said, Whither must I fly? Then said *Evangelist*, pointing with his finger over a very wide Field,
Do you see yonder *Wicket-gate*? The Man said, No. Then said
the other, Do you see yonder shining light? He said, I think

10   I do. Then said *Evangelist*, Keep that light in your eye,
and go up directly thereto, so shalt thou see the Gate;
at which when thou knockest, it shall be told thee what thou
shalt do.
       So I saw in my Dream, that the Man begun to run; Now he

15   had not run far from his own door, but his Wife and Children perceiving it, began to cry after him to return: but
the Man put his fingers in his Ears, and ran on crying,
Life, Life; Eternal Life: so he looked not behind him, but
fled towards the middle of the Plain ...

20   Now I saw in my Dream, that just as they had ended this
talk, they drew near to a very *Miry Slough*, that was in the
midst of the Plain, and they being heedless, did both fall
suddenly into the bogg. The name of the Slow was *Dispond*.
Here therefore they wallowed for a time, being grieviously

25   bedaubed with the dirt; And *Christian*, because of the burden that was on his back, began to sink in the Mire.
       Pli. Then said *Pliable*, Ah, Neighbour *Christian*, where
are you now?
       Ch. Truly, said *Christian*, I do not know.

30   *Pli.* At that, *Pliable* began to be offended; and angerly
said to his Fellow, *Is this the happiness you have told me
all this while of. if we have such ill speed at our first
setting out, what may me expect, 'twixt this, and our Journey 's end? May I get out again with my life, you shall pos-*

35   *sess the brave Country alone for me.* And with that he gave
a desperate struggle or two, and got out of the Mire,
on that side of the Slough which was next to his own
House: So away he went, and *Christian* saw him no more.
       Wherefore *Christian* was left to tumble in the Slough

40   of *Dispondency* alone, but still he endeavoured to struggle
to that side of the Slough, that was still further from his
own House, and next to the Wicket-gate; the which he did,

but could not get out, because of the burden that was upon
his back. But I beheld in my Dream, that a Man came to
45 him, whose name was *Help*, and asked him, *What he did there?* ...
     Now *Christian* looked for nothing but death, and began to
cry out lamentably, even cursing the time in which he met
with Mr. *Worldly-Wiseman*, still calling himself a thousand
fools for hearkening to his counsel: he also was greatly
50 ashamed to think that this Gentlemans arguments, flowing
only from the flesh, should have that prevalency with him,
to forsake the right way. This done, he applied himself
again to *Evangelist* in words and sense as follows.
     Chr. Sir, what think you? is there hopes? May I now go
55 back, and go up to the Wicket-gate, shall I not be abandon-
ed for this, and sent back from thence ashamed. I am sorry
I have hearkened to this man's counsel, but may my sin be
forgiven.
     Evang. Then said *Evangelist* to him, Thy sin is very great,
60 for by it thou hast committed two evils; thou hast forsa-
ken the way that is good, to tread in forbidden paths: yet
will the man of the Gate receive thee, for he has good will
for men; only, said he, take heed that thou turn not aside
again, lest thou perish from the way when his wrath is
65 kindled but a little. Then did *Christian* address himself
to go back, and *Evangelist* after he had kept him, gave him
one smile, and bid him God speed: so he went on with hast,
neither spake he to any man by the way; nor if any man asked
him, would he vouchsafe them an answer. He went like one
70 that was all the while treading on forbidden ground, and
could by no means think himself safe, till again he was got
into the way which he left to follow Mr. *Worldly-Wiseman's*
counsel: so in process of time, *Christian* got up to the
Gate. Now over the Gate there was Written, *Knock and it*
75 *shall be opened unto you.*

61 G. MERITON: A YORKSHIRE DIALOGUE (1683)

A YORKESHIRE DIALOGUE IN ITS PURE NATURAL DIALECT, AS IT
(IS) NOW COMMONLY SPOKEN IN THE NORTH PARTS OF YORKESHIRE,
BEING A MISCELLANEOUS DISCOURSE, OR HOTCHPOTCH OF SEVERAL
COUNTRY AFFAIRES, BEGUN BY A DAUGHTER AND HER MOTHER, AND
5 *CONTINUED BY THE FATHER, SON, UNCLE, NEESE, AND LAND-LORD;*

   D.   Mother our Croky's Cawven sine't grew dark,
          And Ise flaid to come nar, she macks sike wark;
   M.   Seaun, seaun Barn, bring my Skeel and late my tee
          Mack hast, and hye Thee ore to'th Laer to me:
10   Weese git a Battin and a Burden Reap,
          Though it be mirke, weese late it out by grape;
          Than wee'l toth Field and give the Cow some Hay,

And see her Clean, before we come away;
For flaid she git some water before she Cleen,
15   And marr her Milk, Ise greet out beath my Neen:
    D. Whaugh Mother how she Rowts, Ise varra Arfe
         Shee'l put, and rive my good Prunella Scarfe,
    M. Ise dinge thy harnes out, thou base mucky Sewe,
         Thou macks sike Anters, Thou'l mistetch my Cow;
20   What need thou be seay flaid. She will nut mell,
         Nor Hipe, if there war neane here but thy sell;
    D. Wally, wally, here's a deft Tinye Cawfe,
         It's better than a Keausteril behawfe,
    M. It's newly gitten Feaut, tack haud on't *Tibb,*
25   Wee'l suckl't weel, and put it into'th Cribb.
         And Bed it Strangly, with good clean Streay,
         And see it lye'th sell down before we geay,
         Now let us hame, and late for Bowles and Sile,
         Thy Father'l meause whore we are all this while.
30 *F.* Ise nut farr, ist Cow Cawv'd that's a gooddin,
         Now *Tibb* weese git some Beestling puddin,
         Let's Spang our gates for it is varra Snithe,
         And Ise flaid wife, it will be frost belive,
         Leake yonder ist Lad comming, to late for you,
35   Hee'd be in Bed, to Morn, we gang to plewe,
    M. Wya, wya, did'th pot play when you com.
         Wheay keauks the Supper now when Ise fra hame
         What *Hob* ist Beefe aneugh, ist Groats put in
         Till all war deaun, I knawe thou wad not lin,
40 *S.* Ey Mother the Groats are in, Ive tane of'th pot,
         And'th Cael I seaure are cawd eneugh to Sup; ...

62 ANON.: BOG-WITTICISMS (c.1687)

Bryan having been sent in an Errant to a Gentlemans house in
the Country, fell deeply in Love with a *Welch* Maid, who be-
longed to the Kitching there, sometime after he met a Footman
belonging to the same Gentleman; *Bryan* desired him to *tauke*
5   a pot of *drenk vid him, for a quarter of an bour, vile he
did mauke request to shom Skrivishner to vrite* a Letter for
him to *Vursula*; which being done, *be me shoul Y did pray him
to shend it upon* Ursula *by de Waaterman indede.*

Shweet Mrs. Ursula,   The Letter.
10   Be de ham of me Moddarsh Smock, aund be aul de Usquebah
daat vash drunk at mine Fadersh Vedding; de Deevil take me
indede, but Y be sho much in Lofe vid dee, daat Y cannot go
to Bed aul the long Night for sleeping upon dee; aund Y cannot be upon vaaking but the Deevil take me, Y do fall upon
15 dreaming consharning thy shweet shelfe indede, daan do Y tink,
vaat is the matre? vaat is de maatre vid mine awn shelfe; Aund

Y do feend it is aal for much Love consharning dee, in fait:
Be me shalwashion Y vill tall dee vaat Y vill do indede, and Y vill
put kish upon dy faush indeede, and Y vill be for mauking
20 Child upon dy Body indeede, aund Y will mauke a great del
more consharning dee dan dyne own Moddar in fait. Noow de
Deevil tauke de fashion, daat van two yong Cople of Man and
Voman be for coming togedder vid on anodder, daat dare
musht be mauking upon the great Sherimony of de Presht, aund
25 aul de People to mauke Witnesh upon it: Be me Shoul Y vill
not mauke staying sho long; but Y vill be dyne Husband
vidout aal daat now, aund be Shaint *Pautrick*, Y vill love
dee like auny ting indede. Y vill shend to *Tredagh* for mine
Moddarsh tree Goats, four Sheep, one Filly Mare, and the
30 tauny Coow, and vee will be for mauking a Daury in *Lincolns-
Inn-Fields* be Chreest, aund vee will mauke Butter and Chese,
aund Eggs, and shell our shelves into Plauce and Conferrmant
every day indede. And we vill shing Curds and Crame be
Chreest, and Buttar and Eggs, Bony-Clabber, and Tiff, untel
35 de Coow shall have Cauf, de Maure shall have Colt, de Goats
shall have Kidd, aund *Ursulah* shall hauve Child indede;
Aund dan vee vill shet up Housh-kepin and be for livein aul
togadder, be Chreest, as it is de fashion in mine awn Country, in fait. Noow de Deevil tauke me, dear Joy, dou shaut
40 be for sending Aunswer to vaat Y hauve sent dee by de
Skriviwnar, aund if dee vilt mete me to morrow morning at
four of de Clock in de aufter noons, aut de Hole in de Vaal,
vee vill go to Bed aund be Mawrry'd presantly indede, vidd-
out de Charge of de Vedding, aund de Priests fese be Chreest,
45 aund vee vill put de grate Chete upon our Parantsh, aund
be me Shoul vee vill be Mawrried, dear Joy; aund none body
shaul be vysher for it indede; Aund being at such dishtansh
daat Y cannot come to put Kish upon dy shweet faush, Y vill
put a hoondrad Kishes upon dish Pauper, and shend me Shar-
50 vish, aund me Affuction to dee indede, and my shalwashion
Y vill alwash be
Dine owne Dear Joy, BRYAN.
Y have geeven de Vaaterman Shixpensh to breng it to dee,
to shave de charge of de Penny-Posht in fait.

63 J. LOCKE: AN ESSAY CONCERNING HUMANE
UNDERSTANDING (1690)

§1 God having designed Man for a sociable Creature, made
him not only with an inclination, and under a necessity to
have fellowship with those of his own kind; but furnished
him also with Language, which was to be the great Instru-
5 ment, and common Tye of Society. *Man* therefore had by Nature
his Organs so fashioned, as to be *fit to frame articulate
Sounds*, which we call Words. But this was not enough to

produce Language; for Parrots, and several other Birds, will
be taught to make articulate Sounds distinct enough, which
10 yet, by no means, are capable of Language.

§2 Besides articulate Sounds therefore, it was farther
necessary, that he should be *able to use these Sounds, as
signs of internal Conceptions*; and to make them stand as
marks for the *Ideas* within his own Mind, whereby they might
15 be made known to others, and the Thoughts of Mens Minds
be conveyed from one to another.

§3 But neither was this sufficient to make Words so use-
ful as they ought to be. It is not enough for the perfection
of Language, that Sounds can be made signs of *Ideas*, un-
20 less those *signs* can be so made use of, as to *comprehend
several particular Things*: For the multiplication of Words
would have preplexed their Use, had every particular thing
need of a distinct name to be signified by.

§4 *Words* then are made to be signs of our *Ideas*, and *are
25* *general or particular, as the Ideas they stand for are general
or particular*. But besides these Names which stand for *Ideas*,
there be others which Men have found and make use of, not to
signifie any *Idea*, but the want or absence of some *Ideas*,
simple or complex, or all *Ideas* together; such are the Latin
30 words, *Nihil*, and in English, *Ignorance* and *Barrenness*. All
which negative or privative Words, cannot be said properly
to belong to, or signifie no *Idea*s: for then they would be perfectly insignificant Sounds; but they relate to positive
Ideas, and signifie their absence.

35 §5 It may also lead us a little towards the Original of
all our Notions and Knowledge, if we remark, how great a
dependence our *Words* have on common sensible *Ideas*; and how
those which are made use of, to stand for Actions and Notions
quite removed from sense, *have their Original*, and are trans-
40 ferred *from obvious sensible Ideas*; *v.g.* to *Imagine, Apprehend,
Comprehend, Adhere, Conceive, Instill, Disgust, Disturbance,
Tranquillity*, &c. are all Words taken from the Operations
of sensible Things, and applied to certain Modes of Thinking.
Spirit, in its primary signification, is Breath; *Angel*, a
45 Messenger: And I doubt not, but if we could trace them to
their Originals, we should find, in all Languages, the names,
which stand for Things that fall not under our Senses, to
have had their first rise from sensible *Ideas*.

64 SALEM WITCHCRAFT PAPERS (1692)

(*Joseph Morgan v. Dorcar Hoar*) The depotion of Joseph morgin
aged abought 46 years of their aboughts Testifyeth and saith
that gooday hoer being at my hous did pretend sum thing of

forting telling and thair said that I shuld dy before my wife
5 and that my oldest dauter shuld not Live to be a woman and
further saith that oldest dauter shuld not live to be a
woman. and further sayth that my self being caled to sit on
the Jurey to sarch the body of goodman hore he dying very
sudingly: that then on desiering to have his body stript
10 thee; said Goody hoar did fly out in a great pation and said
what do you think that I have kild my husband you retches
you and

(*John Tuck v. Dorcas Hoar*)   The depersision of John tuck aged
about 18 years this deponant doth testif and say that I the
15 s'd. deponant being at the hous of Dorkas hore about 3 year
agone with John neal which was then thomas whitredges servant then the s'd. neal brought a hin of the said whors which
he the s'd. neal had kiled doing damage in his s'd. masters
Corn. & I the s'd deponant being thare when the s'd. neal
20 presented the hen to hear: the s'd hore did then break out
in grreat pashan and told the s'd. John neal that it should
be the worst weaks work that Ever he did farder saith not
Jurat in Curia

(*Isaac Cummings, Sr. v. Elizabeth How*)   Jun 27. 1692
25 The disposition of Isaac commins iyner aged about sixty yers
or thare abouts who testyfyeth and saith that about aight yers
agon James how jun'r of ipswech. came to my hous to borow a
hors I not being at home my son isaac told him as my son
told me whan i cam home i hade no hors to ride on but my son
30 isaac did tell the said how that his father hade no hors to
ride on but he hade a mare the which he thought his father
would not be wiling to lend this being upon a thursday the
next day being Fryday I took the mare and my self and my wif
did ride on this maer abute half a mile to an naighbours hous
35 and home again and when we came home I turned the maer out
the maer being as well to my thinking as ever she was next
morning it being saterday about sun rising this said maer stood
neer my doore and the said maer as i did aperehand did show
as if she head bin much abused by riding and here flesh as I
40 thoug much wasted and her mouth (much) read semenly to my
aperehantion much abused and hurt with the bridel bits I seing the maer in such a sad condition I toke up the said maer
and put her into my barn and she wold eate no maner of things
as for provender or any thing w'c i gave her then i sent for
45 my brother thomas andros which was living in boxford the
said anderos came to my hous. I not being at home when I came
home a litil afore night my brother anderos told me he head
giving the said mear somthing for the bots but as he could
purseve it did do her no good but said he I can not tell but
50 she may have the baly ach and said he i wil try one thing
more my brother anderos said he wold take a pipe of tobaco

and lite it and put itt in to the fundement of the maer I
told him that I thought it was not lawfull he said it was lawfull for man or beast then I toke a clen pipe and filled it
55 with tobaco and did lite it and went with the pipe lite to
the barn then the said anderos used the pipe as he said before
he wold and the pip of tobaco did blaze and burn blew then I
said to my brother anderos you shall try no more it is not
lawful he said I will try again once mor which he did and then
60 thar arose a blaze from the pipe of tobaco which seemed to
me to cover the butocks of the said mear the blaz went up
ward towards the roof of the barn and in the roof of the barn
thar was a grate crackling as if the barn wOld have falen or
bin burnt which semed so to us which ware with in and some
65 that ware with out and we hade no other fier in the barn
(b)ut only a candil and a pipe of tobaco and then I said I
thought my barn or my mear most goe the next day being Lords
day I spoke to my brother anderos at noone to come to see the
said mear and said anderos came and what h(e) did I say not
70 the same Lords day at night my naighbour John hunkins came
to my hous and he and I went in to my barn to see this mear
said hunkins said and if I ware as you i wolud cute of a
pece of this mear and burn it I said no not to day but if she
lived til tomorow morning he might cut of a pece off of her
75 and burn (if) he would presently as we hade spoken these
words we stept out of the barn and emedeiatly this said mear
fell downe dade and never stured as we coold purseve after
she fell down but lay (stone) dead
      Isac Commings sen'r declared: to the Jury of inquest: that
80 the above written evidence: is the truth: upon oath June 30th
1692.

65 E. WALLER: "OF ENGLISH VERSE" (1693)

Poets may boast, as safely vain,
Their works shall with the world remain;
Both, bound together, live or die,
The verses and the prophecy.

5   But who can hope his lines should long
Last in a daily changing tongue?
While they are new, envy prevails;
And as that dies, our language fails.

When architects have done their part,
10 The matter may betray their art;
Time, if we use ill-chosen stone,
Soon brings a well-built palace down.

Poets that lasting marble seek,
Must carve in Latin, or in Greek;
15   We write in sand, our language grows,
And, like the tide, our work o'erflows.

Chaucer his sense can only boast;
The glory of his numbers lost!
Years have defaced his matchless strain;
20   And yet he did not sing in vain.

66 SIR W. SCOTT: KENILWORTH (1821)

He exclaimed to the smith in turn, 'Wayland, touch him not,
or you will come by the worse! - the gentleman is a true
gentleman, and a bold.'
      'So thou hast betrayed me. Flibbertigibbet?' said the
5   smith; 'it shall be the worse for thee!'
      'Be who thou wilt,' said Tressilian, 'thou art in no dan-
ger from me, so thou tell me the meaning of this practice,
and why thou drivest thy trade in this mysterious fashion.'
      The smith, however, turning to Tressilian, exclaimed, in
10 a threatening tone, 'Who questions the Keeper of the Crystal Castle of Light, the Lord of the Green Lion, the Rider
of the Red Dragon? - Hence! - avoid thee, ere I summon Tal-
pack with his fiery lance, to quell, crush, and consume!'
These words he uttered with violent gestieulation, mouthing
15 and flourishing his hammer.
      'Peace, thou vile cozener, with thy gipsy cant!' replied
Tressilian, scornfull and follow me to the next magistrate, or I will cut thee over the pate.'
      'Peace, I pray thee, good Wayland!' said the boy; 'credit
20 me, the swaggering vein will not pass here; you must cut
boon whid.' ...

      'Why, so thou didst, thou peevish fool, answered the
youth; 'thou didst lie on that bench even now, didst thou
not? But art thou not a hasty coxcomb, to pick up a wry word
25 so wrathfully? Nevertheless, loving and honouring my lord
as truly as thou, or any one, I do say, that should Heaven
take him from us, all England's manhood dies not with him.'
'Ay,' replied Blount, 'a good portion will survive with
thee, doubtless.'

Quellen der Kurztexte t1-59

t1   Jonathan Swift, *A Proposal for Correcting, Improving and Ascertaining the English Tongue* ... (London, 1712); nach Bolton 1966:117. [S.10]

t2   John Hart (→ T6), 1569: fol.21r. [S.11]

t3   Robert Reyce, *The Breviary,* MS Ipswich nach Harlow 1970:171. [S.12]

t4   Richard Verstegan (R. Rowlands), *A restitution of decayed intelligence* (Antwerpen, 1605, ³1634); nach Moore 1910:126. [S.12]

t5   John Ray, *A collection of English words* (London, 1674), Wing R388, B.L.435.a.26, sig.A5r-6r. [S.13]

t6   Samuel Daniel, *The poeticall essayes* (London, 1599), *STC* 6261, sig.F2v. [S.14]

t7   Murdoch Nisbet, *The New Testament in Scots... c.1520,* ed. T.G. Law, STS, 3 Bände (1901-5). [S.16]

t8   Anon.; nach Barber 1976:27f. [S.16f.]

t9   William Harrison (→T36A), 1808: V, *preface.* [S.17]

t10   William Shakespeare, *As You Like It,* V,1.47ff., aus Hinman 1968:222 (→ T31). [S.19]

t11   George Puttenham (→T11), 1589:123. [S.23]

t12   *Batman vppon Bartholome* (London, 1582), Facs. Anglistica & Americana, 161 (Hildesheim, 1976), sig.π. *On the Properties of Things.* John Trevisa's translation of Bartholomæus Anglicus *De Proprietatibus Rerum,* ed. M.C. Seymour *et al.* (Oxford, 1975), I, 41. [S.24]

t13   Henry Peacham, *The Garden of Eloquence* (London, 1577), *STC* 19497, Facs. Gainesville 1954, EL 267, sig.Gii^v. [S.25]

t14   Ralph Lever, *The arte of reason, rightly termed, witcraft...* (London, 1573), *STC* 15541, Facs. EL 323, "The Forespeache", sig.**i^v. [S.25f.]

t15   Ulpian Fulwell, *The Flower of Fame* (London, 1575), *STC* 11475, sig.Bii^v; vgl. Jones 1953:99f. [S.26]

t16   Thomas Becon, *The worckes* (London, 1564, 1560, 1563), *STC* 1710, fol. 475v, 478r; vgl. Jones 1953:60. [S.26]

t17f.   Joseph Glanvill, *The Vanity of Dogmatizing* (London, 1661,²1664, ³1676), Wing G834; nach Jones in Fish 1971:64. [S.27]

t19   John Wilkins, *Ecclesiastes* (London, 1646), Wing W2188; nach Jones in Fish 1971:196f. [S.27]

t20   Ben Jonson (vgl.T14); nach King 1941:xv. [S.28]

t21 Joseph Addison, *The Spectator,* No.285 (26.1.1712), ed. D.F. Bond (Oxford, 1965), III, 11. [S.29]

t22 Sir Thomas Elyot, *The boke named the Gouernour* (London, 1531), *STC* 7635, Facs. EL 246, fol.19v. [S.30]

t23 John Palsgrave, *The Comedy of Acolastus...* (1540), ed. P.L. Carver, EETS 202 (1937); nach Rusch 1972:23. [S.30]

t24 Roger Ascham, *Toxophilus* (London, 1545), *STC* 837, Facs. EE 79, sig.Aiij^r. [S.31]

t25 Joseph Addison, *The Spectator,* No.417 (28.6.1712), ed. Bond, III, 566 (→ t21). [S.32]

t26 Martin Billingsley, *The Pens Excellencie...* (London, 1618), *STC* 3062.2. [S.35]

t27 Elizabeth I (→ T20D), 5 Metr.1-9, nach EETS 113, S.32. [S.36]

t28 James VI (→ T28), MS Bodley 165 (1583/4), Stanze aus dem Gedicht *Phœnix;* nach Croft 1973, no.24; der Text erschien leicht anglisiert in *Essayes* (T28), 1584: sig.Hij^r. [S.36]

t29 John Milton (→ T33f.), Trinity MS 1634, aus Croft 1973, no.47; Textauszug *Comus* 890ff. [S.36]

t30 Sir John Cheke, *The Gospel according to St.Matthew...* , ed. J. Goodwin (London, 1843). [S.42]

t31 John Hart (→ t2, T6), *A Methode...* (London, 1570), *STC* 12889, B.L. C.54.b.15, sig.Di^{rv}; abgebildet in R. Kaiser, ed., *Medieval English* (Berlin,^{3}1958), plate III. [S.42]

t32f. William Bullokar (→ T7), Titelblatt und S.43 (S.43 auch in Dobson ^{2}1968:100). [S.43f.]

t34 Alexander Gil, *Logonomia Anglica* (London, 1619, ^{2}1621), *STC* 11873f., 1619:110, 1621:114; nach Dobson ^{2}1968:134f. Textauszug Spenser, *Faerie Queene,* I, 4, 10. [S.45]

t35 Richard Mulcaster (→ T8); 1582:155. [S.47]

t36 John Hart (→ t2, T6), 1569: fol.18v-19r. [S.47]

t37 Ben Jonson (→ T14), *The Alchemist,* II, 1, 89-104, ed. C.H.Herford & P.Simpson (Oxford, 1937), V, 317; Passage auch in Graband 1965:136. [S.65]

t38 James Howell, *Familiar Letters,* book II, no.56 (9.8.1630); nach Tucker 1961:28. [S.78]

t39 Sir Thomas More, *The Apologye of Syr Thomas More, knyght,* ed. A.I. Taft, EETS 180 (1930); nach S. Brook, *The Language of the Book of Common Prayer* (London, 1965), S.86. [S.98]

t40f. John Wilkins, *An Essay Towards a Real Character, and a Philosophical Language* (London, 1668), Wing W2196, Facs. EL 119, S.8 und 278f. [S.110f., 113]

t42 P. Ashton, *A shorte treatise vpon the Turkes chronicles* (London, 1546), *STC* 11899, sig.*vi^v; nach Bennett 1952-70: I, 175. [S.115]

t43   Robert Cawdrey, *A Table Alphabeticall...* (London, 1604), Facs. Gainesville 1966,
        EE 226, Titelblatt. [S.121]

t44   Henry Cockeram, *The English Dictionarie* (London, 1623,²1626), *STC* 5462, Facs.
        Anglistica & Americana, 54 (Hildesheim, 1970), sig.A3v. [S.121]

t45   Edward Phillips, *The New World of English Words* (London,⁵1696), Wing P2073,
        preface; nach Osselton 1958:18. [S.122]

t46   J.K. (John Kersey?), *A New English Dictionary* (London, 1702), Titelblatt und
        preface. [S.122]

t47   Randle Cotgrave, *A Dictionarie of the French and English Tongues* (London,
        1611), *STC* 5830, Facs. Columbia, 1950; EL 82. [S.123]

t48   Sir Thomas Elyot, *Of the knowledge whiche maketh a wise man* (London, 1533),
        STC 7668, sig.A3ʳᵛ; Auszug auch in Moore 1910:82. [S.127]

t49   Sir Thomas Elyot (→ t22), 1531:94r; Zitat auch in Jones 1953:80. [S.127]

t50   Sir Thomas Hoby (→ T5); Zitat auch in Jones 1953:47. [S.128]

t51   Anon., *A Hundred Mery Talys* (London, 1526), nach H. Oesterley, ed.,
        Shakespeare's Jest Book (1866, Gainesville, ʳ1970), S.17; Zitat auch in Jones
        1953:6. [S.129]

t52   Angel Day (→ T43); nach Jones 1953:106. [S.130]

t53   Henry Peacham (→ t13), 1577: sig.Giiᵛ. [S.130]

t54   John Hart (→ t31); nach Jones 1953:107. [S.131]

t55f.   Nathaniel Fairfax, *A Treatise of the Bulk and Selvedge of the World* (London,
        1674), Wing F131. Auszug: sig A5ᵛ-6ʳ. [S.133]

t57ff. John Wilkins (→ t40f.), 1668:216. [S.137, 149]

Bibliographische Hinweise zu den Texten T1-66

Quellen: *Dictionary of National Biography,* Dobson ²1968 und Ausgaben der Einzeltexte.
Es folgen Angaben zur Biographie, Q: zur Quelle (benutzte Ausgabe), A: zum Textauszug,
S: zur Sekundärliteratur, speziell zum sprachlichen Verständnis.

1   William Caxton (1422?-91), Englands erster Buchdrucker, Übersetzer besonders
        aus dem Frz. und Herausgeber me. Texte, hier der me. Übersetzung Trevisas (um
        1387) des lat. Originals des Ranulph Higden (†1364). Trevisas Zusätze, die sich
        auf die zeitgenössischen Zustände beziehen, hier kursiv.

Q: Higden, Ranulphus, *Description of Britayne, & also Irlonde taken oute of Policro-*
        nicon (1480). *STC* 13440a, Facs: EE 386 (1971). A: Kap.xv (ohne Seitenzählung).

S: Blake 1969:171ff.

2   William Caxton, Übersetzung einer frz. Prosabearbeitung von Vergils *Aeneis.*

Q: *Eneydos.* (Westminster, 1490). *STC* 24796, B.L. IC 55135. Der Prolog ed.
        W.J.B. Crotch, EETS 176 (1928), S.107-10; Bolton 1966:1-4; Fisher-Bornstein
        1974:179-88, mit Facs. A: sig.Aiʳ-iiʳ.

S: Fisher-Bornstein 1974:179-81.

3   William Lily (1468?-1522), Grammatiker, Direktor der St.Paul's School, London,
        von 1512-22. John Colet (1467?-1519), Deacon von St.Paul's und Gründer von
        St. Paul's School, für die er 1509 eine Lateingrammatik schrieb. Hier: Erstauflage
        der vom König autorisierten Schulgrammatik, die ca. 350 Auflagen erreichte.

Q: William Lily and John Colet, *A shorte Introduction of Grammer, generally to be*
        vsed in the Kynges Maiesties dominions, for the bryngynge vp of all those that
        entende to atteyne the knowlege of the Latine tongue. (1549) *STC* 15611.
        Facs: EL 262 (1970). A: sig Aiiʳ-iiiʳ.

4   Sir Thomas Wilson, Staatsminister und Gelehrter (1525?-1581). *Rule of Reason*
        1551; seine *Rhetorique* ist Hauptbeispiel ciceronianischer Rhetorik im England des
        16. Jh.

Q: *The Arte of Rhetorique, for the vse of all suche as are studious of Eloquence, sette*
        forth in English. (London: R. Grafton, 1553). *STC* 25799. Facs: EE 206 (1969),
        ScR (1962). A: Buch III, fol. 86ʳ-88ʳ.

S: Baugh & Cable ⁴1993:262-4, Barber 1976:82-7, Howell 1956:98-110, Jones
        1953:100-2.

5   Sir John Cheke (1514-57), Professor der griech. Sprache in Cambridge 1540-51,
        Tutor von Edward, Prince of Wales 1544, führte neue Aussprache des Griech. ein
        und setzte sich für eine Orthographiereform des Engl. und gegen übermäßige Ent-

lehnungen aus dem Latein ein. Teilübersetzung des N.T. um 1550 (daraus das Vaterunser, t30). Der hier abgedruckte Brief erscheint im Vorwort der Übersetzung Hobys (geschrieben 1557?).

Q: *The Courtyer of Count Baldessar Castilio... done into Englyshe by Thomas Hoby* (London, 1561) *STC* 4778. B.L. 1030.c.13 (häufig modernisiert zitiert). A: sig Aiii[r].

S: Baugh & Cable [4]1993:261, Dobson [2]1968:38-46, Jones 1953:102f., 121f.

6   John Hart, Chester Herald (†1574), wohl der bedeutendste Phonetiker und Orthographiereformer des 16.Jh.

Q: *An Orthographie, conteyning the due order and reason, howe to write or paint thimage of mannes voice, most like to the life or nature* (London, 1569) *STC* 12890. Facs: EL 209 (1969); ed. B. Danielsson (Stockholm, 1955-63). A: fol.3[r]-5[v]. Randüberschriften hier kursiv eingerückt.

S: Danielsson 1955, Dobson [2]1968:62-68, Jones 1953:137f., 147-50.

7   William Bullokar (ca. 1530-1609), "the most persistent of spelling reformers" (Dobson).

Q: *Booke at large, for the Amendement of* Orthographie *for English speech: wherein, a most perfect supplie is made, for the wantes and double* sounde of letters in the olde Orthographie... (London: H. Denham, 1580) *STC* 4086, Facs: EE 24 (1968); ed. Facs. J.R. Turner (Leeds, 1970). A: fol.1[v]-2[v].

S: Dobson [2]1968:93-117, Jones 1953:154-6

8   Richard Mulcaster (1530?-1611), aus Cumberland, aber im Süden erzogen, einer der bedeutendsten Pädagogen der Zeit. Als Direktor der Merchant Taylors' School (1561-86) wohl auch Lehrer E. Spensers; 1596-1608 Direktor von St.Paul's School. Sein Buch über die Orthographie ist der erste Teil einer geplanten, aber nie fertiggestellten Grammatik.

Q: *The First Part of the Elementarie which entreateth chefelie of the right writing of our English tung* (London: T. Vautroullier, 1582) *STC* 18250. Facs: EL 219 (1970); ed. E.T. Campagnac 1925. A: S.158, 159, 253-9.

S: Dobson [2]1968:117-28, Jones 1953:157-67, 192-4, 205-7.

9   Thomas Harman, Landedelmann aus Kent.

Q: *A Caueat or Warening for Commen Cursetors, vulgarely called Vagabones...* (London, 1567, 1573) *STC* 12787f. Die Textgeschichte der frühen Ausgaben ist unklar. Eine kritische Ausgabe existiert nicht, die EETS-Ausgabe von E. Viles & F.J. Furnivall (EETS, ES, 9, 1868) ist unzureichend. Abdruck deshalb hier nach der Ausgabe in Holzknecht 1954:243f.

10   William Harrison (1535-93), Topograph und Chronikschreiber. Außer der einleitenden Landesbeschreibunq trug H. auch die Paraphrase der schottischen Übersetzung von Boetius' *Chronik* als Buch V zu Holinsheds *Chronik* bei (T36/36A).

Q: Raphael Holinshed, *The firste volume of the Chronicles of Englande, Scotlande, and Irelande* (London, f. J. Harrison, 1577, [2]1587, ed. London, 1807-8, Nachdruck

New York, 1965). A: 1807:24-26. Vgl. Bolton 1966:13-21. Die 2. Auflage enthält kennzeichnende Änderungen und Zusätze durch John Hooker (1526?-1601), die den sprachlich-stilistischen Fortschritt des Engl. und Sc. und Hookers gewandelte Einstellung zu den Volkssprachen zeigen (hier bes. Z. 4-21, 43-47, 53-72, 95-101).

11   George Puttenham (†1590). Die Zuschreibung des Werkes ist unsicher (Richard Puttenham?, Lord Lumley?)

Q: *The arte of English poesie* (London: R. Field, 1589) *STC* 20519. Facs: EE 342 (1971), EL 110 (1968). A: S.119-23, vgl. t11.

S: Barber 1976:26f., 37f., Howell 1956:327-9, Jones 1953:129-39, Willcock & Walker 1936:lxxxiv-xciv.

12   Richard Carew (1555-1620), Landedelmann aus Cornwall, M.P., Antiquar, verfaßte eine Übersetzung von Tasso und eine Beschreibung Cornwalls. Der folgende Essay, angeregt durch Henri Estiennes (1528-98) *De la précellence du langage francois* (Paris, 1579), fand durch Aufnahme in Camdens Buch weite Verbreitung.

Q: *The Excellency of the English Tongue* (niedergeschrieben 1595-96?, 1605?) in MS B.L. Cotton Jul.F.xi, danach abgedruckt in William Camden, *Remaines concerning Britaine: But especially England, and the Inhabitants thereof* (London, 1614) *STC* 4522; ed. vom MS in Smith 1904:II,285-95. A: MS fol.265^r-7^v (= Camden 1614:36-44).

S: D.N.C. Wood, "Elizabethan English and Richard Carew", *Neophilologus,* 61 (1977), 304-15.

13   Sir Francis Bacon, Baron Verulam, Viscount St Albans (1561-1626), Lordkanzler, Philosoph, Literat und Jurist, schrieb auf Engl. und Lat. Das *Advancement* wurde von ihm übersetzt und erweitert als *De augmentis scientiarum* (1623), dieses seinerseits von Wats ins Fne. zurückübersetzt (Oxford, 1640).

Q: *The Twoo Bookes of Francis Bacon. Of the proficience and aduancement of learning, diuine and humane* (London: H. Tomes, 1605) *STC* 1164, B.L.C.38.e.26. Facs: EE 218 (1970). A: fol.17^v-19^r.

S: Brekle 1975:281-7, Howell 1956:365-75, Croll 1923 wieder in Fish 1971:3-25; Vickers 1968, Wallace 1943.

14   Ben Jonson (1572-1637), Dichter und Dramatiker. *Timber* enthält Lektürenotizen und Gedanken, die meist aus lat. Autoren übersetzt oder von ihnen angeregt sind (der Textauszug paraphrasiert Quintilian, *Institutio oratoria*, 1.6).

Q: *Timber: or, Discoveries; Made vpon Men and Matter: as they have flow'd out of his daily Readings; or had their refluxe to his peculiar Notion of the Times (The Workes of Benjamin Jonson).* (London, 1641; geschrieben 1637?) B.L. C.39.k.9. Facs: ScM 1975. Passage auch in Bolton 1966:37-45. A: S.118-20.

15   John Dryden (1631-1700), Poet Laureate 1670-89, Dramatiker und Bearbeiter Shakespeares; Übersetzer Chaucers (T18H), Vergils (T21L), Boccaccios, usw.

Q: *Defence of the Epilogue, or, An Essay on the Dramatique Poetry of the last Age,* als Anhang abgedruckt in *The Conquest of Granada by the Spaniards...* (London:

f.H. Herringman, 1672) Wing D2256, Bodl.Malone L.36; Passage auch in Bolton 1966:55-69. A: S.162-9.

S: Bately 1964.

16   John Evelyn (1620-1706), Anreger, und ab 1672 Sekretär der Royal Society (sein Tagebuch erschien erstmals 1818f.); Sir Peter Wyche (1628-99?), Diplomat und Übersetzer.

Q: "Letter to Sir Peter Wyche, 1665", abgedruckt in Spingarn 1908-9:II, 312-5.

S: s. T17.

17   Thomas Sprat (1635-1713), Bischof von Rochester und Dean von Westminster, 1663 einer der ersten Mitglieder der Royal Society, gelobt wegen des Stils seiner Predigten.

Q: *The History of the Royal-Society of London, For the Improving of Natural Knowledge* (London, 1667) Wing S5032, B.L. 740.c.17; ed. Spingarn 1908-9:116-9. A: Book II, Chapter xx, S.111-3.

S: Barber 1976:132f., Howell 1956:388-90, Jones 1930.

18A Gavin Douglas (1474?-1522), Dichter und Übersetzer, Erzbischof von St Andrews 1514, Bischof von Dunkeld 1516-20. Seine Vergilübersetzung (gedruckt erst 1553) war in Abschriften verbreitet und beeinflußte so Surrey (T21C).

Q: *Virgil's Aeneid Translated into Scottish Verse*, ed. nach MS Trinity College Cambridge O.3.12 (in der Hand von Douglas' Sekretär M. Geddes, ca. 1515) von C.F.C. Coldwell, STS III, 25, 27, 28, 30 (1962-). A: III, 25:6, 12f.

S: Coldwell 1964:111-5.

18B William Tyndale (†1536), Reformator und Übersetzer, ab 1524 in Deutschland, wo er den Druck des N.T. in Köln 1525 begann und 1526 in Worms beendete. 1535 in Vilvorde eingekerkert und erdrosselt.

Q: *The obedience of a Christen man and how Christen rulers ought to governe/ where in also (yf thou marke diligently) thou shalt fynde eyes to perceave the crafty conveyaunce of all iugglers.* (Marlborow, in the lande of Hesse [Antwerpen?]: H. Luft, 1528) STC 24446, B.L. C.53.b.1. Facs: ScM (1970). A: fol.15ʳᵛ. S: Davis 1971.

18C *The New Testament of Iesvs Christ, translated faithfvlly into English, out of the authentical Latin, according to the best corrected copies of the same, diligently conferred with the Greeke and other editions in diuers languages: With Arguments of bookes and chapters, Annotations, and other necessarie helpes, for the better vnderstanding of the text, and specially for the discouerie of the Corrvptions of diuers late translations, and for cleering the Controuersies in religion, of these daies. In the English College of Rhemes.* (Reims: I. Fogny, 1582). STC 2884, Herbert 177. Facs: ScM (1975).

18D *The Holy Bible, Conteyning the Old Testament, and the New: Newly Translated out of the Originall tongues: & with the former Translations diligently compared and reuised, by his Maiesties speciall Commandement. Appointed to be read in*

Churches (London: R. Barker, 1611, the "Authorized Version"). *STC* 2216, Herbert 309; ed. W.A. Wright (Cambridge, 1909).

18E George Pettie (1548-89), Schreiber von Erzählungen (*romances*). Die Übersetzung (1579, zuerst gedruckt 1586) basiert auf der frz. des ital. Originals.

Q: *The ciuile Conuersation of M. Stephen Guazzo... translated ... by G.pettie* (London, 1586) *STC* 12423, C.U.L. Syn.7.58.18. A: sig Avi^v-. S: Barber 1976:86f., Jones 1953:177f., 205.

18F John Florio (1553?-1625), Hofbeamter, Verfasser des großen ital.-engl. Wörterbuchs 1598 (und von Shakespeare in Holofernes in *Love's Labours Lost* karikiert? Vgl. T31F).

Q: *The Essayes or Morall, Politike and Millitarie Discourses of Lo: Michaell de Montaigne ... First written by him in French And now done into English ...* (London: f. E. Blount, 1603) *STC* 18041, B.L. C.59.i.18. A: sig A5^rv.

18G Stapylton (s. T21H).

18H John Dryden, *Fables ancient and modern* (London, 1700), Wing D2278. Passage auch in W.P. Ker, ed., *Essays of John Dryden* (New York, 1961), II, 266f.

19A *Later Version* der Wyclifbibel, ca. 1395, in MS B.L. Royal 1 C viii, ed. J.Forshall & F.Madden, *The Holy Bible, containing the Old and New Testaments with the Apocryphal Books, in the earliest versions made from the Latin Vulgate by John Wycliffe about A.D. 1380 and revised by John Purvey about A.D. 1388* (Oxford, 1879). A: MS Royal, fol.355rb-vb.

19B *The newe Testament/ dylygently corrected and compared with the Greke by Willyam Tindale ...* (Antwerpen: de Keyser, 1534) *STC* 2826, Herbert 13; ed. N.H. Wallis (Cambridge, 1909).

19C,D s. T18C,D.

19E *The New English Bible with the Apocrypha* (London, 1970; N.T.: 1961, ²1970).

19A-D finden sich auch (in nicht immer ganz zuverlässiger Transkription) zusammen mit weiteren Versionen der Renaissance in *The English Hexapla exhibiting the Six Important English Translations of the New Testament* (London, 1841?)

S: Bruce 1962, Partridge 1973, Robinson 1940; J.M. Grainger, *Studies in the Syntax of the King James Version, SP* 2 (1907).

20A Boethius, Anicius M.S. (um 480-525), Philosoph und Staatsmann, verfaßte Schriften zur Musik, Theologie, Mathematik und Logik, wichtiger Vermittler zwischen Antike und Mittelalter. Sein bekanntestes Werk ist die im Kerker geschriebene *De consolatione philosophiae*.

Q: Boethius, *Consolationis philosophiae libri quinque,* ed. K. Büchner (Heidelberg, 1947).

20B   Geoffrey Chaucer (1340-1400).

Q: MS B.L. Add.10340, ed. R.Morris, EETS ES, 5 (1868); vgl. Caxtons Druck
      (1478?) *STC* 3199, Facs: EE 644 (1974). A: MS fol.3va.

S: Elliott 1974:153-70.

20C   George Colville (oder Coldewel), Übersetzer. Biographische Daten (wie auch bei
       den folgenden Übersetzern) sind dürftig oder fehlen ganz.

Q: *Boetivs de Consolatione philosophiae* (London: J. Cawoode, 1556) *STC* 3201, B.L.
      231.f.13. A: sig Bi^{rv}; das Facs. stammt aus Isaac 1936.

20D   Elizabeth I (1533-1603), Königin ab 1558, Tochter von Henry VIII (aus der Ehe
       mit Anne Boleyn), durch ihren Tutor Ascham in den humanistischen Wissenschaf-
       ten ausgebildet.

Q: *Queen Elizabeth's Englishings of Boethius, Plutarch and Horace,* ed.
      C. Pemberton, EETS 113 (1899). A: S.1f. Vgl. t27.

S: F. Fehlauer, *Die englischen Übersetzungen von Boethius De consolatione
      philosophiae* (Berlin, 1909); Riddehough 1946.

20E   I.T.: die Identität des Übersetzers ist nicht zu ermitteln.

Q: *Fiue bookes of philosophicall comfort. Newly translated* (London: f. M. Loanes,
      1609) *STC* 3202, B.L. 1385.c.16. A: sig Bi^{rv}.

20F   Sir Harry Coningsby, *The Consolation of Philosophy* (London: J. Flesher, 1664)
       Wing B3428, B.L. 11623.a.3.

20G   Edmund Elys (fl.1707), Pfarrer in East Allington 1659-89, veröffentlichte besonders
       Quäkertraktate und religiöse Gedichte.

Q: *Summum Bonum, or an Explication of the Divine Goodness in the Words of the
      Most Renowned Boetivs. Translated by a Lover of Truth, and Virtue* (Oxford, 1674)
      Wing B3434, B.L. 8461.a.18.

20H   Richard Graham, Viscount Preston (1648-95), Politiker, Gesandter, mehrmals im
       Tower eingekerkert (wo er die erste Niederschrift seiner Boethiusübersetzung ver-
       faßte). Seine Übersetzung bleibt vorbildlich bis ins 20. Jh.

Q: *A.M.S.Boetius on the consolation of philosophy* (London, 1695) Wing B3433, B.L.
      8461.bb.22.

       Weitere Passagen in parallelen Übersetzungen finden sich in Rigg 1968:114-35
       (King Alfred, Chaucer, Walton, Queen Elizabeth, Green).

21A   Publius Vergilius Maro (70-19 v.Chr.), römischer Dichter. Seine Werke gehörten
       zu den meistübersetzten der europäischen Renaissance und des Klassizismus. Dabei
       nahm die *Aeneis* - und wegen des Inhalts besonders das 4. Buch - einen besonderen
       Platz ein. Neben den hier zitierten vgl. Caxtons Übersetzung einer frz. Prosabe-
       arbeitung (T2) und Sir Richard Fanshawe, *The fourth book of the Aeneid on the
       loves of Dido and Aeneas done into English* (London, 1652; ed. A.L. Irvine,

Oxford, 1924) in Spenzerstanzen; Sir John Harington, *Virgil's Aeneis* (1659; Buch I-VI); Sir Robert Howard, *The fourth book of Virgill: of the loves of Dido and Aeneas* (in *Poems,* 1660); und Nahum Tates Libretto für Purcells Oper *Dido and Aeneas* um 1690.

Q: *P.Vergilii Opera,* ed. F.A. Hirtzel (Oxford, 1900).

21B Douglas, s. T18A; A: III,25:162, 166.

21C Henry Howard, Earl of Surrey (1517?-47), Höfling und Dichter, der Einflüsse Petrarcas aufnahm und mit Wyatt die Sonettform in die engl. Literatur einführte. Die Übersetzung Vergils existiert in 2 Drucken und einer Handschrift, die wohl teilweise verschiedene Stadien der Übersetzung repräsentieren. Besonders in der frühesten Fassung ist das Vorbild Douglas stark sichtbar; Übernahmen von T21B hier nach Ridley kursiv.

Q: *Certain bokes of Virgiles Æneis* (London: R.Tottell, 1557, *STC* 24798); ed. F.H. Ridley (Berkeley, 1963).

S: Ridley 1963; O. Fest, *Über Surreys Aeneisübersetzung* (Berlin, 1903).

21D Thomas Phaer (1510?-60), Rechtsanwalt, Arzt und Übersetzer, Verfasser von juristischen Handbüchern und populärwissenschaftlichen medizinischen Abhandlungen.

Q: *The seuen first bookes of the Eneidos conuerted in Englishe meter* (London: f. R. Jugge, 1558) *STC* 24799.

S: E.J.W.Brenner, *Thomas Phaer, mit besonderer Berücksichtigung seiner Aeneisübersetzung ...* (Heidelberg, 1913).

21E Richard Stanyhurst (1547-1618), Übersetzer Vergils, seit 1580 als Katholik im Exil; trug "Description of Ireland" und "History of Ireland" zu Holinsheds *Chronik* (T52) bei.

Q: *Thee First Foure Bookes of Virgil his Aeneis Translated intoo English heroical verse* (Leiden, 1582) *STC* 24806, B.L. C.56.d.3; ed. D. van der Haar (Amsterdam, 1933).

S: van der Haar 1933:6-50.

21F John Vicars (1580?-1652), Presbyterianer und *poetaster,* erwähnt in Butlers *Hudibras* (I.640).

Q: *The XII Aeneids of Virgil* (London: N. Alsop, 1632) *STC* 24809.

21G Anonym; die Identität des Übersetzers ist sehr fraglich (Sir D. Digges?).

Q: *Didos death* (London: f. W. Burre, 1622) *STC* 24811.

21H Sir Robert Stapylton (†1669), Dramatiker und Übersetzer. *Dido and Aeneas. The fourth booke of Virgils Aeneis* (London: W. Cooke, 1634?) *STC* 24812.

21J John Ogilby (1600-76), Übersetzer, Geograph, Verleger; von Dryden und Pope bespöttelt.

Q: *The Works of Publius Virgilius Maro. Translated by ...* (London: J. Crook, 1649)
      Wing V608, B.L. 833.d.26; 2., völlig neu bearbeitete Auflage (London, 1654) Wing
      V610, B.L. 1872.a.33.

21K   Edmund Waller (1606-87), Dichter, von seinen Zeitgenossen wegen des Wohl-
      klangs seiner Verse gerühmt (T15/113, 183), beendete die von Sidney Godolphin
      (1610-43) begonnene Übersetzung des 4. Buches der *Aeneis*; vgl. T65.

Q: *The Passion of Dido for Æneas. As it is Incomparably exprest in the Fourth Book
      of Virgil* (London, 1658; Text identisch mit ²1679) Wing V633, B.L. C.58.a.28.
      A: sig B7ʳ.

21L   John Dryden (T15), *The Works of Virgil: Containing his Pastorals, Georgics, and
      Æneis. Translated into English Verse* (London, 1697) Wing V61, B.L. 74.k.10.
      A: S.301, Z.182-92.

21M   C. Day Lewis (1904-72), Dichter und Literaturkritiker.

Q: *The Aeneid of Virgil* (London, 1952).

      Vergleiche die Passagen in parallelen Übersetzungen in Rigg 1968:147-73.

22A   Thomas Berthelet(te) (†1555), Hofdrucker 1530-55, Schüler von Pynson; John
      Gower (1325?-1408), einer der bedeutendsten Dichter der Chaucerzeit.

Q: *Jo. Gower de Confessione Amantis* (London: Th. Berthelette, 1532) *STC* 12143,
      B.L. 641.k.3. A: sig aa.iiᵛ.

22B   Thomas Speght (fl.1598), Direktor von Ely Cathedral School (?) 1572, Herausgeber
      der Werke Chaucers.

Q: *The workes of our antient and lerned English poet, G. Chaucer, newly printed*
      (London: G. Bishop, 1598) *STC* 5077. Facs: *Geoffrey Chaucer. The Works 1532*,
      ed. D.S. Brewer, ScM (1969).

23   E.K., wohl Spensers Freund Edward Kirke (1553-1613), der vielleicht auch das
      Glossar (mit-)verfaßte; Edmund Spenser (1552?-99), Dichter. Sein Vater stammte
      aus Lancashire, was sich in der Sprache des *Sh. C.* widerspiegelt. Mit Sidney
      (T26f.) im Dichterkreis Areopagus. Seine Dichtung hatte, besonders in ihren archai-
      sierenden Tendenzen, nachhaltigen Einfluß auf spätere Formen der Literaturspra-
      che. Daneben wichtig die Prosaschrift *View of the Present State of Ireland* (1596).

Q: *The Shepheardes Calender Conteyning twelue Æglogues proportionable to the
      twelue monethes* (London: H.Singleton, 1579) *STC* 23089. Facs: (with an introduc-
      tion by H.O.Sommer, London, 1890), ScM (1968). A: sig π iiʳᵛ, fol.26ʳ-27ʳ, 29ᵛ-30ʳ.

24   Edmund Spenser, *The Faerie Queene* (London, 1590, 1596) *STC* 23080, 23082.
      Facs: (1596) ScM (1976). A: sig A2, S.197-200; "Letter to Raleigh" S.592f.

S: T23B. Barber 1976:96-99, Groom 1955, McElderry 1932, Sugden 1936.

25   John Lyly (1554?-1606), Dramatiker und Hauptvertreter des Euphuismus, einer
      modischen Kunstprosa des späten 16. Jh.

Q: *Euphves. The Anatomy of Wyt. Very pleasant for all Gentlemen to reade, and most necessary to remember* ... (London, 1578) *STC* 17051. Facs: ScM (1968). A: sig Aiii^r-iiij^r, fol.4^v-5^r.

S: Zandvoort 1959.

26 Sir Philip Sidney (1554-86), Höfling und Dichter. *Arcadia* ist für seine Schwester geschrieben, erste Fassung in MS 1581-2, überarbeitet und erweitert 1584-6, postum gedruckt 1590.

Q: *The Covntesse of Pembrokes Arcadia, written by Sir Philippe Sidnei* (London, 1590) *STC* 22539a, B.L. 10440. A: S.51-3.

S: Duhamel 1948, Fraunce 1588.

27 Sir Philip Sidney, *Apologie for Poetrie* (geschrieben 1581-3?). Der Ausschnitt stammt aus der (oft zitierten) *digressio*, in der die Mängel der zeitgenössischen Dichtung und die Möglichkeiten der engl. Sprache diskutiert werden.

Q: *An Apologie for Poetrie. Written by the right noble, vertuous and learned, Sir Phillip Sidney, Knight* (London: H. Olney, 1595) *STC* 22534. Facs: EE 413 (1971). A: sig K4^r-L1^v.

28 James VI (1566-1625), König von Schottland, und nach 1603 als James I des Vereinigten Königreichs (vgl. T29, 42, t28).

Q: *The Essayes of a Prentise. "A treatise of the airt of Scottis Poesie"* (Edinburgh, 1584) *STC* 14373. Facs: EE 209 (1969). A: sig K2^r-3^r.

29 James VI, ΒΑΣΙΛΙΚΟΝ ΔΩΡΟΝ, MS B.L. Royal 18 B xv, Autograph von ca. 1595, mit eigenhändigen Korrekturen; *B.D., or his Maiesties Instructions to his Dearest Sonne, Henry the Prince* (Edinburgh, 1603) *STC* 14349, Bodleian Library Don.f.23. Ed. J. Craigie (zusammen mit der Ausgabe von 1599, *STC* 14348) STS III,16,18 (1944-50). A: MS fol.16^{rv}, 29^rv, 30^{rv}, 32^{rv}; 1603: S.58f., 149f.

S: Craigie, " Introduction".

30 Sir Francis Bacon (T13), *Essayes* (London, 1597) *STC* 1137. Facs: EE 17 (1968). A: fol.1^r-2^r. *The Essayes or Covnsels, civill and Morall, of Francis Lo. Verulam, Viscount St Alban. Newly written* (London, 1625) *STC* 1148, B.L. C.57.e.32, Facs. ScM (1971). A: S.292-5.

31 William Shakespeare (1564-1616). John Heming (†1630) und Henry Condell (†1627) waren führende zeitgenössische Schauspieler und eng mit Shakespeare verbunden, dessen gesammelte Dramen sie 1623 herausgaben ('First Folio' = F1). Von den hier zitierten Dramen sind überliefert zuerst in einem 'Bad Quarto': *Ham 1603*; in einem 'Doubtful Quarto': *Lear 1608*; in einem 'Good Quarto': *LLL 1598, Ham Q2 1604-5, Troilus 1609*, zuerst in F1: *Jul.Caesar*.

Q: *Mr William Shakespeares Comedies, Histories, & Tragedies. Published according to the True Originall Copies* (London: I. Iaggard and E. Blount, 1623) *STC* 22273. Facs: *The Norton Facsimile...* Prep. Ch. Hinman (New York, 1968). A: *Ham* 603-796 = S.256b-8a (1968:764-6); *Lear* 2683-2703 = S.304b (S.812); *Jul. Caesar*

1706-67 = S.122a (S.730); *Troilus* 534-97 = sig π 1ᵛ (S.592); *LLL* 1739-68 = S.135b-6a (S.153f.); *(Preface)* = sig A3ʳ (S.7).

Q: Michael J.B. Allen & Kenneth Muir, eds., *Shakespeare's Plays in Quarto*. (Berkeley: University of California Press, 1981). A: S.587f., 622f.

31G   *Shake-speares Sonnets* (London:G. Eld f. T.T., 1609), Facs 1938. A: sig D2ᵛ, H1ᵛ, I1ᵛ˙.

S: Abbott 1870, Blake 1983, Brook 1976, Franz 1939, Gordon 1928, Hussey 1982, Kökeritz 1953, Partridge 1977, Quirk 1971, Salmon & Burness 1987, Schäfer 1973, Scheler 1982, Shakespeare-Wörterbücher und -konkordanzen.

32   Anon. (George à Greene), *The Pinder of Wakefield: Being the merry History of George a Greene the lusty Pinder of the North. Briefly shewing his manhood and his braue merriments amongst his boone Companions. A Pill fit to purge melancholy in this drooping age. Reade and then judge... Full of pretty Histories, Songs, Catches, Iests, and Ridles* (London: f. E. Blackamoore, 1632) *STC* 12213; ed. E.A. Horsman (Liverpool, 1956). A: 1956:41-43.

33   John Milton (1608-74), Dichter (Jugendgedichte vgl. t29; *Paradise Lost*, geschrieben 1650-63, vgl. T34) und weitgefächerte Prosa; im Bürgerkrieg auf Seiten Cromwells.

Q: *The Reason of Church-governement Urg'd against Prelaty* (London, 1641) Wing M2175, B.L. E137 (9). Facs: ScM in *Prose Works, I* (1968). A: S.37-39.

34   *Paradise Lost* (London, 1667) Wing M2136. Facs: ScM (1968). A: sig A1ʳ, A4ʳⱽ, E2ᵛ.

S: Emma 1964, --- & Shawcross 1976, Hamilton 1976, Richardson 1962; T.N. Corns, *Milton's Language* (Oxford, 1990).

35   Jean Froissart (1337- ca. 1410), frz. Geschichtsschreiber. John Bourchier, Baron Berners (1467-1533), Staatsmann und Übersetzer.

Q: *The First Volume of Sir Johan Froyssart of the Chronycles of Englande/ Fraunce/ Spayne* ... (London: R. Pinson, 1523) *STC* 11396 Facs: EE 257 (1970). A: sig Ai-Aiii.

S: G. Schleich, *Archiv,* 160 (1931), 34-50; 163 (1933), 203-17; 164 (1933), 24-35.

36   Hector Boetius (Boece) (1465?-1536), Historiker und Mitbegründer der Universität Aberdeen; *Scotorum Historiae* (Paris, 1527). John Bellenden (Ballentyne) (fl.1533-87), Dichter, übersetzte Boece und Livius auf Geheiß von James V. Die *Chronik* wurde von Harrison, der auch die Landesbeschreibung, i.e. die "Introduction", zu Holinsheds *Chronik* schrieb (T1O), ins Engl. paraphrasiert (t9) und als Buch V in Holinsheds Werk aufgenommen; die Paraphrase wiederum wurde Hauptquelle für Shakespeares Dramen, z.B. *Macbeth*. T36A hier synoptisch mit der Quelle T36, unter Verzicht auf Harrisons Erweiterungen.

Q: *The Chronicles of Scotland. Compiled by Hector Boece. Translated into Scots by John Bellenden, 1531*, ed. R.W. Chambers *et al.*, von MS Pierpont Morgan, STS III, 10, 15 (1938-41). A: 15:154-62. S: Chambers & Seton 1919-20.

36A   Q: s. T10; A: [2]1587, Buch V, S.271-7.

37A   Henry VIII (1491-1547), König von England ab 1509. *A proclamation* ... (London: Th. Berthelette, 1530) *STC* 7775, B.L. C.52.k.8; ed. A.W. Pollard, *Records of the English Bible* (London, 1911).

37B   Edward VI (1537-53), König von England ab 1547; Sohn von Henry VIII und Jane Seymour, erzogen von John Cheke und Roger Ascham.

Q: *All suche Proclamacions...* (London: R. Grafton, 1550) *STC* 7758, B.L. C.12.b.17. A: fol.2^v-4^r.

38   Elizabeth I (T2OD), *Proclamation* (London, 1559) *STC* 7897, Facs: EE 369 (1971) "Forbidding Unlicensed Plays".

39   Hugh Latimer (1485?-1555), Bischof von Worcester 1535-9, als Ketzer mit Ridley in Oxford verbrannt.

Q: *A notable Sermon of y^e reuerende father Maister Hughe Latimer ... ("The Sermon of the Ploughers")* (London, 1548) B.L. 11845; ed. E. Arber (London, 1869). A: sig Biii^r-Bv^r (= Arber, S.24f.)

S: P. Janton, *L'éloquence et le rhétorique dans les sermons de Latimer* (Paris, 1968).

40   Henry Machyn (1498?-1563?), Londoner Beerdigungsunternehmer und Tagebuchschreiber (1550-63).

Q: *Diary*, MS B.L. Cotton Vit.F.v; ed. J.G. Nichols, Camden Soc., 42 (1848). Text hier nach MS mit Ergänzungen aus Nichols, da Teile des MS heute nicht mehr lesbar sind. A: fol.72^v-73^v = Nichols S.138f.

S: Wijk 1937, Matthews 1938:12-16, 106-17, 162-99, Wilson 1963.

41   Robert Laneham, Londoner Kaufmann, der 1575 an der Festlichkeit in Kenilworth teilnahm und (in einer teilweise phonetischen Orthographie) darüber berichtete.

Q: *A Letter: whearin, part of the entertainment vntoo the Queenz Maiesty, at Killingworth Castl, in Warwik Shéer in this Soomerz Progress 1575, iz signified: from a freend officer attendant in the Coourt, vntoo his fréend a Citizen, and Marchaunt of London* (London, 1575) *STC* 15191. Facs: EL 60 (1968). A: S.82.

42   Elizabeth I (T2OD)/James VI (T28f.). Elizabeth rechtfertigt die Hinrichtung von James' Mutter Mary, James akzeptiert die Gründe. Elizabeth warnt vor Unterstützung der Reste der geschlagenen Armada.

Q: *Letters of Queen Elizabeth and King James VI of Scotland ...*, ed. J. Bruce, Camden Soc., 46 (1849). A: Nr.26 (S.43-45), Nr.27 (S.45f.), Nr.31 (S.52-54).

43   Angel Day (fl.1586), Schriftsteller, Übersetzer von Longus.

Q: *The English Secretorie, or, Methods of Writing Epistles and Letters* (London, 1586) *STC* 6401, B.L. C.116.bb.33. Facs: EL 29 (1968) A: S.3-7, 229-31.

S: Robertson 1942.

44   Andrew Boorde (1490?-1549), Arzt und Reisender, schrieb medizinische und andere populärwissenschaftliche Bücher.

Q: *The Breuiary of Helthe* ... (London, 1547), *STC* 3373.5. Facs EE 362 (1971).
      A: fol.2^r-5^r, 28^{rv}, 38^{rv}, 54^{rv}.

45   Gilbert Skeyne (Skene) (1522?-99); erstes medizinisches Werk in sc. Sprache.

Q: *Ane breve descriptiovn of the pest* (Edinburgh: R. Lekprevik, 1586) *STC* 22626.5.
      Facs: EE 415 (1971). A: sig A2^r-A4^r.

46   Philip Stubbs (fl.1583-91), Puritaner. Sein Buch enthält die bitterste Kritik an zeitgenössischen Vergnügungen (Entgegnung durch Nashe in *Anatomie of Absurdities*).

Q: *The Anatomie of Abuses* (London: R.Jones, 1583) *STC*23376. Facs: EE 489 (1972).

47   John Astley (†1595), Master of the Jewel House 1558-95, M.P., regte seinen Freund Thomas Blundeville an, *The arte of ryding* (1560?) zu schreiben, das das hier zitierte Buch ergänzt.

Q: *The art of riding, set foorth in a breefe treatise* (London: H. Denham, 1584) *STC* 884, B.L. 58.b.8(1), Facs: EE 10 (1968). A: S.1-4.

48   Job Hortrop, Teilnehmer der erfolglosen Expedition von Sir John Hawkins (1567); sein naiver und oft unzuverlässiger Bericht wurde von Hakluyt benutzt.

Q: *The trauailes of an English man* ... (London: f. W. Wright, 1591) *STC* 13828, Facs: EE 469 (1972). A: S.3-9.

49   John Murrell (fl.1630); 2. Kochbuch des in Europa weitgereisten Autors.

Q: *A New Booke of Cookerie* (London: f. J. Browne, 1615) *STC* 18299. Facs: EE 479 (1972). A: S.20f., 27, 39.

50·   George Fox (1624-91), Sohn eines Webers aus Leicestershire und Gründer der "Society of Friends" (1668), der Quäker, einer religiösen Bewegung gegen das presbyterianische Establishment; unternahm Missionsreisen nach Irland, Amerika, Holland. 1682 gründete der Quäker W. Penn die Kolonie Pennsylvania.

Q: *The Journal of George Fox,* ed. from the MSS by T.E. Harvey (Cambridge, 1911).
      A: S.20/1-6, 31/11-19, 32/29-34, 138/20-34.

S: Harvey 1928, Cope 1956 wieder in Fish 1971:200-35, Finkenstaedt 1963:174-213.

51   Lyndsay, David (ca. 1490-1555), nahe Cupar (Fife) geboren, Dichter, Dramatiker und Höfling (1529 geadelt). Obwohl er viele bemerkenswerte Gedichte schrieb, beruht sein Ruhm vor allem auf dem ersten bedeutenden sc. Drama, *Ane Pleasant Satyre on the Thrie Estaitis* (1540). Sein "Defense of the Vernacular" ist ein Beispiel für das Lob der Muttersprache, ein Texttyp, der in der Renaissance in Europa weitverbreitet war.

Q: *The First Buke of the Monarchie, in The warkis of the famous and worthie knight, Schir Dauid Lyndesay. Newly corectit and augmentid* (Edinburgh: Thomas Bassandyne, 1554, ²1574) *STC* 15660; repr. EE 352 (1971).

52 Richard Stanyhurst (1547-1618), übersetzte Teile von Vergils *Aeneis* (T21E) und trug "The Description of Ireland" und "History of Ireland" zu Holinsheds *Chronik* bei (vgl. Q: T10).

53 *Statutes of Iona* (1609; 1616 in Kraft gesetzt): Anordnungen, die auf die Ausrottung der gaelischen Sprache abzielten (weil diese seit der Reformation mit "barbarity and the dregs of papistry" verbunden wurde). Der Text macht deutlich, daß nicht einmal in geschriebener Form zwischen Englisch und Scots unterschieden wurde.

Q: David Masson, ed., *Register of the Privy Council of Scotland*, vol. x. (Edinburgh: Register House, 1891). A: S.671f.

S: C.W.J. Withers, "The language geography of Scottish Gaelic", in *Scottish Literary Journal*, supplement no. 9 (1979), 41-54.

54 William Bradford (1590-1657), wanderte zuerst nach Holland aus (1607-20). Er war einer der Führer der Pilgerväter auf der *Mayflower* 1620 und zweiter Gouverneur von Plymouth, Neuengland, 1621. Seine *History* blieb bis 1856 ungedruckt.

Q: *Bradford's History "of Plimoth Plantation" from the Original Manuscript.* (Boston: Wright & Potter, 1893). A: Kap. ix (1620), S.93-7. Der Text ist leicht modernisiert (*u/v, i/j*; Wortkürzel sind aufgelöst); alle anderen Eigenheiten der Schreibung sind beibehalten.

55 *Dundonald School Regulations* (ca. 1640), die in einer Mischung aus Engl. und Sc. die Verwaltung und Lehre an der neuerbauten Schule in Ayrshire beschreiben.

Q: Zusammen mit ähnlichen Texten abgedruckt in: B. James, ed., *The Urban Experience. A Sourcebook. English, Scottish and Welsh Towns 1450-1700*, R.C. Richardson und T.B. James, eds., (Manchester: UP, 1983).

56 Henry Manwayring, Marineoffizier des 17.Jh.s und Autor des Wörterbuches.

Q: *The Sea-Mans Dictionary: or, an Exposition and Demonstration of all the Parts and Things belonging to a Shippe; ...* (London: by G.M. f. John Bellamy, 1644) Wing M551; repr. Facs. EL 328 (1972).

57 Thomas Hobbes (1588-1679), Philosoph, in Malmesbury und Oxford erzogen, Tutor und Sekretär bei William Cavendish und seinem Sohn, Mathematiktutor bei Karl II; weitgereist und in engem wissenschaftlichen Kontakt mit europäischen Gelehrten der Zeit. Hobbes schrieb, auf Latein und Englisch, epochemachende Werke, u.a. *De Cive* (1642/1651), *Human Nature* (1650), *Leviathan* (1651), *De Homine* (1658), *De Corpore Politico/Elements of Law* (1680).

Q: *Leviathan, or The Matter, Forme & Power of A Common-wealth Ecclesiasticall and Civill* (London: Andrew Crooke, 1651) Wing H2246-47. A: Teil I, Kap. 4 (S.12f.); das Kapitel ist vollständig abgedruckt in Bolton 1966:46-54.

58 Richard Blome (†1705), Kompilator und Verleger. Eine *Geographical Description of ... the World* (1670) und eine Beschreibung Jamaikas (1672) gehen seinem Hauptwerk *Britannia* voraus.

Q: *Britannia, or, A Geographical Description of the Kingdoms of England, Scotland, and Ireland, with the Iles and Territories thereto belonging* ... (London: T. Roycroft, 1673) Wing B3207. A: S.10f., 326-8.

59 Elisha Coles, der Jüngere (1640?-80), Latein- und Englisch-Lehrer in London (1663), Verfasser eines Buches zur Stenographie (1674) und Lexikograph. Obwohl er sein Wörterbuch weitgehend aus Vorgängern zusammenstellte, ist die Aufnahme von Sonderwortschatz bemerkenswert; dafür benutzte er neuere Veröffentlichungen wie Richard Heads *The Canting Academy* (1673) für die Sprache der Unterwelt und John Rays Dialektwörterbuch (1674) für regionale Lexis.

Q: *An English Dictionary: Explaining The difficult Terms that are used in Divinity, Husbandry, Physick, Phylosophy,* ... By E. Coles, School-Master and Teacher of the Tongue to Forreigners (London: S. Crouch, 1676, "To the Reader") Wing C5070; Nachdruck L. Menston: Scolar, 1971.

S: Starnes & Noyes 1946:58-63, ²1991.

60 John Bunyan (1628-88), Handwerkersohn aus Bedfordshire, Soldat, Sektenprediger, Gegner der Quäker, bedeutend als Verfasser von 60 Schriften religiösen Inhalts, von denen *The Pilgrim's Progress* (1675 im Gefängnis geschrieben, 1678 gedruckt) zu einem der meistgelesenen Bücher der englischen Literatur wurde. Die Allegorie nach der Suche nach dem Heil war inhaltlich wie stilistisch ungeheuer einflußreich. Sein Vorbild verstärkte den Einfluß biblisch-archaischer Sprache in der religiösen Diktion.

Q: *The Pilgrim's Progress as originally published by John Bunyan.* Being a Fac-simile reproduction of the First Edition. (London: Ponder, 1678) Wing B5557; (London: Elliot Stock, 1875). A: S.5-6, 12-14, 30-31; Quellenhinweise auf Bibelstellen sind in meinem Abdruck fortgelassen.

61 George Meriton (1634-1711), wohl der Autor des "G.M. Gent." signierten Mundartstückes; Rechtsanwalt in Northallerton, ging 1684 nach Dublin; Verfasser von juristischen, historischen und moralischen Schriften. Sein *Yorkshier Dialogue* (1683) ist das früheste Werk, das konsequent einen ländlichen Dialekt Englands in Dialogform darzustellen unternahm - wohl nicht zufällig zur selben Zeit, als John Ray sein Dialektwörterbuch zusammenstellte.

Q: Der Text ist der 2. Auflage entnommen (York: John White 1683) Wing M1814; (1. Auflage 1673); A.C. Cawley, ed., *George Meriton's A Yorkshire Dialogue* (1683), Yorkshire Dialect Society Reprint II. Kendal, 1959. A: S.14f.

S: Cawley, "Introduction", S.1-13; Francis Brokesby, "Some Observations concerning the Dialect and various Pronunciation of words in the East-Riding of Yorkshier", zu der 3. Auflage von 1697 hinzugefügt; C. Dean, *The Dialect of G.M. ... Studies in the Stressed Vowels,* Yorkshire Dialect Society Reprint III. Kendal, 1962; Görlach 1994.

62 *Bog-Witticisms.* Das anonyme und undatierte Werk begründet die Tradition von satirischen Texten, die die Iren und ihre Sprache komisch-übertreibend darstellen. Die Titelseite beschreibt den Inhalt ausführlich: "Bogg-Witticisms:/or, *Dear Joy's* Common-Places. Being a Compleat Collection of the most Profound *Punns,*

Learned *Bulls*, Elaborate *Quibbles*, and Wise *Sayings* of some of the Natives of *Teague-Land ...*", Wing B3437A; abgedruckt in Bliss 1979:52.

Q: Bliss 1979:124-25 (Text XV = 1687:45-50).

S: Bliss 1979:173-326.

63 John Locke (1632-1704), Philosoph, Erkenntnistheoretiker und Hauptvertreter des Rationalismus in England, auch durch seine Sprachkritik bedeutend; sein politischer Einfluß gründet auf *Of Civil Government* (1689) und *Treatises of Government* (1690).

Q: *An Essay Concerning Humane Understanding* (London: Eliz. Holt f. Thomas Basset, 1690) Wing L2738, Buch III, Kap. 1. A: Bolton 1966:83-5 (wo ein größerer Abschnitt abgedruckt erscheint).

64 *Salem Witchcraft Papers*, Zeugenaussagen während der berüchtigten Hexenprozesse 1692, in denen über 150 Personen der Hexerei beschuldigt und 19 gehängt wurden. Die Tatsache, daß die Niederschriften der Aussagen von 'einfachen Leuten' von wenig gebildeten Schreibern festgehalten wurden, begründet (bei allen standardisierenden Tendenzen) den sprachlichen Wert der Texte als Reflex der Sprache Neuenglands der 2./3. Einwanderergeneration.

Q: *The Salem Witchcraft Papers, Verbatim Transcriptions of the Legal Documents of the Salem Witchcraft Outbreak of 1692 (in 3 vols.)*, Paul Boyer und Stephen Nissenbaum, eds. (New York: Da Capo Press, 1977). A: S.400, 403, 444f.

65 Edmund Waller (1606-87), aus einer begüterten Familie des Landadels und mit einer wechselvollen Geschichte während des Bürgerkrieges und der Restauration, wurde zum Inbegriff gefälliger Dichtung ("sweet" in der Sicht von Pope) und in seiner Zeit vielfach nachgeahmt (vgl. T21K).

Q: "Of English Verse", 1693. A: Frank Kermode, *et al.*, eds. *The Oxford Anthology of English Literature*, I, (Oxford: UP, 1973), S.1135.

66 Sir Walter Scott (1771-1832), Dichter und Romanautor. Als Jurist ausgebildet, begann er früh, schottische Balladen zu sammeln und dann historische Romane (vorzugsweise zur schottischen Geschichte) zu schreiben, die ihn zu einem der meistgelesenen und einflußreichsten Autoren seiner Zeit machten. In *Kenilworth* versuchte er die Wiedergabe 'frühneuenglischer' Sprache durch Anreicherung mit sprachgeschichtlichen Elementen. (Der stereotype, unrealistische Charakter solcher Sprache wird im 'mittelenglischen' *Ivanhoe* noch deutlicher, doch ist seine Sprachverwendung ein interessantes zeitgeschichtliches Dokument dafür, wie die Entwicklung des Englischen im frühen 19. Jh. von einem Nichtfachmann gesehen wurde).

Q: *Kenilworth. Waverley Novels*, Border Edition, Andrew Lang, ed. (London: Macmillan, 1901). A: S.167f., 232.

S: Graham Tulloch, *The Language of Sir Walter Scott.* (London: Deutsch, 1980).

Bibliographie

Die Liste enthält alle im Buch in Kurzform zitierten Titel sowie einige Werke, die bei eingehenderen Untersuchungen von Einzelproblemen nützliche Dienste leisten können.

Abbott, E.A. ^{3}1870. *A Shakespearean Grammar*. London: Macmillan; repr. New York: Dover 1966
Agutter, A. 1988. "Middle Scots as a literary language", in Jack 1988:13-26
Aitken, A.J. 1977. "How to pronounce older Scots", in *Bards and Makars*, ed. A. J. Aitken. Glasgow: University of Glasgow Press, 1-21
Aitken, A.J. & Tom McArthur, eds. 1979. *Languages of Scotland*. Edinburgh: Chambers
Alston, R.C. 1974. *A Bibliography of the English Language from the Invention of Printing to the Year 1800*. Bde. 1-10, Teil 1. Leeds: Arnold; korr. Repr. Ilkley: Menston
Altenberg, B. 1982. *The Genitive v. the of-Construction. A Study of Syntactic Variation in 17th Century English*. Lund: Gleerup
Anderson, J.M. 1973. *Structural Aspects of Language Change*. London: Longman
Anderson, P.M. 1987. *A Structural Atlas of the English Dialects*. London: Croom Helm
Atkins, J.W.H. 1947. *English Literary Criticism: The Renascence*. London: Methuen
Bähr, D. 1974. *Standard English und seine geographischen Varianten*. München: Fink
Bailey, R.W. 1978. *Early Modern English. Additions and Ante-datings to the Record of English Vocabulary*. Hildesheim, New York: Olms
---, 1985. "The conquests of English", in *The English Language Today*, ed. S. Greenbaum. Oxford: Pergamon, 9-19
---, J.W. Downer, J.L. Robinson, with P.V. Lehman. 1975. *Michigan Early Modern English Materials*. Ann Arbor: Xerox University Microfilms
Bald, M.A. 1926. "The anglicisation of Scottish printing", *Scottish Historical Review* 23:107-15
---, 1928. "Contemporary references to the Scottish speech in Scotland", *Scottish Historical Review* 25:163-79
Baldinger, K. 1980. *Semantic Theory*. Oxford: Blackwell (Spanisches Original 1970)
Baldwin, T.W. 1944. *William Shakespeare's Small Latin & Lesse Greeke*. 2 Bde. Urbana, Ill.: University of Illinois Press
Barber, C. 1976. *Early Modern English*. London: Deutsch
Bately, J.M. 1964. "Dryden's revisions in the *Essay of Dramatic Poesy*: The preposition at the end of the sentence and the expression of the relative", *Review of English Studies* 15:268-82
Bauer, L. 1983. *English Word-Formation*. Cambridge: UP
Baugh, A.C., ed. ^{2}1967. *A Literary History of England*. New York: Routledge and Kegan Paul
Baugh, A.C. & T. Cable. ^{3}1978. *A History of the English Language*. London: Routledge and Kegan Paul (^{4}1993)
Beek, M. van. 1969. *An Enquiry into Puritan Vocabulary*. Groningen: Wolters-Noordhoff
Behrens, W. 1937. *Lateinische Satzformen im Englischen. Latinismen in der Syntax der englischen Übersetzungen des Humanismus*. Emsdetten, Westf.: Lechte

Bennett, H.S. 1952; 1965; 1970. *English Books and Readers: 1475-1557; 1558-1603; 1603-40*. Cambridge: UP

Benson, L.D., ed. 1987. *The Riverside Chaucer*. New York: Houghton Mifflin; Oxford: UP, 1988

Biese, Y.M. 1941. *Origin and Development of Conversions in English*. Helsinki: Suomalaisen Kirjallisuuden Seuran Kirjapainon

Blake, N.F. 1969. *Caxton and His World*. London: Deutsch

---, 1981. *Non-standard Language in English Literature*. London: Deutsch

---, 1983. *Shakespeare's Language*. London: Macmillan

Bliss, A.J. 1979. *Spoken English in Ireland, 1600-1740*. Dublin: Dolmen

Bolton, W.F., ed. 1966. *The English Language*. Bd. 1. Cambridge: UP

Bradley, H. 1916. "Shakespeare's English", in *Shakespeare's England*. Bd. 2. Oxford: UP

Braidwood, J. 1964. "Ulster and Elizabethan English", in *Ulster Dialects: An Introductory Symposium*, ed. G. B. Adams. Holywood, Co. Down: Ulster Folk Museum, 5-109

Breejen, B. den. 1937. *The Genitive and Its of-Equivalent in the Latter Half of the Sixteenth Century*. Amsterdam: Diss.

Brekle, H. 1975. "The seventeenth century", *Current Trends in Linguistics* 13:277-382

Brook, G.L. 1976. *The Language of Shakespeare*. London: Deutsch

Brose, B. 1939. *Die englischen Passivkonstruktionen vom Typus "I am Told a Story" und "I Am Sent For"*. Würzburg-Aumühle: Triltsch

Bruce, F.F. 1962. *The English Bible: A History of Translations*. London: Lutterworth

Brunner, K. [2]1960-2. *Die englische Sprache in ihrer geschichtlichen Entwicklung*. 2 Bde. Tübingen: Niemeyer

Buchmann, E. 1940. *Der Einfluss des Schriftbildes auf die Aussprache im Neuenglischen*. (SKGRV 35). Breslau: Priebatsch

Bühler, K. [1]1978. *Sprachtheorie. Die Darstellungsfunktion der Sprache*. Stuttgart: Gustav Fischer, [2]1965; repr. Frankfurt: Ullstein

Bynon, T. 1977. *Historical Linguistics*. Cambridge: UP

Byrne, M. St Clare. 1964. "The foundations of Elizabethan language", *Shakespeare Survey* 17:223-39

Carroll, W. 1976. *The Great Feast of Language in 'Love's Labour's Lost'*. Princeton: Harvard University Press

CED. 1970. *A Chronological English Dictionary*, ed. T. Finkenstaedt, E. Leisi & D. Wolff. Heidelberg: Winter

Cercignani, F. 1981. *Shakespeare's Works and Elizabethan Pronunciation*. Oxford: UP

Chambers, R.W. & W.W. Seton. 1919-20. "Bellenden's translation of the history of Hector Boece", *Scottish Historical Review* 17:5-15

Charlton, K. 1965. *Education in Renaissance England*. London: Routledge and Kegan Paul

Chomsky, N. 1966. *Cartesian Linguistics*. New York, London: Harper & Row

Cohen, M. 1977. *Sensible Words. Linguistic Practice in England 1640-1785*. Baltimore: John Hopkins University Press

Cope, J.I. 1956. "Seventeenth-century Quaker style", *PMLA* 71:725-54; repr. in Fish, 1971:200-35

Copley, J. 1961. *Shift of Meaning*. London: Oxford University Press

Corns, T.N. 1990. *Milton's Language*. Oxford: Blackwell

Coseriu, E. 1974. *Synchronie, Diachronie und Geschichte*. München: Fink

Craigie, W.A. 1946. *The Critique of Pure English from Caxton to Smollett*. (Society for Pure English Tract 65). Oxford: UP

Crane, W.G. 1937. *Wit and Rhetoric in the Renaissance*. New York: Columbia Univ. Press

Croft, P.J. 1973. *Autograph Poetry in the English Language*. 2 Bde. London: Cassell
Croll, M.W. 1923. "Attic prose: Lipsius, Montaigne, Bacon", in *Schelling Anniversary Papers*. 117-50; repr. in Fish, 1971:3-25
---, 1929. "The baroque style in prose"; repr. in Watson, 1970:84-110
Crystal, D. & D. Davy. 1973. *Investigating English Style*. London: Longman
Curtis, S.J. ⁷1967. *History of Education in Great Britain*. Foxton: University Tutorial Press
Davies, H.S. 1952. "Sir John Cheke and the translation of the Bible", *Essays & Studies* 5:1-12
Davis, N. 1971. *William Tyndale's English of Controversy*. London: University of London
Dawson, G.E. & L. Kennedy Skipton. 1981. *Elizabethan Handwriting 1550-1650*. New York: Norton
De Beaugrande, R. & W. Dressler. 1981. *Introduction to Text Linguistics*. London: Longman
DeKeyser, X. 1988. "Socio-historical aspects of relativization in late 16th century English: ca. 1550-1600", *Studia Anglia Posnaniensia* 21:25-39
DEMEP. 1976. *English Pronunciation 1500-1800. Report based on the DEMEP Symposium*, ed. B. Danielsson. Stockholm: Almqvist & Wiksell
Devitt, A.J. 1989. *Standardizing Written English: Diffusion in the Case of Scotland 1520-1659*. Cambridge: UP
Dobson, E.J. 1955. "Early Modern Standard English", *Transactions of the Philological Society*, 25-54
---, ²1968. *English Pronunciation 1500-1700*. Oxford: Clarendon
DOST. 1931-83. *A Dictionary of the Older Scottish Tongue from the Twelfth Century to the End of the Seventeenth Century*, [A-P vollständig], ed. W. Craigie & A.J. Aitken. Aberdeen: UP
Duhamel, A.P. 1948. "Sidney's 'Arcadia' and Elizabethan rhetoric", *Studies in Philology* 45:134-50
EDD. 1898-1905. *The English Dialect Dictionary*, 6 Bde., ed. J. Wright. London: H. Frowde
Ekwall, E. ⁴1965. *Historische neuenglische Laut- und Formenlehre*. Berlin: de Gruyter. (Engl.: *A History of Modern English Sounds and Morphology*. Oxford: Blackwell, 1975)
Ellegård, A. 1953. *The Auxiliary Do: The Establishment and Regulation of Its Use*. Gothenburg Studies 2. Stockholm: Almqvist & Wiksell
Elliott, R.W.F. 1974. *Chaucer's Language*. London: Deutsch
Emma, R.D. 1964. *Milton's Grammar*. The Hague: Mouton
--- & J.T. Shawcross, eds. 1976. *Language and Style in Milton*. New York: Ungar
The English Experience. Its Record in Early Printed Books Published in England between 1475 and 1640 (1966-78). Amsterdam: Walter J. Johnson
English Linguistics 1500-1800 (1967-72). 365 Bde. Menston: Scolar Press
Finkenstaedt, T. 1963. *You and Thou. Studien zur Anrede im Englischen*. Berlin: E. Schmidt
---, *et al.* 1973. *Ordered Profusion. Studies in Dictionaries and the English Lexicon*. Heidelberg: Winter
Fish, S.E., ed. 1971. *Seventeenth Century Prose. Modern Essays in Criticism*. New York: Oxford University Press
Fisher, J.H. 1977. "Chancery and the emergence of Standard Written English in the fifteenth century", *Speculum* 52:870-99
--- & D. Bornstein. 1974. *In Forme of Speche is Chaunge. Readings in the History of the English Language*. Englewood Cliffs, N.J.: Prentice-Hall
Flasdieck, H.M. 1928. *Der Gedanke einer englischen Sprachakademie in Vergangenheit und Gegenwart*. Jena: Frommann
Franz, W. 1939. *Die Sprache Shakespeares in Vers und Prosa*. Halle/Saale: Niemeyer; repr. Tübingen: Niemeyer, 1987 (4. Aufl. der *Shakespearegrammatik*)

Fraunce, A. 1588. *The Arcadian Rhetorike.* London; repr. in EL 176, Menston: Scolar Press, 1969

Fridén, G. 1948. *Studies on the Tenses of the English Verb from Chaucer to Shakespeare.* Uppsala: Almqvist & Wiksell

Fries, C.C. 1940. "On the development of the structural use of word-order in modern English", *Language* 16:199-208

Görlach, M. ²1982. *Einführung in die englische Sprachgeschichte.* Heidelberg: Quelle & Meyer (³1994)

---, 1985a. "Renaissance English, 1525-1640", in *The English Language Today*, ed. S. Greenbaum. Oxford: Pergamon, 30-40

---, 1985b. "Scots and Low German: The social history of two minority languages", in *Focus on: Scotland*, ed. M. Görlach. Amsterdam: Benjamins, 19-36

---, 1987. "Lexical loss and lexical survival: The case of English and Scots", *Scottish Language* 6:1-24

---, 1988. "The study of Early Modern English variation - the Cinderella of English historical linguistics?", in *Historical Dialectology. Regional and Social*, ed. J. Fisiak. Berlin: Mouton de Gruyter, 211-28

---, 1991. *Introduction to Early Modern English.* Cambridge: UP

---, 1994. "Regional and social variation in Early Modern English", in Lass

Gordon, G.S. 1928. *Shakespeare's English.* (Society for Pure English Tract 29). Oxford: UP

Graband, G. 1965. *Die Entwicklung der frühneuenglischen Nominalflexion.* Tübingen: Niemeyer

Grant, W. & D. Murison, eds. 1931-76. *The Scottish National Dictionary.* Edinburgh: Scottish National Dictionary Association. 10 Bde. "Introduction" zu Bd. 1

Gray, D. 1988. "A note on sixteenth-century purism", in *Words. For Robert Burchfield's Sixty-Fifth Birthday*, ed. E.G. Stanley & T.F. Hoad. Cambridge: UP, 103-19

Groom, B. 1939. *The Formation and Use of Compound Epithets in English from 1579.* (Society for Pure English Tract 49). Oxford: UP, 295-322

---, 1955. *The Diction of Poetry from Spenser to Bridges.* Toronto: UP

Halliday, M.A.K. & R. Hasan. 1976. *Cohesion in English.* London: Longman

Hamilton, K.G. 1976. "The structure of Milton's prose", in Emma & Shawcross, 304-32

Harlow, C.G. 1970. "An unnoticed observation on the expansion of sixteenth-century Standard English", *Review of English Studies* 21:168-73

Harris, J. 1985. *Phonological Variation and Change. Studies in Hiberno-English.* Cambridge: UP

---, 1986. "Expanding the superstrate: Habitual aspect markers in Atlantic Englishes", *English World-Wide* 7:171-99

Harvey, T.E. 1928. *Quaker Language.* London

Holmberg, B. 1964. *On the Concept of Standard English and the History of Modern English Pronunciation.* Lund: Gleerup

Holzknecht, K.J., ed. 1954. *Sixteenth-Century Prose.* New York: Harper

Horn, W. & M. Lehnert. 1954. *Laut und Leben. Englische Lautgeschichte der neueren Zeit (1400-1950).* 2 Bde. Berlin: Deutscher Verlag der Wissenschaften

Howatt, A.P.R. 1984. *A History of English Language Teaching.* Oxford: UP

Howell, W.S. 1956. *Logic and Rhetoric in England 1500-1700.* Princeton: UP

Hussey, S.S. 1982. *The Literary Language of Shakespeare.* London: Longman

Isaac, F. 1936. *English Printers' Types of the Sixteenth Century.* London: Oxford University Press

Jack, R.D.S., ed. 1988. *The History of Scottish Literature. I: Origins to 1660.* Aberdeen: UP

Jacobsson, B. 1951. *Inversion in English with Special Reference to the Early English Period.* Uppsala: Almqvist & Wiksell

Jespersen, O. ⁹1946. *Growth and Structure of the English Language.* Oxford: Blackwell

---, 1909-49. *A Modern English Grammar on Historical Principles.* Heidelberg: Winter; Copenhagen: Munksgaard

Jiriczek, O.L. 1923. *Specimens of Tudor Translations from the Classics.* Heidelberg: Winter

Johnson, F.R. 1944. "Latin versus English: The sixteenth century debate over scientific vocabulary", *Studies in Philology* 41:109-35

Johnson, S. 1755. *A Dictionary of the English Language.* London: for J. & P. Knapton, etc.; repr. London: Times Books, 1983 ("Preface" repr. in Bolton 1966:127-56)

Jones, R.F. 1930. "Science and English prose style in the third quarter of the seventeenth century", *PMLA* 45:977-1009

---, 1932. "Science and language in England of the mid-seventeenth century", *JEGPh* 31:315-31; repr. in Fish, 1971:94-111

---, 1953. *The Triumph of the English Language.* Stanford: UP

Joseph, M. 1947. *Shakespeare's Use of the Arts of Language.* New York: Columbia University Press. (Gekürzte Fassung: *Rhetoric in Shakespeare's Time.* New York: Harcourt, Brace & World, 1972)

Kermode, F., et al. 1973. *The Oxford Anthology of English Literature.* Bd. 1. London: Oxford University Press.

Kibbee, D.A. 1991. *For to Speke Frenche Trewely. The French Language in England, 1000-1600: Its Status, Description and Instruction.* Amsterdam: Benjamins

King, A.H. 1941. *The Language of the Satirized Characters in Poetaster. A Socio-Stylistic Analysis 1597-1602.* (Lund Studies 10). Lund: Gleerup

Kökeritz, H. 1935. "English pronunciation as described in shorthand systems of the 17th and 18th centuries", *Studia Neophilologica* 7:73-146

---, 1953. *Shakespeare's Pronunciation.* New Haven: Yale University Press

---, 1961. "Elizabethan prosody and historical phonology", *Annales Uppsalienses* 5:79-102

Knobloch, J. et al., eds. 1963. *Humor und Witz.* Europäische Schlüsselwörter, Bd. 1. München

Knorrek, M. 1938. *Der Einfluß des Rationalismus auf die englische Sprache. Beiträge zur Entwicklungsgeschichte der englischen Syntax im 17. und 18. Jahrhundert.* (SKGRV 30). Breslau: Priebatsch

Knowlson, J. 1975. *Universal Language Schemes in England and France 1600-1800.* Toronto: UP

Kohonen, V. 1978. "On the development of an awareness of English syntax in early (1550-1660) descriptions of word order by English grammarians, logicians and rhetoricians", *NM* 79:44-58

Kopytko, R. 1988. "The impersonal use of verbs in William Shakespeare's plays", *Studia Anglica Posnaniensia* 21:41-51

Kytö, M. & M. Rissanen. 1983. "The syntactic study of early American English. The variationist at the mercy of his corpus?", *NM* 84:47-90

Labov, W. 1973. "The social setting of linguistic change", *Current Trends in Linguistics* 11:195-251

---, 1975. "The use of the present to explain the past", in *Proceedings of the Eleventh International Congress of Linguists.* Bologna, 825-51

Lambley, K. 1920. *The Teaching and Cultivation of the French Language during Tudor and Stuart Times.* Manchester: UP

Lass, R. 1976. *English Phonology and Phonological Theory. Synchronic and Diachronic Aspects.* Cambridge: UP

---, 1987. *The Shape of English. Structure and History*. London: Dent.

---, ed. 1994. *The Cambridge History of the English Language*, Bd. III, 1476-1776. Cambridge: UP

---, 1994a. "Phonology and morphology", in Lass

Lausberg, H. ³1967. *Elemente der literarischen Rhetorik*. München: Fink

Lehmann, W.P. ²1973. *Historical Linguistics: An Introduction*. New York: Holt, Rinehart & Winston (³1993)

Leith, D. 1983. *A Social History of English*. London: Routledge and Kegan Paul

Leonard, S.A. 1929. *The Doctrine of Correctness in English Usage 1700-1800*. (University of Wisconsin Studies, 25). Madison, Wis.: University of Wisconsin

Lewis, C.S. 1954. *English Literature in the Sixteenth Century Excluding Drama*. Oxford: Clarendon

---, ²1974. *Studies in Words*. Cambridge: UP

Lightfoot, D.W. 1979. *Principles of Diachronic Syntax*. Cambridge: UP

Lowth, R. 1762. *A Short Introduction to English Grammar*. London; repr. Menston: Scolar Press, 1967

Luick, K. 1914-21. *Historische Grammatik der englischen Sprache, I*. Leipzig: Tauchnitz

Lyons, J. 1968. *Introduction to Theoretical Linguistics*. Cambridge: UP

Marchand, H. ²1969. *The Categories and Types of Present-day English Word-formation*. München: Beck

Matthews, W. 1938. *Cockney Past and Present*. London: Routledge and Kegan Paul

McConchie, R.W. 1988. "'It hurteth memorie and hindreth learning': attitudes to the use of the vernacular in sixteenth century English medical writings", *Studia Anglica Posnaniensia* 21:53-67

McElderry, B.R. 1932. "Archaism and innovation in Spenser's poetic diction", *PMLA* 47:144-70

McLaughlin, J. 1970. *Aspects of the History of English*. New York: Holt, Rinehart & Winston

Menner, R.J. 1945. "Multiple meaning and change of meaning in English", *Language* 21:59-76

Michael, I. 1970. *English Grammatical Categories and the Tradition to 1800*. Cambridge: UP

---, 1987. *The Teaching of English: From the Sixteenth Century to 1870*. Cambridge: UP

Moore, J.L. 1910. *Tudor-Stuart Views on the Growth, Status, and Destiny of the English Language*. (SEP 41). Halle/Saale: Niemeyer

Nehls, D. 1974. *Synchron-diachrone Untersuchungen zur Expanded Form im Englischen*. München: Hueber

Nelson, W. 1952. "The teaching of English in Tudor grammar schools", *Studies in Philology* 49:119-43

Neuhaus, H.J. 1971. "Towards a diachronic analysis of vocabulary", *Cahiers de Lexicologie* 19:113-26

Nevalainen, T. 1983. "A corpus of colloquial Early Modern English for a lexical-syntactic study: Evidence for consistency and variation", in *Papers from the Second Scandinavian Symposium on Syntactic Variation*. (Acta Univ. Stockh. 57). Stockholm, 109-22

---, 1994. "Semantics and lexis", in Lass

Nugent, E.M. 1956. *The Thought and Culture of the English Renaissance. An Anthology of Tudor Prose 1481-1555*. Cambridge: UP

ODEE. 1966. *The Oxford Dictionary of English Etymology*, ed. C.T. Onions. Oxford: UP

OED. 1933. *The Oxford English Dictionary*, ed. J.A.H. Murray & W. Craigie. Oxford. *Supplements I-IV*. ed. W. Burchfield (1972-86). (Oxford: UP, ²1989)

Ó Muirithe, D. 1978. *The English Language in Ireland*. Dublin: Mercier

Ong, W.J. 1944. "Historical backgrounds of Elizabethan and Jacobean punctuation theory", *PMLA* 59:349-60

Onions, C.T. [2]1919. *A Shakespeare Glossary*. Oxford: Clarendon. (Rev. ed. R. Eagleson, [3]1986)

Osselton, N. W. 1958. *Branded Words in English Dictionaries before Johnson*. Groningen: Wolters

---, 1985. "Spelling-book rules and the capitalization of nouns in the seventeenth and eighteenth centuries", in *Historical and Editorial Studies in Medieval and Early Modern English*, ed. M.-J. Arn & H. Wirtjes. Groningen: Wolters-Noordhoff, 49-62

Padley, G.A. 1976, 1985. *Grammatical Theory in Western Europe, 1500-1700: The Latin Tradition*, 1976, und *Trends in Vernacular Grammar I*, 1985. Cambridge: UP

Partridge, A.C. 1953. *The Accidence of Ben Jonson's Plays, Masques, and Entertainments*. Cambridge: Bowes & Bowes

---, 1964. *Orthography in Shakespeare and Elizabethan Drama*. London: Arnold

---, 1969. *Tudor to Augustan English*. London: Deutsch

---, 1973. *English Biblical Translation*. London: Deutsch

---, 1977. *A Substantive Grammar of Shakespeare's Nondramatic Texts*. Charlotteville

Percival, W.K. 1975. "The grammatical traditions and the rise of the vernaculars", *Current Trends in Linguistics* 13:231-75

Petti, A.G. 1977. *English Literary Hands from Chaucer to Dryden*. London: Arnold

Plett, H.F. 1975. *Textwissenschaft und Textanalyse*. Heidelberg: Winter

Pollard, A.W. & G.R. Redgrave. 1926. *A Short-Title Catalogue of Books Printed in England, Scotland & Ireland and of English Books Printed Abroad 1475-1640*. London: Bibliographical Society. (Rev. ed. W.A. Jackson, Bd. 1, [2]1984, Bd. 2, [2]1976. London: Oxford University Press for the Bibliographical Society)

Prein, W. 1909. *Puristische Strömungen im 16. Jahrhundert*. Wanne-Eickel.

Price, H.T. 1910. *A History of Ablaut in the Strong Verbs from Caxton to the End of the Elizabethan Period*. Bonn: Hanstein

Prins, A.A. [2]1974. *A History of English Phonemes: From Indo-European to Present-day English*. Leiden: UP

Quirk, R. 1971. "Shakespeare and the English Language", in *A New Companion to Shakespeare Studies*, ed. K. Muir & S. Schoenbaum. Cambridge: UP, 67-82; repr. in Salmon & Burness, 1987:3-21

---, 1985. *A Comprehensive Grammar of the English Language*. London: Longman

---, S. Greenbaum, G. Leech & J. Svartvik. 1972. *A Grammar of Contemporary English*. London: Longman

Reuter, O. 1936. *Verb Doublets of Latin Origin in English*. Helsingfors: Akademische Buchhandlung; Leipzig: Harrassowitz

---, 1938. "On continuative relative clauses in English", *Societas Scientiarum Fennica, Commentationes Humanarum Litterarum* 9,3:1-61

Richardson, J. 1962. "Virgil and Milton once again", *Comparative Literature* 14:321-31

Riddehough, G.G. 1946. "Queen Elizabeth's translation of Boethius' De consolatione philosophiae", *JEGPh* 45:88-94

Rigg, A.G. 1968. *The English Language. A Historical Reader*. New York: Appleton Century Crofts

Rissanen, M. 1994. "Syntax", in Lass

Robertson, J. 1942. *The Art of Letter Writing: An Essay on the Handbooks Published in the Sixteenth and Seventeenth Centuries*. Liverpool: UP; London: Hodder & Stoughton

Robinson, H.W., ed. 1940. *The Bible in Its Ancient and English Versions*. London

Roget's Thesaurus of English Words and Phrases. 1962, ed. R.A. Dutch. London: Longman. (Rev. ed. D.C. Browning. London: Longman, 1983)

Romaine, S. 1982. *Socio-Historical Linguistics, Its Status and Methodology*. Cambridge: UP

Ross, C.H. 1893. "The absolute participle in Middle and Modern English", *PMLA* 8:245-302

Rudskoger, A. 1952. *Fair, Foul, Nice, Proper ... A Contribution to the Study of Polysemy*. (Gothenburg Studies 1). Gothenburg: Almqvist & Wiksell

Rusch, J. 1972. *Die Vorstellung vom Goldenen Zeitalter der englischen Sprache im 16., 17. und 18. Jahrhundert*. (SAA 69). Bern: Francke

Rydén, M. 1966. *Relative Constructions in Early Sixteenth-Century English*. Uppsala: Almqvist & Wiksell

--- & S. Brorström. 1987. *The BE/HAVE Variation with Intransitives in English*. (Stockholm Studies 70). Stockholm: Almqvist & Wiksell

Salmon, V. 1965. "Sentence structures in colloquial Shakespearean English", *Transactions of the Philological Society*, 105-40; repr. in Salmon & Burness, 1987:265-300

---, 1967. "Elizabethan colloquial English in the Falstaff plays", *Leeds Studies in English*, n.s.1, 27-70; repr. in Salmon & Burness, 1987:37-70

---, 1969. "Review of Chomsky's *Cartesian Linguistics*, 1966", *Journal of Linguistics* 5:165-87

---, 1970. "Some functions of Shakespearean word-formation", *Shakespeare Survey* 23:13-26; repr. in Salmon & Burness, 1987:193-206

---, 1972. *The Works of Francis Lodwick: A Study of his Writings in the Intellectual Context of the Seventeenth Century*. London: Longman

---, 1988. "English punctuation theory", *Anglia* 106:285-314

---, 1994. "Orthography and punctuation 1476-1776", in Lass

--- & E. Burness, eds. 1987. *Reader in the Language of Shakespearean Drama*. Amsterdam: Benjamins

Samuels, M. L. 1972. *Linguistic Evolution*. Cambridge: UP

Schäfer, J. 1966. *Wort und Begriff 'humour' in der elisabethanischen Komödie*. Münster

---, 1973. *Shakespeares Stil*. Frankfurt: Athenäum

---, 1980. *Documentation in the O.E.D. Shakespeare and Nashe as Test Cases*. Oxford: Clarendon

Scheler, M. 1977. *Der englische Wortschatz*. Berlin: E. Schmidt

---, 1982. *Shakespeares Englisch. Eine sprachwissenschaftliche Einführung*. Berlin: E. Schmidt

Schlauch, M. 1959. *The English Language in Modern Times (since 1400)*. Warsaw: Polish Scientific Publishers

---, 1987. "The social background of Shakespeare's malapropisms", in *Poland's Homage to Shakespeare*, 1965, 203-31; repr. in Salmon & Burness, 1987:71-99

Schmidt, A. & G. Sarrazin. 1962. *Shakespeare-Lexicon*. 2 Bde. Berlin: de Gruyter

Scholar's Reprints. Gainesville, later Delmar, N.Y. [Mit kritischen Einleitungen]

Scragg, D.G. 1974. *A History of English Spelling*. Manchester: UP

Serjeantson, M.S. 1935. *A History of Foreign Words in English*. London: Routledge and Kegan Paul

Shaaber, M.A. 1957. *Seventeenth-Century English Prose*. New York: Harper

Slaughter, M.M. 1982. *Universal Languages and Scientific Taxonomy in the Seventeenth Century*. Cambridge: UP

Smith, C.A. 1902. "The chief differences between the first and second folios of Shakespeare", *English Studies* 30:1-20

Smith, G.G., ed. 1902. *Specimens of Middle Scots*. Edinburgh, London: Blackwood

---, 1904. *Elizabethan Critical Essays*. 2 Bde. London: Oxford University Press

Sonnino, L.A. 1968. *A Handbook to Sixteenth-Century Rhetoric*. London: Routledge and Kegan Paul

Sørensen, K. 1957. "Latin influence in English syntax", *Travaux du cercle linguistique de Copenhague* 11:131-55

Spevack, M. 1972. *Shakespeare Concordance*. Hildesheim: Olms

---, 1977. "SHAD (A Shakespeare Dictionary): Toward a taxonomic classification of the Shakespeare Corpus", in *Computing in the Humanities*, ed. S. Lusignan. Waterloo, Ont., 107-14

---, *et al.* 1974. "SHAD: A Shakespeare dictionary", in *Computing in the Humanities*, ed. J. L. Mitchell. Edinburgh, 111-23

Spingarn, J.E. 1908-9. *Critical Essays of the Seventeenth Century*. 3 Bde. Oxford: Clarendon Press

Starnes, D.T. & G.E. Noyes. 1946. *The English Dictionary from Cawdrey to Johnson 1604-1755*. Chapel Hill: University of North Carolina Press. (Amsterdam: Benjamins, ²1992)

Stein, D. 1986. "Stylistic aspects of syntactic change", *Folia Linguistica Historia* 6:153-78

--- & I. Tieken-Boon van Ostade, eds. 1994. *Towards a Standard English. 1600-1800*. Berlin, New York: Mouton de Gruyter

Strang, B.M.H. 1970. *A History of English*. London: Methuen

Sugden, H.W. 1936. *The Grammar of Spencer's Faerie Queene*. Philadelphia: Linguistic Society of America

Taylor, E.W. 1976. "Shakespeare's use of *eth* and *es* endings of verbs in the First Folio", *CLA Journal* 19,4:437-57; repr. in Salmon & Burness, 1987:349-70

Templeton, J. M. 1973. "Scots. An outline history", in *Lowland Scots*, ed. A. Aitken. Edinburgh: Association for Scottish Literary Studies, 4-19

Tieken-Boon van Ostade, I. 1987. *The Auxiliary DO in Eighteenth-century English. A Sociohistorical-Linguistic Approach*. Dordrecht: Foris

Tilley, M.P. 1950. *A Dictionary of the Proverbs in England in the Sixteenth and Seventeenth Centuries*. Ann Arbor: University of Michigan Press

Traugott, E.C. 1972. *The History of English Syntax*. New York: Holt, Rinehart & Winston

Treip, M. 1970. *Milton's Punctuation and Changing English Usage 1582-1676*. London: Methuen

Trnka, B. 1930. *On the Syntax of the English Verb from Caxton to Dryden*. Prague; repr. Nendeln: Kraus, 1987

Tucker, S., ed. 1961. *English Examined*. Cambridge: UP

Ullmann, S. ³1963. *The Principles of Semantics*. Oxford: Blackwell

Vachek, J. 1962. "On the interplay of external and internal factors in the development of language", *Lingua* 11:433-48

Vickers, B. 1968. *Bacon and Renaissance Prose*. Cambridge: UP

---, 1970. *Classical Rhetoric in English Poetry*. London: Macmillan

Visser, F.T. 1949. *Some Causes of Verbal Obsolescence*. Nijmegen: Dekker & van de Vegt

---, 1963-73. *An Historical Syntax of the English Language*. 3 Bde. Leiden: Brill

Vorlat, E. 1975. *The Development of English Grammatical Theory 1586-1737*, with special reference to the theory of parts of speech. Leuven: UP

Vos, A. 1976. "Humanistic standards of diction in the inkhorn controversy", *Studies in Philology* 73:376-96

Wakelin, M.F. 1982. "Evidence for spoken regional English in the sixteenth century", *Revista Canaria de Estudios Ingleses* 5:1-25

Waldron, R.A. ²1978. *Sense and Sense Development*. London: Deutsch. (¹1967)

Wallace, K.R. 1943. *Francis Bacon on Communication and Rhetoric*. Chapel Hill: University of North Carolina Press

Watson, F. 1908. *The English Grammar Schools to 1660*. Cambridge: UP. (London: Frank Cass, ²1968)

Watson, G. 1974. *The New Cambridge Bibliography of English Literature, I, 600-1660*. Cambridge: UP

---, ed. 1970. *Literary English Since Shakespeare*. London: Oxford University Press

Weinreich, U. 1959. *Languages in Contact*. The Hague: Mouton

---, W. Labov & M. Herzog. 1972. "Empirical foundations for a theory of language change", in *Directions for Historical Linguistics*, ed. W. P. Lehmann & Y. Malkiel. Austin: University of Texas Press, 95-195

Wermser, R. 1976. *Statistische Studien zur Entwicklung des englischen Wortschatzes*. (SAA 91). Bern: Francke

West, M. ²1953. *A General Service List of English Words*. London: Longman

Wijk, A. 1937. *The Orthography and Pronunciation of Henry Machyn, the London Diarist*. Uppsala: Appelberg

Willcock, G.D. 1954. "Shakespeare and Elizabethan English", *Shakespeare Studies* 7:12-24

--- & A. Walker, eds. 1936. *The Arte of English Poesie*. Cambridge: UP

Williams, F.B. Jr. 1978. "Lost books of Tudor England", *The Library*, V, 33:1-14

Williamson, M. 1929. *Colloquial Language of the Commonwealth and Restoration*. (The English Association Pamphlet 73). Oxford: UP

Wilson, R.M. 1963. "The orthography and provenance of Henry Machyn", in *Festschrift Hugh Smith*. London: Methuen, 202-16

Wing, D. 1945-51. *Short-Title Catalogue of Books Printed in England ... 1641-1700*. 3 Bde. New York (Bd. 1, ²1972)

Wood, D.N.C. 1977. "Elizabethan English and Richard Carew", *Neophilologus* 61:304-15

Wright, L.B. 1935. *Middle-Class Culture in Elizabethan England*. Chapel Hill: University of North Carolina Press

Wyld, H.C. 1923. *Studies in English Rhymes from Surrey to Pope*. London: Murray

---, ³1936. *A History of Modern Colloquial English*. Oxford: Blackwell

Zachrisson, R.E. 1914. "Northern or London English as standard pronunciation", *Anglia* 38:405-32

Zandvoort, R.W. 1959. "What is Euphuism?", in *Festschrift Mossé*. Paris, 508-17

Personenindex

Der Personenindex enthält die Namen von S.1-331 mit Ausnahme der Autoren von Sekundärliteratur, auf die in der Bibliographie verwiesen wird. Autorschaft wird in **Fettschrift** vor anderen Erwähnungen genannt. Es werden auch Verweise auf Texte gegeben, wenn der Autor nicht unmittelbar im Kontext genannt ist. Die Lebensdaten der meisten engl. Persönlichkeiten stammen aus DNB, auf dessen ausführlichere Angaben verwiesen wird; sie werden nicht wiederholt für Autoren von T1-66, für die Angaben auf S.335-49 zu finden sind.

Sachindex zu den Texten T1-66

Da Kapitel 1-7 systematisch aufgebaut und durch ein ausführliches Inhaltsverzeichnis erschlossen sind, kann auf Verweise auf S.1-168 (Darstellung sowie Zitate/Kurztexte t1-59) verzichtet werden. Die folgenden Verweise sollen mühsames Suchen von Belegmaterial im Textanhang erleichtern.

Faksimile: T11, T20, T23A, T31G, T38.
fehlerhafte Sprache: 15/23-143.
Figuren: 12/188, 13/48, 17/38, 18E/74,
    27/9, 26, 28/32.
Flektion: 12/43, 27/82f.
Frankreich: 59/17.
Französisch: 18A/13, 59/60; (Charakter)
    18F/40, 59/7; (Einfluß) 12/80-4,
    15/158-69; (Fortleben) 1/17-36,
    10/31f.; *(French English)* 4/15.
Frauensprache: 52/38-50.
Fülle des Ausdrucks *(copie, store, plenty,*
    copiousness): 10/97, 12/11, 64-,132-,
    13/41, 64, 14/38, 17/67-71, 18D/36,
    18E/41, 72, 57/27, 45; *(fowth)* 18A/16,
    (T35).
Gaelisch: 1/3, 10/109-16, 51/51, 52/5, 22f.,
    53/7.
Gaunersprache *(cant, pelting speache)*: T9,
    59/47-52, 66/20f..
Geist der Sprache: 18F/37-46, 18G/5-7.
Germanisch *(Teutonick)*: 59/14.
Glosse: 23A/99f., 23B/57-.
Grammatik: 1/33, 3/1, 6/50; *(short*
    grammar, wants ~) 12/42-6, 27/78-85;
    (false ~) 15/68; (Buch) 3/30, 16/28;
    (Lateinkenntnisse) 44/47.
Griechisch: 18B/8, 18D/18, 36, 18F/12,
    27/89, 59/41, 60, 65/14.

Handbuch: T4, T11, T43, T47.
Handwerker: 11/34, 17/78.
Hebräisch: 18B/16, 18D/18, 36.
Hofsprache: 4/78, 11/28, 49, 66, 12/134,
    (15/150), 16/21, 27/57-60.
Homonymie: 12/31-5.
Humanismus: 13/13ff..

idiomatische Wendungen: 12/140-50,
    16/89, 94-102.
Indianer: 58/102-7.
inkhorn (inkpot) terms: 4/2, 31, 40-66, 69,
    11/62, 120, 18E/54, 29/40, 59/58-62;
    (curious ~) 2/7, 42.
Intonation: 16/37-43.
inventio (rhet.): 43/62.
Interpunktion: 16/37-43.
Invokation: 24/20-37, 34/6-26.
Irisch: T52.

Irland: T52, 58/95, T62.
Italienisch: 4/17, 6/63, 69, 12/84-7, 163,
    18F/40, 59/6.

Karibik: 58/94.
Kasus: 27/82.
Katechismus: 53/37ff., 55/35.
King's English: 4/11.
Klausel (rhythmischer Satzschluß): 13/46.
Kommentare (linguist.): T15.
Kommunikation: 12/1-8, 16/97-102.
Komparativ: 15/142.
Korrektheit: 14/18-, T15.

Latein: 18A/11, 13, 29-50, 51/11, 59/60,
    65/14; (Charakter) 18B/9-17, 27/90;
    (Lehre) T3; (Verbreitung) 8/34; (Fort-
    leben) 8/30-50, 44/23f.
lateinische Zitate: 11/134-6, 13/33, 59f.,
    68, 14/67f., 15/157, 171, 16/69f.,
    18H/19-21, 27/27, 28/44, 30/63f., 74,
    31F/2, 10, 28, 41/61f.
latinisieren: 4/27, 18A/21-8.
Lehnbedeutung: 15/108-11.
Lehnwort *(borrowing, receiving)*: 4/82-,
    5/14-, 10/43-7, 11/59-130, 12/68-104,
    15/145, 16/111-23, 18E/33-68, 18F/58-
    64, 22A/11-20; (Integration) 18E/61-8;
    (enrich) 4/84, 8/51, 18E/40; (indirekt)
    12/117.
Lesen: 6/13-29, T30, 53/14.
London: 8/48, T11.

Medizin: T44, T45.
Metapher: 4/106, 17/47, T56, 57/73.
Mißbrauch von Sprache: 57/68-82.
Muttersprache *(mother speech, ~ language,*
    ~ dialect, idioma, awin language): 4/7,
    10, 11/19, 18B/3-, 18C/3, 23A/59,
    29/52, 33/15-19; vgl. Volkssprache.

Negation: 63/31-4.
Neuprägungen: 13/27, 14/2f., 16/66-82,
    18H/30.
New York: 58/98-101.
Niederländisch: 12/71-3, 58/101.
Nordenglisch: 10/93, 11/43-8.
Normannisch: 10/1.
Nullableitung: 12/110-3.

Ornament (*ornature*): 8/27, 39, 10/41,
17/21ff., 23A/35, 75f., 25/11, 24,
27/20ff, 30/3, 7, 57/67.
Orthographiereform: T5, T6, T7, 16/33-43.
oversea language: 4/14.

Pastorale: T23B.
Periode: 14/57, 15/82.
Phonetik: 7/9-, 11/1-8.
Pilgerväter: T54.
Polysemie: 12/31-5.
Präposition: 15/74, 81.
Predigtsprache: 8/141-3, 10/9-11, 13/40ff.,
16/22, 18B/1-3, 27/13, T39.
Presbyterianer: 58/86.
Prestige: 29/55-8.
Pronomen: 15/92-106.
Purismus: 5/13-28, 11/26, 13/29, 15/158-
69, 29/55ff.

Quäker: T50.

Rechtssprache: 4/17-20.
Redeteile *(exordium* usw.): 43/145-.
Reiseberichte: T48, T58.
religiöse Sprache: T18B-D, T19, T50, T60.
Rhetorik *(eloquence, elocution):* 4/29-32,
80, 8/138, 10/46, 13/35ff., 16/130,
17/13ff., 18A/23, 18D/32, 18E/68-75,
25/11, 27/3, 45-51, 28/39, 31D/1ff.
(48-54), T43, 44/50, T47.

Schibboleth *(watch worde):* 12/54, 60.
Schottland: 10/109-16, 53/9f.
Schulen: 53/13-36, T55.
Scots: 10/89-101, 106, 18A/7, 28/28-30,
29/67, T51, T53, T55(/39).
Schreiben: 29/42-58, 43/15, 57/1-11.
Shetland Norn (Gottish or Danish): 10/119.
Solözismus: 15/41.
Soziolekt: 2/8, 43, 4/76-8, 11/32-40,
12/135, 17/78, 29/39; vgl. Dialekt.
Spanisch: 6/70, 12/88-90, 167, 18F/41,
59/5.
Spelling pronunciation: 31F/21-6.
Sprachakademie *(Royal Society)*: T16, T17.
Sprache und Denken: 57/46-.
Sprachenlernen: 6/30-54, 61-85, 10/52-72,
12/36-63.
Sprachentstehung: 57/11-36.

Sprachentwicklung (Höhepunkt, Perfektionierung): 7/71-6, 8/1-5, 13-25, 10/23-
42, 91, 15/6-22.
Sprachfunktionen: 57/58-67.
Sprachgebrauch *(custom)*: 14/14-19.
sprachliches Zeichen: 57/52-7.
Sprachmischung: 4/6-16, 5/14, 9/72, 12/73,
94-6, 15/159, 23A/64, 67f., 27/77f.,
52/8-13.
Sprachnorm *(consent of the learned)*: 14/
18-, 15/52-5, 135-43, 16/28.
Sprachverfall *(appayring, corruption,
declination):* 1/15, 10/51, 77-83, 11/14,
15/11, 16/17, 17/12.
Sprachvermögen: 11/1-3, 57/13-6, 46ff.,
T63.
Sprachwandel: 2/18, 37, 8/1-11, 11/12ff.,
15/1ff.,22B/1-13, 65/6, 15-8.
Sprechorgane: 11/4-7, 57/9f.
Standard (Ausbreitung): 10/94, 11/51-55.
Stil: 12/183-96, 13/21ff., 14/38-79, 16/121,
17/5ff., 23A/25, 25/1ff., 27/57-64.
Synchaesis *(ill placing of words):* 15/70ff.
Synekdoche: 23/89.
Synonyme: 11/120-31, 12/140-53, 16/102,
18D/16-22.

Tagebuch: T40, T54.
Textedition: 31A/19-32.
Textstruktur: 14/34, 23A/79-84.
Theater: T38.
Trent: 10/93, 11/46.
Tropen (rhet.): 13/47, 16/25, 17/37.

Übersetzung: T18A-H, T19, T20, T21, 2/7-
9, 51, 5/4, 11/136f., 16/20, 59ff.,
23B/84f, T36/T36A, 51/45-51, 59-61.
umgekehrte Schreibung: 20/99, 46/13,
64/2, 4
Universitäten: 11/30, 16/82-7, 17/79.
Unterrichtssprache: 1/16-36, 10/5f.

Verbesserung der Sprache: 4/84, 8/137,
12/9, 15/6, 16, 18, 144, 175-9.
Vergleich *(similitude)*: 27/33-44.
Vers : Prosa: 27/11f., 29/45-51.
vielsilbige Wörter: 10/47, 12/16-21.
Volkssprache *(vulgar, vernacular)*: 11/18,
18E/68-75, 37A/6, T51; vgl. Muttersprache.

Wortindex

Der Index führt ausgewählte Wörter aus der Einleitung und den Texten auf; die Beispiele umfassen Wörter, deren Schreibung, Form oder Bedeutung typische Züge des Fne. illustrieren.

Summary

The Early Modern period of the English language (1500-1700) has long been neglected in linguistic research and university teaching. It has frequently been taken for granted that a speaker of ModE can master the earlier language with the help of his passive competence in the archaic register acquired from the reading of Elizabethan lyrics and Milton, from performances of Shakespeare and Restoration comedy, and (until recently) from listening to the text of the *Authorized Version* of the Bible. Although this competence does exist to a certain degree, it is easy to show that it cannot replace a full description of EModE on its own terms. There are of course, a number of important monographs on various aspects of EModE (or which at least include EModE), such as Dobson on phonology, Graband on inflection, Ellegård and Visser on syntax, Jones on the status of English, but a comprehensive account of the language is still lacking: Franz and Barber come closest to satisfying this need.

The present book, similar in method and concept to the author's *Einführung in die englische Sprachgeschichte* (UTB 383, Heidelberg [3]1994), attempts to combine an exemplary discussion of the more important features of EModE with a study of typical texts of this period; this fusion is attempted by making the descriptive chapters 1-7 (pp. 1-168) relate closely to the texts (pp. 169-331), just as the textual selection was determined by the needs of the grammatical description.

After a methodological introduction (chapter 1, pp. 1-6), there is a detailed discussion of varieties of EModE in chapter 2 (pp. 7-33): the chronological, geographical/social stratification (including Scots), registers, and the extension of the functions of English are described. It is obvious that no 'homogeneous' solution is possible for a period in which a modern standard evolved in a process of selection from co-existing varieties. Therefore, the function of these varieties and their evaluation by contemporaries are discussed; this includes the role played in this development by the language of literature as exemplified in the various genres.

The description of the grammatical levels starts with writing/orthography (chapter 3, pp. 34-49), a level, which most easily illustrates the path to standardization taken by EModE. In addition, the more important systematic aspects, ranging from palaeography to the various plans for a reform of the orthography, are dealt with exemplarily.

Chapter 4 (pp. 50-63) is devoted to phonetics/phonology, a field that has long been the centre of linguistic research culminating in Dobson, and a subject on which we are quite well informed by the contemporary writings of Renaissance grammarians. This level is also of especial importance since (then as now) dialect/sociolect appears to have been identified with pronunciation, and thus illustrates the growing concern for correctness.

The twelve pages of chapter 5 on inflection (pp. 64-75) indicate its diminishing importance in the EModE period; the system is far advanced towards the ModE reduction and therefore presents least difficulty of understanding to the modern reader. Most space is therefore devoted to features indicative of registers in EModE and to characteristics which deviate from modern usage (genitive and its equivalents, comparison of adjectives, personal pronouns, and formation of tenses).

Chapters 6 and 7, syntax (pp. 76-108) and the lexicon (pp. 109-68), must obviously occupy a central position in a description of EModE: not only did the vernacular have to be equipped for functions largely reserved for Latin (and partly for French) in the Middle Ages, but it also had to be matched against Latin as the model of order and rhetorical/poetical possibilities - and was found to be deficient on both counts. The influence of Latin on EModE syntax is therefore overwhelming in certain registers. It is found in many excesses, developments which, in retrospect, proved to be cul-de-sacs, as well as in many features which made English a modern language. This modernization was finally completed by the rationalistic tendencies which began in the late 17th century, here illustrated by Dryden's prose. The discussion in chapter 6 moves from parts of speech to noun phrases, then to various problems connected with verb syntax (such as case government, tense, aspect and modality) and finally on to sentence structure (functions of *do*, word order). Special attention is given to the structure of complex sentences and of units beyond the sentence, since it is in subordinate clauses, non-finite verb constructions and the organization of paragraphs that the progress of EModE is most obvious.

Chapter 7, on EModE lexicon, is necessarily the longest chapter in the book (pp. 109-68). It is introduced by a discussion of more general problems, such as the structure of the vocabulary, the reasons for and the methods of lexical expansion in EModE, verbal obsolescence and archaisms, the importance of etymology, and (a resumption of chapter 2) the regional, social and occupational stratification of the vocabulary. Further subchapters deal with the lexicographic tradition (pp. 120-4), problems of language contact, especially with regard to Latin and including augmentation, inkhorn terms, malapropisms and purism (pp. 124-36). Finally, there are subchapters on word-formation (pp. 136-46) and semantics (description of meaning and semantic change, pp.146-68), which concentrate on patterns relevant for EModE; these are illustrated by carefully selected specimens.

There are 59 shorter texts (supplementing the longer ones in the Text section) interspersed to illustrate special points of EModE grammar, and some fifty graphs and figures are intended to provide visual aid to understanding. There are also 140 study questions that allow the student to check his grasp of what has gone before, to apply the methods to the Texts, and (in a few cases) to discuss texts and problems outside the scope of the present book. Almost all the arguments and grammatical categories are illustrated with material taken from the Texts, so that the student can check all this by examining the samples in context.

The Texts (pp. 169-331) comprise almost one hundred pieces written by more than 80 authors. They are roughly arranged in three groups ("On language(s)", "On literature and literary theory", "On political and cultural history"), but the distinction must not be pressed. 16 texts (T51-66) were added in this second edition; they provide data for further reading and analysis. Excerpts range from Caxton to Dryden (with short sections of the Wycliffite Bible and Chaucer's *Boethius* given for comparison with EModE translations in T19 and T20) and are selected for the information they provide on features of EModE, explicitly as comments, or implicitly as texts of the period. Moreover, the literary and cultural aspects are duly taken into account. Varieties included are prose and verse, printed and hand-written, original and translation, dialect and Scots. Parallel versions of translations of the Bible, of Boethius and Virgil allow one to see the development of EModE, or to compare co-existing varieties as is the case with Bellenden's Scots and its translation into English by Harrison.

All the Texts have full bibliographical documentation, with references to sources, facsimiles or critical editions, or fuller treatments of the individual author's language (pp. 332-49). A general bibliography, as well as indices are provided on pp. 350-70.

An English version of the book (translated by the author) was published by Cambridge University Press (Görlach 1991).